媒体创意专业核心课程系列教材

◎宫承波 主编

An Introduction to
Radio and Television 5th

广播电视概论

宫承波　主编

丁俊杰　欧阳宏生　审订

（第五版）

历史论 \ 技术论 \ 属性论

传播与生态论 \ 节目论

广播剧、电视剧与电视纪录片论

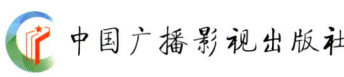
中国广播影视出版社

《广播电视概论》(第五版)编写组

主　编　宫承波

副主编　成文胜　田　园　范松楠　惠东坡

执笔人员

　　　　第 一 章　艾红红　宫承波
　　　　第 二 章　艾红红　宫承波
　　　　第 三 章　艾红红　宫承波

　　　　第 四 章　惠东坡
　　　　第 五 章　惠东坡
　　　　第 六 章　惠东坡

　　　　第 七 章　范松楠　宫承波
　　　　第 八 章　范松楠　宫承波
　　　　第 九 章　范松楠　宫承波

　　　　第 十 章　田　园　宫承波
　　　　第十一章　田　园　宫承波
　　　　第十二章　田　园　宫承波

　　　　第十三章　成文胜
　　　　第十四章　成文胜
　　　　第十五章　成文胜
　　　　第十六章　成文胜

　　　　第十七章　李　楠
　　　　第十八章　胡　凯
　　　　第十九章　孟　翊

代总序

拥抱创意时代

在传媒业界,所谓"媒体创意"现象早已是司空见惯的客观现实,但若要问什么是媒体创意,人们却大多说不清楚。作为一种新生事物,人们对其语焉不详,甚至有些疑惑,都是正常现象。由于我们创办了一个媒体创意专业,所以也就时常有人向我询问,作为该专业的负责人,当然是回避不了的。

从逻辑学的角度说,一个事物的概念可以分为内涵性的概念和外延性的概念,内涵性的概念是对所指事物的特征和本质属性的概括,外延性的概念则是对所指事物的集合的概括。关于媒体创意,我们不妨把两者结合起来做一个界定:即创新性、创造性思维在传媒领域的运用,其要旨在于因势而变、不断推陈出新,它是市场化时代媒介生存与发展的必要手段,是传媒发展的第一生产力;其基本内涵,指现代传媒面向市场需求和变化,在信息建构与传播和媒介经营与管理的各个领域、各个层面、各个环节所采取的具有创新性或创造性的策略和构思——其视野开阔,内涵丰富,涉及传媒运作的方方面面,对此,可简要地概括为创意传播、创意经营和创意管理三大领域和范畴。

为什么要进行媒体创意呢?有人说是媒介竞争的产物,这当然没有错,但仅仅认识至此还是粗浅的。其更为深层的原因,是随着经济发展和物质生活水平的提高,广大受众的精神文化需求提高了,这当然也包括对大众传媒的需求——正是广大受众这种不断增长的精神文化需求引发了媒介竞争,由媒介竞争进而催生了媒体创意。事实上,这是媒体创意热兴的根本原因,也是近年来媒体创意产业以至整个文化创意产业迅速崛起的根本原因。

创意产业的发展呼唤创意产业人才,呼唤创意产业教育。笔者认为,文化创意产业的发展大体上可以说需要三方面的人才,即创意方面的人才、创意经营方面的人才和创意管理方面的人才,这也就决定了创意产业教育的三大领域,即创意教育、创意经营教育和创意管理教育。媒体创意专业正是应媒体创意产业发展需求,由中国传媒大学创办的一个面向传媒领域的属于创意教育方面的专业,可以说是回应业界需求、拥抱创意时代的产物。本专业自2003年起开始招生,经过几年来的努力和探索,如今专业定位已经明确,办学模式已基本成型,专业培养方案和教学计划已基本稳定。

我们的媒体创意专业是如何定位的呢?

笔者认为,所谓媒体创意教育,从整体上说,其终极目标应当是培养面向传媒市场需求和变化,能够为大众传媒的信息建构与传播和媒介经营与管理等不断地提供创新性、创造性策略和构思的专业的职业化的媒体"创意人",也即人们常说的所谓"媒介军师"。从人才规格上说,这是一种以创新性、创造性思维为核心,集人文艺术素养、传播智慧以及媒介经营策略、管理策略等于一体,面向现代传媒整体运营的素质高、能力强的现代复合型人才。这是我们媒体创意专业的教育理想。然而,教育是循序渐进的,是分层次的,作为本科层次的媒体创意专业,其教育目标的设定还应当实事求是、从实际出发,目标过高、过大,不仅不能够顺利实现,而且实施起来容易失去重点和方位感,容易在办学上流于宽泛。

正是因此,我们采取了适当收拢、收缩培养口径,同时与一定的职业岗位相结合的思路。根据业界需求和本校、本专业优势,目前我们将媒体创意专业教育的重点定位在"创意传播"领域。所谓创意传播,根据笔者的理解和界定,它既包括信息传播与媒介运用的策略和智慧,也应当包括媒介信息建构的技能、技巧,即我手达我心,想到了就能做到——比如,为了强化视觉冲击力,利用现代电子技术、数字技术创造新潮的视觉语言,进行超现实、跨媒体的艺术表现、特技表现,等等。这样的专业定位,意在与当前传媒业界兴起的所谓创意策划职业相结合,同时兼顾到多数本科生毕业后要从操作层面的具体工作做起的现实。这样的专业定位,无疑也蕴含了抓创意产业教育"牛鼻子"的意图。根据上文所述创意产业教育的三大范畴,所谓创意传播,无疑属于创意教育范畴——创意教育是以培养创意人才为目标的,应当说是整个文化创意产业教育的基础和核心。因为,如果没有创意人才、没有创意,那么所谓创意经营、创意管理也就成了一句空话。

总之,媒体创意专业是一个以培养专业的媒体"创意人"为目标的专业,是一个创意智慧与创意的技术、技能相融合、相交叉的专业,其培养目标可以做这样的简要概括和表述:培养现代大众传媒创新发展所需要的传播"创意人"(也可以称作初级媒体"创意人")。从人才规格上说,这是一种以创造性、创新性思维为核心,集人文艺术素养、传播策略和智慧以及现代传播的技能、技巧于一体的面向现代传媒传播业务的现代复合型人才。

从上述培养目标出发,本专业秉持中国传媒大学新闻传播学科多年来积淀而成的"宽口径、厚基础、高素质、强能力"的教育理念,同时结合本专业的内在要求,在办学模式上也就自然地体现出以下几方面的特色:

其一是综合性、交叉性。

智慧源于心胸,心胸源于眼界。创意不是从天上掉下来的,靠所谓天分,靠小聪明、小火花或许能竞一时之秀,但却不能长久。没有开阔的知识视野和理论视野,智慧往往就会陷于黔驴技穷的困境,创意就会成为无源之水、无本之木。只有在丰富的信息交流与碰撞中,在多学科知识、多维理论的交叉与融合中,智慧之树才能常青,创意活水才会"汩汩"而来。

为贯彻上述思想,我们认为,必须倡导学生广开视野、广取思维、广泛接触社会人生,即"读万卷书,行万里路"。在培养方式上,我们一直强调和重视基础知识与基本理论教学:一方面,以创新、创意能力的培养为核心、为旨归,打破现有的专业壁垒,强调多学科知识、多学科理论的交叉与融合;另一方面,则引导学生对大众传媒的信息建构与传播以及媒介经营与管理等现代传媒运作的主体领域及其前沿动态进行全面、深入的了解,对现代传媒运营有一个整体性、综合性把握。总之,我们要求学生应具有相对开阔的知识视野,较为扎实的理论功底,对现代传媒及其运营的全面了解和把握,并掌握创新思维原理,这是从事创意传播的必要前提。只有具备这样的前提和基础,才能进一步将创新思维原理成功地应用到现代传媒领域,形成相关领域的创意策划能力。

其二是艺术性。

我们知道,大众传媒的一个重要功能是消遣、娱乐,文艺、艺术传播是其中的重要组成部分,不懂艺术何谈创意? 著名美学家王朝闻先生就曾经指出:"不通一艺莫谈艺。"更为重要的是,想象力是创意之母,而艺术与美学教育则是培养想象力的重要手段。大家都知道英国是发展创意产业的先驱,在那里,作为创意教育的手段,文学艺术教育受到高度重视。1998 年英国国会的一个报告就曾指出:"想象力主要源于文学熏陶。文艺可以使数学、科学与技术更加多彩……"

因此我们认为,艺术与美学教育是媒体创意教育不可或缺的重要组成部分,并坚持从以下两个方面予以保证:其一,在生源选拔方面按艺术类招生,从选才上把好艺术素养关;其二,从培养措施上对艺术素养和美学教育予以着重加强,设置一大批文学、艺术和美学类课程,从而使学生通晓文学艺术以及大众文化领域的基础知识、基本观念,并掌握有关必要的技能、技巧。

其三是实践性。

不言而喻,媒体创意专业是一个实践性较强的专业,加强实践教学本是专业教学的题中应有之意。所以,本专业教育的一个重点,就是要面向传媒业界实践,开展强有力的职业化的模拟训练,强调高素质教育和强职业技能教育的互补与互助,从而有效地促进学生由知识向能力的转化。尤其对于本科生,将来一般都要从具体工作做起,为了有利于就业,操作层面的技能、技巧教育就更是必不可少的。

因此,我们充分发扬中国传媒大学的传统优势,重视媒介信息建构与传播的具体操作能力的培养,重视案例教学,通过一系列实践教学和职业化的模拟训练,努力使学生具备较强的传媒文本读解能力,熟练掌握对色彩、声音、画面、图形、文字等传播符号的操控技术,并能够在创造性、创新性思维指导下灵活运用媒介信息建构与传播的技能、技巧。另一方面,我们还通过"请进来"、"送出去"等措施,密切跟踪业界前沿,同时与业界展开必要的互动。几年来,我们曾聘请大量业界专家、校友走进校园授课或举办讲座,带来业界前沿的动态信息;同时,还借助于多年来中国传媒大学与传媒业界所结成的良好的业务联系,利用每年暑假时间成建制地安排学生到业界实习。经过几年的实践,学生们普遍反映,摸一摸真刀真枪,感觉就是不一样!

其四是个性化。

所谓个性化,也即教育"产品"多向出口。现代传媒运营是一个庞大的系统,面对这样一个庞大、复杂的系统,作为本科教育,笔者认为,其教育目标还应当实事求是,有放有收。因此,在广播、电视、网络、报刊等多种媒体中,在信息建构与传播的多个领域,我们提倡学生既有专业共性,又有个性专长,倡导学生根据个人兴趣,自主选择主攻方向,发展创新思维,努力形成个人的业务专长和优势。

为支持和促进学生的个性化成长与发展,本专业在一、二年级主要学习公共基础课和有关现代传媒教育的平台性课程,从三年级开始则多向开设选修课,并全面实行导师制。几年来的实践证明,这些做法都是务实的、有效的,受到学生、家长的欢迎,得到传媒业界的肯定。

上述这些认识,已经成为我们建设媒体创意专业的指导思想。2005年上半年以来,在学校支持下,我们承担了校级教改立项"媒体创意专业建设研究"项目。在该项目推动下,笔者与同事们一道,在研究、探索基础上,经过群策群力,已连续推出三个不断完善的培养方案版本以及相应的教学计划。

但是,我们也应当看到,对于一个新专业建设来说,有了成型的培养方案,还只能说是迈出了第一步,是起码的一步。如果说培养方案相当于一个人的躯干,那么它还需要两条强健的腿,才能成为一个健全的人,才能立起来、走起来,以至跑起来——这"两条腿",笔者认为,也即当前贯彻实施该专业培养方案、确保培养目标实现的两大当务之急:其一是教材建设;其二是实践教学机制建设。

关于教材建设。

自成体系的知识构架和核心课程是一个新专业得以确立和运行的基本支撑,因此,要想使该专业真正得以确立,就必须构建一个具有本专业特点的核心课程体系,同时还必须编撰一套相应的适应本专业教学需要的教材。

由于媒体创意专业具有交叉性、综合性特点,所以该专业教材编写的重点,也是难点在于,要以创意传播能力的培养为核心、为旨归,解决好多学科知识、多学科理论的交叉与融合问题。在深入研讨的基础上,我们通过组织、整合有关师资力量,关于"媒体创意专业核心课程系列教材"的出版已经启动。根据我们的计划,两年内将至少推出15部具有本专业特点的核心课程教材。但目前面临的困难还相当大、相当多,最为核心和关键的是人的问题,也即师资问题。

关于实践教学机制建设。

如上所述,媒体创意专业是一个实践性较强的专业,所以实践教学必须被置于重要地位,贯穿教学工作的全过程。这不仅仅是几种措施的简单相加,还应当是一整套的有机体系。为了使实践教学切实有效,就必须保证这一体系的科学化和规范化。所以,对这一体系的构成及其运行机制作出全面探索,将本专业实践教学科学化并进一步制度化,是本专业教学基本建设中重要的一维。目前,虽然已经建立了几个实践教学基地,但还远远满足不了本专业全面开展实践教学工作的需要。

以上两个方面既是当前我们贯彻实施媒体创意专业培养方案、确保培养目标实现的两大当务之急,也可以说是媒体创意专业建设的"两条腿"。笔者认为,只有这"两条腿"强健起来了,该专业建设才能够获得实质性、突破性进展。

综上所述,媒体创意专业是适应创意时代需要而创办的一个崭新的专业,是一个新型、特色的专业,我们的办学模式和教学建设的方方面面都是既具探索性,又具示范性的。正是基于这样的认识和责任感,我们一直坚持既小心翼翼、深入研究,又实事求是、大胆实践、大胆探索,坚持在实践中探索、在探索中创新、在创新中发展的原则。在校方的领导和支持下,经过几年来的群策群力,目前该专业已基本创立成型。可以这样说,媒体创意专业抓住了创意时代大众传媒的本质,适应了市场经济条件下传媒竞争与发展的需要,是一个有时代感、有活力的专业,它有效地利用、整合了中国传媒大学的资源优势——如良好的传媒教育基础和丰厚的业界资源等,体现了中国传媒大学的办学特色。

当然也应当看到,我们的探索还是初步的,同任何新生事物一样,目前该专业还是幼小的、稚嫩的,它目前需要的是理解和呵护。我们殷切地希望学界、业界同仁们能够从事业大局出发,都来浇水施肥,遮风挡雨。我们相信,在传媒事业发展和文化创意产业大潮的双重促动下,这样一个新型、特色专业一定会尽快成长起来,我们也一定能够探索出一套既适应传媒市场需要,又符合教育规律且切合我校实际的专业办学模式,从而使它成为我校教学改革的一个亮点,成为中国传媒大学的一个品牌,成为我国传媒教育的一道新的风景,同时,也为专业扩张提供规范和标杆。

宫承波
2006 年 9 月 30 日初稿
2007 年 5 月 10 日修订
于中国传媒大学

目　　录

第一单元　广播电视历史论

第一章　世界广播电视发展概观 …… 002
　　第一节　世界广播电视的产生与发展 …… 002
　　第二节　世界广播电视体制沿革 …… 014

第二章　中国广播电视发展概观（一） …… 019
　　第一节　中国广播电视的发展历程 …… 019
　　第二节　中国广播电视体制变迁 …… 033

第三章　中国广播电视发展概观（二） …… 037
　　第一节　香港的广播电视事业 …… 037
　　第二节　台湾的广播电视事业 …… 044
　　第三节　澳门的广播电视事业 …… 048

本单元主要参考文献 …… 057

第二单元　广播电视技术论

第四章　传统广播电视技术概观 …… 060
　　第一节　广播电视系统的基本组成 …… 060
　　第二节　广播电视技术的特点 …… 063
　　第三节　广播电视技术的发展历史 …… 065

第五章　传统广播电视技术基础 …… 070
　　第一节　声音广播技术 …… 070
　　第二节　电视广播技术 …… 075

第六章　新媒体技术与广播电视新形态 …… 082

第一节　新媒体技术概观 ··· 082
第二节　新媒体技术与广播媒体新形态 ····························· 085
第三节　新媒体技术与电视媒体新形态 ····························· 090

本单元主要参考文献 ··· 098

第三单元　广播电视属性论

第七章　广播电视的意识形态属性 ································· 100
第一节　广播电视的意识形态属性本论 ····························· 100
第二节　广播电视意识形态属性的表现 ····························· 105

第八章　广播电视的产业属性 ····································· 116
第一节　广播电视的产业属性本论 ································· 116
第二节　媒体融合时代我国广播电视产业的发展现状 ················· 124

第九章　广播电视的公共服务属性 ································· 134
第一节　广播电视的公共服务属性本论 ····························· 134
第二节　我国广播电视公共服务的发展现状 ························· 138

本单元主要参考文献 ··· 153

第四单元　广播电视传播与生态论

第十章　广播电视传播概说 ······································· 156
第一节　广播电视传播符号 ······································· 156
第二节　广播电视传播内容 ······································· 165
第三节　广播电视传播者与受众 ··································· 170

第十一章　广播媒体生态位与生存空间审视 ························· 179
第一节　广播媒体生态位 ··· 179
第二节　广播与其他媒介种群的生态位对比 ························· 183
第三节　广播媒体生存空间审视 ··································· 187

第十二章　电视媒体生态位与生存空间审视 ························· 191
第一节　电视媒体生态位 ··· 191
第二节　电视媒体生存空间审视 ··································· 194
第三节　当下媒体生态格局概观 ··································· 200

本单元主要参考文献 ··· 204

第五单元　广播电视节目论

第十三章　广播电视节目概说 ⋯⋯⋯⋯⋯⋯⋯⋯⋯⋯⋯⋯⋯⋯⋯⋯⋯⋯⋯⋯⋯⋯⋯⋯ 206
第一节　广播电视节目的基本概念 ⋯⋯⋯⋯⋯⋯⋯⋯⋯⋯⋯⋯⋯⋯⋯⋯⋯⋯ 206
第二节　广播电视节目发展概观 ⋯⋯⋯⋯⋯⋯⋯⋯⋯⋯⋯⋯⋯⋯⋯⋯⋯⋯⋯ 209

第十四章　广播电视节目的构成要素 ⋯⋯⋯⋯⋯⋯⋯⋯⋯⋯⋯⋯⋯⋯⋯⋯⋯⋯⋯ 224
第一节　广播节目的构成要素 ⋯⋯⋯⋯⋯⋯⋯⋯⋯⋯⋯⋯⋯⋯⋯⋯⋯⋯⋯⋯ 224
第二节　电视节目的构成要素 ⋯⋯⋯⋯⋯⋯⋯⋯⋯⋯⋯⋯⋯⋯⋯⋯⋯⋯⋯⋯ 240

第十五章　广播电视节目的基本形态与类型 ⋯⋯⋯⋯⋯⋯⋯⋯⋯⋯⋯⋯⋯⋯⋯⋯ 253
第一节　节目形态概念辨析 ⋯⋯⋯⋯⋯⋯⋯⋯⋯⋯⋯⋯⋯⋯⋯⋯⋯⋯⋯⋯⋯ 253
第二节　广播电视节目的基本形态与类型 ⋯⋯⋯⋯⋯⋯⋯⋯⋯⋯⋯⋯⋯⋯ 255

第十六章　广播电视节目主持人 ⋯⋯⋯⋯⋯⋯⋯⋯⋯⋯⋯⋯⋯⋯⋯⋯⋯⋯⋯⋯⋯ 275
第一节　节目主持人的定义 ⋯⋯⋯⋯⋯⋯⋯⋯⋯⋯⋯⋯⋯⋯⋯⋯⋯⋯⋯⋯⋯ 275
第二节　节目主持人的产生与发展 ⋯⋯⋯⋯⋯⋯⋯⋯⋯⋯⋯⋯⋯⋯⋯⋯⋯ 278
第三节　节目主持人的类型 ⋯⋯⋯⋯⋯⋯⋯⋯⋯⋯⋯⋯⋯⋯⋯⋯⋯⋯⋯⋯⋯ 281
第四节　节目主持人的修养 ⋯⋯⋯⋯⋯⋯⋯⋯⋯⋯⋯⋯⋯⋯⋯⋯⋯⋯⋯⋯⋯ 282

本单元主要参考文献 ⋯⋯⋯⋯⋯⋯⋯⋯⋯⋯⋯⋯⋯⋯⋯⋯⋯⋯⋯⋯⋯⋯⋯⋯⋯⋯⋯ 287

第六单元　广播剧、电视剧与电视纪录片论

第十七章　广播剧 ⋯⋯⋯⋯⋯⋯⋯⋯⋯⋯⋯⋯⋯⋯⋯⋯⋯⋯⋯⋯⋯⋯⋯⋯⋯⋯⋯⋯ 291
第一节　广播剧发展概观 ⋯⋯⋯⋯⋯⋯⋯⋯⋯⋯⋯⋯⋯⋯⋯⋯⋯⋯⋯⋯⋯⋯ 291
第二节　广播剧艺术的构成要素和基本特性 ⋯⋯⋯⋯⋯⋯⋯⋯⋯⋯⋯⋯ 301
第三节　微广播剧 ⋯⋯⋯⋯⋯⋯⋯⋯⋯⋯⋯⋯⋯⋯⋯⋯⋯⋯⋯⋯⋯⋯⋯⋯⋯⋯ 307

第十八章　电视剧 ⋯⋯⋯⋯⋯⋯⋯⋯⋯⋯⋯⋯⋯⋯⋯⋯⋯⋯⋯⋯⋯⋯⋯⋯⋯⋯⋯⋯ 313
第一节　电视剧发展概观 ⋯⋯⋯⋯⋯⋯⋯⋯⋯⋯⋯⋯⋯⋯⋯⋯⋯⋯⋯⋯⋯⋯ 313
第二节　电视剧的艺术特征与主要类型 ⋯⋯⋯⋯⋯⋯⋯⋯⋯⋯⋯⋯⋯⋯⋯ 322
第三节　中国电视剧的发展前景 ⋯⋯⋯⋯⋯⋯⋯⋯⋯⋯⋯⋯⋯⋯⋯⋯⋯⋯⋯ 329

第十九章　电视纪录片 ⋯⋯⋯⋯⋯⋯⋯⋯⋯⋯⋯⋯⋯⋯⋯⋯⋯⋯⋯⋯⋯⋯⋯⋯⋯⋯ 337
第一节　纪录片概说 ⋯⋯⋯⋯⋯⋯⋯⋯⋯⋯⋯⋯⋯⋯⋯⋯⋯⋯⋯⋯⋯⋯⋯⋯⋯ 337
第二节　国外电视纪录片发展概观 ⋯⋯⋯⋯⋯⋯⋯⋯⋯⋯⋯⋯⋯⋯⋯⋯⋯ 345
第三节　中国电视纪录片发展一览 ⋯⋯⋯⋯⋯⋯⋯⋯⋯⋯⋯⋯⋯⋯⋯⋯⋯ 354
第四节　电视纪录片的主要类型、特征及发展趋势 ⋯⋯⋯⋯⋯⋯⋯⋯⋯ 360

本单元主要参考文献 ⋯⋯⋯⋯⋯⋯⋯⋯⋯⋯⋯⋯⋯⋯⋯⋯⋯⋯⋯⋯⋯⋯⋯⋯⋯⋯⋯ 371
附录　《广播电视概论》第一至四版编写组 ⋯⋯⋯⋯⋯⋯⋯⋯⋯⋯⋯⋯⋯⋯⋯⋯ 373

第一单元

广播电视历史论

学习、研究广播电视,首先应了解什么是广播电视。

从学理层面说,凡是通过无线电波或导线向广大地区或特定范围传送声音和图像的电子媒介,统称广播。通过无线电波传送节目的,称为无线广播;通过导线传送节目的,称为有线广播。而根据传播符号的不同,广播又可分为声音广播和电视广播。也就是说,广义上的广播包括了广播和电视。但我们通常所说的"广播"仅指狭义上的广播,即只传送声音的电子媒体,其主要传播手段为有声语言、音响和音乐;"电视"则指既传送声音、又播送图像的电子媒介,其传播手段有声音,也有画面。

其次应了解广播电视的发展进程。

广播、电视都是人类20世纪的重大发明。一般认为,世界上第一家取得政府执照的广播电台是美国匹兹堡市的 KDKA 广播电台,开播时间为1920年11月2日;第一家电视台为英国广播公司(BBC)电视台,开播时间为1936年11月2日。

世界发达国家广播事业的鼎盛期在20世纪上半叶。20世纪30年代,美国总统富兰克林·罗斯福数次通过电台发表"炉边谈话"。通过无线电波,他亲切自然的声音和机智幽默的话语传到每一位守候在收音机前的听众耳中,为身处经济大萧条中的美国人带来了希望和信心。第二次世界大战期间,广播作为继海、陆、空之外的"第四战线",是人们了解战时信息和各国对外宣传的重要渠道。二战结束后,广播进入全盛时期,在传播信息、提供娱乐、教育大众以及引导舆论方面发挥了日益重要的作用,成为当时最具影响力的大众传媒。

电视事业的崛起是在20世纪下半叶。二战结束后,世界各国相继开办了自己的电视台,电视机也走进寻常百姓家庭。随着电子传输与显像技术的日趋成熟、节目内容与形式的日益丰富,电视逐渐成为最具影响力的传媒。

第一章

世界广播电视发展概观

第一节 世界广播电视的产生与发展

广播的渊源可以上溯到19世纪。1864年,英国苏格兰数学家、物理学家J. C. 麦克斯韦建立了电磁学的完整理论,并预言了电磁波的存在。1888年,德国物理学家H. R. 赫兹发表研究报告,以实验证明了麦克斯韦的理论。1895年,俄国科学家波波夫发明了无线电接收装置;次年,意大利电气工程师马可尼发明了无线电报机。几年之后,无线电技术进入实用阶段。

用无线电传送声音的实验开始于20世纪初。1906年圣诞节前夕,加拿大科学家费森登在美国马萨诸塞州布兰特罗克的实验电台进行无线电传送语言和音乐的试验并取得成功,人类第一次通过无线电波听到了自己的声音。1907年,美国科学家李·德福雷斯特在纽约帕克大楼的楼顶建立了一座实验广播电台。1909年,赫罗尔德和其妻子在加利福尼亚圣何塞开始用发射机广播,但未按播出时间表定期向公众播出。美国一些历史学家认为,它是美国第一家广播电台。1910年,德福雷斯特和费森登合作,实况转播了意大利男高音歌唱家恩里科·卡鲁索在纽约大都会歌剧院的演唱。1917年第一次世界大战期间,德国曾在西部战线进行无线电广播实验。1918年,苏维埃俄国在下新城设立无线电实验所。1919年,美国威斯康星大学建立WHA广播电台,播放市场行情和天气预报;同年,加拿大马可尼无线电报公司在蒙特利尔建立XWA广播电台,开始定时广播。同年,荷兰海牙的PCGG广播电台试播音乐节目。世界各地的广播实验陆续取得成功,预示着它即将发展成为一项独立的社会事业。

1920年11月2日,美国西屋电器公司在宾夕法尼亚州匹兹堡市所设立的KDKA电台开始播音,当日播出了沃伦·哈丁击败詹姆·考克斯当选为美国总统的消息。宾夕法尼亚州、俄亥俄州和西弗吉尼亚州的人们都收听到了这一广播。这是美国历史上第一家申领到政府执照的广播电台,因此,被公认为世界最早的正式广播。

从那时至今,世界广播电视的发展大致可分为三个时期:

一、初步发展时期(1920年至二战结束前)

广播最初主要是作为娱乐媒体使用的,但不久即成为重要的新闻传媒。第二次世界大战期间,无线电广播受到各交战国高度重视,国际广播发展迅速。电视的发展则相对延后,二战结束前,只有德国、美国、英国、苏联等少数发达国家涉足电视的研发和应用。

(一)广播

20世纪20年代,许多国家和地区都设立了广播电台,广播听众数量也与日俱增。在美国,1922年,"你要听空气中的音乐么"成为人们见面时的问候语①,一年后,全国收音机的数量已达250万台,收听广播"成了美国千家万户生活的中心"②。法国第一家正式电台巴黎电台成立于1922年2月;同年,苏联"共产国际广播电台"在莫斯科开播;当年11月14日,英国广播公司(BBC,British Broadcasting Company)在伦敦成立,1927年经政府批准,改组为公共广播机构,名称为"英国广播有限公司"。据统计,20世纪20年代开办广播的有英、法、苏、德、澳、中、日等40多个国家;30年代开办广播的有菲律宾、突尼斯、冰岛等近20个国家。到第二次世界大战前,欧洲和美洲大部分国家都已开创了广播事业。

广播日渐普及,新的节目内容和形式不断被创造出来,吸引了越来越多的参与者。尤其是在大萧条(The Great Depression,是指1929年至1933之间全球性的经济大衰退)期间,许多人"卖掉家具、衣服,却舍不得卖掉收音机,因为他们把收音机看作是同人类联系的最后一根链条。人们不管广播播送什么,都怀着极大兴趣收听。收音机是人们起居室里最显眼的一种摆设。"③广播在当时的社会影响力之大,可通过发生在美国的一个真实故事作为例证:1938年10月30日晚8点,哥伦比亚广播电台(CBS)播出了一部关于火星人入侵地球的广播剧《星际战争》(War of the Worlds)。在节目播出中间,突然插入一段"新闻"简报,煞有介事地报道所谓火星人入侵美国的消息。许多当地人信以为真,纷纷逃离家园。事后有关方面调查,当时至少有600万以上的美国人收听广播,其中有28%的人误认为这是新闻广播而受到惊吓。

正是由于看到了广播的神奇功效,各国政要纷纷利用电台发布新政,争取民心。美国总

---

① 高山:《无线电应用的推广》,《东方杂志》第19卷第11号。
② [美]戴维·哈伯斯塔姆:《媒介与权势-谁掌管美国(上卷)》,尹向泽等译,国际文化出版公司,2006,第14页。
③ [美]埃里克·巴尔诺、王银桩:《美国广播电视简史》,赵淑萍编译,北京广播学院新闻系内部发行。

统富兰克林·罗斯福的"炉边谈话"就是一个著名的案例。1933年3月12日,罗斯福就职总统的第八天,即通过无线电台发表"广播谈话",他以质朴的语言,商量的口气,向人们阐述了"新政"内容,迅速化解了长期郁结在公众心中的疑团和不满。在其任内,罗斯福经常以"炉边谈话"的方式进行广播演讲,上任仅九个月就在广播电台发表了20次谈话。对此,美国著名记者戴维·哈伯斯塔姆曾评论说,"它是美国广播业的第一喉舌。大多数美国人对那个年代政治的第一记忆,就是坐在收音机前,倾听总统的演说。……没有收音机的人,一定会走上几百码,到那些有幸买了收音机的邻居家去。政府如要影响公众,把美国人引入政治进程,将其注意力集中在福祉的源泉总统身上,广播具有最直接的意义。"①罗斯福也由此获得"广播总统"的美誉。

广播是一种可以轻易跨越国门的空中传媒,需要各国之间的齐抓共管。1925年,第一个世界性的广播组织——国际业余无线电联盟(IARU,the International Amateur Radio Union)在法国巴黎成立。1926年,国际业余无线电联盟举行了频率分配会议。1927年,总部设在比利时首都布鲁塞尔的国际天主教广播协会成立,目的是促进各国天主教广播团体的相互了解和合作。1932年,万国电信联盟与国际无线电联盟合并,成立国际电信联盟。这些早期的跨国联盟,对广播的频率分配和协调等问题进行了探索。

第二次世界大战的爆发,为国际广播的发展提供了千载难逢的机遇。战争开始后,报刊的出版、印刷和发行受到了很大影响,但人们对各种时政信息的需求却空前增长。这时,无线电广播迅速及时、无远弗届的优势就充分展现出来。"战争显示出整个社会如何信赖着它,掌权者们如何依赖着它。"②据统计,"1939年大战爆发时,共有27个国家办有对外广播,到1945年战争结束时,这个数字增加到55个国家,整整翻了一番。"③广播也不再像过去那样偏重于娱乐和信息服务,而是更多显示出新闻传媒的本色。各国政府纷纷开办国际广播,大打舆论战和心理战,广播成了海陆空三种军事力量之外的"第四战线"。其中,英国广播公司(BBC)使用的语言从9种增加到46种,每天播音时间达到125小时,被认为是当时的"第一广播大国"。苏联、德国、日本、美国、中国等参战国家也纷纷开办国际广播,开展对外宣传,出现了诸如莫斯科广播电台(Radio Moscow,开播于1929年)、德国国家广播公司(RRG,德语Reichs-Rundfunk-Gesellschaft mbH的首字母缩写)、日本广播协会(NHK,为日语"日本放送协会"にっぽんほうそうきょうかい的罗马音转写Nippon Hōsō Kyōkai首字母的缩写,成立于1926年)、美国之音(VOA,Voice of America,1942年成立)、中国国际电台(VOC,Voice of China,1940年1月重庆国民党中央广播电台启用)等享誉世界的国际广播机构。不仅如此,

---

① [美]戴维·哈伯斯塔姆:《媒介与权势-谁掌管美国(上卷)》,尹向泽等译,国际文化出版公司,2006,第15页。
② [美]戴维·哈伯斯塔姆:《媒介与权势-谁掌管美国(上卷)》,尹向泽等译,国际文化出版公司,2006,第122页。
③ 李彬:《全球新闻传播史(公元1500-2000年)》,清华大学出版社,2007,第352页。

一些国家的广播机构还派出战地记者奔赴前线采访,及时报道战况。美国哥伦比亚广播公司记者爱德华·默罗就以他主持的《这里是伦敦》(This is London)的现场报道而声名大噪。一些国家元首包括英国首相丘吉尔、苏共中央总书记斯大林、法国将军戴高乐等也纷纷通过广播电台发表演讲,动员人民同法西斯斗争到底。

由此可见,战争进程推动了广播的发展,也提升了广播的地位,使广播在当时成为无可置疑的强势媒体。而对广播听众来说,无论是在艰难困顿的经济危机年代,还是凄风苦雨的二战时期,收音机都是他们与外界联系的便捷媒介和日常生活的亲密伴侣。1939年,德国70%的家庭拥有收音机;1943年,美国家庭的收音机每户平均一台以上;在英国,虽然报纸拥有很大的读者群,但广播才是战况的主要提供者,英国人总是先从广播听到战况,然后再从第二天的报纸上阅读相应文字信息。1944年6月6日,英美军队在法国诺曼底登陆,开始大规模进攻,是广播最早报道了进攻的消息,当时广播的收听率达到了高峰。美国国家调查中心的一份报告证明,二战期间,对美国大众服务贡献最大的新闻媒介是广播,占67%。

(二) 电视

电视的英文名称源于希腊语,意为"远处"和"景象"。1900年8月25日,在巴黎举行的世界博览会上,法国人波斯基第一次将利用电波传送图像的实验称之为"Television",即电视广播,简称"电视"。

20世纪初叶,美、英、法、苏等发达国家纷纷加强对电视的研制,取得了许多突破性成果:1907年,美国科学家德福雷斯特发明的三极真空管不仅突破了广播的技术难关,也使电视机显像管设计逐渐走向成熟。同年,俄国学者罗津格得到了设计世界第一台电子显像的电视接收机的特许权。四年后,他又制成了利用电子射束管的电视实用模型,并用它显示出了第一幅简单的电视图像。1910年,俄国科学家兹沃利金研究用真空管接收电视图像。1923年,罗津格在美国发明了光电发像管(亦称电视摄像管),改进了电视摄影机。1925年,英国科学家贝尔德利用自己发明的设备,配合尼普考的扫描图盘,实验传输图像并取得成功。翌年1月,贝尔德在伦敦公开演示自己的发明,引起轰动。1927年4月7日,美国贝尔电话实验室在纽约和华盛顿之间使用有线的方式传送电视节目,播出了当时联邦商业部长赫伯特·胡佛的演说。1928年4月,美国全国广播公司(NBC)的WZXBS电视台获得了第一个实验电视广播的执照。同时被批准进行电视试验广播的,还有美国通用电气公司所属的WGY电台。1929年,英国广播公司(BBC)与贝尔德公司合作,在伦敦开设实验性电视台,进行定期电视广播。1931年10月,苏联在莫斯科用传送静止图像(照片)的方式开始实验电视广播。1932年,法国政府在巴黎建立第一座实验性电视台,进行不定期广播。1935年,德国成立了电视节目机构,并于当年3月22日开始在柏林播出定期节目。不过,世界上却普遍不承认纳粹时期的德国电视台为首家正式的电视台,而是把1936年11月2日开播电视节目的英国广播公司BBC作为世界上最早正式播出节目的电视台。

1938年,法国政府开始每天定时广播电视节目,节目通过巴黎埃菲尔铁塔上的发射台发送。不久,里昂等城市也相继开办了电视广播。同年,苏联在莫斯科和彼得格勒建立了两个电视中心。1939年3月10日,莫斯科电视台开始定期播出节目。

美国第一次正式开播电视节目是在1939年4月30日纽约世界博览会的第一天。这一天,全国广播公司(NBC)进行了长达三个半小时的实况转播。观众通过电视屏幕,第一次亲眼见证了罗斯福总统为开幕式剪彩的情形,罗斯福也因此成为第一位登上电视屏幕的美国总统。转播结束后,全国广播公司总经理戴维·萨尔诺夫(David Sarnoff)宣布,全国广播公司将使电视机进入千家万户。到1940年5月,美国已有23座电视台进行电视广播。同年,美国联邦通讯委员会(FCC)成立了一个各方均可接受的全国电视标准委员会(NTSC),以建立统一的电视标准。1941年1月,委员会提出了新的标准。这个委员会建立的标准后来被称为NTSC制式。据此,联邦通讯委员会规定,自1941年7月1日起,美国电视采用统一制式。同日,全国广播公司(NBC)、哥伦比亚广播公司(CBS)开始定期播出电视节目,主要是放映一些电影、百老汇的歌舞剧以及体育比赛等。

第二次世界大战改变了电视发展的轨迹。战争期间,除个别国家的少数电视台维持运转外,大多数电视机构均中断播出。绝大多数电视设备的生产与实验作业也因受到战争影响而被迫或主动停顿。

二、飞速发展时期(二战结束至20世纪70年代)

二战结束后,在世界发达国家,广播逐渐丧失了过去的领先地位,开始被电视所取代,电视在各国的发展速度惊人。但对外广播依然兴盛,在社会主义和资本主义两大阵营的对抗中继续发挥着独特的作用。而在广大的发展中国家,尤其是战后新独立的国家,战争的结束才是广播蓬勃发展的开始。

(一)广播

二战后社会主义阵营的崛起,引起了以美国为首的资本主义世界的恐慌。美国对苏联和其他社会主义国家采取了敌视和遏制的政策,在经济、政治、军事、外交、文化、意识形态等方面均采取对抗姿态。在此背景下,利用广播加强对外宣传,争取国际舆论支持,成为各国政府宣传机构的工作重点。二战期间兴起的国际广播继续迅猛发展。如1960年后,美国之音(VOA)和英国广播公司(BBC)开始用英语进行环球广播,日本广播协会(NHK)则用英语和日语进行环球广播。苏联莫斯科广播电台也于1970年后用英语和俄语开办了环球广播。这一方式突破了对象地区和广播时间的限制,便于扩大宣传范围,及时播发新闻。

在许多战后新独立的国家,发展广播事业也成为当务之急。"1950年,世界近50个国家没有广播设施,其中23个在非洲。1960年前后,没有电台发射机的国家数目减少到12个,其中7个在非洲。1973年左右,对世界187个国家和地区的调查表明,其中只有3个没有发射设备:不丹、列支敦士登和圣马力诺。"① 到1979年年底,世界绝大多数国家和地区都开设了广播电台。

和平时代的到来,为广播科技的研发和应用提供了适宜的社会条件。20世纪50年代,调频广播发展迅速。这种广播的优点是音质好、抗干扰能力强,尤其是在传送音乐节目方面具有很大优势,而且其频率资源相对丰富,维护改造费用较为低廉。仅美国,到1955年就已建立调频电台552座。

从广播所发挥的功能看,在实行商营体制的美国,二战结束后,各大广播公司纷纷将重点转移到了发展电视事业上来,原有的大型广播网渐趋衰落,向地域化、专业化和对象化方向发展,节目内容转向以娱乐化和新闻性、服务性为特色。而在实行公营体制的英国、日本等国家,广播节目就相对较严肃且富于教育意义。在另外一些新独立的国家,广播事业则被当作国家发展战略的一部分,由政府统一管理和使用,服务于民族发展和国家建设,并在大众教育和政治动员等方面发挥着巨大的组织动员作用。如中国、印度以及非洲和许多拉美国家。"发展中国家在过去20年里特别利用了这个工具。在发展中国家,无线电才是真正能称得上'大众'的唯一工具。在那里,人口中很大部分能收到无线电广播,而且拥有收听的手段。"在广大的发展中国家和地区,"还没有任何其他工具具有这样的潜力,影响如此多人,能够如此有效地起到消息报道、教育、文化和娱乐作用。"②

(二)电视

在战争期间停播或陷于停顿的电视事业,在和平到来后焕发出勃勃生机。1950年,开办定期电视节目的国家只有5个,1955年有17个,1960年增加了4倍。到20世纪70年代末,播送电视节目的国家已超过100个。③ 世界迎来了电视时代。

最早恢复电视播出的是苏联。1945年5月7日,苏联在其"无线电节"当天恢复了电视播出。1948年,苏联又将原先的343行扫描线标准改为625行,于11月开始试播。1949年6月,改建后的莫斯科电视中心正式播出。法国也迅速恢复了电视试播。1945年11月8日,法国政府颁布法令,成立法国广播电视公司(RTF)。从10月起,法国广播电视公司开始从埃菲尔铁塔播出电视节目。1946年6月7日,英国BBC恢复电视播出。其后,北欧、南欧、西欧的一些国家纷纷开办电视。1952年,加拿大广播公司(CBC)开始经营电视广播。到20世纪50年代末,英国每周的电视节目为640小时,苏联530小时,中欧400小时,法国220小时,澳

---

① 肖恩·麦克布赖德:《多种声音,一个世界:交流与社会,现状和展望》,中国对外翻译出版社,1981,第83页。
② 肖恩·麦克布赖德:《多种声音,一个世界:交流与社会,现状和展望》,中国对外翻译出版社,1981,第83页。
③ 肖恩·麦克布赖德:《多种声音,一个世界:交流与社会,现状和展望》,中国对外翻译出版社,1981,第84页。

洲210小时,北欧200小时,意大利180小时,加拿大100小时。

美国战后电视事业发展迅速,从战争时期的6家一下猛增到1946年的108家。1948年9月,联邦通讯委员会暂停受理新设电视台的申请。1952年4月,联邦通讯委员会重新开始受理新办电视台的申请,同时宣布保留部分电视频道供非商业台使用。全国电视台一下增容数倍,电视事业资金和营业值均跃居美国最大企业群之一。到20世纪50年代中期,美国的电视市场趋于饱和,成为世界上首屈一指的电视大国。

20世纪60年代后,电视机在发达国家日渐普及,电视节目更加富有吸引力,成为许多家庭接收外界信息的首选渠道。其中,电视娱乐节目和电视剧受到观众认可,而电视新闻节目则以其声情并茂、对事发现场的真实"再现"等优势,每每在重大问题或突发性事件发生时取得奇效。以美国为例,哥伦比亚广播公司(CBS)、全国广播公司(NBC)和美国广播公司(ABC)在报道历次总统选举、越南战争、"阿波罗"号航天飞机载人登月等新闻时,都充分展现了电视无与伦比的魅力,而哥伦比亚广播公司的电视新闻节目主持人沃尔特·克朗凯特则成为那一时代电视人忠实履行新闻职责的典范。克朗凯特1950年加入哥伦比亚广播公司(CBS),1962年起主持电视新闻节目,开始报道并评论美国大大小小的重要事件,包括肯尼迪总统遇刺案、阿波罗号载人飞船登月事件以及越南战争等。他主持的CBS黄金时段新闻节目《晚间新闻》曾连续20年在美国电视新闻收视率排行中遥遥领先。根据1972年的一项民意调查,克朗凯特的声望远远超过了美国总统和副总统、美国参议院和众议院议员、民主党总统候选人和所有的其他记者,是"全美国最受信任的人"。[①] 电视对美国民众的影响力由此可见一斑。

这一时期,电缆电视的出现改善了电视传输的效果,也扩充了电视频道容量。电缆电视也称有线电视(英文缩写为CATV)。它于1949年最先出现于美国。由于当时一些地区(团体)没有电视服务,有些地区(团体)的地理位置处于电视广播覆盖区的边沿(或覆盖区之外),还有的是因为障碍物阻碍了该地区(团体)的电视接收,因此,人们尝试通过传输电缆传输电视信号。电缆电视容量大,不易和普通的空中播出电视产生干扰,也不受雷电等外界因素的干扰,同时具有双向传递功能,因而出现不久即很快推广开来。美国最早开办的有线电视节目公司为成立于1972年的"家庭影院"(HBO,Home Box Office)。HBO起初并没有自己的原创节目,只是一个电影播出渠道,影响也较小。之后该台利用通信卫星传送节目,并加大原创电影的播出比例,逐步发展为世界知名的电影频道。

发展中国家的电视事业直到50年代才刚刚起步。1950年,南美的墨西哥、巴西和古巴开办电视;1953年,亚洲的菲律宾开办电视。到1955年,开办电视的国家有菲律宾、泰国、摩洛哥、波兰、捷克斯洛伐克、哥伦比亚、委内瑞拉、巴西、阿根廷、古巴、多米尼加等。1957年,

---

① [美]戴维·哈伯斯塔姆:《媒介与权势—谁掌管美国(下卷)》,尹向泽等译,国际文化出版公司,2006,第477页。

中国香港"丽的呼声"电视台开播。1958年5月1日,中国大陆首家电视台——北京电视台(中央电视台前身)成立并实验播出。1960年到1970年,开办电视的发展中国家迅速增多。

由于电视是高投入、重装备、高技术的产业,在广大发展中国家,受经济和技术条件所限,直到20世纪80年代初,电视机仍是少数人的所有物。"某些国家的节目内容表明,它主要是为地方上层人士和外国移居者社会服务的。尽管电视机有了明显的增长,可是,在大约40个国家里,有电视机的家庭不到10%,在一半以上的国家里,有电视机的家庭还不到一半。与收音机相比,一台电视机的费用超出了一般家庭的收入;社团共有的电视机(例如放在村社大厅里的)只是部分地减少了这种局限性。而且,它的波段有限。这就是说,能收看到的主要是城市居民,农村人口却只有很小一部分。再与无线电广播相比,编制电视节目是件很费钱的事情,而穷国当然要优先考虑其他的事情。因此,荧光屏上大量时间充斥着本来是对发达国家的观众播放的进口节目;在许多发展中国家中,这类进口节目占了一半以上的播送时间。"①

三、变革时期(20世纪80年代至今)

20世纪80年代以来,卫星传播、数字电视、网络广播等新兴技术的次第出现,扩大了广播电视节目的传送范围,加剧了媒介之间的市场竞争,引发了持续不断的媒体变革。

(一)广播

首先,在电视机普及的地方,广播的收听市场逐渐萎缩。面对这一冲击,一些电台充分发掘自身潜力,力争以差异化战略谋得新的市场空间:一是细分节目内容,按节目类别设置不同的频率,如综合台、音乐台、新闻台、宗教台以及文艺台等;二是细分受众群体,按照不同的对象设置名称不同的频率,如老年台、青少台等;三是利用收音机便携易带等特点,拓展服务范围,开办交通台、气象台等。广播的类型化、分众化、本地化概念被强化,名目繁多的专业台纷纷涌现,广播在满足听众个性化需求上花样不断翻新。经过调整,广播事业逐渐走出低谷,重新赢得受众,并进入一个平稳发展时期。

其次,20世纪80年代以来,在传统的调频、调幅广播基础上,卫星广播等新兴手段的发明和应用,使广播的覆盖范围进一步扩大,以全球听众为对象的环球广播迅速崛起。其特点是"环绕全球""昼夜不停"和"传播新闻"。

最后,随着互联网的飞速发展,在互联网日渐普及的国家,广播上网成了实现其全球传播的最佳途径。世界范围的广播普遍开始向数字化、网络化方向转换,广播电台网站、电台App以及网络电台等新的传播形态不断涌现。而广播传播平台的拓展,意味着广播节目的生

---

① 肖恩·麦克布赖德:《多种声音,一个世界:交流与社会,现状和展望》,中国对外翻译出版社,1981,第84-85页。

产权被下放，"人人都有麦克风"，人人都可以成为广播业的内容提供者；由此也就出现了广播业者与听众关系的模糊与融合现象。在网络电台中，一些未受过专业培训但有深度、有特色的主播，同样受到听众的追捧。

如今，广播在人类社会的各个领域仍发挥着不可替代的作用，尤其是在地震等灾难到来时，无线电广播即时、便捷的传播优势依旧明显。

(二) 电视

1980 年以来，世界电视已由传统的黑白电视向彩色电视、数字电视和高清电视方向发展。在日新月异的现代科技推动下，电视业本身也在经历着深刻的变革。

1. 卫星直播电视。卫星直播电视是由设在赤道上空的地球同步卫星接收卫星地面站发射的电视信号，再把它转发到地球上指定的区域，然后由地面接收设备接收，供电视机收看。其最大优势在于只需有限的一至二颗卫星，就可向世界各地的家庭用户直播上百套电视节目。卫星电视直播技术于 1964 年首先在美国试播成功。1975 年，美国 RCA 公司利用 SAT-comI 首次将美国有线电视"家庭影院"（HBO）节目经由卫星传送，开启了通讯卫星转播有线电视的新时代。到 20 世纪 90 年代末，世界大多数国家都已开办卫星电视广播。

2. 高清晰度电视与数字广播电视。1972 年，日本率先提出在模拟信号电视的基础上研制高清晰电视，20 世纪 80 年代正式推出高清电视。高清电视的画面清晰度高，与传统的模拟信号电视相比优势明显。后来，美国提出了全数字高清晰度电视 HDTV，之后欧洲各国纷纷由模拟电视向数字电视过渡。我国也于 1999 年国庆 50 周年大庆之际，成功地实现了数字高清晰度电视的试播。"数字技术为广播电视带来了一场深刻革命的同时，人们又发现了这场革命更广更深远的意义，那就是这场革命的意义不单是数字电视本身，而是它为任何数字信息的广播开辟了新的航线，通过这条航线，数字广播技术将在未来信息社会中占有重要的地位。"①

3. 网络广播电视。IPTV 即交互式网络电视，是一种利用宽带网的基础设施，以计算机（PC）或"普通电视机+网络机顶盒（TV+IPSTB）"为主要终端设备，向用户提供视频点播、Internet 访问、电子邮件、电视游戏等多种交互式数字媒体个性需求服务的崭新技术。以互联网为传输渠道的网络电视打破了空间和国家的界限，可以很轻易地把信号传输到任何有网络的地方。

4. 手机电视。手机电视是指以手机为终端设备传输电视内容的一项技术或应用。目前这项技术仍在不断发展之中。

总之，借助卫星和互联网等技术手段，目前的电视信号可以轻易翻越国界，实现全球传播。这在 20 世纪 20 年代以前是难以想象的。

---

① 何淑贞、王日远：《广播电视的发展方向》，《中国有线电视》2000 年第 9 期。

目前世界知名的广播电视机构主要有：

1. 美国三大商业广播电视公司。一是全国广播公司（NBC，National Broadcasting Company）。总部设在纽约，是美国历史最为悠久的商业广播电视公司。原为美国无线电公司（RCA）子公司。1926年11月15日从纽约通过25家附属广播电台向全国广播，成为美国第一个全国性广播网，并逐步分化为红色和蓝色两个广播网。1928年7月20日始建W2XBS实验电视台，1931年10月30日试播，1939年4月30日正式播出电视节目。NBC创造了美国电视史上的数个第一：第一次播出拳击比赛，第一个播放棒球比赛和时装表演，第一个播放电影和音乐剧。1943年10月14日，根据联邦通信委员会的决定，NBC将属下的蓝色广播网售出。1965年，NBC率先推出了彩色电视节目。1989年又首次进行美国制式的高清晰电视实验。1996年，NBC与微软联手合办MSNBC频道，通过互联网向世界各地辐射讯息；1998年又和道琼斯公司联合开办CNBC频道，播送商业新闻和实时金融讯息，并在欧洲和亚洲设立了分支机构。二是哥伦比亚广播公司（CBS，Columbia Broadcasting System）。成立于1927年2月18日，最初总部设在费城。原为16家广播电台组成的独立广播业者联合公司，1928年，威廉·佩利（William S. Paley）将其购买后进行了一系列改革和重组，很快崛起为一大全国广播网。电视在美国成为主流媒体后，CBS挖走一批NBC的明星记者和演职人员，不到一年就从节目到收益全面超越NBC而一跃成为全美第一。CBS也是三大广播公司中第二个采用彩色电视信号播放的电视台，大多数电视网在1965年秋天才完成转换。2004年，CBS最先报道美军在伊拉克的"虐囚事件"，轰动世界。三是美国广播公司（ABC，American Broadcasting Company）。1941年春，联邦通信委员会决定，全国广播公司不得同时拥有红色广播网和蓝色广播网。1943年10月，爱德华·诺布尔（Edward John Noble）买下蓝色广播网，1945年6月15日正式使用美国广播公司的名称。1948年4月19日，ABC播出第一个电视节目《在角落里》；1954年取得"迪士尼乐园"和米老鼠俱乐部的播出权。1959年，ABC取得全美足球大赛、棒球大赛、拳击大赛等多项体育比赛的报道权；1961年推出"体育的疯狂世界"和"美国体育"节目，以体育报道与另两家电视网展开竞争。1977年，ABC播映了电视系列片《根》，连续8个晚上播放12个小时，轰动一时，观众达1.3亿，创造了美国电视史上收视率的最高纪录。20世纪70年代后期，ABC的收视率连续几年占三大广播公司的首位。1995年，该公司被美国迪士尼公司收购。2004年，ABC播放的《绝望主妇》《迷失》等剧目均成为当年黄金时段收视率最高的电视剧之一。

2. 美国有线电视新闻网（CNN，Cable News Network）。CNN被认为是世界上第一个24小时全天候播出新闻的频道，由泰德·特纳（Ted Turner）于1980年创办，总部设在美国佐治亚州首府亚特兰大，目前为时代华纳所有。1981年，CNN率先报道美国总统里根遇刺事件，引起轰动。1991年海湾战争期间，该台关于战争进程的现场报道吸引了全世界的目光，使其国际知名度得到提升。2001年，CNN成为全球第一个报道美国"9·11"袭击事件的新闻媒体。CNN的崛起在电视领域引发了一场革命，对电视媒介、电视新闻、电视理论等均产生了重要影响,其新闻操作模式被世界许多电视机构所效仿。有学者认为,CNN 重新界定了新闻的概念,新闻在过去是指已经发生的事情的报道,而 CNN 则把新闻变成了正在发生的事情的报道。

3. 美国福克斯广播公司(FOX Broadcasting Company)。1986 年 10 月在美国新创办的商业电视网,1987 年 4 月开始播出广播网联播节目,为世界传媒巨头鲁珀特·默多克所拥有。现已开办福克斯新闻频道(Fox News),通过有线系统传播,现在该频道与 CNN 均为美国最重要的两个新闻频道。福克斯出品过很多高人气的电视节目,如《豪斯医生》《X 档案》《24》《越狱》等;一些演员也通过福克斯的电视作品而走红,如金·凯瑞和约翰尼·德普等。

4. 美国音乐电视频道(MTV,Music TV)。MTV 电视台是维亚康母公司(Viacom Inc.)旗下成员。创立于 1981 年,1985 年为维亚康母公司所收购,是全球最大的音乐电视网。1996 年,MTV 全球音乐电视网开设了 MTV 亚洲频道。在 2002 年的亚洲电视大奖上,MTV 全球音乐电视台亚洲部荣获了"年度有线及卫星电视频道"称号,是全亚洲收视率最高并拥有最多年轻观众的音乐电视频道。2003 年 4 月,经国家广电总局批准,MTV 中国频道落地广东省,成为第一支落地中国内地的国际电视品牌。经过 30 年的成功经营,MTV 已从美国本土延伸到世界各地,包括拉丁美洲、亚洲、欧洲和澳洲等地,一跃成为全球最大的电视网络之一,覆盖了世界 166 个国家和地区的近 4 亿家庭用户。

5. 美国探索频道(Discovery Channel)。是由探索传播公司(Discovery Communications)于 1985 年创立的。其节目覆盖科学、历史、自然、科技、探险、侦查和探究等层面,是世界发行最广的电视品牌,目前到达全球 160 多个国家和地区的 3 亿零 6 百多万家庭,以 35 种不同语言提供 24 小时的高品质纪实节目。

6. 英国广播公司(BBC,British Broadcasting Corporation)。英国最大的新闻广播机构,也是世界最权威的新闻机构之一。1936 年 11 月 2 日,BBC 正式开始提供电视播送服务,二战期间被迫中断,1946 年重新开播。1953 年 6 月 2 日,BBC 现场直播英王伊丽莎白二世在威斯特敏斯的登基大典,全国约 2000 万人通过电视目睹了女王登基的现场实况。1991 年,BBC 开播全球新闻服务电视频道(BBC World Service Television),向亚洲及中东播出电视节目,1992 年年底节目覆盖到了非洲。2001 年完成全球覆盖。BBC World 提供高品质的新闻节目,同时经常播放一些在英国国内广受好评的纪录片。2009 年 1 月 14 日,BBC 开播波斯语电视频道,收视范围包括伊朗、阿富汗和塔吉克斯坦等地。2011 年 12 月,BBC 拍摄的纪录片《冰冻星球》陷入造假风波,受到观众批评。

7. 卡塔尔半岛电视台(Al Jazeera)。由卡塔尔政府于 1996 年投资创立。是一家位于卡塔尔首都多哈的阿拉伯语电视媒体。由于地处阿拉伯世界,半岛台在新闻制作手法上与 CNN、BBC 类似,但在新闻报道方面却有着不同西方的视角。如"9·11"事件后,它多次率先播放本·拉登和其他基地组织领导人的录像声明,一时声誉鹊起,引起世界关注,也受到阿拉伯人的欢迎,被誉为"中东的 CNN"。除新闻频道外,半岛电视台还开设有体育频道、生活频道、儿童频道、英语频道、国际频道等。如今,半岛电视台不仅拥有阿拉伯语、英语、土耳其语和克罗地亚语的新闻网站以及同名的 APP、推特和脸书账号,其新媒体短视频服务"AJ+"也颇为著名。此外,半岛电视台还在中国开设有微博和公众号服务。

8. 欧洲新闻电视台(Euro News)。欧洲新闻电视台成立于 1993 年,由 19 个欧洲公共部门电视频道共同所有,总部设在法国城市里昂,经费来源主要是广告收入和用户付费,使用英语、法语、德语、意大利语、葡萄牙语、西班牙语和俄语 7 种语言播报新闻。在欧洲,每天有 800 万观众收看该台节目,影响远远超过 CNN。

9. 日本广播协会(NHK,Nippon Hōsō Kyōkai)。又称"日本放送协会",是日本最大的广播电视机构,也是日本唯一的公共广播电视台。1925 年创办,1935 年 6 月 1 日开始以"日本广播电台"的名义对国外播音。二战结束后,1953 年再度开通国际广播。目前,NHK World 整合 NHK 在日本国内五个电视频道的精选节目,向全球五大洲的 170 多个国家及地区同步提供节目讯号。

10. 卢森堡广播公司(CLT,Compagnie Luxem-bougeoise de Telediffusion)。是欧洲最大的商业广播电视机构。1931 年 5 月成立,1932 年开始正式用英语和法语广播。第二次世界大战期间停办。1954 年 7 月取得电视广播权后改现名。1955 年 5 月,正式用法语播出电视节目。1984 年 1 月,开办对德语区广播的电视节目,名为"卢森堡新频道"(RTL-Plus)。卢森堡广播公司主要由法国、比利时出资,两国共占全部股份的 85%。公司主要财政来源是广播电视的广告收入,同时在国内外拥有节目制作、广告销售等子公司,是一个巨大的多种媒介企业。

此外还有世界电视网、英国空中电视台、英国世界电视台、法兰西国际电视、德国之声电视台、澳大利亚广播公司国际电视台、亚洲经济新闻台以及中国中央电视台等。

与广播业一样,互联网的飞速发展,也深刻地改变了电视业的原有生态,网络化生存成了各国电视台的普遍选择。电视台网站、电视 App、网络短视频等的大行其道,不仅重新定义了"电视"的内涵与外延,还对世界各国的媒体管制提出了新要求。然而正如政治经济发展的不平衡一样,世界各国的广播电视业虽然变革剧烈,但始终存在着严重的不平衡、不平等现象。世界主要的广播电视机构都分布在欧美发达国家,广播电视节目也往往是从这些国家传向不发达的国家和地区,或受到这些国家的直接影响。"决定着美国人能看到和听到周围世界发生了什么的大权,掌握在 ABC、CBS、NBC、FOX 和 CNN 这五大广播网的手里"[1];而决定世界人民能看到和听到周围世界发生了什么的大权,也掌握在极少数的世界性通讯社和广播电视机构手中。"世界的注意力就这样被西方传媒巨头引向了他们希望的地方。于是,少数西方强势媒体的声音成了国际舆论的基调,而广大发展中国家媒体的声音则被湮

---

[1] 郭纪:《新闻自由与媒体责任》,《求是》2009 年第 16 期。

没、被压制、被忽略。"①

第二节 世界广播电视体制沿革

按照《现代汉语词典》的解释,体制是"国家机关、企业、事业单位等的组织制度。"而广播电视体制则至少包含以下两层含义:一是仅就广播电视机构本身而言,指它的所有制和经营管理机制;二是就整个国家而言,指全国广播电视的格局以及国家进行法律和行政管理的方式。从整体上看,广播电视频率(频道)作为公共资源,在所有国家都受到政府的控制。国家或透过政策法令来规范和约束广播电视机构的运作方式与方向;或通过国家拥有即国营的模式直接传达国家意志;或通过它信任的私人资本以拥有股权的方式影响媒体经营。而具体到广播电视机构本身,则存在私营(商营)、公营和国营等不同的体制类型。

一、世界广播电视体制沿革

同任何新生事物一样,在较早研发和试验电台广播的国家,广播事业大都经历过一个短暂的自由发展期。不过当这一新兴事物的无序发展开始引起社会关注后,对它的政府规制便如期而至。

早期美国的实验广播电台并没有多少外在限制。1912 年,政府出台《广播法》(*Radio Act of 1912*),规定商务部和劳工部有权控制无线电频率的使用;同时规定商务和劳工部无权拒绝公民的申请,因为当时认为无线电波频率是够用的,由此带来了 20 世纪 20 年代广播电台数量的飞速增长。1927 年修改后的美国《广播法》(*Radio Act of 1927*),提出了私人广播机构是公共受托人的理念,并且"要以确保公共利益为依归。"1934 年,美国政府又将 1927 年《广播法》修改为《传播法》(*Communications Act of 1934*)。依据该法,联邦广播委员会(FRC)改组为联邦传播委员会(FCC),管理传播服务,即管理广播电视和电信两大部分。之后在这一机构的监管下,美国广播电视业始终坚持以私有商营为主导的体制,也就是广播电台电视台为私人拥有,私人经营,但需在政府统一规管下遵循一定的指导原则。美国著名的广播电视机构如 CBS、NBC、ABC 以及 FOX、CNN 等均系私营。1967 年,经美国国会批准,依据联邦政府公共电视法案,美国成立了由 354 个加盟电视台组成的非营利机构——公共电视网(PBS)。之后还成立了部分依靠国家津贴及福利机构、私人团体、大公司或学校资助的公共电视台(教育台)和国家、州政府、军队或宗教团体经办的非营利性广播电台或电视台。但它们在整个广播电视行业中所占的份额不大,无论从规模还是影响看,都不过是私营台的补充。因而

---

① 郭纪:《新闻自由与媒体责任》,《求是》2009 年第 16 期。

在总体上，美国的广播电视仍属于私有商营型体制。

英国走的是另外一条道路。1922年，由6家大电器制造商和数家小电器公司联合组建的英国广播公司（BBC）经由邮电大臣授权成立。公司草创时的初衷，是建立一个覆盖全国的广播传输网络，以为今后的全国广播提供便利。为了使广播免于商业机构和邮电部门的控制，建立一个全国性、社会性、宗教性和民主性的节目体系，使广播服务"超越利润和娱乐"的狭窄视野，在BBC总经理约翰·里斯的坚持下，1926年底，商营BBC改组成为公营BBC，并首次获得十年的皇家特许经营权，于1927年开始广播。根据当年的《皇家宪章》规定，BBC是特许经营广播的公共服务机构，属于国家所有。作为公共广播机构，BBC禁止播放商业广告和付费节目，其经费来源主要是听众缴纳的执照费。《皇家宪章》在法律上保障了BBC作为媒介的相对独立性，又确保BBC在经济上排除受商业利益直接左右。"在这一时期，BBC被它的总经理约翰·里斯的观点所支配，里斯把BBC视为独立广播的典范，认为它不但背负着向全英国人民提供教育、资讯和娱乐的使命，而且是独立的，既不受任何政治的干预，也不屈从于商业压力。"①其后BBC垄断英国广播业超过四分之一世纪。

这种体制优势很快得到西欧许多国家的认同，公共体制一度在西欧的广播电视体制模式中占据了垄断性地位。

世界上第一个社会主义国家苏联，实行的是国有国营的广播电视体制，即广播电视为国家所有，由国家经营，分中央、加盟共和国和地方三级。每一级广播电台和电视台都接受同级广播电视部门的领导，同时也接受同级当地政府的领导。在苏联之后建立的东欧社会主义国家以及二战后新独立的发展中国家，许多都选择了这一体制模式。

任何事物都具有两面性。一种制度或体制一旦固化，必然是有利有弊。从20世纪50年代开始，一些过去实行单一体制的国家，纷纷放弃了原有模式，而采取了公私并营的双轨制。如日本、英国、德国和西欧的许多国家。日本国会于1950年颁布《广播法》《电波法》和《电波监理委员会设立法》（统称"电波三法"），允许商营广播电视机构的合法存在，并开始实行公商并营的广播电视体制。而在最早也最成功推行公营体制的英国，1954年开始引进私营电视，1973年又开始试行商业广播，由此步入"公商并营"的双轨制时期。法国1982年通过新的《视听通信法》，允许私人经营广播电视业，同时把一部分国营广播电视机构转让给私人资本经营，自此进入私营电台和国营电台并存的双轨制时期。据有关资料显示，20世纪70年代中期，西欧各国公共电视市场占有率基本上为100%。但20年后，德国是69%，意大利是46%，法国是33%，荷兰是58%。②

在苏联，1990年7月14日，苏共中央总书记戈尔巴乔夫发布《关于苏联电视和广播民主化和发展的命令》，提出要制定法律，据以规定广播电视与政府和政党的关系，扩大地方权

---

① 李书藏：《公共广播电视体制的首席设计师——约翰·里斯与BBC》，《中国广播电视学刊》2007年第7期。
② 谢勤亮：《西方广播电视体制的困境与转型》，《中国记者》2006年第1期。

力,并明确提出,广播电视独立于政治和社会组织,"不允许任何政党、政治派别或集团对广播时间进行垄断,以及使国家的电视和广播变为其工作人员宣传其个人政治观点的工具"。这个命令的发布,使得苏联广播电视的性质发生了根本变化。1991年2月8日,戈尔巴乔夫又发布关于解散苏联国家电视和广播委员会,成立全苏国家广播电视公司和全苏广播电视理事会的命令,使苏联的广播电视进入了"非党化"时期。1991年12月,苏联解体,27日,俄罗斯总统叶利钦发布命令,撤销全苏国家广播电视公司,成立俄罗斯国家电视广播公司。苏联的各加盟共和国成为独立国家后,也相继建立了各自的广播电视机构。过去大一统的国营体制一去不返。

1980年后,许多发展中国家也逐步放弃了单一的国有国营体制,允许创办私营的广播电视机构。

二、当今世界主要的广播电视体制类型及其特点

从国家层面看,当今世界的广播电视体制大致可分为三类:一是以美国为代表的以私有制为主体的商营体制;二是以西欧、日本为代表的公私兼顾的双轨制运作体制;三是以中国为代表的完全国有的有限商业运作体制。

(一)以美国为代表的以私有制为主体的商业化运作体制

如上所述,美国的广播电视事业向民间开放,允许民间自由经营,自由转让。广播电视机构的言论自由受到美国法律保护,只对法律负责,而不对政府负责。虽然历届美国总统和政府官员都把广播电视当作影响舆论的讲坛,但他们只能通过举行记者招待会和发表讲话的方式向国内外公众阐述自己的政见和政府政策,无权向广播电台电视台发出指令,更无权对各私营广播电视机构播出的节目进行直接干预。在这一体制框架下,联邦传播委员会(FCC)作为美国广播电视制度的最高设计管理机构,其职权范围包括电台和电视台的分类,频率的确定,办台申请之核准以及执照的颁发与更换,督促各电台电视台依据传播法之规定,服从公众利益之精神等;但它不能干涉电台和电视台的具体业务,对于广播电视节目不得检查,更不得指示电台电视台取消或播放什么节目。

为了赢得更多利润,私营的广播电视机构必须为抢夺市场而努力。这就需要他们不断改进节目内容,扩大经营规模,并寻求灵活多变的适应社会变化的媒介管理方式。竞争的结果,一方面使电台电视台的节目内容丰富,时间增加,时效提高,广播电视传播的技术不断更新,也培养了一批优秀的娱乐节目主持人、新闻评论员和记者;另一方面,这种竞争也带来很多弊端,为了提高收听率、收视率,在激烈的竞争中击败对手,各大广播电视机构都特别重视新闻的刺激性和戏剧性,对一些有"市场价值"的新闻详细报道,大加渲染。如1991年洛杉矶市发生四名白人警察殴打黑人青年罗德尼·金的案件,本是由于酒醉并超速驾车的金拒

捕并攻击警察引起,但在之后长达一年多的时间里,ABC、NBC 和 CBS 这三大电视新闻网和有线电视新闻网(CNN)却反复不断地只播映四名警察野蛮殴打罗德尼·金的录像画面,而刻意剪掉了涉案嫌疑人攻击警察的镜头。新闻媒体用偏离事实真相的"司法新闻"误导民众,在法院做出判决之前,已经用被删剪的电视画面预先提供了警察有罪的证据,致使绝大多数民众在法庭审判前就已认定涉案警察恶贯满盈,罪责难逃,因而影响了案件的审理和判决。一些娱乐节目或谈话节目中故意制造冲突,乃至频频挑战人伦底线等低俗现象在电视中的泛滥,也受到舆论的普遍谴责。更为严重的是,经过激烈的市场竞争,必然会产生广播电视的垄断,进而导致舆论操纵。与之相应,广告客户和代理商在美国的广播电视领域有相当的发言权,甚至能直接影响电台和电视台的经营业务,因为电台电视台的经费来源主要就是广告。

美国商营广播体制的弊端已广为人知。因而在世界范围内,这种体制占主导地位的国家和地区较少。

(二)以西欧、日本为代表的公私兼顾的双轨制运作体制

在保留、维护原有的公营(国营)广播电视机构的同时,引进商营的广播电视机构与之竞争,是当前许多西方资本主义国家普遍实行的广播电视体制模式。这种体制的理论前提,是承认广播电视可以由人民以商业方式经营,但为了使广播电视达成提高国民文化水平、服务民主政治与提供高尚娱乐之三大目标,又主张广播电视事业应以公营为主,以商营为辅。公营台以视听费为主要收入来源,私营台则以广告为主要收入来源。

从理论上讲,实行公商并营,不仅可享有商业广播电视的好处,还能发挥公营广播电视的教育功能;不仅有助于保持国家政治上的多元化,维护西方的民主制度,还可以从不同渠道获得收益,避免在有限的广告市场上恶性竞争,自相残杀;而以保留公营台来维护本民族文化传统,可避免外来商业文化的长驱直入。但实践却证明这种制度仍难尽人意:以电视为例,由于收看电视的排他性——每个人不能同时收看两家电视台的节目——而把高雅的教育性节目与媚俗的娱乐性节目放在一个平台竞争时,谁更吸引观众是不言而喻的。以至于公营电视难以维持其广大的观众,从而难以发挥主导作用;与之相反,商业电视台的娱乐节目迎合观众趣味,反而能维持很高的收视率。更为重要的原因是,商业电视节目无须缴费即可收看,公营电视却必须缴纳一定费用才能收看,因而在实行双轨制的国家,竞争的结果往往是公营台渐处下风。

(三)以中国为代表的国有国营体制

国有国营型广播电视体制主要分为两种情况:一种是中国式的社会主义国有模式。在中国,电台、电视台均为国有国营,其经费来源过去长期只有政府拨款一个渠道,1978 年实行

改革开放,广播电台和电视台开始事业单位、企业化运作,有了盈利任务和途径。在职能上,各级电台、电视台一方面是党和政府的宣传机构,承担着宣传党、政府的重大理论、方针、政策的职责,是党和政府的耳目喉舌,另一方面还要尽量满足听众和观众对新闻、娱乐等的需求,满足人民日益增长的精神需求;同时还要实现经济创收。为确保广播电视与党、政府的一致性,电台、电视台的台长及其他主要领导干部由同级党委或政府任免、考评及培训,党委和政府经常向电台和电视台发布宣传指令,以规范宣传口径,对广播电视节目的审查也较为严格。另一种是老挝、斯里兰卡等一些发展中国家的国营体制主导模式。由于这些国家独立晚,国内政治、经济和社会民族问题亟待解决,政局的稳定压倒一切,执政者自然将广播电视作为宣传工具而牢牢把持在手中。在此前提下,允许极少量的私营台存在。

国有国营的广播电视体制也是利弊参半。其优势体现在节目的品位高、严肃,很少或根本没有刺激性内容,广播电视在公共教育、文化普及等方面的作用能得到最大限度的发挥,这是商业电台和电视台难以比拟的。其弊端则体现在由于不能按市场规律运作,虽然各国营电台电视台之间也有竞争,也有"优胜劣败",但迄今只有政府行政控制下的合并、扩建或重组,却未出现"优胜劣汰"或"优胜劣并"的结果。

本章思考题

1. 简述世界广播电视发展的大致轨迹。
2. 何谓广播电视体制?世界各国的广播电视业主要有几种体制类型?各自的特点是什么?
3. 举例说明目前世界广播电视发展中存在的不平衡和不平等现象。

第二章 中国广播电视发展概观（一）

第一节 中国广播电视的发展历程

中国最早的广播电台出现于1923年，是由外国商人在上海租界内开办起来的。此后，国内广播电视业的发展大致可分为三个时期：

一、广播事业的早期发展（1923—1949）

从1923年至1949年新中国成立前，战火连年，社会动荡不安。由于客观条件的制约，广播事业的发展相对较为迟缓。

1922年年底，美国商人奥斯邦运入中国一套无线电广播设备，并与上海的英文《大陆报》馆合作，在上海广东路3号大来洋行屋顶设置了一座发射功率50瓦的"大陆报——中国无线电公司广播电台"（简称"奥斯邦电台"），于1923年1月23日晚八点正式播出节目，开中国境内无线电广播事业之先河。此后，又相继有外商在上海等地设立了几家无线广播电台。

早期外商来华创办电台的初衷，多是为了推销本公司经营的无线电器材。作为人类文明发展与科技进步的一项重要成果，广播传入中国的积极意义是毋庸置疑的。但若把这一事件放在大历史的背景下进行考察，不难发现，它是西方帝国主义侵略的产物。近代以来，在西方列强的不断掠夺中，中国逐步沦为一个半殖民地国家。与帝国主义的侵略行为相伴随，许多先进的科学技术、文化观念等陆续被引入中国。无线电广播便是其中之一。当时，北洋政府虽明令规定不许外国人在我国境内私设电台，但由于旧中国的半殖民地性质和租界地带的特殊性，虽经中国政府多次交涉，但租界内的几家外商电台依然我行我素。

真正由中国人自己创办的官营电台,直到1926年10月才在哈尔滨出现,这就是在奉系当局支持下成立的哈尔滨无线广播电台。此后,在中国早期的地方广播管理机构——东北无线电长途电话监督处的积极筹备下,又先后在天津、北京、沈阳三地设立了几所官办广播电台。1927年3月,上海新新公司广播电台成立,为中国民营广播之滥觞。至南京国民党政府成立前,中国境内先后出现了十几座广播电台,但尚未有全国性的广播电台。其中既有官办的,也有民营的;既有中国人筹建的,又有外商设立的。这些电台的发射功率一般都比较小,节目覆盖范围也仅限于广播电台所在地及其附近地区。收音机的社会拥有量很低,广播的影响甚小。

1927年4月,以蒋介石为首的国民党右翼势力控制了国内政局,在南京建立起"统一"的国民党政权。南京国民政府重视发展广播,视广播电台为"党国喉舌",将其作为推行内政外交的重要宣传工具,不仅致力于建设覆盖全国的党营广播事业网,还积极制订政策,推动和规范民营广播事业的发展。1928年7月,国民政府建设委员会公布了《中华民国无线电台管理条例》;8月,南京国民党中央广播电台开播;12月,政府又公布《中华民国无线电台条例》,明确规定广播电台得由"人民设立",允许民间资本涉足广播事业。30年代初,一大批民营电台在上海、天津、浙江、江苏等地兴起,广播事业一度得到快速发展。据统计资料显示,至抗日战争爆发前,在国民党统治区,共有各类官办、民营广播电台78座,总发射功率120多千瓦,全国收音机20万台。① 1936年,国民党中央广播事业指导委员会还制订了一套详尽的管理与发展广播事业计划,意在大力扩张党营广播,规范民营电台;同时,国家资源委员会也草拟了一个预计投资为2.7亿元的五年工业计划,打算在内地筹建一批以生产收音机和电子设备等为主要产品的工业区,推动民族电子工业的发展。但未等付诸实施,抗日战争即告爆发,这一计划也就此搁浅。②

与纷乱的时局相对应,全面抗战爆发后,中国大陆领土内出现了三种不同性质的政权,即国民党政权、共产党政权和日伪政权。在不同的政权控制区内,又分化出五种不同类型的广播事业:"即大后方的国民党广播事业、沦陷区的日伪法西斯广播事业、沦陷区的民营广播事业、抗日根据地的人民广播事业以及苏联广播电台和美军广播电台。"③在国民党统治区,抗战爆发不久,中央台即停止了在南京的播音,随后由汉口广播电台、汉口短波广播电台和长沙广播电台联合接替了中央台的播音。1938年3月,中央台在陪都重庆恢复播音。以"非常时期"为理由,国民党当局对民营电台采取了严厉的限制措施,甚至禁止开设民营电台。一时间,国民党党营广播垄断了大后方的广大地区。在沦陷区,日伪政权一方面控制了原有

---

① 赵玉明主编:《中国广播电视通史》(上卷),北京广播学院出版社,2000,第256页。
② 费正清主编:《剑桥中华民国史》(二),上海人民出版社,1991,第176页。
③ 赵玉明主编:《中国广播电视通史》(上卷),北京广播学院出版社,2000,第58页。

的通信与广播设备,另一方面还大肆开办电台,并强迫中国人使用由他们提供的廉价收音机,接受他们的奴化宣传。

此外,抗战爆发后,为加强日寇占领下的上海的宣传工作,苏联政府于1941年在上海设立了苏联呼声广播电台。抗战后期,美国军队也进入中国,参加对日作战,在广西、云南、四川等地设立了美军广播电台。这些美军电台一般电力较小,主要面向美军官兵,播出了一些有关军纪、军中娱乐等节目。

在抗日战争最艰苦的岁月,1940年12月30日,在革命圣地延安的一座窑洞里,中国共产党领导下的延安新华广播电台(呼号XNCR)诞生了。该台播出的节目内容有中共中央重要文件、《新中华报》《解放》周刊及《解放日报》的重要社论和文章、国际国内的时事新闻、名人讲演、科学知识、革命故事以及音乐戏曲节目。尽管节目的内容尚显粗浅,形式不免单一,电台规模和影响很小,但它发出的却是中国人民正义的呐喊和不屈的怒吼。由于条件艰苦,设备简陋,延安新华广播电台的播音时断时续,一直持续到1943年春天才暂时停播。

抗战胜利后,国民党当局接收了原日伪沦陷区的绝大多数广播电台,并在此基础上大力扩张其党营广播事业网,党营广播事业的发展一度超过了战前规模。但以1946年国共交战为分水岭,国民党的党营广播事业又逐步走向衰落。随着人民解放军由自卫到反攻的节节胜利,国民党在大陆的广播事业不久即土崩瓦解。在国统区,上海、北京、天津等地的民营广播曾一度复苏,南京、北平等地的新建电台也不断涌现。据统计,1946年年初,仅上海一地的民营广播电台就已达43座,远远超过了战前的数量和规模。但由于受到当局的多方钳制,加上政局动荡,民不聊生,因而民营广播的发展空间极为有限。

与之相反,在共产党领导下的解放区,人民广播事业的力量却日益壮大。1945年8月中旬,延安新华广播电台即宣布恢复播音。1947年3月14日,延安新华广播电台迁移至陕北子长县,更名为陕北新华广播电台;1947年3月29日,陕北新华广播电台迁移至太行山区涉县播音;1948年5月,陕北台迁移至河北省平山县;1949年3月25日迁移至北平,改称为北平新华广播电台,实质已担负起了全国性中央台的任务;1949年9月27日,北平新华广播电台改称为北京新华广播电台;1949年12月5日,北京新华广播电台改称为中央人民广播电台。随着许多大、中城市的相继解放,利用接管的原国民党广播设备,一批人民广播电台也陆续兴建起来。至新中国成立前夕,全国各地已成立人民广播电台近40座。

可以看到,无论北洋军阀政府,还是后继的国民党政府、日伪政权,以及共产党领导下的抗日根据地与解放区政权,虽然都在一定程度上发展了自己的广播事业,但从全局来看,这一时期的广播事业始终处于一种无序的分割发展状态。当然,在那风云动荡的时代,是不可能出现一个强有力的机构或组织来对广播事业进行通盘设计和长远规划的;至于持久运营的广播电台,也就更不现实了。这样的结果,客观上便导致了连续性的、可持续发展的广播事业体系始终没有在旧中国出现。

如果说广播电台的数量增长和规模扩张属于广播事业的硬件建设的话,那么,广播传播的内容与形式,即传播的信息、内涵则应属于广播事业的软件建设。民国大陆时期的广播事业除日伪电台外,集结了一批科技、文化界精英,传播了许多有益的政治、经济、文化以及科技等方面的信息,为推进中国社会的现代化转型发挥了一定的积极作用。

由于这一时期的广播事业是多种所有制并存,创办电台目的不同,各电台广播在内容与价值取向上自然也就存在较大的差异。以国民党中央台为代表的政府官方电台,出于政治宣教、文化传播等服务于政党统治的目的,偏重于播出一些相对严肃、格调较高的内容。如南京中央电台正式开播的第二天,国民党《中央日报》即刊登通告:"嗣后所有中央一切重要决议、宣传大纲以及通令、通告等,统由本电台传播"[①],显示出该台鲜明的政党"喉舌"属性。至抗日战争爆发前,国民党中央电台的播音,主要包括了宣传、演讲、教育、新闻和娱乐等五大类。抗战期间,国民党广播电台以及绝大多数爱国的电台都以极大热情投入到抗日宣传的洪流中;但在抗战进入相持阶段后,国民党电台中却又不时充斥着诸如"曲线救国""一个政党、一个领袖"等积极反共、消极抗日的反动论调。到解放战争时期,出于反共的政治需要,国民党电台甚至屡屡造谣,传播了许多变形、夸张以至无中生有的虚假信息,从而使听众逐渐对其失去了信任。

而就外商广播和民营商业广播来看,为了销售更多的无线电设备,或赚取更多广告份额,多数创办者和经营者都注重对广播内容与节目形式的设计,注意安排一些贴近市民趣味、与日常生活紧密相关的娱乐类、新闻类及市场行情类节目,以吸引受众收听。这样一种尊重受众、吸引受众的传播理念,固然是值得肯定和称道的,但其出于商业动机而一味迎合受众、降低受众,有时甚至完全脱离现实政治、忽视社会道德建设的做法,却又不免为时人所诟病。众所周知,为了吸引听众,30年代上海的民营电台曾一度靡靡之音泛滥,表现出明显的市井化和庸俗化取向,以至被有识之士斥之为"宣传肉麻文学"的代表[②]。但业内人士也清醒地认识到,这一问题并非电台一方的责任。"惟主播音台事者,孰不愿增加学术节目,利用广播,以助国民教育哉。但播音台之维持,大都赖于广告,而广告者之所求,则以听众之心理为依归,方可尽宣传之能事,是播音之节目问题,亦不可独责之播音者也。"[③]

与上述电台不同,共产党领导的广播事业从开播第一天起,就把"党的喉舌"与"人民喉舌"的统一作为其办台宗旨。延安台创办后,不仅准确及时地宣传了党的各项方针政策,而

---

① 南京《中央日报》1928年8月1日第8版。转引自赵玉明主编《中国广播电视通史》(上卷),北京广播学院出版社,2000,第24页。
② 赵玉明主编:《中国广播电视通史》(上卷),北京广播学院出版社,2000,第40页。
③ 苏祖国:《播音与教育》,《中国无线电》1934年5月5日第2卷第9期。

且注意紧密联系群众,听取群众意见,把为群众服务、当好人民"喉舌"作为电台工作的基本方针。1946年元旦,延安台曾播出一篇《自我介绍》的稿件,申明该台的宗旨是"使得各位了解人民政党、人民军队和人民自己建立起来的解放区的情形,了解它的主张和事业"。人民广播事业既然是"人民的喉舌,民主的呼声,那么就应该大家来管理它,利用它,掌握它","人民大众的号角要由人民大众来鼓吹"。① 在其播出的另一篇文章《大家办广播》中又强调指出,延安台将"歌颂人民的业绩、英勇、智慧、机警与才能②。它将驳斥反人民的造谣、污蔑以及无耻谩骂",希望大家"充分地享受它……充分地利用它";"你有意见,你有主张,你要代表人民讲话,那么你就写成稿件,至少是供给材料,由 XNCR 代你转播吧。但是大家听,这还不够,还必须大家讲。大家的耳朵加上大家的嘴巴,才能算是两全其美!""XNCR 是我们的,是中国人民的,要全力经营,要大家办。"③同年延安台还曾向社会发布公开信,广泛征求听众意见,并尽量满足大家的要求,积极改进和丰富节目样式。这些措施的实行,都有效地提高了延安台的工作质量,扩大了延安台的社会影响,从而赢得了广大听众的信任。许多国统区和沦陷区听众都曾冒着生命危险收听延安台广播,并称它为"黑夜中的指路明灯""精神上的安慰和希望"。

  由于经济和技术条件的落后,广播事业落地中国的20多年间,广播收音机却一直没有像欧美发达国家那样普及到一般大众,广播的声音并没有真正传向大众。这是因为,对广播媒体而言,技术问题的解决只是为其出现提供了必要的条件,社会需求与相应的经济支撑才是推动这一事物发展的根本动因。

  诞生于自由资本主义阶段向垄断时期过渡的广播事业,由于其超越时空、机动性强、信息传递及时等优势,一经在西方发达国家出现,即顺应了时代需求,展现出蓬勃旺盛的生命力;而收音机在原产地国家由于低廉的价位,也为广大平民的消费提供了可能,因此,广播出现不久即迅速普及。中国却不同。起步于北洋政府统治时期的广播事业,由于"先天不足"——从一开始,它就打上了深深的经济和文化侵略的烙印;后天又严重"营养不良"——广播虽被引入中国,但起初广播的一应设备包括从发射机到接收机等主要元件,国内均不能独立研制和生产,均需依赖进口,这无形中大大提高了广播事业成本。对于经济落后的旧中国,欲在这样的基础上实现无线电广播的发展与普及,显然是困难的。因此,虽然从北洋政府到国民党政府,甚至是日伪政权都非常重视广播的宣教作用,注意发展和扩张自己的广播体系,但直至新中国成立前夕,全国收音机的拥有量却只有约100万架(其中还包括日伪统治时期在沦陷区强行推广的几十万架廉价收音机)。若按当时全国人口为4亿计算,平均每

---

① 杨兆麟、赵玉明:《人民大众的号角——延安(陕北)广播史话》,中国广播电视出版社,2000,第32页。
② 同上。
③ 杨兆麟、赵玉明:《人民大众的号角——延安(陕北)广播史话》,中国广播电视出版社,2000,第33页。

400人才拥有不到一架收音机;而且,这些收音机又大多集中在东北、上海、天津等大中城市,农村则基本没有收听工具。那时,广播收音机是上等人家昂贵的摆设,对于收入微薄的绝大多数国民尤其是温饱问题尚未解决的广大农民而言,收音机还属于极为罕见的高档消费品。中国是一个典型的农业国家,绝大多数为农村人口。而主要分布于大、中型城市的广播电台和以城市受众为对象的广播传播,是不可能、也不会顾及农民群体的信息需求的。这一时期广播事业发展中的偏失,一定程度上也正是当时社会经济、政治结构严重失衡的一种表征。

二、国营广播电视业的全面推行(1949—1978)

1949年10月,中华人民共和国成立。至改革开放前,在党和政府的领导下,广播电视事业尤其是有线广播事业发展迅速。尽管如此,这一时期广播电视事业的发展却还只能算是一种相对片面的发展。主要表现为:第一,广播电视事业建设主要是适应党和政府的宣传需要,在计划经济体制下的行政指令性发展;第二,广播电视传播在总体上呈现出一种以传者为中心的偏于政治化的倾向。

党和政府非常重视广播事业建设。中国人民政治协商会议第一届全体会议通过的《中国人民政治协商会议共同纲领》第49条明文规定,要"发展人民的广播事业"。为了更好地领导和管理全国广播事业,中央人民政府政务院新闻总署下辖的中央广播事业局于1949年成立。接着,从中央到各大行政区、省和直辖市都先后建立和健全了广播事业管理机构。没收原国民党广播设备,改造私营电台,普及人民广播事业以及培养和训练广播干部,成为新中国成立初各级广播领导机构的工作重点。经过三年的清理和整顿,对旧中国遗留下来的私营广播电台的社会主义改造即基本完成。广播电台全部归属国家所有,由政府统一管理,统一经营。

1952年,第一次全国广播工作会议确定,广播事业建设的第一个五年计划是"先中央后地方""集中力量建设中央台",同时要"巩固广播站和收音站"。贯彻这一方针,各级政府和广大广播工作者积极努力,除重点建设中央人民广播电台外,还在全国各地普遍设立收音网,大力发展农村有线广播站,一定程度上解决了基层群众收听工具不足的困难,也使广大农民的政治水平和业余文化生活发生了显著变化。到1956年底,不仅中央电台的力量大为增强,而且除西藏地区外,全国各省和直辖市都已设立了广播电台,"三分之二的县(市)都建立了有线广播站,共装设喇叭51万只,其中80%装在农村"。[①] 广播事业建设成为这一阶段国家文教事业各部门中基本建设投资比重最高、发展速度最快的一个部门。[②]

从1957年起,根据第四次全国广播工作会议精神,广播事业的建设方针调整为中央和地

---

① 《当代中国的广播电视》编辑部选编:《中国广播电视大事记》,北京广播学院出版社,1987,第94页。
② 《当代中国的广播电视》编辑部选编:《中国广播电视大事记》,北京广播学院出版社,1987,第103页。

方并举。这一方针的贯彻实施,有力地推动了此后各级地方广播事业的发展。到1961年年底,全国无线广播电台就已发展到135座,县市有线广播站2078个。但由于这一时期国民经济发生困难,因此,1962年,国家提出了"调整、巩固、充实、提高"的八字方针,相应地,广播事业建设也采取了压缩规模、合理布局,精减人员、提高质量的措施,使无线广播电台的数目锐减。到1965年年底,全国共有无线广播电台87座,县市有线广播站2365个。

1958年5月1日,北京电视台(中央电视台前身)实验播出,9月2日正式开播,标志着我国电视事业的诞生。接着,上海电视台、哈尔滨电视台也分别于同年10月和12月建成开播。1958年12月,中央广播事业局决定在全国各地建立电视台。到1961年,全国已有19座省、市电视台相继建成并开播。但在1962年的大规模调整中,全国电视台曾一度只剩下北京、天津、上海、广州和沈阳5座,直到1966年年底也才恢复到13座。

"文化大革命"开始后,为了"使党中央和毛主席的声音更好更快地传播到农村每一个角落,使广播更有效地为农民服务,为无产阶级政治、为社会主义革命和社会主义建设服务"①,在"有条件要搞,没有条件创造条件也要搞"的时代精神鼓动下,全国有线广播事业在规模上出现了前所未有的扩张。1969年,财政部和中央广播事业局决定,县级广播站的经费列入国家财政预算,公社级放大站的事业经费由地方财政拨款。这一政策进一步刺激了农村有线广播网的发展。短短几年,整个中国就陷入一片有线广播喇叭的海洋。到1976年,全国已建成县级有线广播站2503座,安装有线广播喇叭11325万只。97%的人民公社、93%的生产大队和86%的生产队都通了有线广播,农户安装广播喇叭的也达60%。有线广播一跃成为当时中国普及最广、听众数目遥遥领先的大众传媒。十年"文革","经济没有发展,政治没有发展,文化、教育、科学均没有发展,但广播喇叭却得到了世界历史上不曾有过的飞速发展。"②这一奇特的历史景观,被有的学者称作"'文革'十年中唯一值得称道的奇迹"。③

这一时期,电视技术研究和事业建设也取得突破性进展。1970年年初,中央广播事业局会同有关工业和电信部门,召开了全国电视专业会议。会议确定,今后将集中主要技术力量研制彩色电视,同时适当发展黑白电视。之后,恢复和建立电视台、对彩色电视技术进行联合攻关,成为中央及各省(区)、直辖市电视工作的重点。至1971年年底,除西藏自治区和北京市外,中国大陆各省、自治区、直辖市级电视台都相继设立。北京、天津、上海等地关于彩色电视制式的"攻关会战"也陆续开始。1972年10月,我国派技术人员赴法国、瑞士、联邦德国、荷兰和英国,考察他们的彩色电视制式,并对选购彩色电视设备问题进行了详细的调查

---

① 《丁莱夫同志在第九次全国广播工作会议上的总结发言》,载《全国广播工作会议文件选编》,中央广播事业局办公室1982年编内部资料,第286页。
② 朵生春:《中国改革开放史》(上卷),红旗出版社,1998,第14页。
③ 同上。

和探讨。经过各方的积极努力，1973年5月1日，北京电视台的彩色电视节目成功开播。

与电视台建设的初具规模相比，这一时期，国内电视机的总体数量却少得可怜。1958年中国电视事业诞生时，全国仅有50架电视接收机（一说500架）；1973年彩色电视试播时，也才只有300部彩色电视接收机。直到1975年年底，偌大的中国，电视机的社会拥有量也只达到46.3万架，即是说，在当时全国的7亿2千多万人口中，平均约1600人才拥有不到一架电视机。[1]

不难看到，从新中国成立初期的"建立广播收音网"，到"先中央后地方，集中力量建设中央台"，再到20世纪50年代末的电视台设立，20世纪60年代末至20世纪70年代初有线广播喇叭的大范围覆盖、大面积推广，以及对彩色电视技术的"攻关会战"，等等，一切措施、步骤都是在政府有关部门的统一领导和规划下，主要依靠国家财政拨款、按计划指令进行的。除农村有线广播网建设采取了一些社会集资办法外，广播电视的机器设备主要都是由政府投资，日常经费由政府统筹拨款，工作人员也由政府具体安排。尤其是1950年代中期以后，在日趋集中和僵化的计划经济模式下，广播电视事业的"计划"指令性特征愈来愈突出。

在上述管理和运行机制下，广播电视部门只负责技术与宣传，不负责经营和创收，单纯依靠国家财政拨款过日子，媒体自身很难产生规模发展与扩张的内在需求，只能依据上级政府的指令要求被动"发展"，长期处于"服从命令听指挥"的状态。这样的结果，不仅严重压抑了广大广播电视工作者的积极主动性，而且一旦党和政府在某一时期的指导思想与路线方针出现失误，还会直接波及事业的健康运行。以电视台建设为例，电视事业是一项重装备、高投入、技术含量高的产业，必须在具备相当经济实力和技术水平的条件下才能获得较快发展。然而自20世纪50年代后期起，党和政府出于政治考虑，从主观愿望而不是客观实际和科学论证出发，对电视台建设所下达的各项指令大都是不讲效益、也不计成本的，且与当时的生产力发展状况明显不符。其结果是，各地因陋就简，土法上马，盲目建起电视台，却没有能力提供维持这些庞大机器运转的巨额费用，更不用说提高电视的有效覆盖了，客观上也就造成了人力物力资源的极大浪费。而从普通百姓角度看，购买价格不菲、接收不良、节目不多的电视机也无疑是得不偿失的选择。因此，电视台建设和彩色电视技术攻关所取得的巨大成就，虽然表明了政治、政府的集中控制对大众传媒发展的重要作用，但"文革"时期对有线广播喇叭而不是电视机或其他媒体的选择，又恰恰说明经济基础对大众传媒发展的最终决定性。只有首先大力发展生产力，建设强有力的物质基础，才能真正推动以先进科技为手段的广播电视事业的进步，而不能"离开生产力的发展水平去追求和规划新闻传播事业的发展，也不能把新闻传播事业的产生和发展单纯看成是阶级斗争的产物。"[2]

---

[1] 于广华主编：《中央电视台大事记》，人民出版社，1993，第62页。
[2] 童兵：《理论新闻传播学导论》，中国人民大学出版社，2000，第121页。

作为上述事业建设指令性、计划性特点的必然延伸,从新中国成立后至改革开放前,广播电视事业是"无产阶级的舆论宣传工具",党、政府和人民的喉舌,社会主义文化事业的重要组成部分。各级广播电台和电视台的宣传方针、任务,都是由党和政府有关部门直接制定,统一部署,从上到下逐级贯彻实施的,因而具有较为突出的一致性、政治化特征。

这一时期,由于把广播电视定位于宣传鼓动的重要工具和阶级斗争的重要工具,认为广播电视的主要任务就是进行政治宣传和社会教育,因此,在这一观念主导下,广播电视传播中不可避免地呈现出一种以传者为中心,重政治、轻经济,重宣传、轻信息,重教育、轻服务的倾向。总起来看,广播电视的内容与形式虽日渐多样,但取材范围却相对狭窄;广播的影响范围虽不断扩大,但在后期却主要充当了报刊和通讯社的二级传播者与"扩音喇叭"。对此,1964年第八次全国广播工作会议的业务总结中做出了很好的概括:"从延安新华广播电台开始,我们的广播一直是党进行国内外阶级斗争的工具。新中国成立以后,它又一直为我国的社会主义建设事业服务。""强烈的思想性和战斗性,严肃的和科学的态度,以及我们所创造的富有特点的广播形式,使我国的人民广播具有鲜明的阶级风格和民族特色。"①

新中国成立之初,党和政府把工作重点确定为"一切以经济建设为中心","发展生产力,实现工业化"②。在这一中心任务统摄下,广播事业不遗余力地宣传了党和政府的有关方针政策,宣传了社会主义的新风新貌,对于营建社会主义的新型意识形态,提高人民群众政治思想文化水平,促进社会的经济发展,发挥了有效作用。在政务院新闻总署1950年确立的"发布新闻、传达政令,社会教育,文化娱乐"的方针指导下,根据胡乔木同志提出的"广播要学会自己走路"的要求,各地广播电台还开办了一些颇具特色的节目和栏目,包括对国内广播的新闻节目,文艺节目,科学知识讲座节目,经济生活、文化生活节目,对农村广播节目,以及对台湾广播的听众服务节目、祖国建设成就节目等,都办得生动活泼,深受广大听众欢迎。尤其值得一提的是,中央人民广播电台开办的《首都报纸摘要》(创办于1950年4月,后改名为《新闻和报纸摘要》)节目和《全国各地人民广播电台联播节目》(创办于1951年5月,即后来的《各地人民广播电台联播节目》)等,由于新闻播报全面、及时、权威,因而在开播不久即成为既受中央重视又受广大群众欢迎的名牌栏目。凡有党和国家的重要文件、法规、政令,需要及时向全国发布的,一般都首先在《全国联播》节目中广播。

1956年7月,响应毛泽东同志提出的"百花齐放、百家争鸣"方针,第四次全国广播工作会议提出了"系统总结和交流经验……介绍苏联的、各兄弟国家的和资本主义国家的好的广

---

① 《为进一步提高广播、电视宣传的质量而奋斗》,载《全国广播工作会议文件选编》,中央广播事业局办公室1982年编内部资料,第156页。

② 薄一波:《若干重大决策与事件的回顾》,中共中央党校出版社,1991,第58-59页。

播工作经验"①的办台思路和一揽子宣传改革方案,全国各地广播电台在节目的内容与形式方面又都做了较大改进,纷纷扩大取材范围,调整和增加了部分节目,以满足听众多方面的需求。广播"自己走路"的局面初步形成。

但自1957年以后,由于党和政府工作指导方针上的某些失误,国家的工作重心发生了严重偏移。反"右"、"大跃进"等频繁的政治运动不仅冲击了正常的国民经济秩序,也使广播电视传播的政治宣教色彩日益浓厚。这期间,1962年的媒介政策调整和1964年的第八次全国广播工作会议都曾有意识纠正过广播电视系统的"左"倾错误,广播电台和电视台在节目的质量与花色品种等方面也都做过较大改进。许多电台、电视台工作人员精心编采和制作节目,广播文艺、教育等节目的面貌曾发生很大改观。通过空中电波的传送,一大批英雄先进人物,包括雷锋、焦裕禄、王进喜、王杰、欧阳海、"南京路上好八连"等的光荣事迹被亿万听众所熟知,弘扬了社会主义、爱国主义、集体主义和无私奉献的新风尚。但总起来看,这一时期,由于意识形态领域的政治性要求日益加强,国家对包括新闻传媒在内的各项文化事业的管理、控制也渐趋严格,有关部门甚至对广播电视领域一些具体而微的工作频繁下达各项指示,严重束缚了广播电视工作者的手脚。如1964年中共中央宣传部曾针对广播电台的京剧节目做出过这样的批复:"可以选播少量经过整理的较好的传统剧目,比例数字控制在10%以内。"②对大众媒介信息传播控制的微观和具体,由此可见一斑。在这种主要依靠文件精神、领导人讲话而不是固定的法律、法规等制度化力量控制新闻传媒的状况下,新闻传媒,包括广播电视的传播不可避免地呈现出较强的"应时而变"特征。相应的,国家政治生活中的不正常现象,以及党和政府在某些时期的政策失误与指导思想偏差,也都无一例外地反映到广播电视宣传中来。类似《"大跃进"凯歌》(1960年中央电台办)、《三面红旗万万岁》(1960年中央电台办)等节目,就鲜明地打上了那一时代广播宣传紧跟政治运动、为政治运动推波助澜的历史印记。

"文革"时期,在林彪、江青等人的把持下,广播电视的喉舌性质更被极端化为"无产阶级全面专政的工具",广播电视被当成同军队、警察、监狱和法庭一样的专政工具,广播电视传播在根本上背离了新闻传播的规律,有时甚至连起码的新闻真实性原则都不能遵守。广播电视只贯彻、传达上级意图,不反映、也无视人民的要求,从而陷入了由媒体控制者一方自说自话的单向传播局面,在人民群众中的声誉严重受损。以中央人民广播电台为例,为配合政治需要,"文革"到来后,许多原来受欢迎的节目和栏目都相继被取消,取而代之的是诸如《彻底批判反革命修正主义文艺黑线》《革命大批判专题节目》,以及《工农兵活学活用毛主席著

---

① 《全国广播工作会议文件选编》,中央广播事业局办公室1982年编内部资料,第72页。
② 《当代中国的广播电视》编辑部选编:《中国广播电视大事记》,北京广播学院出版社,1987,第183页。

作节目》等具有浓厚宣教意味的政治节目,其中不仅大量充斥着假话、空话、大话和套话,还常常混淆是非,颠倒黑白。广播宣传完全不分对象,也不问效果:广播文艺是《学唱样板戏》《毛主席语录歌曲》以及三部电影录音剪辑;广播教育节目、对台湾广播等节目则是《毛著选播》《毛主席语录》《毛主席诗词》。电视屏幕本来就不够丰富,在这种形势下就更加萧索无趣:新闻是"大批判,学习班;抓革命,促生产;工厂机器转,田间麦浪翻";文艺则是几部样板戏串联加重播;仅有的几种社教类节目也大都靠着重复播放一些老片子而勉强维持。为控制舆论,广播电视宣传还长期实行"统一口径"的做法:自1967年1月开始,中共中央发布了《关于广播电台问题的通知》,决定地方电台的自办节目一律停播,改由全天转播中央电台节目,中央电台则主要照播中央报纸和新华社的稿件。那时候,包括对特定对象国家的外语广播,也只能照搬、照播国内报纸的消息与文章,其中也充斥着大量"左"的政治说教和空话、大话、假话。广播电视成为完全服膺于政治宣传需要的工具,除作为制造和控制舆论、愚弄群众的政治"喉舌"外,媒体本应发挥的其他作用都大大削弱。所谓"大众化媒体,组织化传播",正是针对这一状况所做出的较为准确的概括和总结。

一定社会的新闻事业总是这个社会的经济基础的反映。从这一角度看,新中国广播电视传播的上述嬗变轨迹无疑有其历史的必然性:在新中国成立初期复杂的国内外政局下,党和政府所面临的首要任务就是动员社会力量,统一思想,统一行动,进行社会主义的改造和现代化建设。因此,作为党和政府重要"喉舌"的广播电视媒体必然会在这一要求下呈现出鲜明的偏于政治指导性与社会教育性的价值取向,从而使广播电视传播在总体上染上了较为浓厚的政治宣教色彩和上对下单向灌输的特点。而当时全国上下"学苏联"、以苏联广播电视传播模式为样板的做法,也在无形中强化了这一价值取向。此后,随着全国计划经济领域的扩大和中央集权的加强,一方面,政府对包括广播电视在内的所有企事业单位的活动都统包统揽,一切生产活动都围绕上级计划指令而不是市场需要进行,商品生产、价值规律和市场的作用被忽视,生产、服务等信息的社会需求被抹杀,使得以广播电视为代表的大众传媒除了在贯彻上级意旨进行政治宣教和上情下达方面可发挥作用外,在其他方面很难有所作为;另一方面,在当时情况下,无论是计划经济还是中央集权,其出发点虽然都是为了坚持"纯正的"社会主义公有制,但其最终目的却依然是调动社会的生产主体——人的劳动和生活积极性,以发展生产力,推动社会进步。在没有实质性市场竞争和物质刺激的条件下,必要的不间断的政治思想教育和道德教化也就成为调动劳动者积极性最为重要的法宝。作为党和政府的忠实代言人,广播电视传播当然不可能超越时代,必然会在这方面有所反映。

三、广播电视业的改革发展(1978年至今)

1978年党的十一届三中全会后,中国社会迎来了改革开放的新时期。随着"解放思想、实事求是"思想路线的确立和各项改革措施的推行,广播电视业也在整个社会结构的不断调整中获得了持久的发展动力,从而呈现出事业建设与媒介传播全面繁荣的喜人局面。30多年来,我国广播电视改革的主要成果,就是逐步确立起了媒介经营管理与发展的产业化模式和从受众需要出发的丰富多元的信息传播新格局。

在事业建设方面,改革开放以来,适应计划经济体制向市场经济体制的逐步转轨,广播电视事业也在探索"走市场"的过程中,以改革创新为动力,以适应社会需求、追求自我发展并不断调整事业内部结构为特征,在媒介管理体制和经营运作方式等方面都进行了大胆的探索,并取得了突出的成就。而随着社会主义市场经济的不断完善,广播电视的事业建设也已由计划经济时代的粗放型数量增长方式转向媒介结构优化和科技进步并重的集约型效益增长方式。至2016年年底,我国已拥有广播电视播出机构2578个,广播电视节目制作经营机构14389家,广播电视人口综合覆盖率分别达到98.37%、98.88%。一批新型融媒体正在形成。2016年年底中国国际电视台正式开播以来,逐步构建起包括6个电视频道、3个海外分台、1个新媒体业务集群在内的多语种、多渠道、多终端全媒体业务框架。中央电视台的全球网络覆盖也在稳步扩张,2016年对全球重大事件到达率达97%。我国正在从广播电视大国,向广播电视强国迈进。①

"物质条件——物质生产力和文化技术发展水平,主要决定新闻传播事业的形式,或报刊,或广播,或电视;而社会对新闻的需求即社会条件,则决定了新闻传播事业的内容,决定报道什么,为什么阶级服务,因而每个时期的新闻传播事业,每个阶级所掌握的新闻传播事业,总是这个时期和这个阶级的思想意识的反映,它们无不表现一定的社会内容和阶级意志。"②新时期以来,社会环境和广播电视生存条件的巨大变迁,导致了广播电视传播内容与形式的深刻变革。总起来看,由过去较为单一的偏于政治化的传播,向服务于受众需求为主的多元化信息传播转型,是改革开放以来广播电视传播所呈现出的最主要变化。

改革开放初期,广播电视传播逐步摒弃"以阶级斗争为纲"的错误思想路线,摆脱封闭、单一的政治化传播模式,开始向服务于"经济建设为中心"的开放、多元的信息化传播模式转型。这一时期,与国内普遍的社会思潮相呼应,广播电视界首先从思想上正本清源,争取尽快回到"自己走路"的正确轨道上来。1980年,第十次全国广播工作会议强调指出,要正确认识广播电视的性质,正确地宣传党的方针政策,密切联系群众,才能发挥广播电视的巨大宣传作用。会议指出,"广播、电视的新闻、评论应当把四个现代化的宣传作为中心内容,把经济宣传放在头等重要的位置。"而"广播电视宣传的作用,首先取决于节目的内容和质量。内

---

① 《张宏森:我国新闻出版广播影视业已形成四个体系》,新华网,2017年10月20日,http://news.china.com/focus/19da/zuixin/13001172/20171020/31590113.html,访问日期:2021年9月15日。
② 童兵:《理论新闻传播学导论》,中国人民大学出版社,2000,第121页。

容正确、富有思想性,形式多样,生动活泼地反映着我们这个伟大时代的脉搏,则效果就好,就能赢得亿万听众、观众的支持。因此可以说,广播、电视为人民服务的标志,就是创造出高质量的广播电视节目。"为此,会议对广播电视新闻、评论、文艺、理论教育宣传、知识性节目、教育电视和广播、服务性节目,以及对少数民族广播、对台湾广播等十几种节目类型都提出了切实可行的要求。以这次会议精神为指针,全国广播电视界在节目的内容与形式方面都以贴近生活、贴近群众为追求,大胆探索,锐意改革。在对内传播方面,通过改革,广播电视新闻中的空洞政治宣教成分明显减少,受众真正关心的国内外重大新闻逐步增加,其本来应该具有的"短、新、快、活"特点日渐凸显;广播电视文艺中许多过去遭禁的优秀作品,在解除了各种思想禁锢后,得以重新和听众、观众见面,同时新的文艺样式不断涌现;社教节目也面貌一新,一些针对性强、受众面广的实用知识性、服务性节目纷纷开办。在对外传播方面,改变了过去内外不分、强加于人的做法,注意加强针对性,提高新闻时效,改革广播文艺,有效地促进了传受双方的沟通。

　　从改革新闻的内容与形式入手,加大广播电视传播的信息量,增强时效性,确立广播电视传媒在现代信息传播中的权威地位,进而带动广播电视节目的整体改革,是广播电视进一步适应社会需求的必然选择。1983年以后,根据第十一次全国广播电视工作会议提出的"以新闻改革为突破口,带动整个广播电视宣传改革"的要求,各广播电台和电视台都加大了新闻改革力度,力争把广播电视办成"要闻总汇",继而通过其他节目改革,实现广播电视"扬独家之优势,汇天下之精华"作为工作的重点和目标。广播新闻的改革走在了前头。1983年1月,上海人民广播电台第一套节目率先开办了全天候正点新闻,加上其他几个频率的简明新闻,全台的新闻节目每天达40多次,极大地加快了新闻流转速度。此后,许多电台也纷纷开设整点新闻,并加强了重点新闻节目的制作,创办出一大批有影响的新闻节目。广播的深度报道、批评报道、专题报道、典型报道等也得到加强。电视新闻改革也不甘落后。1983年3月,湖南电视台创设的《晚间新闻》开国内电视台晚间新闻报道之先河。次年1月,中央电视台开始增播《午间新闻》,1985年3月又新辟《晚间新闻》,1986年春开办《简明新闻》,同年12月试播《英语新闻》,1987年和1989年还先后开办了《经济新闻》与《体育新闻》。至此,中央电视台早、中、晚三个时段的新闻节目空挡基本填满。1993年3月1日,中央电视台的第一套节目每天新闻播出次数由4次增加到12次,新闻的全天播出总量由65分钟增加到165分钟,重要新闻首次实现了滚动播出;同年5月1日又推出了大型新闻板块栏目《东方时空》,其中的《焦点时刻》不仅以最快、最新的"热点新闻"吸引了众多观众,而且在新闻评述方面也颇有建树。次年4月1日,中央电视台还在《新闻联播》之后推出了《焦点访谈》,针对领导重视、群众关心的热点、难点问题进行翔实的报道和分析,在引导舆论的同时,注重"沟通""平衡"与"监督",使该节目成为全国收视率最高的新闻栏目之一,受到上自中央领导下至平民百姓的普遍欢迎。1995年4月3日,中央电视台推出《新闻30'》,使午间新闻大大扩容。1996年1月,改版后的《新闻联播》以直播形式与观众见面,大大增强了节目的新闻性;5月,开播国内最长的深度报道新闻栏目《新闻调查》;1997年5月1日,又在每天早6点增加一次《早间新闻》,与改版后的7点和8点早间新闻互相呼应,形成以新消息为主的完整新闻时段,新消息比重占60%以上;同一天,《晚间新闻报道》播出时间增加到45分钟,使之成为中央电视台跨时间最长、报道量最大、报道面最宽,也最具特色的一个新闻节目。2003年5月,央视新闻频道(CCTV-13)试播,7月1日正式播出。新闻频道把"第一时间,第一现场,第一需要"和"与世界同步""汇集天下风云"作为基本理念和追求目标,以"整点新闻+现场直播+字幕新闻+专题深度报道与评论"的报道模式,每日24小时不间断播出。

与中央电视台的新闻改革大致同步,全国电视台的新闻播出次数也都显著增加。新闻评论得到加强,新闻舆论监督的力度不断加大。

在新闻改革带动下,广播电视的其他节目和栏目也都积极改革,不断创新,使节目内容更加丰富、充实。广播文艺、广播法制节目、科普节目、军事节目、少儿节目、体育节目等异彩纷呈,电视纪录片、电视专题节目、电视文艺以及电视剧等也都精品迭出,社会反响强烈。

内容决定形式,形式为内容服务;反过来,一定的形式结构,又规约着其所承载的内容表达。新时期以来,在广播电视传播内容不断增加、取材范围不断拓展的状况下,各种广播电视节目形式也随着技术更新与传播观念的变革而日渐丰富多样。如广播电视新闻的现场直播、记录报道、系列报道、连续报道、追踪报道等多种形式的出现,不仅大大丰富了广播电视新闻的内涵,也开拓了新闻报道的领域;至于广播电视文艺、教育、体育、经济节目甚至是广告节目等,也都通过一系列新形式的探索,使节目形式更加适应受众趣味,为受众所喜闻乐见。

在广播电视业务层面的微观改革进行到一定阶段后,必然走向节目整体结构的全面变革。20世纪80年代中期以来,在电台和电视台不断增加、媒介竞争日益加剧的态势下,各广播电视机构纷纷从整体着眼,从听众需要出发,打破各类节目原有的"诸侯割据"局面,重新进行节目栏目的分配和安排,过去的单一综合台传播格局逐步被综合台为主打,对象化、专业性电台电视台为补充的多元一体传播格局所取代。1986年12月,以广东珠江经济广播电台的开播为起点,全国各地的经济广播电台陆续兴办起来。这些电台大都根据节目覆盖区域内的居民需要,开设了一些以经济信息为主的热线直播、流行快报、娱乐信息以及新闻等节目,在各个城市开办后均引起较大反响。以此为契机,广播新闻台、文艺台、音乐台、信息台、金融台、教育台、交通台、儿童台等系列台、专业台也如雨后春笋,蜂拥出现,其中的大版块结构、主持人直播、听众参与、热线电话、24小时全天播音、立体声播音等形式的综合运用,使各广播电台的整体面貌焕然一新。电视系列台、频道专业化也成为20世纪80年代中期以来电视改革的主攻方向。从中央到各省市电视台大都依据电视传播的内在规律和电视观众的特定需求,以内容来定位,以频道为结构单元,进一步细分节目栏目的归属,使其更能集中满足特定受众的要求。截至 2016 年年底,中央人民广播电台已建立了包括中国之声、经济之声、音乐之声、都市之声、中华之声、神州之声、华夏之声、民族之声、文艺之声在内的 16 个频率,中央电视台则打造了包括 CCTV1 综合、CCTV2 财经等 15 个免费频道和数个付费频道、境外频道、移动 IP 电视、外语频道等多频道群。2018 年 3 月,根据《深化党和国家机构改革方案》,中央电视台(中国国际电视台)、中央人民广播电台、中国国际广播电台合并成中央广播电视总台后,对内保留原呼号,对外统一呼号为"中国之声"。2019 年 9 月,中央广播电视总台粤港澳大湾区之声开播。9 月 26 日起,中央广播电视总台全面启动高质量发展改版工作。总台 19 个电视频道、17 套对内广播频率、44 种语言对外广播和主要新媒体平台、3 个中央重点新闻网站以及央视新闻客户端等各新媒体进行改版,同时推出 200 余档新节目。2021 年 2 月,中央广播电视总台 8K 超高清频道试验开播。3 月 24 日,中央广播电视总台对台湾广播台海之声和"看台海"新媒体平台开播上线。

至此,广播电视的传播局面已得到根本改观,以指令性、灌输式为主要特点的政治宣教时代已一去不返,而以舆论引导为主,以生动活泼、丰富多彩的节目栏目吸引受众,使人们在不知不觉、潜移默化中得到身心愉悦与启迪,则成为当今中国广播电视传播的主流。

第二节 中国广播电视体制变迁

一、民国时期的多元广播体制

中国广播事业诞生初期,属北洋政府交通部电政司管辖范围。"无线电报及无线电话既无一定法律可守,政府对于人民,无论其为试验或娱乐,又无一定条例颁行。"①面对上海接二连三出现的外商电台广播,北洋政府交通部一面予以取缔,一面则召集专门人员,参考中外成法,研究和筹备广播无线电的厘定规则。"顾官办则经费支绌,难保无亏累之虞;商办则取缔困难,难免生意外之弊。"②在参酌各种成法的基础上,1924 年 8 月,北洋政府交通部颁布《装用广播无线电接收机暂行规则》,对装用广播收音机者加以规范。这是中国第一个专门的无线电广播法令。而在此之前,上海已有两家机构取得经营广播电台的政府执照,分别是

---

① 曹仲渊:《三年来上海无线电话之情形》,《东方杂志》第 21 卷 18 号,1924 年 8 月 15 日版。
② 叶绍藩拟稿:《北洋政府交通部电政司关于讨论广播无线电规则内容的签呈》(1924),载赵玉明主编《中国现代广播史料选编》,汕头大学出版社,2007,第 20 页。

中华基督教青年会和美国教会办的三育学校。① 也就是说,政府已认可民间办台的合法性。与此同时,政府的官办电台也在紧锣密鼓地进行之中:1926年10月,官办哈尔滨广播电台正式开播。接着交通部着手筹建天津、北平二台。

蒋介石政府定都南京后,"益感主义之急于灌输,宣传之刻不容缓,"②遂于1928年8月1日开播国民党中央宣传部中央广播电台。之后经国民党元老陈果夫等人的努力,中央台电力扩充为75千瓦,成为亚洲功率最大的电台,也就此奠立国民党党营广播一家独大的格局。

1932年11月,交通部公布《民营广播无线电台暂行取缔规则》,其中第二条规定:"凡中华民国之公民,完全华商之公司,经在国民政府立案之学校团体或其他合法之组织,得在中国境内设立广播电台,但须呈由交通部领得许可证后始得装置;其非完全华商之公司及非完全华人国籍之团体,须经在国民政府注册领有注册证书者始得请领许可证,在中国境内设立广播电台。"③民营广播事业由此进入一个新的发展时期。但总体上看,国民党政府虽然允许私人办台,私营台的数量巨大,但国民党的党营广播、官办广播都始终处于绝对优势地位,是民营台所无法比拟的。但随着日本帝国主义在中国的活动范围日益扩大,日伪在东北地区开始设立电台。全面抗战爆发后,日伪先后在东北、华北、华东等地区开设了几十座广播电台,对沦陷区居民从事反动奴化宣传。与此同时,中国共产党在延安开播的新华广播电台则及时发出了时代的最强音,成为战争年代党营广播的典型。

抗战胜利后,国统区的官(党)办与民营电台和解放区的党营广播,在总体上呈现出一种多元并存的混合特征。

二、1949年至今的国营广播电视体制及其改革

中华人民共和国成立初期,仅用几年时间即完成了广播事业的社会主义改造,把全国广播事业纳入统一的国有国营轨道。即广播电台所有权归国家,经费全部或大部分来自政府拨款,由党和政府来领导并任命广播机构的领导人,规定广播工作的具体任务。如前所述,在这种体制下,广播事业的普及工作进展迅速,但在建设中也出现了诸多问题。

1978年以后,在国内商品市场日渐兴旺的态势下,为解决政府财政拨款不足的问题,各广播电台、电视台也开始审慎地与"市场"携手。其中,广播广告的恢复和电视广告的出现可谓我国广播电视媒介向产业化经营迈出的第一步。广播电视广告在沟通产销信息、活跃市场经济方面的奇效日渐引起社会各界的广泛关注。一个广告救活一家企业、开辟一片新天

---

① 曹仲渊:《三年来上海无线电话之情形》,《东方杂志》第21卷18号(1924年8月15日版)。
② 吴道一:《我国之广播事业》,载赵玉明主编:《中国现代广播史料选编》,汕头大学出版社,2007,第55页。
③ 《民营广播无线电台暂行取缔规则》,载赵玉明主编:《中国现代广播史料选编》,汕头大学出版社,2007,第62页。

地的神话,在20世纪80年代初期一些率先向媒体投放广告的企业中频频发生。广播电视的广告经营初试身手即一帆风顺。

1982年,广播电视部成立。1983年,广播电视部召开第十一次全国广播电视会议。会议确定了"四级办"的广播电视改革思路,即"四级办广播,四级办电视,四级混合覆盖",并进一步落实了广播电视机构"事业单位,企业化经营"的发展模式。此后,以广告为主业,广播电视节目经营、出版经营、技术经营,广播电视外景基地经营、旅游经营等多种经营活动蓬勃开展,广播电视产业经营的范围与渠道不断拓宽,产业经营理念也日趋成熟。不过这一体制模式的弊端也显而易见。在此后的政策执行中,出现了"一地两台""一地多台"等重复建设、重复投资的现象。广播电视缺乏合理的整体布局,广播和电视得不到协调发展,覆盖率也得不到有效增长。而且,由于分级建设,广播电视业主要是以满足内需为目的,没有建立起良好的竞争机制。同时,由于中国广播电视行业的现行管理体制以行政架构为基础,决定了它的建设与发展具有明显的区域性,不同行政区域的广电建设主要是为了满足区域的政治、经济和文化发展的需要,因而可以得到各级政府的大力支持,彼此之间也没有必要竞争。这种没有市场竞争的状况一方面使广播电视行业因缺乏压力而活力不足,另一方面又为其无序膨胀提供了政策保障。

广电行业自身的体制弊病,只能通过深化改革去解决。在管理体制上,1986年1月,广播电影电视部成立,统筹管理广播、电影和电视三个行业(2000年改称"国家广播电视电视总局")。1992年6月,在中共中央下发的《关于加快发展第三产业的决定》中,把广播电视业明确列为第三产业。1998年,第九届全国人民代表大会第一次会议决定,国家今后对包括广播电视在内的大多数事业单位将逐步减少拨款,3年后这些单位要实现自收自支。同年6月9日,全国首家广播电视集团——无锡广电集团正式成立。集团以广播电视宣传为主业,拥有报纸、广播、电视、网络等多种媒体,兼营相关的实业,开展多种经营,实行企业核算,自收自支,自负盈亏。继而,上海、湖南、山东等地的广播电视业也纷纷进入集团化运作的探索阶段。2000年8月11日,在全国广电厅局长座谈会上,中宣部副部长、中国广播电影电视总局局长徐光春同志指出,中国广播电视的改革方向,就是要"着手组建中央一级和省一级的广播影视集团。这些集团要做到广播、电影、电视三位一体,有线、无线、教育三台联合,省、地、县三级贯通,资源共享、人才共享、优势互补",从而"形成一批在国际、国内有竞争力、有影响力的大型广播影视传媒集团"和"全国性的广播影视网"。2001年,中共中央宣传部、国家广电总局、新闻出版总署联合下发的《关于深化新闻出版广播影视业改革的若干意见》(即17号文件),明确提出了要积极推进媒体集团化改革,组建跨地区、多媒体大型新闻集团的目标,对比较敏感的传媒业融资问题、媒体与外资合作、跨媒体发展等问题都做了积极、具体的表述。以此为标志,广播电视业进入大整合、大汇流的全新产业化发展时期。

在此背景下,2000年12月27日,湖南广播影视集团在长沙正式挂牌成立,这是我国第一家省级广播影视集团。湖南广播影视集团属于事业性质,实行企业化管理,是独立的事业法人实体。集团以广播影视为主,依托广播、电影、电视、报刊、网站等多种媒体,兼营广告、网络、会展、投资、房地产和影视摄制基地等相关产业,有7个电视频道,4个广播频道,还拥有网络中心、节目中心、音像资源中心等十多家影视音像制作和技术、传输单位。2001年1月19日,由山东电台、山东电视台、影视剧制作中心、广电信息网络中心、视网联网站、音像出版社等单位组建的山东省广播电视总台暨山东广电网络有限公司成立。2001年4月19日,上海文化广播影视集团正式挂牌成立。2001年5月28日,北京广播影视集团成立。同年12月6日,中国广播电影电视集团终于挂牌成立。中国广播影视集团成立之初,有员工2万多人,固定资产214亿元人民币,是中国最大的传媒集团。

顺应全球化浪潮和现代科技的要求,国家不断调整媒介政策,为广播电视产业发展保驾护航:2003年,中共"十六大"明确提出,要积极发展文化产业,并将其视为国民经济结构调整的一项重大战略任务。2004年又颁布《关于促进广播影视产业发展的意见》(以下简称《意见》),提出了发展广播影视产业应该采取的相关措施。2006年1月,中共中央、国务院发出《关于深化文化体制改革的若干意见》。2009年7月22日,国务院常务会议又通过《文化产业振兴规划》,对广播电视产业的重点领域和重大项目给予政策支持。2011年10月18日,中共第十七届中央委员会第六次全体会议通过《中共中央关于深化文化体制改革,推动社会主义文化大发展大繁荣的决定》,提出要推动包括广播电视产业在内的文化产业大调整。2013年3月,又成立国家新闻出版广播电影电视总局,将原来的新闻出版总署和广电总局整合,统筹规划新闻出版、广播电影电视事业产业的发展,并监督管理这些机构的各项业务。2018年3月,十三届全国人大一次会议表决通过了关于国务院机构改革方案的决定,设立中华人民共和国国家广播电视总局,仍为国务院直属机构。中央电视台、中央人民广播电台、中国国际广播电台则合并组建中央广播电视总台,与国家电影局、国家新闻出版署统一划归中宣部管理。

所有这些,都为广播电视业的下一步改革创造了有利条件。

本章思考题

1. 简要评述延安新华广播电台的发展道路。
2. 新中国的广播电视体制有何特征?1978年以来的广播电视体制改革,主要针对的是哪些层面?成效如何?

第三章
中国广播电视发展概观（二）

香港、澳门和台湾自古以来就是中国的固有领土。但由于历史原因,三地广播电视发展的制度与路径都与大陆有所不同。随着香港和澳门相继回归祖国,海峡两岸暨港澳地区的广播电视交流日趋频繁。

第一节 香港的广播电视事业

一、广播事业的创办与发展

香港地区最早的实验性无线广播电台出现于1923年。当时一些业余无线电爱好者自发开展业余实验广播活动,播放一些社会新闻并转播歌剧,每周播出两天,每天两三小时。1928年,港英政府接手经营广播,出资兴建电台播音室,于10月8日在中环旧邮政局二楼启用,呼号GOW;1929年10月8日正式播出,呼号改为ZBW。当时的邮政总监史密夫被委任为香港广播史上的第一任台长。[1] 1934年,香港电台开始播放新闻简报,并增设中文台(广州话,下同),台号为ZEK。1948年8月,取消ZBW和ZEK呼号,正式命名为"香港广播电台"(Radio Hong Kong,简称RHK)。

1949年3月21日,民营的香港有线广播电台"丽的呼声"[2]面世,打破了香港电台一家独占香港地区的历史。开播之初,"丽的呼声"设中文、英文两台,分别称为"银色中文台"(Sil-

---

[1] 《细说香港电台历史》,香港电台,http://www.rthk.org.hk/classicschannel/history.htm,访问日期:2021年9月15日。
[2] 丽的呼声(Rediffusion)是一家英国公司,于1920年代在英国成立,初时名为Broadcast Relay Services,早期为英国一些接收不到电台大气电波信号的偏远地区以电缆作电台转播,后于1950年代兼营电视机、电视机租赁及销售。该公司曾在香港、新加坡、马来西亚等英国殖民地及泰国成立"丽的呼声"电台及在香港成立"丽的映声"有线电视台(香港方面当时是收月费港币25元)。

ver Network)和"蓝色英文台"(Blue Network),每天从早7点到晚12点连续播音,除自制节目外,还转播香港电台的节目。1956年7月,"丽的呼声""金色中文台"(Gold Network)开播,专门播出广州话、潮州话、上海话等方言节目。该台采用有线传输方式,听众需按月交纳10元费用才能接通线路收听。正是因此,"丽的呼声"十分注重节目质量,尽量满足听众需求,节目很受听众喜爱,用户数量直线上升。1973年4月,"丽的呼声"有线广播宣布停业,前后共运营24年。

1959年8月,香港地区的第三家电台——商业电台正式开播,发射功率1000瓦。开播之初,设中文和英文节目各一套,中文节目称为"商业一台",英文节目称为"商业英文台",每天早7点至夜里12点播音。开播初期,商业电台的节目大多都是当时流行的广播剧,即《天空小说》,很受市民欢迎。

1971年,英军廓尔喀兵旅从新加坡与马来西亚调驻香港,并在香港筹办了一座广播电台。英军广播电台是专为驻香港、文莱、尼泊尔的英军和廓尔喀部队服务的,影响不大。开播之初只有尼泊尔语节目,每晚播出两小时,后又增办了英语节目。①

20世纪80年代后,港英政府开始放松对广播事业管制。1990年5月,香港政府公开招标,拟开办第二家商业广播电台。香港本地及国外十多个财团参加了投标。12月4日,港英政府宣布,将经营第二商业台的牌照颁发给由香港嘉禾、德宝电影、和记通讯三大财团和美国广播集团组成的"高艺广播有限公司",由该公司组建的新城电台随即进入筹备阶段。1991年7月,新城电台正式开播,推出了"新闻台""劲歌台"和"金曲台"三个频率。至此,香港地区形成四家电台并存的格局。

在上述四家电台中,香港电台和商业电台明显占据市场优势,两家均声称自己是全港听众最多的电台。1993年8月到9月间,香港电台联合新城电台通过一家研究机构调查收听率,商业电台则通过另一研究机构进行调查,调查结果仍然是同各自声称的一样,难分高下。

目前,香港一共有三家电台,即公营的香港电台、商营的商业电台和新城电台。

作为香港唯一的官方公共广播机构,香港电台在节目对象化、专业化方面表现出色:该台20世纪70年代初即已开办对象和重点各不相同的中英文台。1978年2月,香港电台与英国广播公司合作设立了第五台,除播放文化戏曲节目外,还着重转播英国广播公司的部分对外节目。1980年3月,香港电台英文台首创全天24小时广播。1989年年底,香港电台设立了一个专门播放交通信息的交通电台;不久原附属第五台的英国广播公司英文对外广播节目单独划出。1997年3月,又启播普通话台。至此,香港电台的7个分台均已设置完成——第一台为新闻及资讯频道(粤语),全天24小时广播,并于网上作实时直播。第二台为家庭

---

① 1997年香港回归后,英军电台停播。

频道(粤语),着重青年、社区活动及音乐,是全港听众最多的电台之一。第三台是全英语台,24小时广播本地、邻近地区及国际新闻,并播放专题杂志式节目、专题电话热线、流行音乐及青年节目,同时与教育署联合制作娱乐与资讯并重的青少年傍晚节目《天天学英语》,以鼓励学生多运用英语。第四台是香港唯一的古典音乐台,已开办20多年,使用调频技术和中英双语进行广播。近年又推出一系列教育及艺术节目。第五台播送年长者、教育、文化及迎合少数人士兴趣的节目,如粤剧、地方戏曲及儿童节目。第六台每天24小时以中波转播英国广播公司(BBC)世界台的节目。第七台为普通话台,是香港唯一全部使用普通话广播的电台,以中波和调频广播19小时,其他时段则与第二台联播。它以播放最新财经资讯及歌曲为主,并在社会各个层面推广普通话。

商业电台最初设有两个中波电台,一个中文台和一个英文台,中文台节目全部自制。广播剧是当时最重要的节目,所制广播剧经常售予其他电台。商业电台开播后的很长一段时间,新闻节目先后由政府新闻处和香港电台提供,直到1974年10月才正式成立独立的新闻部。1963年6月16日,为配合业务发展和适应听众需求,商业电台增设了第二中文台。从此,商业电台拥有两个中文台和一个英文台,一直延续至今。

新城电台一开播即采用"专线节目"策略,宣称大众"广"播的时代已经结束,新城台将突破本地电台既有的节目策略,不是"广"播,而是"窄"播,即每一个台(频率)都针对某些特定听众,推出了"新闻台""劲歌台""金曲台"三个频率。新闻台为中波发送,全天24小时用英语播音,内容有世界及本地新闻、财经消息、体育消息及各种资讯,每半小时播放一次新闻。该台还设有听众热线节目。劲歌台为调频发送,是以广州话为主的音乐台,以12岁至25岁的青少年为听众对象,以电脑选曲,播放最热门的流行歌曲,包括粤语、普通话、英文乃至日文歌曲,每小时还播报一次新闻。金曲台以英语和广州话播音,调频发送,听众对象为受教育程度较高的成年人和新一代家庭主妇,全日不停播放20世纪30至50年代的怀旧歌曲以及50至80年代的流行爵士乐曲、金曲和近期流行歌曲。

二、电视事业的创办与发展

香港第一家电视台是"丽的呼声"有限公司经营的丽的电视台——"丽的映声"(Rediffusion Television, RTV),于1957年5月开播。"丽的映声"是有线电视台,采用地下电缆输送黑白电视节目,最初只设英文台,1963年9月增开中文台。用户收看节目须按月交纳25元费用。开台初期只有640家租户,之后稳步上升。丽的电视台独家经营香港电视达10年之久。

1967年9月1日,"电视广播有限公司"(简称"无线电视台")开始试播免费电视节目,11月19日正式开播。无线电视台是由香港利氏家族的利孝和与邵逸夫等香港知名人士联合英美的一些财团合股创办的,是香港第一家无线发送的电视台。开办之初是黑白电视,设有翡翠(中文台,广州话)和明珠(英文台)两台,1971年开办彩色电视。

无线电视的开播,对仍然采用黑白有线传输的丽的电视是一个挑战,丽的电视不得不改弦更张。1973年4月,丽的电视有限公司在香港注册设立,其最大股东即香港丽的呼声有限公司。同年12月,丽的电视获正式经营无线电视广播15年牌照。其中文、英文两台也于12月和次年4月改为彩色播出。1982年9月,丽的电视股东变化,改名为亚洲电视有限公司,简称"亚视"。

1975年9月7日,香港第三家电视台——由商业电台与多份中文报社合资成立的佳艺电视台开播。佳艺电视台只设一个彩色播映的中文台,这在香港电台、电视台中是仅有的。当时香港政府在发牌给予"佳视"时规定,"佳视"需让出部分黄金时段播出教育性节目,由此形成先天制度缺陷,在面对激烈竞争时,经营更加困难,不到三年即宣告倒闭。香港再次形成"无线"和"亚视"两家电视机构竞争的格局。

为了利用电视宣传港英当局的政策措施,1970年,香港电台设立电视部,每周制作12小时有关公共事务的节目。分中、英文两种,按政府规定交由亚视和无线在晚黄金时段无偿播出。香港电台电视部制作的节目,有时事、戏剧、资讯报道与社会服务、综合表演与游戏服务、青少年与儿童节目以及一般性教育节目。① 香港电台电视部所制节目很受观众欢迎,有较高的收视率,许多优秀电视节目还在国际上获得大奖。

为了争取观众,提高收视率,长期以来,"无线"和"亚视"两台竞争激烈。晚间的电视剧、大型晚会、综合节目和电影片等娱乐性内容一向是两家的主打内容。其中,"亚视"以制作电视连续剧见长,曾推出多集电视连续剧《大侠霍元甲》《陈真传》《武则天》《成吉思汗》等。"无线"除制作电视连续剧外,还擅长制作大型综艺节目,开播第二天播出的《欢乐今宵》连续播放多年,久盛不衰。而该台一年一度推出的《香港小姐竞选》《劲歌金曲大奖赛》《新秀歌唱大赛》等大型歌舞类综合节目,也是"无线"台一年一度的盛事。

时事新闻资讯节目也是两台竞争的重要领域。新闻节目一直是"无线"台收视率最高的节目之一。1969年,"无线"电视首次租用通信卫星,直播了美国阿波罗号飞船登月实况。此后,对于国际上及内地发生的重大事件,两台均通过卫星传播。两台每天早、中、晚都有固定的新闻栏目,尤其是每晚6点至7点之间,两台安排的新闻节目均有很高收视率。对于世界上的重大体育赛事如奥运会、世界杯足球赛、亚运会等,两台均竞相租用卫星现场直播。

近年来,两台还竞相开拓海外电视市场,与海外电视台合办节目,并大量外销电视节目。"无线"电视的英文台(明珠台)节目以国际性制作为主,内容包括"超级名片""精装"连续剧、时事评论以及各类不同的音乐、体育及娱乐盛事等。明珠台则经常用英语现场直播世界

---

① 1976年,香港电台的名称由RHK改名为RTHK(Radio Television Hong Kong),可直译为"香港广播电视台"。

各地发生的重大新闻事件。从1978年起开办至今的《明珠930》,每晚9:30播出一部世界著名影片,颇受观众欢迎。近年来,明珠台还通过卫星转播英国的新闻节目以及美国哥伦比亚公司(CBS)的《六十分钟时事杂志》节目。

此外,两台还经常派摄制组到内地拍摄制作节目,与内地各电视台的合作频繁。两台播放的反映内地生活的节目深受欢迎,如《丝绸之路》《话说长江》《中国人》《大江南北》《虾球传》等都有很高的收视率。

在"无线"与"亚视"两台的竞争中,"无线"实力雄厚,人才济济,一直保持绝对优势,被舆论称为"强台";"亚视"则长期处于盈利不佳甚至亏损的状况,被舆论称为"弱台"。从收视率来看,"无线"与"亚视"的收视比常年保持在8:2;从经营状况看,1973年至1983年"亚视"亏损3.5亿港币,到1993年,"亚视"仍亏损过亿港元,而"无线"在这一年则盈利5亿多港元。

20世纪90年代以来,香港电视业告别两家地面电视垄断的时代,进入地面电视、卫星电视和有线收费电视并存的时期。

1990年12月22日,李嘉诚的和记黄埔有限公司创办的卫星电视广播(香港)有限公司获港英当局发给的为期12年的非专利经营牌照,获准以香港为基地,利用"亚洲卫星"一号向亚洲地区发送电视讯号。牌照规定,该卫星电视服务三年内不得使用广州话播出节目。1991年5月15日,卫星电视开播,起初开办五个频道的节目:体育台、音乐台、中文台(普通话)、新闻台(以转播BBC的新闻节目为主)、合家欢台,全部24小时播出,除中文台外,其余4个台均使用英语播出。1993年7月,和记黄埔公司将"卫星电视"63.6%的股份出售给澳大利亚默多克的新闻集团,从而使得该集团获取了管理权。1996年3月31日,"卫视中文台"与香港的"今日亚洲"(占45%的股份)及香港"华颖国际公司"(占有10%的股份)等公司重组为"凤凰卫视中文台"。1997年6月,该台口头获准在珠江三角洲落地,进入有线电视网。之后,"凤凰卫视"除原有的中文台外,又开办了电影台。2000年6月,"凤凰卫视"在香港成功上市,集资9.3亿港元。同年11月,"凤凰卫视"购入原欧洲卫视的股份,股权重组,成为凤凰卫视欧洲台。随后凤凰卫视又开办了资讯台和北美台。至此,凤凰卫视共办有5个频道。

1994年10月,港英政府又批准"无线电视台"(TVB)开办区域卫星电视广播,呼号为TVBS,并与台湾的"年代公司"合资,主要在台湾落地。1998年7月,"无线电视台"又获准开办"银河电视广播卫星有限公司",现办有TVB8和星河两套节目,内容以音乐和娱乐节目为主,以普通话播出,主要市场是亚洲的华人订户。之后,又改为开路卫星电视。

1994年11月,香港《明报》前主席于品海创立香港传讯电视公司(CTN)并获准开办卫星电视,也是以香港为基地的卫星电视公司,提供一个娱乐节目频道、一个新闻频道,名为"中天"和"大地"。由于连年亏损,1997年3月创办人辞职,将其售予台湾的信和集团,1999年该公司将其总部迁至台湾,在香港只留下只有十多人的办事处。

  1994年12月1日,由新加坡籍的在港资深电视制作人蔡和平创办的华侨娱乐电视广播公司(简称"华娱卫视")通过亚洲卫星一号开始试播,1995年3月11日正式播出。该台以娱乐节目为主,"无新闻、无暴力、无色情",号称为"三无",覆盖中国大陆、中国台湾、日本及东南亚一些国家和地区,每天大约有两个小时的节目介绍中国的风土人情。1997年10月,该台与内地5家公司签署合同,股权重组,共同办台。但时隔一个月,由于内地5家公司的入股违反国家有关规定,占新股东32%股份的"中国亚洲电视艺术中心"首先提出撤股,致使这次交易流产。此后,"华娱卫视"到处求援,1998年10月获准在珠江三角洲地区落地,经历了近一年的股权重组风波终告结束。但是,华娱卫视的困境并未解决。经过多次谈判,2000年6月15日,"华娱卫视"与美国"时代—华纳"公司建立"战略性伙伴关系",经营权易手。2001年10月,华娱卫视成为首家在中国内地获得有线网络落地权的境外电视频道,信号通过鑫诺一号卫星及亚洲3号卫星转播,覆盖华南整个珠三角地区。此外,全国三星级以上酒店、涉外住宅小区都可以接收华娱信号。

  2000年,香港特区政府发布了新的《广播条例》,进一步放宽在香港开办非本地服务电视的限制,加上内地即将加入世界贸易组织,这一年在香港出现了第二次开办卫星电视的浪潮,它们看准的观众仍然以中国内地为主。8月8日,以内地著名的电视节目主持人杨澜为主席的"阳光卫视"在香港正式启播,主要播出文化历史及人物传记等记录性节目。10月1日,台湾"年代公司"与几家合作伙伴合资开办了"东风卫视"。2001年3月28日,以播出电影为主的"美亚卫视"启播。不过,这几家卫星电视公司均被列为"非本地电视节目服务机构",其服务对象主要是香港以外的地区。另有李泽楷的"盈科公司"下属的"斯达巴克斯(Starbucks)公司"于2001年1月取得牌照,并在当年6月启播名为Network of the World (NOW)的新频道,它通过卫星传送未加密的英语节目,供公众免费收看。这项服务属于环球多媒体宽频互动电视服务,创下了结合电讯、电脑及电视科技的先河。此外,香港特区政府于2000年批准"亚太卫星公司"下属的"亚太卫星辉煌有限公司"经营卫星电视服务,它传送的第一个电视频道HALLMARK始于2000年8月,是英语加密娱乐节目频道,专供中国(香港除外)观众收看。

  目前,在香港有大约50万户可以收看卫星电视,但是真正收看卫视节目的观众却不多,香港市民更习惯收看传统的地面电视,即收看"无线电视台"和"亚洲电视台",但这两台的发展也并非一帆风顺。2011年3月,TVB股权发生变动,德祥集团主席陈国强、威盛/宏达董事长王雪红和普罗维登斯公司行政总裁乔纳森·尼尔森三人加入TVB董事局,收购香港TVB,委任梁乃鹏为董事局行政主席。邵逸夫创办并掌管了43年的TVB首次易主。

近年来,有线电视、收费电视的发展也一波三折。1989 年,香港九仓集团以及海外等五家公司取得香港有线电视的牌照,但该公司于 1990 年终止发展计划。1993 年 6 月,香港九仓集团独资成立有线电视公司,并获得为期 12 年在香港经营有线电视的权利,开创了香港多频道收费电视的先河。创办初期办有 8 个频道:新闻台、英语新闻台、一级台、体育台、儿童台、电影台、音乐台和动向台。1998 年 11 月,该公司更名为香港有线电视公司,开始采用微波传送,之后不断铺设光缆。有线电视每年制作超过一万小时节目,比本港其他电视台的制作时间总和还要多;除成功地将新闻、电影及体育节目发展为极具代表性的旗舰频道外,更不断增添不同类型的节目频道,为观众提供多样化的节目。

根据香港特区政府新的广播电视政策检讨及有关政策指引,1999 年 10 月 15 日前曾有十家公司提出在香港开办收费电视的申请。根据特区政府有关部门的审定,2000 年 7 月 4 日,特区政府资讯科技及广播局宣布其中五家的申请获得批准,它们是:于品海和成龙合办的"香港网络电视有限公司"、"无线电视公司"下属的"银河卫星广播有限公司"、英资的 YES TELEVISION(HONG KONG)LIMITED、太平洋数码(香港)有限公司(台资)和新闻集团的 HONG KONG DTV(该公司在 2000 年 12 月 1 日又通知政府有关部门,决定中止其原有的申请)。同年 12 月 5 日,香港特区政府行政长官董建华同行政会议批出 4 个本地收费电视节目服务牌照给上述的 4 家公司。根据申请,这 4 家公司在最初三年将总共投资 4.51 亿港元,开办共 135 个收费电视频道。

香港电视节目大致可分为三类:新闻资讯、戏剧娱乐和儿童及教育节目。

各家电视台对新闻资讯节目均很重视。"无线"的早间新闻《香港早晨》早六点半开始,大约半小时一个单元,滚动播出四次,近 9 时结束;"午间新闻",13 时播出,约半小时。"亚视"的《亚视早间新闻》及《亚洲早晨》也大致如此。中午又有一次主要新闻,"12 点半新闻报告/天气预报/法律天地/亚视评论",共播出 35 分钟。晚上,"亚视"的"六点钟新闻/体育快讯/天气报告",共播出 35 分钟;"无线"的"六点半新闻报道及天气报告"紧跟其后。"亚视"的"夜间新闻"11 时开始播出半小时;"无线"的"晚间新闻"11 时 45 分播出,长约半小时。此外两台还有多次简明新闻,几乎每小时一次。如遇突发新闻,随时插播;重大事件则派出采访组,亲临现场进行实况播出。自 2000 年起,"亚视"还开办了每日一次的《亚视评论》,颇受重视。"亚视"的国际台和"无线"的明珠台虽以英语为主,但新闻节目除每天晚上 7 时半的英语新闻外,近年来还增加了"普通话新闻""中国新闻"及"中国新闻快讯"等资讯节目。应香港新闻界的要求,自 2000 年起,凡遇国家领导人出访外国,香港的新闻界可派出记者随访,并增多了有关这方面的新闻报道。每遇重大事件或重大题材,各台还制作专题或特别资讯节目。如 1997 年 7 月 1 日香港回归及特区政府成立,香港四大电子传媒——香港电台、无线电视、亚洲电视及有线电视共同携手,组成"电视转播联盟",由香港电台做技术统筹,连续超过100小时向全球播放交接仪式及各项活动的实况讯号。

电视剧是两家无线电视台争夺观众最为激烈的节目类型。电视剧的播出一般均安排在黄金时段，这是观众最多的时段。在这一时间播出的节目也是广告商投放广告最多的。因此，这一时段播出的电视剧的竞争也最为激烈。两台在2000年更将播出电视剧的时段拉长，从晚7时半到夜间11时连续播出三部电视剧，每周工作日，天天如此。他们共同聘请的国际知名调查公司AC尼尔森公司进行的收视率调查，也以电视剧为主要对象。

将大型综艺节目与慈善募捐活动相结合，是香港电视界的一个传统。在"无线"过去几十年的历史上，曾通过翡翠台为不同类型的慈善团体筹得数十亿善款。1999年香港开始经受金融风暴冲击，各行各业普遍不景气，但"无线"仍坚持贡献社会的信念，两年内共制作了44个筹款节目，即平均约每两周便有一个筹款节目，成功筹得3.43亿港元的善款。在制作筹款节目的概念上，"无线"往往推陈出新，设计出新颖而又吸引观众的节目，以求得善款为社会上有需要的人士提供援助。这些独特而又广受欢迎的节目形式包括：马拉松式大型综合晚会、游戏节目、发售节目门券、游戏及纪录片等。"亚视"有时也办这类节目，如1991年7月举办的"爱心献华东"等大型筹款活动。其中，"演艺界总动员忘我大汇演"历时7个多小时，500余名内地、港澳台演艺人员同台演出，全港电台、电视台及卫星电视同时联播，取得了较好的效果。

教育电视节目主要由香港电台的电视部制作，由两家电视台播出，同时供教师在教室里用以辅助教学。儿童电视节目两家电视台均安排在上午9时至12时及下午4时至6时之间播出，有动画片，主要是日本生产的节目；另有儿童电视剧及儿童歌曲等。知识性竞赛节目在香港也颇受欢迎。

自20世纪80年代开始，香港广播电视界开始与内地展开交流合作。双方的合作领域包括业务商谈、考察参观、相互访问、异地采访、联合制作节目、学术研讨、节目推销、技术设备采购等。

第二节 澳门的广播电视事业

澳门地处狭小，与香港仅一河之隔，当地居民多有收听和收看香港广播电视节目的习惯。因此，本地广播电视事业起步晚，发展也受到一定限制。

一、广播事业的发展

澳门最早的电台为葡语广播。1933年8月26日，一些在澳专业人士开办呼号为

"CON—MACAU"的电台,每天21点至23点用葡萄牙语播送新闻和音乐,后改为隔天广播一次,为澳门首家广播电台。

1937年,"CON—MACAU"停办,1938年9月恢复。1948年,电台归澳葡当局经营,隶属于新闻旅游处,播出内容只有音乐、粤曲和儿童故事等。1962年,电台改归政府邮电厅负责管理,播出时间不长,节目也很简单,主要是天气预报和音乐等。1980年2月15日,澳门政府同葡国电视台签约,将澳门广播电台交其管理。1982年10月,澳门电台归入澳门广播电视公司。

澳门电台比较重视新闻报道,新闻除自行采制外,还选用路透社、法新社、葡新社和新华社的稿件。专题节目则多为综合性的杂志型节目,由主持人主持,节目内容广泛,谈话和音乐兼而有之。听众可以电话参与,或点播,或与主持人交谈。此外,还有青年节目、儿童故事、体育节目、广播剧、古典音乐以及港、台和外国流行歌曲等。此外还经常举办各类有奖竞赛和有奖问答游戏,吸引听众参与。

澳门回归后,澳门电台使用两个频段分别以广州话和葡萄牙语广播。中文台每天24小时播音,使用调频和中波播出,可覆盖澳门和珠海两地,中山市和香港的部分地区也能收听到。广州话节目以服务本地社群为宗旨。除新闻节目外,比较有影响的节目有:听众可以参与的"时事评论"热线,这个节目围绕听众关心的时事,邀请政府及有关机构的代表与听众对话;多姿多彩的资讯综合和专题探讨节目;针对青少年的娱乐和知识性节目以及教育性节目。音乐节目有古典西乐、传统民乐、粤剧、摇滚乐、风行内地和香港的流行歌曲,节目多种多样,有声有色,深受澳门听众喜爱。

澳门第二家电台——商业广播电台开播于1950年,创办人为澳门名流、英籍葡萄牙人罗保博士。开播之初,只是每天用广州话和葡萄牙语播放音乐节目,后逐渐扩展出音乐、粤曲、广播剧、儿童故事、谐剧、点唱、赛狗消息等多种类型节目。1964年起,该台全部节目改用广州话播出。该台自称"不谈政治",至今没有自制新闻节目,只在综合节目中由主持人依据报纸加插一些听众感兴趣的社会新闻。电台以商业广告和教会赞助作为主要收入渠道。至1994年12月31日,该台以"整顿节目"为理由中止广播,并一度易手,最终为澳门赛马会取得经营权,于2000年3月22日以"绿村738台"的名称恢复广播。复播后,"绿村738台"仍然没有取得播报新闻节目的许可,节目以音乐、资讯和本地的赛马与赛狗赛事直播为主。

二、电视事业的发展

澳门首家电视台澳门电视台开办于1984年5月13日,由澳门广播电视公司经营,是迄今为止澳门唯一的地面台。开播之初,每晚18点至23点播出,每周播出40小时左右。此前,澳门居民一直收看香港电视节目。电视台开播后,经营不够景气,长期亏损。1989年1

月后,澳门电视台开始接受私人股份,成立董事局来管理。虽然广告收入增加不少,但仍未改变亏损局面。这一年澳门电视台的经营赤字达 2000 万澳门元。1989 年 7 月,澳门电视台推出一系列改革措施,包括延长播出时间,由上午 7 时半一直到晚上 12 时。其中下午 5 时半至晚上 9 时专门播映中文节目,晚上 9 时以后专播外语节目(葡萄牙语、英语)。新闻报道也受到重视,除本地新闻外,还有海峡两岸新闻、国际新闻以及东南亚各地财经市场消息等。此外,还推出早晨节目,电视连续剧、纪录片精选及周末音乐特辑等。大型节目也纷纷出台,如澳门歌唱比赛、澳门小姐竞选、澳门国际音乐节、电影精选和赛车等。

从 1990 年 10 月起,澳门电视台的中文、葡文节目开始分台播出。中文台占用一个频道,每天播出 10 小时,每周播出 67.5 小时,其中 50% 的节目尤其是电视剧集主要依靠购买,自制节目的比重不大。其自制节目主要是新闻、纪录片特辑、座谈会、歌唱比赛和选美活动的现场直播。据 1991 年 10 月公众问卷调查,中文台占总播出量的 24%,有早晨新闻、午间新闻、澳视新闻、新闻提要及晚间新闻,收视率为 88%。此外,还有每周新闻综合节目 CNN 环宇传真、澳视新闻档案、两岸动态、咨询奉告等。澳门电视台用中文播新闻时,配以葡文字幕,播葡文新闻时,配以中文字幕,播放英文电视片时则同时配中文、葡文字幕。葡文台每周播出 40 小时节目,其中 78% 靠购买。据 1991 年 10 月公众问卷调查,葡文台收视率为 62%。

为了改善长期亏损的状况,澳葡政府曾于 1995 年 5 月宣布,为澳广视增加股本 5000 万元,其他私人财团亦同时注资。此外,澳葡政府又拨款 3000 万元用于设备更新等。尽管如此,澳广视仍无法扭转长期亏损的局面。澳门回归前,澳广视私人财团股份由何厚铧、澳门旅游娱乐公司和南光公司持有。1999 年澳门回归,澳广视做了大量采访报道,并制作了一个长达一年的时事特辑《见证回归》,介绍澳门在回归前后的政治和社会民生变化。在澳门回归日,澳广视的电视台分别使用两种语言,连续 40 个小时全程直播中葡政权交接和各项官方仪式及民间社团的大型庆祝活动,真实、成功地报道并记录了这一历史性的庆典活动。回归后股东有所变更,何厚铧及旅游娱乐公司退出,澳门商人吴福的新韵公司、信诚达公司分别购买了他们原来持有的股份而成为新股东,分别占有 15% 和 19.5% 的股份,南光公司仍占 15%。2002 年,继新韵和信诚达两个私人公司股东把合共 34% 的股份以无偿方式退给澳广视后,拥有 15% 股份的南光集团也决定以无偿方式把股份退回澳广视,令澳广视股份变相由澳门特区政府全资拥有。2004 年 10 月,特首何厚铧在"公营广播机构国际年会"中明确指出,澳广视为澳门市民提供公营广播服务,显示澳广视已正式被政府定位为公营广播机构。2005 年 6 月,特区政府对澳广视重新修订《电视与声音广播批给合同》,将批给的期限延长 15 年。

2007 年 4 月 1 日,澳广视对外改称澳门电视台,同时开始增加本土制作的新闻资讯节目。2008 年,澳门电视台继续加强本土制作,又推出多个娱乐及游戏节目。同时,澳广视开始试行高清广播,于2008年8月底增加了一条高清广播频道(澳视高清台),又同时宣布将于短期内开播多条高清频道。

澳门第二家电视台为澳门卫视。1996年1月,澳门卫星电视有限公司成立,1998年1月19日获澳葡政府批准,发给专营牌照。这是一家私营公司,董事会主席是澳门商人吴福。按照澳葡政府的批准文件,澳门卫视可以开办6个频道。澳门卫视最先开播的是旅游频道,习惯上被称为澳门卫视旅游台,是全球最早开办的华语卫视旅游台。该台于1999年5月18日试播,同年12月18日正式播出。它是以新闻资讯、娱乐资讯、旅游资讯及其他社会、经济、文化为主要特色的综合性卫星频道,每天播出16小时。该台开播以来,先后进行了《澳门妈祖开光仪式》《澳门特首选举》《澳门回归仪式》等系列报道,策划和开辟了《澳门中国之旅》《开心20》《名城漫游》《茶馆论风骚》《跟我探世界》等有一定影响的节目。后又开播亚洲台和五星台两个频道。亚洲台是内地、澳门及香港三地合资开办,其行政总部及播控中心设在澳门,制作及网络中心设在北京,节目包括影视剧、综合娱乐、新闻、体育、旅游及休闲、寰宇探秘、财经、教育及儿童节目等;五星台是在澳门回归一周年时正式开播的,通过鑫诺1号卫星、亚洲3S号卫星向数十个国家和地区播出,服务对象主要是城市青年,设有财经、网络、假日和时尚等节目。目前,澳门已有包括澳门卫视股份有限公司、中华卫星电视(集团)股份有限公司、澳亚卫视有限公司和澳门莲花卫视传媒有限公司等4个获颁牌照的卫视运营商提供卫视节目。

不过,过去数年卫星电视的发展并不稳定,一些卫星电视台开台一两年后就关闭,曾经一度发展良好的澳门卫视,随着卫星电视牌照易手而被收购改组为澳亚卫视。

1999年1月20日,中葡联络小组批准了《澳门有线电视专营合约》,同年4月22日,澳葡政府同澳门有线电视有限公司(Macau Cable TV)签署了有效期为15年的专营合约,根据这份合约,授权澳门有线电视公司在合约签署后15个月,以专营形式开始向澳门居民提供有线电视服务,并免费提供两个频道给澳广视下属的电台、电视台使用。澳门有线电视公司由葡萄牙电讯公司、澳门广播电视公司、大西洋银行、吴福集团等共同创办。2000年7月8日,澳门有线电视公司开始运营,并向用户提供收费电视服务,是迄今为止澳门唯一一家收费电视服务公司。目前,澳门有线电视已汇聚了世界各地约100多个不同类型的频道节目,组合成包括国际频道、亚洲频道、本地频道、体育频道、生态纪实、电影频道、教育频道、卡通戏剧频道、音乐时尚频道及成人频道等多个频道。节目以广州话、普通话、英语为主,也有葡萄牙语、德语及意大利语节目。澳门有线电视转播中央电视台4套和9套以及广东、福建、珠海电视台的节目,还转播香港无线电视台、亚洲电视台、凤凰卫视以及美国有线电视新闻网(CNN)、英国广播公司世界台(BBC WORLD)、美国全国广播公司财经频道(CNBC)、德国之声、日本广播协会国际频道、法国5频道、意大利广播公司国际频道和葡萄牙广播电视国际台的节目。"然而,无论澳门有线如何推行业务改革、提升服务素质及营运效率,却无法扭转客观存在的不公平经营环境,加上政府就公天问题(公共天线)一拖再拖,令本澳盗播版权频道的行为日趋猖獗。尽管 2007 年澳门有线的营业额及客户数量录得明显增幅,但全年仍然录得 1641 万元的亏损,由于政府一直未能兑现专营合约赋予的专营环境,澳门有线至今已累积亏损达 1.9 亿元。"①

近年来,随着互联网的发展,澳门广播电视机构积极谋求与互联网技术的融合,如澳门有线电视就开辟了微博、微信公号及优酷视频等多种传播渠道,许多节目都可以通过网站收听收看。

第三节 台湾的广播电视事业

台湾的广播事业起步于日本占领时期的 20 世纪 20 年代末,是在日本驻台湾总督府的控制下发展起来的。1945 年日本战败退出后,南京国民党政府接管了原由日本人开办的几家电台。1949 年 12 月,南京国民党政府迁往台湾时,只有 5 家 11 座广播电台,总发射功率不到 3 千瓦,总播音时间约 91 小时 30 分钟,尚无电视台。此后在近 40 年的"戒严"期间,台湾地区的广播电台和电视台数量相当有限。但自 1987 年岛内宣布"解严"至今,台湾地区的广播电台、电视台数量不仅急剧增加,节目与频率(频道)竞争也更加激烈。

一、戒严时期

国民党政府迁台后,1950 年 1 月,当局借口海峡两岸局势紧张,宣布在全省实行戒严,并根据《戒严法》对新闻事业实行军事管制,其中也涉及广播电视事业。这种状态持续长达 30 多年,直到 20 世纪 80 年代末才宣告结束。这期间,广播事业基本延续国民党当局在大陆统治时期的体制政策,分公营(国营)广播电台和民营广播电台两种类型。

台湾最大的公营广播公司为原隶属国民党政府的中国广播公司。中国广播公司的前身即 1928 年成立的国民党中央广播电台。1947 年改组为"中国广播股份有限公司",简称"中广"(BCC,Broadcasting Corporation of China)。借助国民党的支持,迁台之初的中广公司在调频广播发送、专业电台设置、通信卫星运用等方面均领先于台湾其他广播电台。

"中国广播公司"的节目,可分为对大陆广播、对海外广播和对台湾省内广播三个部分。其对大陆广播始于 1950 年。为了加强对大陆的所谓"心战"宣传,台湾国民党当局决定,运

---

① 《澳门特别行政区公证署公告及其他公告》,2008 年 3 月 25 日,http://bo.io.gov.mo/bo/ii/2008/26/anotariais_cn.asp,访问日期:2021 年 9 月 15 日。

用"中国广播公司"的一架中波发射机,于当年12月18日正式开始对大陆播音,设置专门节目,使用"中央广播电台"呼号,每天播音6小时。1951年8月6日,台湾国民党中央改造委员会成立"大陆广播组",专门负责对大陆广播节目的编播工作。除新闻报道外,还设有《每日评论》《想一想》《广播通讯》《综合报道》等栏目。1954年5月20日,"大陆广播组"扩大改组为"大陆广播部",并启用"中央广播电台"名称。1976年12月,"中央广播电台"正式恢复独立建制,成为对大陆广播的电台,隶属于台湾国民党中央大陆工作委员会(后直属台湾"国防部总政战部")。对海外广播始于1949年6月,呼号"自由中国之声"(The Voice of Free China)。最初只有国语(即汉语普通话,下同)和英语两种语言。1979年还开办了"亚洲之声"(The Voice of Asia)电台,针对东南亚各国和中国大陆,用中、英、泰、印尼4种语言广播。为加强与听众的沟通联系,报道节目动态,"自由中国之声"还发行了中文版、日文版以及英、法、德、西班牙、印尼5种外文合版的《自由中国之声月刊》。"亚洲之声"则办有中、英、泰、印尼4种外文合版的《亚洲中国之声月刊》。其对台湾省内广播通过设在台北、台中、台南、嘉义、高雄、花莲、台东、新竹、宜兰、苗栗等地的电台进行,设有若干新闻、农业、交通等专业电台以及调频广播电台。

此外,警察、幼狮、教育、台北、复兴、汉声、空军、光华、渔业、高雄市政等电台也为公营性质。

台湾主要的民营电台有台北的民本、民声、正声、中华天南,基隆的益世,台中的中声、民天,台南的建国、电声、胜利,高雄的成功等。这些民营电台大都开办于台湾,只有民本、益世、凤鸣几家是从大陆迁至台湾的。其中,民本广播公司的前身为民本广播电台,1946年9月在上海开播,1949年随国民党政府迁至台湾,1980年7月改为公司建制,分一、二两台,全天24小时播音。益世广播公司的前身为天主教总主教于斌1946年在南京创办的益世广播电台。1949年迁台,1952年3月在基隆恢复播音。该台是台湾唯一的宗教性广播电台,1966年改为公司建制。凤鸣广播公司的前身为1934年在上海开播的凤鸣社广播电台。1949年迁台,1950年12月在高雄开播,1957年8月改为公司建制。

民营台虽然数量不少,但多数发射功率在1千瓦左右,56座广播电台的总发射功率才295千瓦,与公营台相比相差甚远。民营台大多实行全天24小时播音,节目突出娱乐性、服务性,千方百计吸引听众,满足听众需求。其经费除少量政府津贴(以联播节目时间费名义支付)外,绝大多数来源于广告,因此,广告成为各民营广播电台的生存基础。民营台之间,乃至民营台与公营台之间,围绕广告展开激烈竞争,手段层出不穷。竞争促使民营台想方设法改进节目编排,提高节目质量,一些民营台的节目多次获得"金钟奖"等奖项。同时,一味追求收听率和广告收入,有时又带来很多的消极后果。

1961年10月,为迎接电视时代的来临,台湾当局通过了《电视广播设置暂行规则》《黑白电视广播技术标准规范》和《电视广播接收机登记规则》三个法规,确立台湾电视采用 NTSC 制。之后台湾地区相继出现了"华视""台视"和"中视"三座电视台。

"华视"的前身是 1962 年 2 月 14 日开播的"教育电视实验广播电台"。这是台湾第一座电视台,是在台湾教育部门有关人士倡议下,由教育资料馆具体筹建的,最初每月播出 2 至 3 小时节目,内容包括教学和社会教育两个方面。1963 年 12 月 1 日改名为"教育电视广播电台"。在改组扩建为"中华电视台"之前,教育电视广播电台一直发送黑白电视信号。

"台视"的规划较早,但开播却落在了"华视"之后。1961 年 2 月 28 日,"台湾省政府委员会议"决定,由"省政府新闻处"设立台湾电视广播事业股份有限公司,并成立了"台湾电视事业筹备委员会",由"省政府"聘派委员若干。经商议,委员会决定寻求国际资金与技术合作,后选定日本 4 家电器公司——富士、日立、日电、东芝为合作对象,并于 1962 年 2 月签订了合作协议书。1962 年 4 月 28 日,台湾第一家商业电视台——电视事业股份有限公司(简称"台视",英文缩写 TTV)正式成立,10 月 3 日起开始试播一周,每日下午 6 时起播出 2 小时。10 月 10 日,"台视"正式开播,每日中午和晚上两次播出。"台视"开播初期发射功率 5000 瓦,覆盖台湾北部、黑白信号发送;每周播出节目 35 小时。1965 年完成台湾中南部中继工程,1969 年完成花莲中继站,1971 年完成台东中继站。至此,"台视"覆盖全省。

"台视"成立之初,以报道新闻、宣导政令、推广社会教育、发扬中华文化、提供公共服务及高尚娱乐为办台宗旨。与以教学节目为主的教育电视台相比,节目丰富不少,因而深受观众喜爱。1969 年 9 月 7 日,"台视"发射了台湾第一个彩电信号,开始不定期试播外国彩色影片。9 月 25 日,台视试播彩色节目成功。当年的"台视"盈利高达 1 亿 2 千万,纯利为 120%。到 1972 年"台视"成立 10 周年时,其彩色节目已占总播出节目的 80%。

"台视"开播后 7 年时间,台湾地区的电视业可谓"一台独霸"。当时虽然已有教育电视台,但其收视范围仅限于台湾北部,无法与"台视"抗衡。这种局面直到实力强大的"中视"开播方结束。

"台视"开播后一年即有盈余,各方人士见有利可图,纷纷申请开办电视。应各界呼吁,台湾当局决定在"台视"完成全省联播网后就开放第二家民营电视台。鉴于申请开办者达数十家之多(其中包括"中国广播公司""中国无线电协进会"等),无法一一应允,最后决定以"中国广播公司"为中心,结合各民营广播电台及部分有志于电视事业的工商文化界人士,共同集资创办。1968 年 9 月 3 日,"中国电视事业股份有限公司"(简称"中视",英文缩写 CTV)在台北市中山堂成立。公司成立之初,租用"中国广播公司"新建的广播电视大厦作为台址。1969 年 10 月 9 日,"中视"开始试播,10 月 31 日正式播出。"中视"一开始即全部播出彩色电视信号,并谋求发展卫星电视转播。1970 年 2 月,"中视"完成中南部中继站;1974 年 9 月完成台东中继站;1975 年 3 月完成全省电视联播网。

当"台视"和"中视"相继开播特别是播出彩色电视节目后,教育电视台深感难以为继。1968年12月,台湾"国防部"和"教育部"为加强军中政治教育以及社会教育,经协商决定,双方合作扩展教育电视台,并开始研讨筹备事宜。1969年8月,"两部"派员成立了"筹备指导委员会"。9月,拟订完成扩建计划,将教育电视台改组扩建成"中华电视台",以"弘扬中华文化,扩大社会教育,团结民心,鼓舞士气"为办台宗旨;采取财团法人组织形态,以企业方式经营;预计投资为1亿元新台币,除"国防部"承担一部分以及教育电视台以原有机器设备折价作为投资外,还吸收部分民间资本,共同经营;采用彩色电视发射,预定功率为12千瓦,并建立全省播映系统。上述计划经"行政院"通过后,1970年8月正式成立"中华电视台筹备委员会",负责各项筹备工作。经过一年多的筹备,"财团法人中华电视台"(简称"华视",英文缩写CTS)于1971年10月10日试播成功,10月31日正式开播。该台初创时属财团法人组织。1972年1月,"华视"改组为"华视文化事业股份有限公司",由"国防部"和"教育部"共同投资49%,余下部分由热心文化教育的商界人士投资,以民营公司经营。①

"华视"成立后,台湾电视事业进入了"台视""中视""华视"三台鼎立时期。

"台视""中视""华视"都采取股份制,而且官股占有很大比重,因此,三台虽都称"民营",实质上并非纯属民营企业。但是,三台完全采用商业电视的经营方式,收入包括"播映收入""服务收入""利息收入""杂项收入"四个方面,其中"播映收入"即广告收入,占全部收入的97%左右,其他三项总计为3%左右。因此,广告收入是三台生存发展的基础。三台十分注重广告,并以此展开激烈竞争。各电视媒介和广告制作商也十分注重电视广告质量,投资充足,常赴欧美拍摄外景,制作考究。此外,"广播电视金钟奖"也将电视广告作为评选项目,以促进电视广告质量的提高。

广告是以收视率为依据的。为提高收视率,商业电视往往尽量使其节目大众化、通俗化乃至倾向低俗,其具体表现就是娱乐性节目比例偏高,教育节目、公共服务节目偏少,节目比例失衡。台湾学者1972年4月15日至4月21日对三台一周节目的调查显示:一、娱乐性节目太多,"台视"占78.56%,"中视"占77.47%,"华视"占50.37%,而且在每晚7点后的"黄金时间",各台均为娱乐节目。内容有国语、闽南话电视剧,猜谜、现代舞、流行歌曲等。二、教育节目不受重视,"华视"比率最高,占32.92%,其余两台太少,"中视"只占4.97%,"台视"只占6.76%,且三台均以"丙级"或"乙级"时段播出。三、公共服务节目太少,"台视"为4.89%,"华视"5.49%,"中视"为7.44%,而且有的节目属于广告性质,为"广告节目化"的典型。1978年1、2月间的调查结果也大体如此。②

---

① 1988年11月25日,"华视文化事业股份有限公司"更名为"中华电视股份有限公司",下属若干子公司和基金会,中华电视台是其主营项目。

② 李瞻:《电视》,台湾允晨文化实业股份有限公司,1984。

对于台湾电视的商业化倾向,台湾各界忧心忡忡,上至党政要员,下至普通观众,均对电视节目的日趋低俗予以严厉批评,并呼吁彻底改革。为扭转局面,台湾一些人士多次建议开办公共电视,负责制作没有广告的社会教育节目,以配合政策与教育的需要。由于经费缺乏,设立公共电视台的计划被搁置。1983年10月,台湾当局立法机构和新闻机构出台"第一阶段公共电视节目制播计划",规定以两年作为试办时期,每年制播国内外节目650小时。为减轻播出费用支出,先运用三家电视台频道播出。针对商业电视的缺失,公共电视节目注重"教育性、选择性、平衡性、示范性和公益性"。1984年2月,台湾当局立法机构和新闻机构正式成立了"公共电视节目制播小组"(简称"公视制播组"),负责制作或向海外购买公共电视节目,征用各台每周5小时播出,不另支付时段费和播映费用。播出时,严禁在节目中插播广告,广告可在节目前后播出,广告费归三台收取。1984年5月20日,"中视"播出了台湾第一个公共电视节目《大家来读三字经》。此后,三台均按规定,每天在特定时段播出公共电视节目。20世纪80年代,每周播出15小时公共电视节目,内容十分广泛,包括科技、休闲、旅游、体育、儿童、社会服务、卫生保健、文化民俗、戏剧、艺术、新闻、财经等各个方面。公共电视节目屡次获"金钟奖"的最佳主持人、教育文化节目奖、最佳电视摄影、最佳电视音效、最佳儿童节目、新闻节目、最佳剪辑等各项奖励,有的节目还在海外各类电视奖中当选。

新闻报道也是三大台激烈竞争的领地,三台的新闻收视率难分上下,亦成鼎足之势。台湾学者在研究调查"台湾地区民众接触大众传播行为"时发现,在各类媒介中,台湾地区民众接触最多的是电视,有64.8%的民众每天看电视,平均每人每天收看电视的时间是2小时40分,是接触报纸、广播时间的两倍。台湾人获取新闻信息,主要通过电视。观众非常关注电视新闻,尤其是晚间的电视新闻。三台的晚间新闻总收视率常年保持在80%左右。为争取观众,三台在新闻报道方面均使出浑身解数,明争暗斗,奇招迭出,互不相让。为拓展新闻来源,各台纷纷通过通信卫星,收转海外电视新闻。

1969年8月,"中国广播公司"的广播网曾租用国际通信卫星实况转播了在美国举行的一场体育比赛。1969年年底,台湾第一座卫星地面站启用。11月19日,"台视""中视"第一次租用美国卫星转播了美国阿波罗号登月成功的彩色电视实况。此后,台湾各电视公司竞相耗资,订购海外一些电视新闻通讯社的卫星电视节目。20世纪80年代末,台湾各电视台开始向海外输出电视节目,通过通信卫星或航寄,向美、英、日、加、新加坡、马来西亚等国以及香港、澳门地区的电视机构输送台湾电视新闻。

二、解除"戒严"后(1987至今)

1987年7月,迫于岛内外压力,台湾当局宣布解除"戒严令",开放台湾民众赴大陆探亲。1988年,当局首先开放台湾民众接收直播卫星信号,主要是日本广播协会的直播卫星电视节目,继而又开放经营者租购卫星转频器,其后进一步开放卫星节目中继业务的转频器经营和地面站经营。1989年又允许台湾广播电视从业人员赴大陆制作广播电视节目。1993年,迫于民众的压力,又开放广播频率,为台湾广播电视事业的进一步发展带来了契机。特别是"天空开放"政策,使境外卫星电视长驱直入,加上有线电视合法化,星网联手,使台湾广播电视业的竞争如火如荼,传统电视遭受致命冲击。20世纪90年代后期,"民视""公视"又相继开播,台湾广播电视业步入了名副其实的"战国时代"。

首先是应民众要求,开放了广播频率。

随着报纸开禁,台湾民众要求开放广播频率以开办电台的愿望日益强烈。1993年台湾当局决定"分梯次"开放广播频率,以便民众申请开设新的广播电台。2000年3月26日,26家中功率或小功率电台取得频率经营权。同年6月,又有6家获准取得广播频率执照权。至2000年底,连同原有的电台,台湾共有广播电台176家。而频率开放以前,台湾仅有33家广播电台,这种局面延续了40多年。

目前台湾广播电台林立。覆盖台湾全省的有中国广播公司、中央广播电台、警察广播电台、汉声广播电台、教育电台等;覆盖台湾北区的有飞碟、正声、台北之音、人人电台、亚洲电台及北爱乐电台;覆盖中区的有真善美电台、台广、全国电台及大苗栗电台;覆盖南区的则有南台湾之声、港都电台、高屏电台及大众电台等。

1998年,中广公司原来受政府委托经办的"自由中国之声"和"亚洲之声"的海外业务,被移交给"财团法人中央广播电台"接管,但"中广"仍通过因特网和卫星传送向全球播送它经营的覆盖全岛的六大广播网节目:调频部分的流行网、宝岛网和音乐网,以及调幅部分的新闻网、乡亲网和信息网。新改建成立的"财团法人中央广播电台",于1998年1月1日正式改制开播,以"台北国际之声"及"亚洲之声"两个呼号,对大陆与海外播音。2005年,由于政府"党、政、军退出媒体"的政策,国民党将持有的中广股权移转给中国时报集团的控股公司"荣丽投资公司"。2006年12月23日,荣丽投资公司将中广的媒体事业部门卖给赵少康(飞碟电台前任董事长),由赵氏出任中广的董事长。2007年10月24日,因经济部迟迟不核准负责人变更登记及行政院撤销国家通讯传播委员会裁决案等因素,赵少康宣布辞去董事长、总经理等职务,退出中广经营。2009年5月,赵少康回到中广,现任董事长兼总经理,并再度主持节目。他所主持的新闻谈话节目《新闻黑客》,一度成为台湾地区最受观众瞩目的政治评论节目之一。2021年2月,赵少康宣布将参加2024年台湾地区领导人选举,推动两岸和平、蓝绿和解,并于当月被增聘为国民党中央评议委员。

其次是有线电视获得蓬勃发展。

台湾的有线电视事业起步于20世纪70年代。这种电视系统初期被民间称作"第四台"。所谓"第四台",是指在"台视""中视""华视"之外,利用录像设备播放录像带,经由电缆输入到订户家庭,并收取费用的闭路电视系统。因"第四台"属于"非法",其开始时间和数量难以确切统计①。由于台湾当局对所谓的"第四台"采取取缔政策,"第四台"一度有所收敛。但1988年"报禁"开放后,"第四台"又重整旗鼓,再度活跃起来。同时,台湾当局加紧制订《有线电视法》,发展有线电视事业已提上议事日程。

1993年8月11日,台湾第一部《有线电视法》公布施行,使"共同天线"及"第四台"纳入管理,由地下非法经营转到地上合法经营,台湾有线电视事业从此走上蓬勃、有序的发展之路。三个月后,即11月9日,原有的"共同天线"及"第四台"均被依法纳入管理,两者被统称为"有线电视节目播送系统"(简称有线播送系统),同年底注册登记者达6百余家。同时,辅导业者成立了台湾"有线播送系统联合会",该会多次召开自律会。根据《有线电视法》及相关规定,台闽地区划分为51个有线电视经营区,每区准设5家有线播送系统。在台湾,有线电视与卫星电视是相依为命,共同发展的,目前和信公司与卫视公司、东森公司与太电公司、太设公司与卡莱尔公司分别携手组成三大有线电视集团。有线电视在台湾的入户率近90%,一般可收看60-100个频道的节目。

第三是卫星电视发展迅速。

20世纪80年代,部分台湾民众安装卫星接收天线,收看日本广播协会(NHK)开办的卫星电视节目。20世纪90年代后,香港卫星电视(Star TV)向台湾地区传送4套卫星电视节目。随着卫星技术的不断发展及境外卫星电视的增多,台湾的卫星电视如日中天。原来依靠人工跑送录像带的"第四台"及"共同天线"即有线电视播送系统,大都改用卫星技术传送节目,这是台湾卫星电视的第一阶段。

"第四台"合法后,节目需求量大幅增加,同时促进了广播电视节目供应业的发展。这既是卫星与有线电视结合的新时代,也是卫星电视在台湾发展的第二阶段。在台湾,卫星电视被称为"卫星广播电视节目供应者",顾名思义,它们的主要目的是为有线电视系统经营者供应节目。

20世纪90年代末,台湾进入直播卫星电视阶段。为规范管理直播卫星电视,1999年2月3日,公布施行《卫星广播电视法》,有关的施行细则亦于同年6月10日发布生效。台湾当局立法机构和新闻机构又于同年7月成立了第一届"卫星广播电视审议委员会",受理卫星广播电视事业供应者与服务经营者的各项申请。截至2007年年底,直播卫星电视服务经营者有七家获得许可,其中4家为境内,3家为境外。

鉴于海外广大侨胞大多数安装了卫星电视接收设备,台湾局于2000年2月9日签约开办专门为海外侨胞服务的"宏观卫星电视"。"宏观卫视"开办初期,每天播出6个小时的节

---

① 据台湾的一般说法,这种电视系统1972年开始在基隆市出现。

目,轮播四次,以 24 小时全频道方式向海外各地侨区播出。节目来源分别是以委托制作、外购与重新剪辑。同时,由各部门提供文化与宣传当局形象的节目,加强跨部门合作,整合现有的文化资源。该频道的节目构成主要有新闻杂志、财经节目、戏剧节目、电视电影、综艺节目、儿童节目、专题节目以及生活信息等。

第四是相继开办"民视""公视"。

在台湾,自 1962 年"台视"开播到"中视""华视"先后开办,三足鼎立的局面延续了 30 多年。在广播频率开放后,民间又不断强烈要求开放无线电视频道。台湾当局主管部门从经营效益、媒体特性等各层面研究后,在 1993 年 12 月 29 日宣布开放一家覆盖全台湾的无线电视台,并在 1994 年 1 月 29 日公告开放申请,经过一年的审议,"民间全民联合无线电视台筹备处"获得第四家无线电视台的筹备许可,该台在 1997 年 6 月 11 日正式开播营运。自此结束了台湾无线电视三足鼎立的局面。

"民视"一成立就宣布其宗旨为"关怀本土、秉持公义、专业理念",该台不断求精求进,除了设备更新、结合网路外,有线新闻台亦延长即时新闻播出时间。该台在节目制播方面采取多样播报语言,服务不同族群,还根据不同时段收视族群的需要,规划许多另类的新闻性节目供观众选择,它开办的新闻资讯类栏目达 20 多个。另外,"民视"还在黄金时段的电视剧方面也颇下了一番功夫,并取得了显著成效。"民视"戏剧节目每周播出七天,天天无休,表现突出,屡居同时段第一名,并明显提升了"民视"周六、周日节目的收视率。

为平衡商业电视台可能造成的负面影响,实践广播电视台公共服务的目的,1990 年 6 月,台湾当局正式成立了"公共电视台筹备委员会"。筹委会的任务有两点:一是拟订《公共电视法》,以规定未来公共电视台的定位、节目政策、经费来源等;二是筹划建立公共电视台。1998 年 7 月 1 日,公共电视台开播。

公共电视台由依法成立的"财团法人公共电视文化事业基金会"经营管理。经费由主管机关编列预算,同时由依法从有线电视播送系统收取的年度经营额的 1% 拨付"公视基金"使用。"公视"不得播出广告。

"民视"和"公视"先后开播后,打破了台湾无线电视 30 多年三足鼎立的局面,从此,台湾的无线电视市场形成了五台竞争的态势。加上卫星电视与有线电视的结合,台湾电视观众分流的现象日趋严重,无线电视所占的市场份额大幅度减少。

面对卫星、有线电视以及民视、公视的激烈竞争,原有的三台也纷纷采取应对措施。

"台视"在 2000 年召开股东会,选出出包括赖国洲等人在内的新团队,并提出了"打造优质新台视,开创台湾新价值"和"多媒体、多频道、多通路"的创新理念。为实现上述目标,"台视"进行了大幅度组织改造,改变组织架构,降低营运成本。"中视"也紧锣密鼓,采取各种措施,实行精简政策,遇缺不补;加强员工培训,利用种子教师与线上在职培训;启用新主播、新主持人，使观众耳目一新。同时，鼓励创新与研究发展，为采用数位（数字）电视技术铺好路，还积极发展"中视"媒体集团。"华视"则实施了"再造工程"，意在以最精锐的组织架构及合理化的人力配置，推动各项变革，以降低人事成本，提高本台的综合竞争力。

而随着互联网的飞速发展，台湾广播电视业近年也在积极探索实行媒体融合，其中，行业整合与跨界联合就是台湾广播电视融合发展的一条新路径。

本章思考题
1. 简述香港广播电视事业发展的大致过程。
2. 台湾解除"戒严"前后广播电视业的发展有何不同？
3. 澳门广播电视业的发展有何特征？

本单元主要参考文献

1. 赵玉明主编.《中国广播电视通史》[M].中国传媒大学出版社,2004.
2. 戴维·哈伯斯塔姆.《媒介与权势——谁掌管美国》[M].尹向泽等译.国际文化出版公司,2006.
3. 赵玉明、艾红红.《中国广播电视史教程》[M].中国广播电视出版社,2009.
4. 郭镇之.《中外广播电视史》[M].复旦大学出版社,2008.
5. 李良荣.《西方新闻事业概论》[M].复旦大学出版社,1997.

第二单元

广播电视技术论

　　科学技术一直是推动广播、电视发展的重要力量。自从人类掌握了声电转换、光电转换的秘诀,远距离传送声音和图像就成了现实。

　　随着技术的进步,广播经历了由电子管到晶体管、由调幅广播到调频广播的演变,电视也完成了由机械到电动、由黑白到彩色的更替。现如今,面对新媒体技术特别是数字技术蓬勃发展的机遇,广播电视又迈出了数字化、移动化变革的有力步伐。广播、电视已经渗透到现代生活的各个方面,成为人们生活中最常用的娱乐工具。广播、电视作为现代信息传播的一种重要方式,是在信息传播过程中产生和发展起来的,已经成为大众传播的重要载体。在信息技术的不断推动下,广播、电视必将进入一个新的发展阶段。

　　近年来,在与新媒体融合的过程中,广播、电视逐渐演变出一系列新的形态,如数字广播、网络广播、手机广播、数字电视、IPTV、手机电视等。新技术、新媒体有效弥补了传统广播、电视互动性差、受众选择空间小的缺陷,推动广播、电视不断向智能化、数字化、移动化方向发展。

　　本单元从梳理广播、电视技术的发展历史入手,阐释了广播电视既有的技术演变路径、当下主流的技术手段,最后分析了新媒体技术对广播、电视媒体形态的影响。

第四章
传统广播电视技术概观

传统的广播、电视通过无线电波或导线传送声音和图像,是一种强大的多功能现代化传播工具。按照传播手段的不同,广播可以分为两大类:通过无线电波传送节目的,称为无线广播;通过导线传送节目的,称为有线广播。从传播媒介看,广播又可以分为仅传送声音的声音广播和传送声音、图像的电视广播。

在新闻传播领域,广播、电视以跨时空的信息传播手段和远超于报纸的时效性、广泛性,成为主流大众媒介。从技术层面看,一方面,通过广播、电视所传递的信息具有形象、逼真、亲切的特点,且接收这些信息的受众不受年龄和文化程度的限制,传播范围因此得以进一步拓展;另一方面,广播、电视也有其固有的短处,如稍纵即逝、只能线性收听、收看等。广播、电视要想获得长远的进步与发展,必须依靠前沿和先进的技术不断地进行革新和创造;了解广播、电视的相关技术,可以帮助我们更好地创新和发掘其功能,从而助其在激烈的媒介竞争格局中站稳脚跟。本章将对广播、电视系统的基本组成、广播电视技术的特点与发展历史进行详细阐述。

第一节 广播电视系统的基本组成

一个完整的广播电视系统由制作与播出、发送与传输、接收与重现等三部分组成(见图4.1)。其中制作与播出是整个广播电视系统的信号源部分,主要的作用是利用必要的广播电视设备及技术手段制作出符合标准的广播电视节目信号,并且按照一定的程序(节目表)将其发送和传递到传输端。节目制作与播出工作主要在广播电视中心(广播电台、电视台等)完成。发送与传输部分的作用是将广播电视节目信号进行一定的技术处理(如编码、调制等)后,通过某种传输方式(如地面无线电传输、卫星转播、有线传输等)传送到接收端。广播电视信号的发送一般在发射台、卫星地面站、有线电视前端完成,而传输则要依靠某种特定的传输媒介(如无线电波、电缆、光缆等)实现。接收与重现部分是广播电视系统的终端,其主要作用是接收广播电视信号并对其进行必要的处理和转换,最终还原成图像及声音(接收与重现的功能主要由接收机及重现设备如显示器、扬声器等来实现)。

图 4.1　广播电视系统的基本组成

一、广播电视节目的制作与播出

广播电视节目的制作和播出主要经历了三个过程,即初始阶段、全面发展阶段和数字化发展阶段。在广播电视节目制作与播出的初始阶段,节目制作大多都是单一的纪录片或者主持人单向演讲的电视节目形式,是单纯的宣传性质的节目。20世纪90年代中后期,我国的广播电视节目制作和播出进入了全面发展时期,部分广播电视节目重现定位,受众有了更多的电视节目或者广播节目的概念和媒体意识。今天,数字化技术的飞速发展推动了广播电视领域的颠覆性变革,广播电视节目的样态更加多样,受众选择更多,广播电视节目制作与播出走向了多元整合的专业化、数字化、智能化阶段。①

声音广播节目和电视广播节目所处理和传送的对象不同,因此,在制作和播出过程中所要求的技术和设备也不相同,下面,我们将分别加以介绍。

(一)声音广播节目的制作与播出

声音节目所处理的对象是声音信号,制作和播出过程中所需要的设备和技术主要包括:录音室(或者播音室)、传声器、拾音技术、调音台、录音设备、声音节目的编辑加工设备、高质量的监听系统等。

1. 录音室是用来播音或录音的专业房间,对录音室的主要要求是声音扩散要均匀、混响时间要合适、隔音效果要好。录音室必须根据不同的节目进行设计,其技术指标均有特殊要求,有了好的录音室才能制作出好的声音节目。

2. 传声器的作用是将声音信号转换成电信号。传声器是制作声音节目的信号源设备,其质量的好坏会直接影响到节目的最终效果。

---

① 许建平:《数字化环境下广播电视节目制作探讨》,《新媒体研究》2016年第2期,第146页。

3. 拾音技术是合理、有效运用传声器的技术,包括传声器的种类和型号的选择、使用传声器的数量、传声器的布局等,拾音技术是艺术和技术的结合,它要求录音师能熟练掌握各种不同设备的技术性能及操作技巧,还要求录音师具有一定的艺术修养和艺术创造力。

4. 调音台是调音控制台的简称,是声音节目制作与播出的主要控制设备。调音台可以对多路信号进行放大、音质修饰以及进行特殊音响效果加工处理,然后按不同的音量将其混合,进行一路或多路输出。

5. 录音设备用来对声音节目信号进行记录和存储,以使在不同的场合和特定的时间使用。在录音机发明之前,声音播出只能采用直播方式,有了录音机之后,节目的制作与播出形式变得丰富起来,目前主要的录音机有数字磁带录音机,数字光盘录音机等。模拟彩带录音机已经被淘汰。

6. 声音节目的编辑加工设备用来对声音节目信号进行编辑和音效加工,主要包括数字音频工作站以及压缩器、噪声门等各种音效加工器。

7. 监听系统用作节目制作过程中的监听。声音节目在制作过程中,必须经过音响导演的试听来确定其预期效果。不好的监听系统往往造成错误的判断,导致节目质量降低。因此,高质量声音节目的制作需要配备一套性能优良的监听系统。

(二)电视广播节目的制作与播出

电视节目处理的对象是影像及其伴音。其中,对伴音信号的处理技术与声音节目相同,而对影像信号的处理需要另外一些不同的设备及技术。节目制作是广播电视技术系统的第一个环节,通过采访、摄录(录音、录像),获取声音和影像素材,再通过编辑、合成,制作成可供播出的电视广播节目。

电视节目制作要用到的设备主要包括话筒、摄像机、录音机、录像机、电子编辑系统、电子新闻采集(ENG)设备、电子现场节目(BFR)制作车、电子演播室制作(ESP)、广播录音室等。从事节目制作的工程技术人员要熟练地使用、维护这些设备,进行录音、录像、编辑、合成,制作出高质量的电视广播节目。

随着科学技术的不断发展,数字化技术在电视节目制作与播出过程中得到了广泛应用。节目的采集、制作、播出、存储等都实现了数字化。电视节目数量呈爆发式增长,传统模拟电视时代有限的几个频道迅速扩展到几百个专业数字频道。在数字技术的推动下,电视节目的制作和播出走上了崭新的发展道路,电视行业也迎来了一次难得的发展机遇。

节目播出是广播电视技术系统的第二个环节,是传播电视节目通道的起点。节目播出方式有录播、直播和转播三种。节目播出设备主要包括放音机、录像机、控制台、线路放大器、信号输出终端等。

二、广播电视节目的发送与传输

在电视中心制作并播出之后要传送到发送与传输部门,经过处理之后,通过一定的方式传输到用户的接收端。广播电视的传输方式主要有三种:地面无线传输、有线传输、卫星传输。

地面无线传输主要是通过发射机、发射天线等设备把调制后的影像信号和伴音信号以电磁波的形式发射出去。地面无线传输发展得最早,应用也最普遍。

有线传输是指利用金属导线或光导纤维传输信号的广播电视的传输方式,主要有有线广播、有线电视、图文电视等。

卫星传输是一种比较先进的电视节目传输方式,其经历了从通信卫星到广播电视卫星的发展过程。通信卫星传播范围广,包括各种电话、电报等;卫星传播的信号更为清晰,影像和声音的传播效果更好。

三、广播电视节目的接收与重现

广播电视节目的接收与重现是指通过专业的接收设备接收并调制无线电波中的声音和影像信号,还原成声音和影像的过程。

节目的传输方式不同,接收端所采用的方式也不同,基本可以分为有线接收、地面无线接收、卫星接收三种接收方式。接收方式的不同,使用的设备也不同。例如,接收调幅广播节目属于地面无线接收,需要相应的地面接收天线。另外,在接收机中还要有解调及其他处理电路,将接收到的信号转换、处理成具有一定幅度的音频信号,传送到扬声器中就可恢复成声音。接收卫星电视节目属于卫星接收,需要采用专门的卫星接收天线,并需要对接收到的信号进行变频和解调等处理,最后变成视频信号和音频信号,分别送往显示器和扬声器,就可收看、收听到电视图像及伴音。扬声器是将音频信号转换成声音信号的电声转换设备,显示器是将视频信号转换成光图像的电光转换设备。

第二节 广播电视技术的特点

广播、电视是通过无线电波或导线向广大受众播送声音、影像节目的传播媒介,统称为广播。只播送声音的,称为声音广播;播送影像和声音的,称为电视广播。狭义上讲,广播是指利用无线电波和导线,只用声音传播内容的媒介。广义上讲,广播包括狭义的声音广播以及声音与影像兼备的电视广播。

广播、电视在现代社会中起着较重要的功能。第一，宣传功能，即利用广播、电视这种现代化的大众传播媒介，及时地宣传党的路线、方针和政策以及人民群众在党的路线、方针、政策指引下所取得的成就；第二，教育功能，即利用广播、电视向受众传播知识，特别是现代科学技术知识，不断提高全民族的科学文化素质；第三，监督功能，即利用广播、电视这种大众传媒对社会的政治、经济等活动进行监督，鞭挞假恶丑、弘扬真善美。广播、电视还具有基本的信息产业功能，即生产和传递信息、优化社会资源配置、刊播广告服务经济等。广播、电视的这些重要功能只有依靠和借助先进的技术才能实现。因为，"技术"是广播电视媒体的支柱。

大众传播的方式多种多样，广播、电视是各种传播方式中拥有最广泛受众和现代化技术手段的一种。与其他传统的传播技术相比，广播、电视技术具有如下几个特点。

一、信息传输速度快、质量高

与报纸、期刊等传统媒介的技术相比，广播、电视媒体是以电波或导线来传送信息的，因此，具有传输速度快、质量高的特点。在信息播出的同时，受众几乎可以即刻收到信息。而且，广播、电视媒体还可以利用先进的技术进行现场直播，可以将某区域、某时刻发生的事件迅速地、及时地传送到世界各地。

近年来，数字广播电视技术的应用越来越广泛，传输方式发生了根本的变化。声音、视频信号的干扰越来越低、噪声越来越小、保真率越来越高，给受众带来了绝佳的视听的观赏体验。在传输速度和传输容量方面均优于传统的广播电视技术，在保证信号高质量的同时，能够快速、准确地为受众提供所需的信息资源。此外，互联网技术为广播电视技术的改进与发展提供了坚实的技术支持。人们利用移动终端随时随地收听、观赏自己喜欢的节目，极大地满足了人们的物质和精神需求。①

二、可以强化感官刺激，丰富受众认知

广播电视技术是视听技术，是通过声音和影像符号来传播信息的，可以使声音形象化、影像逼真化，丰富直观、感染力强。人们在接收信息的时候既能通过视觉感受到信息的具体形象，又能通过听觉丰富认知。广播技术是听觉技术，听众是通过听觉来感受和认知节目中的各种信息的。古人云："感于物而动，故形于声。""音，声也，生于心，谓之音。"广播技术可以通过完美地作用和刺激受众的听觉系统，为声音塑形，使受众"身临其境""闻声而知情"。

电视是技术是视听兼备的技术。电视节目中的声音、影像作为传播符号传递信息并体

---

① 邱力：《数字电视广播技术的特点与发展前景》，《卫星电视与宽带多媒体》2019 年第 3 期，第 16 页。

现出一定的意义并能为受众感知。受众通过声音、影像感知和了解新闻事件。声音和影像并茂的电视,对受众的感官刺激更强烈、因而对他们也更有吸引力,并且不受年龄和文化程度的限制。与其他以文字、照片、图表为主要传播符号的媒介相比,如报纸、杂志等,广播、电视更受公众喜爱。

三、受时空限制小,覆盖率高

广播、电视通过天线以电磁波形式向外传播节目信号,广播电视技术,尤其是数字广播电视技术可以突破时间和空间的限制进行信号传输,只要在信号覆盖范围内,受众就可以不受时间、地点限制接受广播电视信号,收听、收看广播电视节目。这是广播电视技术区别于印刷媒介技术的最大优势,广播电视节目在制作过程中受时空限制较大,但是,在传播过程中受时空限制较小。广播电台和电视台播出的信息可以传送到其服务区域的每一个家庭,公众可以接收到其传递的所有信息内容。广播电视覆盖的范围非常广泛,具有海量的受众。

目前,广播电视技术正朝数字化、移动化、网络化、智能化方向发展。广播电视技术发展的特点可以用六句话来概括:即"数字风暴席卷全球""网络媒体咄咄逼人""卫星应用方兴未艾""无线接入前景广阔""智能技术日渐成熟""信息革命翻天覆地"。公众可以随时、随地地接受和观赏好听、好看的广播、电视节目。[①]

第三节 广播电视技术的发展历史

一、全球广播电视技术发展史

从第一台录音机诞生至今,全球广播电视技术的发展经历了160多年的时间。

广播技术的发展始于1857年法国发明家斯科特(Scott)发明最早的录音机,这是留声机的鼻祖。这项装置通过转动柱面上的一层膜记录声波震动留下的痕迹,以此在回放时通过震动将声音信号还原,实现留声机效果。

1860年,德国人赖斯(Johann Philipp Reis)通过电线进行了传送音乐的实验,有线广播出现。1880年,俄国人阿霍罗维奇(Ю. Ахорович)制作了播音设备,通过导线将声音传送到剧院。

1898年,丹麦科学家普耳生(V. Poulsen)发明了磁性录音设备,利用铁的剩磁性质来记

---

① 郭炎生:《近年来广播电视技术发展趋势》,《中国传媒科技》2004年第7期,第25页。

录声音。其原理是将声波的变化转化为电流的变化,再通过电磁铁将电流的变化转化为磁性的变化,磁性施加于铁线,就有了剩磁,进而可以录音。磁性录音设备在1899年巴黎博览会上首次演示,大获成功。只是当时将声波转化为电流的设备还未取得突破性进展,在这一问题解决之后,录音技术有了很大发展,19世纪20年代即用于有声电影。

1906年,美国人哈奇森(Hutchison)发明了一种电动扩音器,通过电信号来传送声音信号。同年12月24日晚8点,美国新英格兰海岸的报话员从耳机中听到了人们的说话声、《圣经故事》和音乐家韩德的唱片。这是人类历史上第一次无线电广播实验,由美国物理学家费森登(Reginald Fessenden)主持并组织完成。这次实验采用特殊的高频交流发射机并设计了一套可以让电波携带各种声音的信号系统,仅仅实验装置的研制就花费了他四年的时间。

1920年,由美国西屋电气公司创意并在其支持下,世界上第一个正式的无线电台在匹兹堡成立,这就是KDKA电台。同年11月2日,著名的业务无线电专家康拉德(Frank Conrad)首次通过KDKA对公众进行广播,内容是哈定和科克斯两人的总统竞选结果。自1921年起,KDKA电台每天都播送正式的无线电节目。

1933年,美国发明家阿姆斯特朗(Edwin Armstrong)发明了短波(FM,Frequency Modulation,即调频)收音机,这项技术可以减少静电噪音。1939年,阿姆斯特朗在美国建立了第一个FM广播的发射站。同年,调幅收音机开始在美国出售。至此,广播的发展开始走向成熟。

电视的起步则稍晚。1873年,英国科学家约瑟夫·梅(Joseph May)证实硒元素具有光电效应(受光线照射后能向外发射电子),即硒可将光能变成电能,在理论上证明了任何物体的影像都可以通过电子信号予以传播,成为电视发明的理论依据。在此基础上,英国和美国首先开始了对电视的研究。

世界上第一台电视机是由英国工程师贝尔德(John Logie Baird)利用尼普科夫的机械扫描盘装置成功的。1924年,他试用电视播送了物体的轮廓,1925年尝试电视表演,收到色调明暗对比较清晰的图像。1926年1月26日,贝尔德在伦敦举行了第一次电视公开表演,英国广播公司(BBC)用贝尔德的发射机播送图像,进行了世界上第一次无线电视转播,其电视装置扫描线为每帧30行,每秒5帧,人面图像依稀可辨。

1929年,BBC在伦敦开设实验性电视台,每周五天,每次半小时,电视扫描线为每帧30行,每秒12.5帧,只能单独播送声音或图像。次年,BBC和贝尔德合作进行实验,把广播的声音和电视图像配合起来,播出第一个声画同步的电视节目——舞台剧《口含一朵鲜花的勇士》。此时,BBC使用的设备大都是贝尔德发明的机械电视。

1936年11月2日,BBC在伦敦市郊的亚历山大宫建成了英国第一座公共电视台,也是世界上第一座正规电视台,每天播放2小时,电视扫描线为240行,有工作人员201人。该电视台最初使用的是贝尔德发明的机械电视系统,4个月后改用舒恩伯格(Schoenberg)的205

行扫描线,正式播出电子扫描电视。到 1939 年 9 月,电视节目的播出时间增加到每周 24 小时 10 分,工作人员也增至 514 人。这时英国的电视接收机只有 2 万架,且大部分用户在伦敦。

1939 年 4 月 30 日,在纽约世界博览会上,美国无线电公司(RCA)旗下的全国广播公司(NBC)所属实验电台以每帧 441 行扫描线的规格首次通过电视播映了罗斯福总统主持博览会开幕典礼的实况,引起社会轰动。从此,美国历届总统的选举活动都离不开电视传播。

1949 年,电缆电视(CATV)开始在美国兴起。电缆电视是一套有线分配系统,最初是为收看不到电视的边远地区而建立的,因其由天线接收到的电视信号进行放大、分配并输送给各个电视接收机,所以叫有线电视;又因在一定范围内,许多用户共用一副或一组天线来接收电视节目,也称共用天线电视。

1963 年,美国在卡纳维拉尔角发射了第一颗地球通信卫星"电星号"。这颗卫星可以传送美国和欧洲之间的电话等信号,有来自地面站的信号时,卫星便会借助蓄电池、太阳能等驱动卫星,并放大信号发回地面。

1964 年 10 月 10 日,美国的"同步 3 号"(syncom 3)卫星在太平洋上空 37000 千米的同步轨道上向全世界转播了东京奥运会的开幕式,这是第一个横穿太平洋的电视画面。

1969 年 7 月 20 日,通过卫星转播,全世界 7 亿人看到了美国宇航员阿姆斯特朗等在月球上登陆的实况画面。

1975 年 12 月,美国无线电公司(RCA)发射了同步通信卫星"通信卫星 1 号",这是现代化电缆电视业的开始。它装有 24 个转发器,可以传送 24 路电视电波。美国各地的电缆电视台只要装有卫星接收天线,就可以收到 24 个频道中的任何一个节目。"家庭影院"(HBO)即 HBO 电缆电视台,成为第一家通过卫星传送节目的电视台。

1983 年 11 月 15 日,美国首次播送可在住户家中直接收看的卫星电视节目,这预示着电视传播方式竞争新阶段的来临。联合卫星通信公司是提供直播电视节目的第一家公司。当时,美国观看电视直播节目的家庭大约为 1000 户。

1985 年,法国建立世界第一个全数字化电视演播室。

1986 年,国际无线电咨询委员会(CCIR)把无线电数据系统(RDS)作为世界统一标准。西欧开始研究数字广播技术系统。

1987 年,日本开始发展数字声广播系统。

1990 年,国际电联规定新建短波发射台应是能与现有短波兼容的载波降低 6dB 的单边带发射机。

1991 年,中国电视台有 554 座,电视机为 1.85 亿台,成为世界电视大国。

20 世纪 90 年代中后期以来,由于先进的计算机技术、电子集成技术、网络通信技术迅速向电视领域渗透,广播电视技术经历了一场革命性的变化。

二、中国广播电视技术发展史

早在清朝,我国的广播技术就得到了发展。1906年,清朝开始采用无线电台,并设立电政司来负责电话、电报、无线电传输等事宜。19世纪20年代初,在我国上海成立了由美国人投资的无线电公司,并设立播音部;1924年,隶属于美国商人的上海开洛公司开始进行250W播音,主要负责广告、商情、唱片的播报;1927年,天津成立了首个公营无线广播电台,隶属于交通部;1928年,第一批地方广播电台在哈尔滨、辽宁成立;1935年,南京广播电台对播音内容进行创新,设立了教育播音栏目。1939年,我国在重庆成立了第一个国际广播电台。1940年,延安新华广播电台成立,中国共产党领导下的广播电台正式出现,第二年实现了日语广播。[1]

新中国成立以来,随着科学技术的不断发展,我国广播技术的发展以及影响力也在持续提高。1974年,中央人民广播电台成立,并于1978年正式更名为中华人民共和国国际广播电台。到2000年,我国共有广播电台304座,人口覆盖率达92.47%。另外,进入20世纪90年代后,随着数字广播技术的发展,我国在广东珠江三角洲和京津地区先后建立了DAB先导网进行试验。发展至今,广播已经成为我们获取信息的重要方式之一。多种广播形式使人们获取信息的途径更加多样化,获取的信息也更加丰富。[2]

我国的电视技术起步较晚。1957至1958年,北京广播器材厂与清华大学合作,由章之俭、钟培根设计,研制出中国第一套黑白电视播控设备。其中有电子管式黑白电视摄像机7台、视频切换台1个,还有其他监视设备等。这套设备从摄像机到发射机,除某些关键器件外,均为国产。发射机功率为1千瓦(1969年增加到5千瓦),发射天线架在北京广播大厦的楼顶上,高80米,覆盖半径25千米。1958年5月1日,我国第一座电视台——北京电视台(1978年5月更名为中央电视台)使用这套设备开始试播,播出节目均为直播,采用手动切换。9月2日正式开播后不久,其从苏联进口了200部黑白电视机,之后天津无线电厂很快试制出"北京牌"黑白电视机。同年7月,我国第一辆3信道电视转播车也研制成功。

继北京电视台开播之后,1958年10月1日上海电视台开始试播,12月20日哈尔滨电视台开始试播,全国一些大城市也相继开办黑白电视广播。1959年,无锡市建立了中国第一座电视转播台,用差转方式转播上海电视台的节目。截止到1961年年底,全国共建立地方电视台19座。

我国电视事业发展初期,每个电视台一般只有一个发射台,只有在省会城市才能看到电

---

[1] 王仁峰:《中国广播技术的演变及发展》,《西北大学学报》(自然科学版)2009年第4期,第710页。
[2] 赵长华:《浅谈中国广播技术的演进》,《中国高新技术企业》2017年第1期,第54页。

视。20世纪60年代末至70年代初,调频广播技术得到发展,各省基本上都建立了高山调频发射台,为电视的快速发展提供了条件。已建成的调频发射台架设电视发射机和天线,扩大了电视信号的覆盖范围。1968年,中央电视台在月坛公园建成了电视发射塔,高度为196米,发射机功率增加到10千瓦,覆盖半径达40千米。1971年,邮电部的微波中继干线初步建成,中央电视台的节目开始通过微波链路向全国各省、市、自治区传送。此时,已建成的电视发射台和转播电视台已有80座。

黑白电视开播第二年,广播科学研究所与北京广播器材厂及有关院校开始合作进行彩色电视研究,并于一年多后研制出全套国产彩电演播设备和发射机,于1960年5月1日在北京建成第一个彩电试验台,用NTSC制式进行了试播。后来,因国民经济暂时困难"下马"。1969年,彩色电视研究再度展开。经过调研,决定暂用PAL制(1982年正式决定PAL制为中国彩色电视的标准制式)。1973年5月1日,中央电视台8频道在北京地区试播彩色电视节目,发射功率为1千瓦,同年10月1日正式播出彩色电视节目,同时将发射功率提高到7.5千瓦。到1973年年底,上海、天津、成都等地方电视台均开始试播彩色电视节目。从1977年7月25日起,中央电视台的第一套节目全部改为彩色播出。自此,中国电视完成了由黑白向彩色的过渡。

21世纪以来,我国的数字电视技术从出现到快速发展,为我国的广播电视事业带来了新的机遇。目前,我国很多地区在电视节目的制作、播出、传输、接收等各个技术环节都达到了世界先进水平。在HDTV方面,我国自行研制成功了多种制式的编解码器、调制解调器、信道编解码器及HDTV接收机等。

21世纪的广播电视是卫星与电缆(包括光缆)的世纪。继直播卫星电视进入千家万户之后,广播节目的卫星直播也接踵进入家庭。几百套电视节目、广播节目通过卫星进入家庭,极大地满足人民对新闻、文化、经济、娱乐、教育、资讯、体育、旅游、购物等各种信息的需求。低轨道全球通信卫星系统和地球静止轨道卫星转发的高速互联网"空中英特网"与地面数字广播网或电缆电视网相结合,以区域为单位提供高速IP服务、数据服务、综合信息服务。[1]

本章思考题

1. 广播电视系统主要由哪几部分构成,每一部分的作用是什么?
2. 广播电视的传输方式主要有哪几种,每一种方式的主要特点是什么?
3. 广播电视技术的特点有哪些?请结合具体实例进行分析。

---

[1] 何栋材:《面向世纪的中国广播电视技术走势》,《中国广播电视学刊》1999年第3期,第6页。

第五章
传统广播电视技术基础

广播、电视是随着电信技术和电子技术的发展而出现的,传统广播电视技术的发展是媒介发展史上的一个重要节点。正是广播电视技术的出现和发展才使得广播、电视媒体具有了不同于纸质媒体的特点和优势。了解广播电视技术的基础知识和基本原理,才能准确把握广播电视媒体的功能、特点。本章主要介绍了传统广播电视技术的基础知识,包括声电转换、调制、播出技术、数字音频工作站、传送与扫描、节目制作、编辑系统、虚拟演播室和信号传输等。

第一节 声音广播技术

声音广播系统由音频信号的产生与处理、信号传输通道、接收系统三大部分构成。音频信号是通过话筒拾取的。在广播节目制作现场或录音室,主持人及其他所需的声音通过话筒转换成音频信号,这些音频信号经过调音设备(调音台)进行放大、合成及效果处理后形成播出所需的音频信号。为了对声音信号进行远距离传输并提高传输通道的利用效率,还需要通过调制环节把音频信号"寄载"到高频载波上。

声音广播信号可以通过无线电波进行传输,也就是通常所说的无线电广播进行传递,也可以与电视信号一起通过有线电视网进行传输。对于小范围的专用广播系统来说,可以直接将音频信号通过电缆进行传输,即有线广播系统。

声音广播的接收通常用收音机来完成,而专用有线广播系统对声音信号的接收只要有扬声器就可以完成。广播中心是声音广播系统中重要组成部分。广播中心承担着广播节目录制、编辑、调度、播出等任务,通常设置有播音室(录音室)、控制室、效果配音室、审听室、主控室等。

一、声音广播的技术原理

(一) 声电转换

声电转换是指将声波转换成电信号的过程。在广播电视领域常用的声电转换设备是传声器,就是通常说的话筒、麦克风。传声器以不同的标准可以分成不同种类。根据能量转换方式不同,可分成动圈式、电容式、压电式等;根据接受声波的原理不同,可分成声压式和压差式两大类;根据指向特性不同,可分成全向性传声器、定向性传声器和双向性传声器。

1. 全向性传声器

全向性传声器对来自不同角度的声音,其灵敏度基本相同。话筒头采用压力感应原理设计,振膜只接受来自外界的压力。常见于需要收录整个环境声音的录音工程;或是声源在移动时,希望能保持良好收音的情况;演讲者在演说时佩戴的领夹式麦克风也属此类。全向性传声器的缺点是容易接收到四周环境的噪音。

2. 定向性传声器

定向性传声器主要采用压力梯度原理设计。通过咪头腔体后面的小孔,振膜接收到正反两面的压力。因此振膜受不同方向的压力并不相同,麦克风具有了指向性。指向性麦克风都具有近讲效应。定向性传声器大致分为心型指向、超心型指向、枪型指向等三类。

3. 双向性传声器

双指向式可接受来自麦克风前方和后方的声音,抵消了大部分来自 90 度侧面的声音。因此,双向性传声器的前、后两面灵敏度较高,左、右两侧的灵敏度偏低。

(二) 电声转换

电声转换是指将音频电信号转换成声波的过程。在广播电视领域常用的声电转换设备是扬声器,通常称喇叭。扬声器的种类很多,分类方式也多种多样。

1. 按换能原理可分为电动式(即动圈式)、静电式(即电容式)、电磁式(即舌簧式)、压电式(即晶体式)等几种,后两种多用于农村有线广播网中;按频率范围可分为低频扬声器、中频扬声器、高频扬声器,这些常在音箱中作为组合扬声器使用。

2. 按换能机理和结构分为动圈式(电动式)、电容式(静电式)、压电式(晶体或陶瓷)、电磁式(压簧式)、电离子式和气动式扬声器等。电动式扬声器具有电声性能好、结构牢固、成本低等优点,应用广泛。

3. 按声辐射材料分为纸盆式、号筒式、膜片式;按纸盆形状分为圆形、椭圆形、双纸盆等。

4. 按工作频率分为低音、中音、高音扬声器。按音圈阻抗分为低阻抗和高阻抗扬声器,按效果分直辐和环境声扬声器等。

5. 扬声器分为内置扬声器和外置扬声器,而外置扬声器即一般所指的音箱。内置扬声器是指播放器内置的喇叭,这样用户不仅可以通过耳机插孔还可以通过内置扬声器来收听播放器发出的声音。具有内置扬声器的播放器,可以不用外接音箱,避免了长时间佩戴耳机带来的不便。

(三)调制

信息在通信系统传输过程中需要经过多次变换。首先信源端要把各种信息转换成原始的电信号,然后发送端将原始电信号转换成适合信道传输的信号形式(即对信号进行调制)。原始电信号常常需要在发送端进行调制变换,是因为原始电信号频率很低(我们称这种信号为基带信号),在信道中传输损耗大,不宜直接传输。调制是将各种基带信号转换成适合信道传输的调制信号。通过调制,可以对频谱进行挪移,将被调制的信号的频谱挪移到所需的位置,从而把被调制的信号变换为适用于信道传输或者是利于信道进行多路复用的信号。

调制的种类很多,分类方法也不一致。通信信号的调制样式能够决定通信系统的性能,它对通信系统的有效性和可靠性都会产生影响。[1]

按调制信号的形式可分为模拟调制和数字调制。用模拟信号调制称为模拟调制;用数据或数字信号调制称为数字调制。[2] 常用的数字调制信号主要包括幅度键控(ASK)、频移键控(FSK)、相移键控(PSK)和正交幅度调制(QAM)信号等。相对于模拟信号调制,数字调制有很多优点,如抗噪声能力强,且噪声不积累;便于使用现代数字信号处理技术对数字信息进行处理,可以将来自不同信源的信号如声音、数据和图像融合在一起进行传输;易于加密、安全性好等。

调制方式为线性还是非线性主要取决于信号在调制后其频谱是否仍保留基带信号频谱的线性结构。如果能够保留,我们称之为线性调制,否则称为非线性调制。

二、广播节目的播出技术

广播节目一般有三种播出方式,分别为直播、录播和转播。

---

[1] 李敏:《数字通信信号自动调制识别技术的研究》,硕士研究生论文,哈尔滨工程大学,2012年,第4-22页。
[2] 何江:《数字信号调制方式的识别》,硕士研究生论文,南京邮电大学,2013年,第37页。

(一) 直播

广播电视词典对直播的定义为"广播电视节目的后期合成、播出同时进行的播出方式"。广播电视现场直播在现场就可以随着事件的发生、发展进程同时制作和播出节目,是充分体现广播电视媒介优势的播出方式。

一般来说,直播节目可以分为播音室(或演播室)直播和现场直播两种。用这种方式播出节目不必经过录音制作工序,其特点是时效快、活泼生动、互动性强、具有亲切感,是新闻和评论节目中经常使用的方式。无论是邀请嘉宾进入直播间讨论各种焦点话题,还是借助短信平台、热线电话、群众点播等,都能与受众进行交流,因此,深受受众喜爱。

(二) 录播

录播是指播出前事先制作好节目的录音带或录像带,并按照预先规定好的节目运行程序依次在放音机(或激光唱机)上播出。对于已经实现数字化的电台,可以直接采用已经联网的节目录制站制作好节目,根据需要将节目发送到播出站,播出站按照编排站事先排好的节目单自动播出。节目信号传送到调音台的声音信号输入端,经过电平调节和音质修饰后,由调音台输出,经电缆、光缆或者计算机网线送往中央控制室进行交换、放大、分配,再通过传送系统将节目信号传送到发射台或其他传送通路。广播节目经过录制、编辑后播出,可以减少差错,还可以从容地对节目进行反复录制、精细加工,保证节目的播出质量。另外,录播可根据节目要求的时间长短进行编辑,使节目更紧凑。在录播的过程中,有时也会穿插一些直播的内容,称为插播。录播系统可以把现场摄录的视频、音频、电子设备的图像信号等进行整合、同步录制,生成标准化的流媒体文件,用来对外直播、存储、后期编辑、点播。

(三) 转播

转播就是直接转发、播出外来的节目信号。一般来说,转播可分为实况转播和台际转播两种。

实况转播的节目源自现场,如剧场、会场、体育场馆等,播音员一般也在现场进行播音解说。利用这种方式播出节目,首先要利用便携调音台或安装有播控和制作设备的转播车对现场拾取的信号进行放大、音质修饰和电平调节,然后将节目信号通过电缆、光缆、微波线路或广播卫星送到中央控制室,再经中央控制室送到直播间的调音台输入,经放大调整后返送回中央控制室,放大后传送到发射台。传送线路应有主、备节目信号线和专用联络电话线等。此外,也可由转播车直接将节目通过卫星进行转播。

台际转播是由接收台、微波站或卫星地面接收站将收到的其他电台的节目信号送至本台后播出的形式。

在过去的很长时间里,部分学者和业内人士将转播视为一种纯粹技术性的工作,但随着我国广播电视事业的发展和大众审美水平的提高,越来越多的人开始意识到转播过程中对信号再加工、再创造的重要性。

三、数字音频工作站

数字音频工作站是一种用来处理、交换音频信息的计算机系统。它是随着数字音频技术的发展和计算机技术的突飞猛进,将两者相合的新型设备。数字音频工作站的出现,实现了广播系统高质量的节目录制和自动化播出,使广播电台的音频节目录制、编辑和播出工作发生了颠覆性变化,同时也创造了更加良好、高效的工作环境。

(一)数字音频工作站的组成及功能

1. 录制站

录制站主要负责完成节目的录音和制作,根据不同的录音要求,可分为三种类型:一种用于节目的灌录,主要把已有的节目从磁带、MD等其他存储媒体上灌录到硬盘中央资料库中,建立可供其他音频工作站随时调用的数字音频文件;另一种是语言录音工作站,主要用于新闻节目及其他语言节目的录音。为提高录音效率,它除了具有一般录入工作站的后期剪辑等功能外,还具有方便的即录即改、实时发送、时间轴不变调压扩等功能;第三种是文艺录音工作站。这类音频工作站是通过多轨音频工作站完成的,具有音频剪辑、效果处理、多段均衡(EQ)、音调转换、多轨合成等功能。

2. 编排工作站

编排工作站主要从各节目库中选取所需节目,并按播出时的顺序要求进行排序,编制播出节目单。为安全起见,每个栏目的节目单编排采用权限控制,每个人只能对自己所负责的栏目进行编排、修改,而不能改变其他栏目的内容。栏目负责人也可以在该工作站上审听本栏目的内容。

3. 播出工作站

播出工作站能够完成节目的实时播出。对录播节目,根据该栏目的节目编排情况,按预设的时间自动播出;对直播栏目,主持人可以方便地修改、增删播出节目的内容和顺序,并随时从数字音频资料库中调取任何节目实时播出。为最大限度地方便主持人的操作,播出工作站上还设置了多组快捷键,每组快捷键的节目内容可根据本栏目的风格和主持人的爱好预先设定,并可在播出过程中临时改动。

广告的自动播出也是播出工作站的重要功能。对于定点广告,系统按定点时段自动播出;对于只设置了虚拟播出时间的普通广告,则由主持人在播出过程中手动播出。同时,系统还会自动记录每个广告的实际播出时间和播出次数,供广告管理站检索查询。

(二)数字音频工作站的相关软件

数字音频工作站除对硬件有很高的要求外,还要求软件的操作界面方便、易学、易懂。这类软件通常分为两类:一类是全功能软件,指基本与硬件无关的通用软件,这类软件适用性很强,可以对音频信号进行录音、编辑、处理,做出成品节目甚至刻出 CD 母盘;另一类是与硬件配套的专业软件,需要硬件的配合才可以使用,如广告制作管理软件,可以实现对广告的统计、查询。还有音乐电台播出软件,如 RCS,可以根据歌曲的类型排单并设定歌曲的使用频率等。

第二节 电视广播技术

电视传输系统通常由摄像、传输、显像三部分组成,摄像部分完成光电转换,传输部分完成电视信号的传输,显像部分则将电视信号还原成光学图像。整个过程涉及信号形式变换、信号选择与编码、各种参量的确定、失真的校正等一系列传输、处理信息的方法与原理。

一、电视广播技术基础

(一)图像顺序传送

由于人眼视觉分辨能力有限,任何一幅图像都可看成是由许多密集的小点按一定规律排列组合而成的。这些小点是构成电视图像的基本单元,称为像素。图像可以分解成像素,像素按一定规律组合起来便构成了图像。

在传送电视图像时,首先要把图像分解成许多像素,并把这些像素转换为电信号,再将它们用相应的信道传送出去,到接收端后再将其转换为光像素,并按原来的规律组合为图像。像素越小,单位面积上的像素数目越多,图像就越清晰。为满足清晰度的要求,电视系统要求一幅静止图像的像素数要在 40 多万个以上。如此多的像素应该采用同时传送或顺序传送的办法。

1. 同时传送

同时传送,即将组成一幅画面的所有像素同时传送。显然,这就需要 40 多万条甚至更多的信道,从技术角度看,这种传输系统既不经济,又难以实现。

2. 顺序传送

顺序传送,就是把传送图像的各像素按一定顺序依次传送出去,在接收端的屏幕上,再按同样顺序将各个像素重现出来。由于人眼的视觉惰性和发光材料的余辉特性,只要这种顺序传送的速度足够快,人们就会感到整幅图像同时发光而没有顺序感。顺序传送系统只需一条信道,这使电视传输系统大为简化,但这种顺序传送必须迅速而准确,每一个像素一定要在轮到它时才被发送和接收,且接收端每个像素的几何位置要与发端一一对应。收端画面的每行或每幅画面的像素相对于发端画面发生错位而不同步,重现的画面就会发生畸变甚至无法重现。这种快速而准确地传送像素的方式在电视技术中通常用扫描的方式实现。[①]

(二)电视扫描

在电视技术中,将图像转变成顺序传送的电信号或将顺序传送的电信号转换成图像的过程称为扫描。按电子束的运动规则,扫描可分为直线扫描、圆扫描、螺旋扫描等。为了充分利用矩形屏幕,并使扫描设备简单、可靠,电视系统采用了匀速单向直线扫描方式,主要包括逐行扫描和隔行扫描。

1. 逐行扫描

逐行扫描是一行接着一行进行扫描的方式。在电子电视系统中,摄像管与显像管外面都装有行与场两对偏转线圈,线圈中分别流过行、场锯齿扫描电流,同时产生水平方向与垂直方向的偏转磁场。在这两个偏转磁场的共同作用下,电子束就在摄像管的光敏靶或显像管的荧光屏上做匀速直线扫描。

2. 隔行扫描

根据人眼的视觉特性,图像的传送频率要高于人眼的临界闪烁频率,即每秒要传送46幅以上的画面图像才不会有闪烁感。在不产生高亮度闪烁感和保证足够清晰度的情况下,场扫描频率必须在48Hz以上,扫描行数必须在500行以上。根据这些指标计算,电视图像信号的频带必须很宽,而这会使设备复杂化,但若为减小图像信号频带,无论是降低场频还是减少行数,又会引起闪烁现象或造成图像清晰度下降,于是人们根据电影放映的原理,将一幅画面在屏幕上呈现两次,提出了隔行扫描方式。

隔行扫描方式是将一幅(在电视系统中通常称一帧)电视图像分成两场进行扫描,第一场扫出光栅的第1、3、5、7等奇数行组成的奇数场,第二场扫第2、4、6、8等偶数行组成的偶数

---

① 张军、张浩、杨晓宏编著:《广播电视技术基础》,国防工业出版社,2008,第34页。

场,并使两场画面扫描线正确嵌套,从而构成一幅完整的图像。在这种方式下,假如每秒传送 25 帧图像,那么每秒就会扫描 50 场,即场频为 50Hz,高出了人眼的临界闪烁频率,图像呈现给观众时不会再有闪烁感。

(三)电视制式

电视制式是一个国家在播放电视节目时所采用的特定制度和技术标准。彩色电视的制式是指对彩色电视信号进行加工、处理和传输的特定方式。目前,各种兼容的彩色电视制式都是按照一定的技术条件对亮度信号和色度信号进行处理的,但在具体的处理环节上又有不同的技术措施,常见的有 NTSC 制、PAL 制和 SECAM 制三种。

NTSC 制式,是 1952 年 12 月由美国国家电视标准委员会(National Television System Committee,缩写为 NTSC)制定的彩色电视广播标准,属于同时制,帧率为每秒 29.97fps,扫描线为 525,隔行扫描,画面比例为 4∶3,分辨率为 720×480。这种制式的色度信号调制包括平衡调制和正交调制两种,解决了彩色黑白电视广播兼容问题,解码线路简单、成本低,但相位容易失真、色彩不太稳定,需要色调控制(Tint control)来手动调节颜色,这是 NTSC 的最大缺点之一。美国、加拿大、墨西哥等大部分美洲国家以及日本、台湾、韩国、菲律宾等均采用这种制式,香港部分电视公司也采用 NTSC 制式广播,其中两大主要分支是 NTSC-US(又名 NTSC-U/C)与 NTSC-J。[1]

PAL 制式,又称帕尔制,英文全名"Phase Alternating Line",意为"逐行倒相",指每行扫描线的彩色信号跟上一行倒相,其作用是自动改正在传播中可能出现的错相。这是 1962 年联邦德国为克服 NTSC 制的相位敏感性易使色彩失真的缺点而研发的一种彩色电视制式。1967 年,由当时任职于德律风根(Telefunken)公司的德国人沃尔特·布鲁赫(Walter Bruch)提出,也属于同时制,帧率每秒 25 帧,扫描线 625 行,隔行扫描,画面比例 4∶3,分辨率 720×576。它采用逐行倒相正交平衡调幅的技术方法,对同时传送的两个色差信号中的一个采用逐行倒相,另一个进行正交调制方式。如果在信号传输过程中发生相位失真,就会由于相邻两行信号的相位相反起到互相补偿作用,从而有效克服因相位失真而引起的色彩变化。因此,PAL 制对相位失真不敏感,图像彩色误差较小,与黑白电视的兼容也好。德国、英国等一些西欧国家,新加坡、中国及澳大利亚、新西兰等国家均采用这种制式。[2]

SECAM 制式又称塞康制,法文全名"Séquential Couleur Avec Mémoire",意为"按顺序传送彩色与存储",也是为改善 NTSC 制的相位敏感性而研发的彩色电视制式,由法国于 1956 年

---

[1] 程序员大本营:《NTSC、PAL、SECAM 三大制式简介》,https://www.pianshen.com/article/7167534288/,访问日期:2021 年 10 月 9 日。

[2] 同上。

提出、1966年制定。它属于同时顺序制,帧率每秒25帧,扫描线625行,隔行扫描,画面比例4∶3,分辨率720×576。在信号传输过程中,亮度信号每行传送,两个色差信号则逐行依次传送,即用行错开传输时间的办法来避免同时传输时所产生的串色以及由此造成的彩色失真。SECAM制式的特点是不怕干扰,彩色效果好,但兼容性差。采用SECAM制的国家主要为大部分独联体国家(如俄罗斯)、法国、埃及以及非洲一些法语系国家等。[1]

截至1988年,全球共有68个国家采用PAL制;39个国家采用了SECAM制;33个国家采用了NTSC制。[2] 1973年5月1日,北京电视台采用国产彩色电视中心设备开始试验播出。1977年7月25日,北京电视台的第一套节目全部改为彩色播出。从此,中国电视完成了由黑白向彩色的过渡。1982年,国家批准采用PAL制为中国彩色电视制式。

二、电视节目的制作与编辑

(一)摄像机

电视节目制作的第一步是利用摄像机摄取画面。电视摄像机是一种把景物的光学图像信号转换成电信号的设备。当拍摄一个物体时,物体上发射的光线被摄像机镜头收集,使其聚焦在摄像器件的受光面上,摄像器件把光信号转变为电信号,即得到了"视频信号"。

彩色摄像机的分类标准纷繁多样,如根据摄像器件、用途、摄像器件的数目、摄像器件的尺寸、功能、使用场所及清晰度等级等分类。目前,摄像机已走向一体化、高质量、通用型、数字化和小型化的发展方向,因此,上述分类方法也并非绝对和一成不变的。另外,目前生产的大多数摄像机均为通用型,厂家已不再严格地将其界定为ESP、EFP或ENG等,使用时可根据制作方式的不同,将各种附件与摄像机组合成符合实际需要的摄像系统。

(二)磁带录像机

磁带录像机(VTR)是利用电磁感应原理,将视频信号和声频信号以剩磁的形式记录在磁带上,并可进行重放的电视节目制作与播出设备。磁带录像机是在磁性录音原理的基础上发展起来的,不但是电视台电视节目制作与播出的重要设备之一,而且被广泛应用于家庭、工业和科研等各个领域。

磁带录像机的分类标准也有很多,如按用途分类、按磁带宽度分类、按扫描方式分类、按信号的处理方式分类、按视频录放磁头的数目分类、按绕带方式分类、按功能分类及按清晰度等级分类等。

---

[1] 程序员大本营:《NTSC、PAL、SECAM三大制式简介》,https://www.pianshen.com/article/7167534288/,访问日期:2021年10月9日。

[2] 张雅欣:《电视概论》,中国广播电视出版社,1997,第45页。

(三)编辑系统

1. 线性编辑系统

简单地说,电子编辑是采用两台录像机进行有选择复制的方法,其中一台重放素材带,将选好的素材镜头顺序录制到另一台具有编辑功能的录像机的磁带上,并精确地控制两台录像机的伺服与同步,保证镜头间连接点的准确与稳定。

线性编辑系统主要由编辑录像机和编辑控制器构成。按功能和规模划分,主要有一对一编辑系统、二对一 A/B 卷编辑系统、二对一 A/B 卷特技编辑系统、多一对编辑系统等。

2. 非线性编辑系统

非线性编辑系统(Non-linear Editing System,NLE)是指使用盘基媒体进行存储和编辑的数字化视频、声频后期制作系统。

单机非线性编辑系统主要由计算机平台、非线性编辑板卡和非线性编辑软件三部分构成。其中,计算机是非线性编辑系统的基本硬件平台,非线性编辑板卡是非线性编辑系统的核心部件,主要完成视频、音频信号的实时采集、压缩、解压缩和回放等任务。

网络非线性编辑系统主要是利用以太网络技术将多台计算机组成局域网,他们可以共享一台服务器上的资源,提高了编辑效率,降低了单台编辑系统的成本。

目前,国内非线性编辑系统产品的专业制造商主要有大洋、索贝、奥维迅等公司。其产品涉及单机非线性编辑系统产品和网络非线性编辑系统产品等众多领域。

线性磁带编辑是与磁带录像机技术的发展紧密联系的。目前,随着录像机技术的日趋完善,磁带编辑已进入技术的成熟和稳定时期,然而无论磁带编辑技术多么完善,其基于磁带的线性编辑所存在的固有缺陷却是无法克服的。首先,由于它只能线性地存取镜头,因而每个镜头的组接都要花大量时间去寻找,寻找过程中的预卷和反复走带不仅会增加磁头和走带系统的磨损,而且会导致磁带磁粉脱落。其次,在后期制作中,加特技、做动画、上字幕等往往是不可缺少的,这些工序一般需要复录多版才能完成,每经过一次复录,图像质量都会下降。再次,在特殊情况下,需要对已完成的节目带进行修改和增删,磁带编辑只有靠重新编辑才能完成。最后,目前要建立一个以磁带编辑为基础的较为复杂的后期制作系统,仍需较大的投入,特别是当采用较高档的数字录像机、数字特技机等功能单一的数字产品时,所需的投入就会更大,而这绝非是一个普通的电视制作部门所能承受的。

(四)虚拟演播室系统

虚拟演播室技术是计算机图形处理技术与传统的色键技术相结合的产物。自 1994 年第一套虚拟演播室系统在 IBC(International Broadcasting Convention)展览会上首次展出以来,虚拟演播室系统已在世界各地电视台的节目制作中得到了广泛应用。

在虚拟演播室中,节目制作可以在只有演员和摄像机以及灯光的"空"演播室内完成,所有道具和布景都由虚拟演播室系统产生。计算机生成的背景图像可以实时地与摄像机拍摄的图像合成。此外,除虚拟布景外,还可以虚拟人物以及计算机生成的动画人物,模仿真实演员的动作等。

虚拟演播室布景是经过计算机处理生成的,能克服常规物理布景的局限性,储存在服务器中的虚拟布景可同时供给多个演播室应用,既节省人力、物力,又缩短了节目制作周期。

四、电视信号的传输

(一)地面广播电视传输系统

地面广播电视传输系统是指把图像电视信号和伴音电视信号经发射机调制后由发射天线以电磁波的形式发射出去,用户可以直接利用电视机进行收看的电视系统。它属于开路传输系统,是相对于开路传输的卫星广播电视系统而言的,发射台和转播台建于地面。

地面广播电视系统发展最早,应用最普遍,接收技术也最为成熟。它一般采用无线电方式进行信号的传输,因此,地面广播系统又可称为无线电视系统。目前,地面广播电视系统主要用于广播这一单一业务。它的好处是利用高频电磁波在空中传递信号,无需架设电缆,在覆盖范围内的任何地点都可以接收,较为方便。不过,它的保密性相对较差,覆盖范围有一定限制,重影和空间杂波辐射引起的各种干扰会影响图像质量。

(二)卫星广播电视传输系统

卫星电视广播是指将电视信号(包括图像信号和伴音信号)经过一定的处理后发送给地球同步卫星,再由卫星将信号转发给地面的电视信号传输系统。利用卫星传输广播电视节目是卫星应用技术的重大发展,与地面广播电视相比,相当于把原来的发射天线提高到距离地面几万千米的高空。

卫星广播系统特别适于面积比较大的国家或地区使用。因为在这些地区要建造十分庞大的地面广播电视发射网,需要巨额投资和长时间的建设。采用卫星广播可以把地面发射网的投资节省下来,同时建设容易,时效快,只要把广播卫星发射上天,就可覆盖全国、全地区。因此,发展卫星广播技术对像我国这样幅员辽阔、多山且人口密度大的发展中国家是十分有利的。值得注意的是,卫星的寿命比较短,一般只有8年到15年,有时可能还会因为卫星转发器的损害而导致整个系统停止工作。

(三) 有线广播电视传输系统

随着电视技术的迅速发展,有线传输方式凭借其频带宽、与其他无线电行业互不干扰等优点备受电视台和电视观众的青睐。目前,有线电视网已成为我国城市电视信号传输的主要形式,并逐步向农村发展。

按传输媒介分,有线传输系统包括电缆传输网、光缆传输网以及混合传输网。目前,我国电视信号有线传输系统的组成模式是:前端+传输干线(电缆传输、光缆传输、微波传输)+电缆用户分配系统。

电缆传输系统是指用电缆传输电视信号的系统。有线电视系统传输电视信号通常采用同轴电缆,与无线传输方式相比,同轴电缆屏蔽性能好,不易受外界干扰,信号在传输过程中的损失较小,因而传输质量较高。同时,同轴电缆允许传输频率范围很宽的电视信号,一条电缆可以传输多套电视节目,并且容易实现双向传输。

然而,电缆传输系统存在传输距离短、温度变化对信号的影响大、频带宽度窄等弊端。近几年来,人们利用具有全反射特性的光学纤维作为传输媒介,以光波作为载波,可在一条光缆中同时传送很多路电视节目。光缆传输以其传输距离远、不受环境温度影响、传输频带宽和信号质量好而备受青睐。

微波一般指波长在 $1m \sim 0.1mm$(频率范围在 $300MHz \sim 3000GHz$)的电磁波。微波的频率高,方向性很强,用微波传输电视信号是有线传输方式的补充,主要用于解决那些不易架设缆线地区电视信号的传输问题。

本章思考题

1. 数字音频工作站的组成和功能有哪些?有何优势?
2. 传声器的主要分类方法有哪些?
3. 广播电视的播出方式有哪几种?各有什么特点?
4. 地面广播电视系统的主要特点是什么?
5. 卫星广播电视由哪几部分组成?各有什么作用?
6. 什么是线性编辑?什么是非线性编辑?
7. 试分析非线性编辑的发展趋势。

第六章 新媒体技术与广播电视新形态

新媒体技术是指依托数字技术、网络技术、移动通信技术等新技术而形成的新的传媒技术体系。所谓"新",有两层含义:一方面,这些新技术在报纸杂志、广播电视等传统媒体中得到了普遍应用。在传统媒体中,广播、电视由于具有新闻传播、社会教育、文化娱乐、信息服务等多种功能,同时又具有在传播方式、传播速度、覆盖能力、承载能力等方面的诸多优势,已成为当今具有重要影响力的现代大众传播媒体。新媒体技术已广泛应用于广播、电视的各个层面,极大地改变了广播电视媒体的内涵和外延;另一方面,这些新技术逐渐与传统媒体相结合,形成了新的媒体形态,如与网络媒体、手机媒体等结合后产生的数字广播、网络电台、互动电视、网络电视、移动电视等。无论从哪一方面看,这些新的变化都是以数字技术为核心的。

第一节 新媒体技术概观

一、新媒体技术的发展历程

新媒体技术的出现是人类文明的重要成果,作为推动科技进步的重要武器,不能不说它是一种时代的产物。严格地说,新媒体技术的诞生当以20世纪中后期计算机和网络技术以及随后的移动通信技术的应用与普及为科技基础和主要标志。

1946年,世界上第一台数字式电子计算机ENIAC诞生;1965年,特德·纳尔逊(Ted Nelson)首次提出"超文本"这一术语,并设计出了首个真正意义上的网络系统Xanadu。1969年,美国国防部开始启动用于核战时通信的计算机网络开发计划阿帕网(ARPANET),互联网的雏形诞生。1983年,阿帕网宣布将过去的通信协议"NCP(网络控制协议)"向新协议"TCP/IP(传输控制协议/互联网协议)"过渡,从此不同的网络开始能够相互连接。1991年,欧洲粒子物理研究所科学家蒂姆·伯纳斯·李开发出了万维网(World Wide Web)以及简单的浏览软件,此后互联网开始向社会大众普及。从1994年开始,国际互联网的发展出现了转移,从科研教育领域向商业性计算机网络转变,一批以搜索引擎服务来吸引用户的商业门户网站开始亮相,从而引发了互联网在全球范围内的推广扩张,并在随后二十余年的发展中由一种新媒体技术形态逐渐成长为举足轻重的社会产业复合体。

移动通信技术发展至今,主要经历了四个阶段,目前处于第五阶段的开端。20世纪60年代,随着晶体管的问世,出现了一种专用的无线通话设备,被运用于消防、警车等行业,但这种设备仅能在少数特殊行业中使用,并且便携性差,不利于在大众商业市场推广。1979年,美国贝尔实验室研制成功了移动电话系统AMPS,并开始在芝加哥试运行,这是世界第一个蜂窝模拟移动通信系统。进入20世纪80年代以后,模拟蜂窝移动通信技术走向成熟,1982年,欧洲成立GSM,标志着第一代移动通讯网的正式形成。

早期的第一代移动通信技术仅能满足最基本的通讯需求,不具备大众传播功能,难以支撑起一个独立的产业形态。为了克服这一局限,20世纪90年代起,技术研究者们便开始发展新一代的移动通信技术,即第二代移动通信技术(2G)。1999年,WAP协议使得用户可以通过手机访问互联网;2000年后开始商用的通用分组无线服务(GPRS)使得GSM系统能够以效率更高的分组方式提供数据通信;2003年,EDGE技术开始商用,提供了接近3G的数据通信能力。这些技术后来被非正式地称为2.5G移动通信,为早期移动互联网的发展提供了技术支撑。

第三代移动通信技术,简称3G,规范名称IMT-2000(International Mobile Telecommunications-2000),是指支持高速数据传输的蜂窝移动通信技术。3G服务能够同时发送声音(通话)及信息(电子邮件、即时通信等),其代表特征是提供速率一般在几百kbps以上的高速数据业务。3G存在三大普及的标准,即宽频码分多址(WCDMA)、CDMA2000(多载波分复用扩频调制)以及时分同步码分多址(TD-SCDMA)。

第四代移动通信技术,简称4G,是3G之后的延伸,按照ITU的定义,只要静态传输速率可以达到1Gbps,高速移动状态下传输速率可以达到100Mbps,就可以作为4G的技术之一。4G的普及标准主要有两个,即频分双工长期演进技术(LTE FDD)和时分双工长期演进技术(LTE TDD,又称TD-LTE)。基于无线广域网的WiMAX技术先被看好,但后在市场运营中被淘汰。

根据移动通信的发展规律,目前逐渐被普及的第五代移动通信技术(5G)将具有更高的频谱利用率和能效,在传输速率和资源利用率等方面较4G移动通信提高了一个量级或更高,其无线覆盖性能、传输时延、系统安全和用户体验也将得到显著提高。5G移动通信将与其他无线移动通信技术密切结合,构成新一代无所不在的移动信息网络,满足未来 10 年移动互联网流量增加 1000 倍的发展需求。①

时至今日,新媒体技术已经赋予了人类极强的跨越时空界限的能力,渗透进了各个社会分工领域,对既有的产业门类均带来了明显的改变。就广播、电视而言,在经受新媒体技术冲击之时,更迅速地从新技术中汲取更多能量,利用新技术元素改变自己,从而寻找到符合媒介发展规律的创新之路。

二、新媒体技术在广播电视媒体中的应用

任何一种新媒体出现并快速发展时,人们都会产生疑问:旧媒体会不会被新媒体取代?广播出现时有人预言广播将取代报纸;电视诞生后又有人惊呼电视将埋葬广播;互联网的广泛应用会不会颠覆电视、报纸等传统媒体?

无论答案如何,传统媒体面临危机已不容置疑,而其若想走出困境,就必须以新媒体技术的应用为突破口"改头换面"。未来的媒体应该是多种多样的,传统报纸可演变成电子报纸,模拟电视可演变成家庭数字电视、移动电视、手机电视、智能电视等。人们可以从报纸上看到电视的痕迹,从电视中看到杂志的影子,而杂志也会反映出报纸和电视的某些特点。这是当前技术层面媒介融合的表征。

对广播、电视媒体而言,这场新技术的风暴更显猛烈。以数字技术、网络技术为主体的变革最先撞击了广播电视技术平台,波及广播、电视节目的采编、制作、存储、传送、播出、发射、接收等各个环节。数字化、网络化不仅使整个广播、电视节目制作与播出质量都有了显著改善,资源利用率大大提高,更重要的是使传统的广播、电视媒体从形态、内容到服务方式都发生了革命性改变。广播、电视由此成为顺应时代潮流,融合广播电视、计算机、通讯等多种技术手段,为受众提供丰富多样且个性化服务的强大新型媒体。

不过,无论怎样改变,对于传统媒体来说,改变的只是产品的形式。而产品的核心是内容,不管时代如何发展,人们对于新闻信息的需求是不会变的。新技术改造下的传统媒体将获得强大的生命力,仍然可以成为未来传媒业的主角。②

三、新媒体技术对传统媒体和新媒体发展的重要作用

(一)新媒体技术促进传播的艺术表现形式日益丰富

从传媒技术的发展来看,传播内容的表现力在很大程度上取决于对传媒技术和工艺的

---

① 尤肖虎等:《5G 移动通信发展趋势与若干关键技术》,《中国科学:信息科学》2014 年第 5 期,第 551 页。
② 朱强编著:《新传媒技术概论》,浙江大学出版社,2008,第 20—21 页。

掌握程度。可以说,任何一次艺术外在表现形式的创新和内在语言结构的演进,都是通过技术语言及其工艺上的革新来实现的。对于广播电视媒体来说,这一点尤其明显。

(二)新媒体技术促进传播内容及其建构方式的多元化

新媒体技术带来的媒体和受众的互动性、传播内容的即时性和传播平台的开放性,对传统媒体的功能形成了有益补充,产生了新的表现形式和节目形态,使传播内容及其建构方式更加多元化。

(三)新媒体技术推动媒介融合,形成跨媒体的综合传播体

新媒体技术促进了传统媒体和新媒体的跨媒体整合,整合的结果是既推动了技术的进一步发展,又实现了媒体资源的进一步优化组合,促进了传播效果的改善和传播范围的扩大。新技术,如宽带技术、无线通信技术、P2P 技术等都已显示出整合各种媒体的强大功能。智能手机就是融合了网络、广播、电视、电话的各种功能,集信息采集、发布、传送和接收为一体的综合传播媒介。

第二节　新媒体技术与广播媒体新形态

我国是有线广播最发达的国家之一,其发展历史可以上溯至 1946 年,20 世纪 80 年代初更形成了以县广播台(站)为中心、以乡(镇)广播站为基础、连接千村万户的农村有线广播网。目前,有线广播被大量应用于政府、公司企业、商场等区域性场所的信息传递工作中。

而日常生活中我们所提及的广播媒体更多的是指无线广播。它既有对象广泛、传播迅速、功能多样、感染力强等优势,又受到转瞬即逝、线性收听、不能选择等弊端的限制。如今,随着科技水平的逐步提高,人们已将数字技术引入广播的各个层面,极大地改变了广播媒体的内涵和外延。在新媒体技术的影响下,广播由传统的电台—收音机模式逐渐走向了两个发展方向,即运用数字技术升级既有广播产业的数字广播,和将广播内容融合进互联网的网络广播,广播也由此更为深入地走进人们的生活。

一、数字广播

数字广播是指将数字化了的音频信号、视频信号以及各种数据信号在数字状态下进行各种编码、调制、传递的一种媒体形态。同时,数字广播也是一项有别于人们传统上所熟知的 AM、FM 的广播技术,它通过地面发射站,以发射数字信号达到广播以及数据资讯传输的目的。随着技术的发展,除了传输传统意义上的音频信号外,数字广播还可以传送包括音频、视频、数据、文字、图形等在内的多媒体信号。目前,国际上几种发展较为成熟的数字广播主要有数字声音广播(DAB)、数字多媒体广播(DMB)、数字卫星声音广播(DSB)和数字调幅声音广播(DRM)等。

(一)数字声音广播(DAB)

数字声音广播(Digital Audio Broadcasting,DAB)是以数字技术为基础,采用先进的音频数字编码、数据压缩、纠错编码以及数字调制技术,对广播信号进行系列数字化的广播,具有抗噪声、抗干扰、抗电波传播衰落、适合高速移动接收等优点,且不受多重路径干扰,以保证固定、携带及移动接收的高品质声音效果。它提供 CD 级的立体声音质量,信号几乎零失真,特别适合播出古典音乐、交响音乐、流行音乐等,受到专业音乐人、音乐发烧友和音响发烧友的大力追捧。当前,国际上共有三种 DAB 系统。

1. 欧洲的尤里卡 147-DAB 制式

1988 年 9 月,欧共体在世界无线电行政大会上首次进行了尤里卡 147—DAB 的试验,质量可以与 CD 音质相同。尤里卡 147—DAB 制式已于 1995 年标准化,它是一种典型的 DAB 系统,除欧洲外,在世界上其他一些国家和地区也得到了一定发展,如在加拿大、新加坡、澳大利亚等地区 DAB 都得到应用。

2. 美国的带内同频(IBOC)DAB 制式

这种制式的优点在于,在现有 AM 和 FM 发射设备的基础上,增加少量设备和少量投资,就可实现数字音频信号与原有模拟广播信号的同一频道发射。这样一方面保留了原有的模拟系统,另一方面又不需要为 DAB 业务准备新的频率规划,达到了频率复用的目的,节省了频率资源。

3. 日本的单套节目 DAB 方案

日本的 DAB 是在地面数字电视 DTV 的基础上发展起来的。该方案最大的意义在于,可根据广播信息的容量灵活确定系统带宽,占用频带较窄,节省频带资源。

1996 年年底,在广东佛山、中山和广州建立的中国第一个 Eureka-147 DAB 先导网正式试播。北京、天津、廊坊等地区的 DAB 单频网(SFN)也于 2000 年 6 月 28 日开通并进行试播。

(二)数字多媒体广播(DMB)

数字多媒体广播(Digital Multimedia Broadcasting,DMB)是在数字音频广播(DAB)基础上发展起来的面向未来的新一代广播系统。与数字音频广播(DAB)不同的是,数字多媒体广播(DMB)不再是单纯的声音广播,而是一种能同时传送多套节目、数据业务和活动图像节目的广播。它充分利用了数字音频广播(DAB)的技术优势,在功能上将传输单一的音频信号扩展为可传输数据、文字、图形、电视等多种载体信息的信号。在发送高质量声音节目的同时,还可提供影视娱乐节目、智能交通导航、电子报纸杂志、金融股市信息、互联网信息、城市综合信息等可视数据业务,被广泛应用于公交车、出租车、轻轨、地铁、火车、轮渡、机场、家庭、办公室等场所。

数字多媒体广播(DMB)最突出的优势在于可实现高质量的数据传输(DVD 质量的视频、CD 质量的音频)。它可以对各种信号进行数字化编码、调制、传递等处理,不仅可以方便地进行各种数值运算和逻辑编码运算,而且由于数字信号只有"1"和"0"两种状态,还可以规避类似噪声、非线性失真等对数字信号品质的干扰;另外,作为数字广播的一个类别,数字多媒体广播(DMB)还有很高的功率效率(发射功率降低了很多,节约能源、降低了 DMB 建台费用)、频谱效率(比如一个电视频道 8MHz 带宽里,可安排 24 套节目)。[①]

我国广东已于 1999 年完成了从 DAB 向 DMB 技术的过渡,随后,在珠江三角洲成功进行了 DMB 试播。2003 年 8 月,佛山电台、粤广公司的工程人员成功地在佛山的公共汽车上安装了首台数字多媒体广播接收机,使乘客在车上也能享受到高质量的广播和实时视频新闻。现在,广东 DMB 项目正朝商业化运营方向发展。

(三) 数字调幅广播(DRM)

数字调幅广播(Digital Radio Mondiale,DRM)始于 20 世纪 20 年代,其工作频段为 150KHz—30MHz。2003 年 6 月 16 日,世界 DRM 组织在日内瓦公布了 DRM 标准。

将数字化技术引入调幅广播,极大地解决了调幅广播固有的抗干扰能力差、音质一般的缺点。因而,越来越多的广播电台、广播网络运营商、广播产品制造商启动了自己的 DRM 实施计划。目前,全球已有 50 多个广播电台每天、每周或定期播出 DRM 制式的节目,DRM 的使用正在全球快速增长。2003 年 11 月,我国广东省广播电视技术中心与美国哈里斯公司共同进行 DRM 数字中波广播首次实验,并获得成功。随着全世界统一的 30MHz 以下的调幅波段的数字广播标准的开发,可以预见,在不久的将来,任何一个 DRM 接收机在世界各地都可以正常工作,并获得高质量的音频和数据信息服务。

(四) 数字卫星声音广播(DSB)

数字卫星声音广播(Digital Satellite Broadcasting,DSB)指用卫星来传送数字声音广播

---

① 季成泉、郎东风:《数字多媒体广播(DMB)技术》,《卫星电视与宽带多媒体》2008 年第 2 期,第 65 页。

(DAB)。20世纪末,经国际电信联盟认可的世广卫星集团World Space推出的卫星数字音频广播系统登场亮相。这套系统由亚洲之星、非洲之星和美洲之星三颗地球同步卫星、广播上行站、数字接收机及地面控制运营网组成。它向全球直接播放数字音频广播,覆盖面超过120个国家,不仅在音频广播领域独具魅力,而且给多媒体广播带来了一场广播、娱乐及信息传播领域的革命。

与传统广播相比,数字卫星声音广播(DSB)不仅音质纯净、覆盖面积更大,更特别的是它还可根据播出广播节目音质的需要从最经济的角度选择播出带宽,其节目带宽选择和编排可轻而易举地完成。如一般的声讯播出,可选择16kb/s乃至8kb/s;CD盘音乐节目播出,可选择128kb/s。

(五)融合数字化广播(CDR)

CDR是Convergent Digital Radio的简称,意思是指融合数字化广播。继模拟电视数字化后,调频广播也提上数字化的进程。中国数字化广播采用自主研发的DRA+编码技术,在原有模拟调频广播的频点上可以传输更多的音频节目,已在中央电视台无线数字化覆盖工程中有过实际应用。CDR作为我国广播电视数字化进程中的重要组成部分,是广播数字化的发展方向。CDR系统的主要特点有:(1)系统传输方案针对调频和中波调幅进行了优化,有多种传输模式;(2)频谱配置结构灵活;(3)设定三种不同传输模式的应用场景;(4)采用更高效的信道编码算法(LDPC);(5)支持逐步演进的系统架构;(6)信源编码算法(DRA)具有自主知识产权。

CDR系统发射端有信源、信源编码、信道编码、OFDM调制、逻辑成帧、子帧分配、物理成帧、射频调制和放大等几部分组成。

二、网络广播

新媒体的发展在给传统媒体带来生存危机的同时,亦带来了新的生机。网络广播,就是广播在网络时代寻求生存与发展的新探索,是媒体融合的产物。网络广播是指采用IP协议、通过互联网、以计算机为终端的音频传播业务,其不需要占用卫星轨道和频率资源,开办门槛低,并借助互联网这一载体实现了更为自由与多样化的传播形式。按照呈现方式,网络广播有直播和点播两种,前者是电台实际播出节目的网上传输形式,后者则是按内容将广播节目做成不同片段,由用户根据喜好自主选择收听。[1]

网络广播的分类,可按照开办主体的不同进行划分。

---

[1] 王掌:《论我国网络广播的现状、对策与发展》,《中国广播》2012年第11期,第38页。

(一)政府网络广播

依托国家级或地方政府的媒体网站发展起来的网络广播,是传统广播电台的延伸。1995年4月,美国 Progressive Networks 网站提供了一个 Real Audio System 的试用版软件,提供"按需播放"(Audio On Demand)服务,标志着网络广播的诞生,随后,BBC、VOA 等各大国际广播公司的网络广播相继开启。1997年,上海东方广播电台《梦晓时间》节目新开设的版块《东广信息网》与"瀛海威时空"网站合作,这是我国的网络广播的开始。之后,中央人民广播电台、中国国际广播电台等各大传统电台相继推出自己的网上广播。

政府网络广播占据网络广播的主导地位,因其依托传统广播媒体的丰富节目资源,专业性、公信力和品牌知名度都很高。此类网络广播中,以中央人民广播电台主办的中国广播网(即央广网,www.cnr.cn)发展得最为成熟、影响最大。其依托中国之声等16套广播频率、中国广播联盟180余家成员台和驻全国39个地方站,发展成为拥有50多个专业频道和34家地方分网的综合性新闻门户。借助于网络,传统广播电台在新媒体时代不仅找到了新的生存平台,而且得以扩展自己的传播形态,从单纯的音频制作发展成为集文字、图片、音视频为一体的多媒体传播,扩大了自己的受众群体与传播路径。

(二)商业网络广播

即商业网站中的电台频道或专门的商业电台网站。如早期由三大门户网站开办的网络电台,2004年开播的腾讯网络电台,2005年开播的网易社区电台和2006年开播的新浪宽频电台。但此三大网络电台大都昙花一现,由于缺乏自主生产的节目内容而最终解散。目前,商业网络广播中,较为活跃的有基于即时聊天工具和论坛的音频网站,如猫扑音频网站、QQ网络电台、豆瓣 FM 等。

以豆瓣 FM 为例,其为豆瓣网推出的在线音乐收听页面,并提供手机应用版,方便在手机上收听。作为音乐广播,豆瓣电台一打开即可播放音乐,并通过几个简单的按钮,为用户生成个性化的音乐内容。不同用户的播放列表都是基于个人的历史播放行为而推荐生成的。经过进一步完善,豆瓣电台又发展出私人频道和公共频道,前者是依据注册用户的收听喜好生成的个性化听歌列表,后者则按音乐风格分为爵士、摇滚、蓝调等多个频道,尽力满足用户的个性化音乐需求。豆瓣电台以这样一个纯粹又贴心的音乐服务取胜,成为商业网络广播中的成功范例。

从优势上看,一方面商业网络广播可依托强大的商业网站,整合音频服务资源,逐步形成独立的音频服务品牌。内容上,商业网络电台符合年轻人口味,风格清新、活泼。同时,可利用年轻受众长时间上网的特点,培养其一边浏览网页、聊天、玩游戏,一边听网络电台的伴随式收听习惯。但另一方面,在面对政府网络广播这类竞争对手时,商业网络广播也面临着内容生产和盈利这两大问题,内容方面,商业网络广播不如政府网络广播专业和权威;盈利方面,商业网络广播在创立初期,知名度低、品牌影响力差,收听率堪忧。未来,生产出大家喜闻乐"听"的原创内容以及找到恰当的盈利模式,是商业网络广播突出重围的关键所在。

(三)个人网络广播

个人网络广播即个人或兴趣小组创办的私人网络电台。此类网络广播电台基于个人播客技术发布个性化的广播节目,成为众多广播爱好者施展才华和表现自我的平台。个人网络广播可由用户自由上传音频文件,共享内容,因此内容、形式多样,创意多多。目前在国内较有知名度的有喜马拉雅FM、YY语音等。

喜马拉雅FM,目前安装次数已经达到51亿次,其内容60%来源于UGC(用户生产内容),剩下的来自于购买和合作。通过与个人进行签约的形式,喜马拉雅将收听率高的节目主播纳入麾下,成为其固定的内容生产者,并将相应的广告收入与其分成,此外还通过售卖优质节目内容的方式获得付费会员,从而形成了较为成熟的盈利模式。2014年5月,喜马拉雅获得1150万美元的A轮融资。目前,喜马拉雅以"随时随地,听我想听"为口号,致力于打造成移动时代的伴随媒体。

从最初由广播发烧友将自己制作的音频作品上传到网络与网友共享,到今天,个人网络电台的发展越来越呈现出规模化、商业化的特点。个人网络电台因其个性化、草根性与社交性的内容而吸引着越来越多网络及手机用户的关注与收听,并逐渐形成一个全新的新媒体阵营。但个人网络电台的大量涌现,也给管理部门的监管与网络广播市场的规范和管理带来了一定的困难。如何面对规制、实现可持续发展,将成为个人网络电台未来需要思考的问题。

第三节 新媒体技术与电视媒体新形态

新媒体出现之前,电视一直作为大众传媒领域的宠儿以"舍我其谁"的姿态呈现在人们面前,其独特的传播优势使之一诞生就在大众传媒领域独占鳌头。然而,近年来新媒体技术的快速发展使电视逐渐黯然失色,新媒体的海量信息、互动性、即时性、超链接功能等都使传统的电视媒体相形见绌。在这样的背景下,与新媒体联姻,吸收其传播优势,走融合发展之路,创新电视媒体传播形态就成为电视媒体应对冲击的必然选择。目前,多数国内电视媒体都开始了各种与新媒体相融合的转型尝试,流媒体、网络直播、网络点播电视节目大量出现,许多电视栏目也在积极利用网络改版,寻求新的生机。

从长远来看,传统媒体走向新媒体也是两者实现共赢的必然选择。不断迅猛发展的数字技术、网络技术和通信技术创造出更多被称为新媒体的媒体形态,相应地,电视领域也产生了更多新的媒体形态。根据主导力量的不同,可以划分为网络化的电视新形态,即由传统电视产业为主导,在不改变传统电视产业基本逻辑的前提下,综合运用网络技术的数字电视、IPTV 以及移动电视等;电视化的网络新形态,即以互联网的基本传播逻辑为指导,综合盘活电视产业的内容而开发的网络电视台和智能电视等。

一、网络化电视新形态:数字电视、IPTV 和移动电视

网络化电视新形态是在传统电视基础之上融合了数字技术、网络技术、多媒体技术等新媒体技术发展起来的,目前主要表现形式有数字电视、IPTV 以及移动电视等。随着技术的进步,电视观众对于文化娱乐消费的需求也不断升级。互联网宽带用户的急剧增长使得用户需求呈现出多元化的发展趋势,用户迫切渴望传统电视媒体也能够具有丰富的互动性及多元化、个性化的信息服务,也不再满足于固定守在某个地点以获取电视节目内容。数字电视、IPTV 以及移动电视等形态的出现恰恰满足了用户的这些需求。

(一)数字电视

与模拟电视相比,数字电视在采编、播出、传输、接收等环节中全面采用数字信号,信号损失小,接收效果好。数字电视系统可以提供多种业务,如高清晰度电视、标准清晰度电视、智能电视及数字业务等。电视台运用数字技术采集图像及声音素材,在经数字编辑、压缩及调制后,形成数字电视信号,经过卫星、地面无线广播或有线电缆等方式传送,由数字电视终端接收后,通过数字解调和数字视音频解码处理还原出原来的图像及伴音,同时还可以采集用户反馈,提供互动及个性化订阅服务。伴随着技术数字化,传统的电视媒体逐步在技术、功能上与信息、通信领域相互融合。

数字电视的一个重要技术基础是传输标准,包括地面无线传输、地面有线传输、卫星传输和手持设备传输四大体系。就当下而言,世界范围内各体系均存在多个事实标准推行于各个国家和地区,相互之间既有关联又有不同,尚未实现统一,这也是摆在数字电视产业化发展前面的一个现实问题。

具体来说,地面无线传输标准分为四类。①美国标准 ATSC 8-VSB,用于 6MHz 电视频道,使用地区有美国、加拿大、墨西哥、韩国、中美洲部分国家。②欧洲标准 DVB-T COFDM,用于 6/7/8 MHz 电视频道,使用地区有欧洲及大洋洲各国、亚洲多国,非洲及中东大部分地区,目前哥伦比亚及法属圭亚那以及中国台湾地区也采用这一标准。③日本标准 ISDB-T

COFDM,用于6MHz电视频道,属欧洲标准改良型,使用地区有日本、中美洲部分国家及南美洲大部分国家。④中国标准DMB-T/H,我国在2006年8月自主定义了标准DMB-T/H,后更名为DTMB,使用地区主要有中国大陆、香港地区、澳门地区和古巴等。马来西亚、老挝、伊拉克、约旦、叙利亚和黎巴嫩六个亚洲国家计划使用或改用这个数字频率广播。

有线传输标准主要分两类,即美国标准ATSC-C和欧洲标准DVB-C。卫星传输标准有事实上的国际标准,即欧洲标准DVB-S和DVB-S2以及日本部分放送卫星和通信卫星采用的标准ISDB-S。手持设备传输标准则有欧洲标准DVB-H、韩国标准T-DMB及S-DMB、日本标准ISDB-T-1seg、中国标准CMMB,还有其他部分地区采用的DVB-SH和MediaFLO标准等。

(二)IPTV

IPTV使用宽带网络作为介质发送电视信息,将广播节目通过宽带上的网际协议向订户传递。由于需要使用网络,IPTV服务供应商经常会一并提供连接互联网及IP电话等相关服务,也可称为"三重服务"或"三合一服务"。普通电视机收看IPTV需要配合相应的机顶盒以接收来自网络的数字信号,而得益于网络技术支持,供应商也能够向客户提供包括网页浏览、电子邮件收发、在线网络游戏、远程教育、电子商务、网络电话、即时通讯、可视电话等在内的多种增值服务。值得注意的是,虽通过宽带网络及网际协议,但IPTV不一定通过联通全球的开放互联网。供应商往往从保证传输质量、维系用户黏性等目的出发,会以封闭式广域网(Intranet)传输数字信号。

IPTV与数字电视的表现形式或最终形态大致相同,二者都能够提供数字信号以及更加清晰、更加丰富的节目样式,也能通过数字化技术实现与用户的互动。然而,由于运营主体及其采用的技术手段分属不同的产业领域,二者无论在互动业务形式还是在产业属性上,都表现出一定的差异性。概括地说,数字电视将数字技术应用于传统电视,将传统电视的模拟信号改造为数字信号,其运营主体是广播电视产业。而IPTV则把网络技术渗透进电视媒体,试图实现互联网与电视的深度融合,因此,其运营主体是电信产业。这种不同表现在业务形态上,则是IPTV相对于数字电视更具互动性。传统意义上的网络协议电视主要功能有直播、点播、回看、时移电视、个人本地节目录制、个人网络节目录制、Web On TV、Flash On TV、在线游戏。而跟IP多媒体子系统(IMS)网络相结合后的IMS based IPTV又可以实现来电显示、IM聊天、短讯的接收和发送、视频聊天、视频监控、电视购物、电子地图、电视互动等功能。

(三)移动电视

移动电视又称数字电视地面广播,是指采用数字广播技术播出、接收终端具有移动性、能够满足移动人群收视需求的电视系统。移动电视是数字电视的子集,与地面无线数字电视密切相关。地面无线数字电视的优势在于可以实现移动和便携接收,其本质是地面无线数据的传输。因此,经过简单的改进,配备便携式接收终端,就可以实现手机电视和其他移动增值业务。地面无线数字电视所服务的对象包括固定接收者,便携接收者和移动接收者。

车载移动电视是最常见、最典型的移动电视,它与手机电视的工作原理基本一致,最大的区别在于接收终端的不同。车载移动电视的接收终端一般是安装在公交车、出租车、火车、轮渡、飞机等交通工具上,而手机电视的接收终端则是支持 3G/4G 等新的移动通信技术的智能手机。

二、电视化网络新形态:网络电视台、智能电视

与网络化电视新形态相比,电视化网络新形态的主导思想由传统电视业逻辑转化为互联网逻辑,由掌握内容优势的传统电视台和具有互联网渠道优势的网络服务及内容提供商相结合,将传统电视产业的形式及内容化为己用,目前已发展出网络电视台及智能电视两大代表性形态。前者依托互联网技术,采用互联网传播模式,建立起类似于传统电视台的网站以供受众访问收看。后者则是具有全开放式平台,搭载了操作系统,用户在欣赏普通电视节目的同时,可自行安装和卸载各类应用软件,持续对功能进行扩充和升级的新电视产品。

(一)网络电视台

网络电视台是指以宽带互联网、移动通信网等新兴信息网络为节目传播载体,融合网络特征与电视特征为一体的多终端、立体化传播平台,是新形态的广播电视播出机构。网络电视台可通过小型便携式多媒体终端、移动互联网设备等终端收看。网络电视台是三网融合背景下的产物。据统计,除国家级网络电视台中国网络电视台、城市联合网络电视台 CUTV 外,已有安徽、黑龙江、湖南、浙江、江苏、上海、四川、湖北、深圳、山东、山西、陕西、甘肃等网络电视台建成并运营。

我国网络电视台的代表是中国网络电视台(CNTV),是由中央电视台主办的国家网络广播电视播出机构,于 2009 年 12 月 28 日正式开播。中国网络电视台全面部署多终端业务架构,拥有中央重点新闻网站——央视网,并建设网络电视、IP 电视、手机电视、移动电视、互联网电视等集成播控平台,通过部署全球网络视频分发系统,已覆盖全球 210 多个国家及地区的互联网用户,并推出了英、西、法、阿、俄、韩 6 个外语频道以及蒙、藏、维、哈、朝 5 种少数民族语言频道,建立了拥有全媒体、全覆盖传播体系的网络视听公共服务平台。

此外,依托湖南卫视创办的芒果 TV 也是我国网络电视台的代表之一,其以视听互动为核心,融网络特色与电视特色于一体,实现了电脑、手机、平板、电视机等多屏合一,是独播、

跨屏的新媒体视听综合传播服务平台。2013年年底,经原国家新闻出版广电总局批准,2014年4月20日,金鹰网与芒果TV全新改版融合,推出了全新的"芒果TV"网络视频平台,新平台采用原金鹰网域名,平台品牌呼号"芒果TV"。自2014年4月下旬起,湖南卫视原创节目内容不再对外分销互联网版权,所有自有版权内容只在自主网络视频、IPTV和互联网电视等平台播出,将版权内容作为成本投入,变短期利益管理为战略价值管理,全力打造芒果TV的互联网平台。

(二)智能电视

智能电视(Smart TV),又称联网电视,是一种加入互联网与Web 2.0功能的电视机或数字视频转换盒。智能电视可以运行完整的操作系统或移动操作系统,并提供一个软件平台,可以供应用软件开发者开发他们自己的软件在智能电视上运行。它将电脑的功能集成到电视,许多人预测它将是未来的潮流,它可以实现双向人机交互功能,集影音、娱乐、数据等多种功能于一体,是可以满足用户多样化和个性化需求的新型电视业态。

由于智能电视的普及要晚于由苹果和谷歌引发的智能手机热潮,故其明显受到前者所带来的操作革命的影响。用户被智能手机普及培育了操作习惯与使用惯性,以至于当下最为主流的智能电视操作系统也成为iPhone、Google手机IOS和Android系统的变种。此外,智能电视还受到少量品牌独立开发的Web OS及Linux等系统的影响。受制于政策及法规因素,苹果的Apple TV并没有正式进入中国市场,其在北美及欧洲较为普及。国内最为流行的是由国产手机品牌及传统电视大厂、具有运营牌照的网络电视台所主导的诸多基于Android系统的智能电视和机顶盒等,市场占有率居前的品牌主要有小米、乐视、微鲸、酷开、索尼、三星、TCL等。

三、新媒体技术在电视广播中的应用

(一)虚拟现实技术

虚拟现实技术(Virtual Reality,VR),是20世纪发展起来的一项全新的实用技术。虚拟现实技术包括计算机、电子信息、仿真技术,其基本实现方式是计算机模拟虚拟环境从而给人以环境沉浸感。虚拟现实技术在现代生活中有着广泛的应用,在大众传媒领域也发挥着重要作用。虚拟现实技术得到了越来越多人的认可,用户可以在虚拟现实世界体验到最真实的感受,其模拟环境的真实性与现实世界难辨真假,让人有种身临其境的感觉;同时,虚拟现实具有一切人类所拥有的感知功能,比如听觉、视觉、触觉、味觉、嗅觉等感知系统;最后,它具有超强的仿真系统,真正实现了人机交互,使人在操作过程中,可以随意操作并且得到环境最真实的反馈。正是虚拟现实技术的存在性、多感知性、交互性等特征使它受到了许多人的喜爱。虚拟现实关键技术在广播电视领域的实践应用主要有两种：一是 VR 视频的创作，二是 VR 视频的缝合拼接。

VR 视频的制作与编辑是虚拟现实在广播电视领域的主要应用方式，依托专业摄像机，进行多角度拍摄，打造更立体、更真实的虚拟环境。与过去视频采集方式不同，VR 全景视频的制作需要多个摄像镜头支持，同步进行拍摄。现阶段，常见的摄影系统包括 Google Jump、Next VR、Facebook Surround 360 等。通过全景拍摄为观众展现更完整、更真实的场景模拟。设备视角可以拓展到 306°，垂直拍摄的视角则可以增加到 180°。与此同时，不同的摄像机由于使用特性、设计理念、安装方式、摄像镜头、应用方式等方面的差异，图像制作过程中，会发生倾斜角度、缩放画质、视频方位等效果偏差。因此，在实际拍摄过程中，应依照一定的技术参数及角度、位置设定标准，在准备阶段进行校准处理，确保视频采集画面质量平稳，为下一阶段的视频编辑做好准备。VR 影像拼接属于视频编辑的重要内容，将不同视角的画面重新拼接成完整的画面，提升画面分辨率的同时，保证无缝缝合，具体流程包括：预处理、画面提取以及配比、精准融合、修正调整。影像的预处理工作主要是对需要拼接的画面进行除噪、校正图像畸变、边缘修正、选择模板、影像变换等方面的加工处理，其中，最关键的环节是校正图像畸变。画面提取属于影像拼接的核心环节，通常采用特征点提取的方式进行，该模式可以有效对画面旋转、投影、透视等关系进行处理，因此，在影像提取、配比、融合方面的应用较广泛。影像的配比与融合属于画面拼接缝合的关键技术点。影像配比主要是依据电视台的编辑标准，找出拼接影像的特征点与融合模板，然后依照参照模板的位置进行对应处理，保证变换关系的对应性。经过上述流程对影像进行处理后，拼接工作基本完成，然后再对细节进行修饰，处理画面中不符合播放标准的部分。[①]

作为一种技术形态，VR（虚拟现实）颠覆和重构了电视媒体的信息传播模式，推动视听内容生产进入了全新的虚拟化阶段。VR 技术在电视媒体的视听内容生产、受众沉浸式体验需求提升、融合转型、平台建构、用户结构重塑等方面具有的创新价值。其为电视媒体信息传播带来了互动性和自主性提升、沉浸体验增强、隐私性与社交性兼顾等新特性，延展重塑了电视机构的应用场景，提高了传播效果。目前，电视媒体在 VR 技术应用方面还面临诸多问题，不够成熟和完善。随着 5G 等相关技术在电视媒体中的深度应用，VR 技术的创新价值将逐渐在多层面凸显出来，为电视媒体提供新的发展机遇。[②]

---

① 王磊：《广播电视工程 VR 应用的关键技术探究》，《西部广播电视》2019 年第 17 期，第 211 页。
② 惠东坡：《电视媒体 VR 技术应用的创新价值》，《中国电视》2020 年第 3 期，第 91 页。

(二)第五代移动通信技术(5G技术)

第五代移动通信技术(5th Generation Mobile Communication Technology,5G)是具有高速率、低时延和大连接特点的新一代宽带移动通信技术,是实现人机物互联的网络基础设施。

5G技术的特点主要有高速度、低功耗、低时延、万物互联、重构安全等。5G可满足广播电视内容实时监听、安全播放管理、安全播放检测预警、检测存储业务等对高质量网络传输资源的需求。同时5G与广播电视技术的融合将在其业务方面呈现全方位的发展趋势,其中平台建设和媒体内容建设将成为重点发展方向。平台建设与产业链布局是基础电信运营商竞争的重点,是强化其市场竞争力的抓手,借助产业链上下端口企业的技术和资源优势,实现平台共享、互惠互利。优质的媒体内容是5G商用背景下广播电视行业重要的战略储备。下一代的数字电视标准和卫星电视标准都采用端对端的全IP传输,但要实现全领域的全IP传输不仅需要在协议层进行全媒体内容耦合,还需要与5G技术融合共建。5G网络在视频传输领域的巨大优势,推动了传统广播电视网、宽带和5G网络之间的融合,构建了广播电视业务的新业态,可以为用户提供更加方便、快捷、优质的广电服务。5G通信技术的发展,可以让广播电视业务与车联网有机融合,可以将高质量的媒体消费内容投放在车载智能终端,拓展了广播电视的业务范围。[①]

(三)超高清视频技术(8K技术)

视听传播技术是推动我国传媒业发展的关键。8K是指超高清视频技术,可以为用户提供更清晰的图像。特别是在大数据背景下,图像技术正在向高质量图像技术发展,4K/8K超高清技术已经成为电视发展的关键。国内超高清电视的关键技术包括视频编码、信号传输、有线电视的传输试验、显示终端的研究。在对超高清电视的特点进行分析时,发现其与现有的高清电视相比,其图像的宽和高,比以前的高2倍。帧率也提高了,其总数据量是以前视频的4倍以上。如果将国内4K/8K超高清电视与当前1920x1080逐行扫描的电视标准进行比较,我们发现前者的信号传输速度要快得多。研究发现,与HDTV相比,UHDTV1和UHDTV2的每帧信息传输率分别提高了4倍和16倍。在对每帧信息传输量进行分析时,发现其接近每秒40亿的像素,其传输的数据也非常多,这给我国超高清电视传输带来一些问题。因此,国内在应用4K/8K超高清电视技术时,需要提前对信号传输特点进行分析,对地面的数字广播和有线电视传输中的问题进行分析,制定先进的传输方案。[②]

最近几年,日本松下公司为了推动4K/8K超高清电视发展,推出了支持4K的蓝光播放

---

① 赵时、麻小小:《5G在广播电视技术领域中的应用与前景分析》,《广播电视网络》2021年第4期,第29页。
② 周陵琳:《国内4K/8K超高清电视发展观察与展望》,《西部广播电视》2020年第1期,第197页。

器。但是,这款 UHD 的蓝光机还存在一定的局限,它还只是原型,没有在市场中推广。以前的超高清电视技术,其显示终端存在一定的问题,不能对电视中的图形图像进行处理。目前,我国在对液晶电视产品面板进行制定和分析时,一般采用 LCD 和 OLED 等技术。LED 比 LCD 技术更具有优势,其本身具有超薄和高透光率等多个特点。因此,夏普和 TCL 等电视厂商在生产 4K/8K 超高清电视时,都采用了 LED 显示屏技术。OLED 具有自发光的特点,对比度和色域上都有明显的优势,所以其在国内 4K/8K 超高清电视的生产中得到了有效应用。[①] 2021 年的央视春晚大量采用前沿科技手段,不仅是一台文艺盛宴,同时也是科技创新的盛会。晚会充分呈现了总台"5G+4K/8K+AI"战略迅猛发展的最新成果。

本章思考题

1. 请简述虚拟现实技术的主要特征。
2. 请简述虚拟现实关键技术在广播电视领域的实践应用,并举例说明。
3. 8K 高清技术目前在我国面临的挑战是什么?
4. 现代广播电视媒体如何综合应用 5G、VR、8K 技术进行创新。

---

① 蒲方:《国内 4K/8K 超高清电视发展的思考与实践》,《中国传媒科技》2021 年第 7 期,第 143 页。

本单元主要参考文献

1. 郭镇之.《中外广播电视史》(第三版)[M].复旦大学出版社,2016.
2. 陆晔、赵民.《当代广播电视概论》(第三版)[M].复旦大学出版社,2021.
3. 常江.《广播电视学导论》[M].北京大学出版社,2016.
4. 谢毅、张印平.《电视节目制作》(第5版)[M].暨南大学出版社,2018.
5. 张军、张浩、杨晓宏编著.《广播电视技术基础》[M].国防工业出版社,2008.
6. 朱强编著.《新传媒技术概论》[M].浙江大学出版社,2008.
7. 高吉祥.《广播电视技术概论》[M].西南交通大学出版社,2011.
8. 张洪冰.《数字媒体时代的广播电视技术发展与应用》[M].吉林科学技术出版社,2019.
9. 刘爱清、王锋主编.《广播电视概论》[M].中国广播电视出版社,1997.
10. 张雅欣.《电视概论》[M].中国广播电视出版社,1997.
11. 张振华主编.《中国广播电视概要》[M].北京广播学院出版社,2003.
12. 蒲霜.《国内5大手机电视技术标准之争》[J].大众标准化,2008年第7期.
13. 何晓华.《CMMB与T-MMB两种移动多媒体广播技术的比较》[J].中国有线电视,2008年第12期.
14. 王华峰、宋建新、张志明.《IPTV关键技术及发展中的问题》[J].电信科学,2008年第24期.
15. 陈韶国.《分析数字电视技术特点及其传送工程》[J].新闻传播,2013年第9期.
16. 张鸿.《广电开展IPTV业务的关键技术及应用特点》[J].中国有线电视,2009年第3期.
17. 王掌.《论我国网络广播的现状、对策与发展》[J].中国广播,2012年第11期.
18. 徐贵宝.《IPTV关键技术综述》,全球NGN高峰论坛发言[EB/OL].新浪科技,2006-03-08,http://www.sina.com.cn.
19. 蒲方.《国内4K/8K超高清电视的思考与实践》[J].中国传媒科技,2021年第7期.
20. 王磊.《广播电视工程VR应用的关键技术探究》[J].西部广播电视,2019年第17期.
21. 赵时、麻小小.《5G在广播电视技术领域中的应用与前景分析》[J].广播电视网络,2021年第28期.
22. 惠东坡.《国外电视媒体VR应用的主要问题及发展趋势》[J].电视研究,2020第2期.

第三单元

广播电视属性论

广播电视具有诸多媒体属性。这里我们重点讨论的是广播电视的意识形态属性、产业属性和公共服务属性。

广播电视属于上层建筑范畴，具有典型的意识形态属性。在西方，广播电视为资产阶级服务，表现他们的价值观。在我国，广播电视被视为党、政府和人民三位一体的"耳目喉舌"，是宣传社会主义建设的主导力量，既要坚持"为人民服务，为社会主义服务"的原则，积极宣传党和政府的路线、方针和政策，又要积极地以群众喜闻乐见、生动活泼的形式弘扬社会主义主旋律文化，以正确的舆论引导人。

作为文化产品的生产部门，广播电视的产业属性是与生俱来的。广播电视创作是劳动者运用劳动资料对劳动对象进行加工，生产使用价值的过程。换言之，广播电视节目是广播电视从业人员运用专业技术设备将客观世界的动态变化、艺术构思或创新的主观思考等加工转化成劳动产品。它们可以进行等价交换，具有价值和使用价值。

广播电视的公共服务属性是指广播电视作为"社会公器"，需要捍卫公共利益。具体而言，它是指政府或其他掌控广播电视的社会机构与团体以维护公共利益为宗旨，利用广播电视这一媒介平台，向所有社会成员提供包括公共信息和文化服务在内的广播电视产品与服务的特性。广播电视的公共服务建设包括硬件的基础设施建设和软件的内容建设。

在我国，广播电视意识形态属性是最早也最广泛地为人们所认识的。随着改革开放的深入，产业属性也逐渐为人们所重视，现在广播电视已发展成为能够独立经营并对国民经济有重要贡献的产业。公共服务属性的觉醒则经历了较长的酝酿期。在公民意识日渐觉醒，民主化进程加速的时代背景下，完善并健全公共服务职能是我国广播电视所面临的新课题。

第七章

广播电视的产业属性

第一节 广播电视的意识形态属性本论

在广播电视的意识形态属性、产业属性和公共服务属性这三者中,意识形态属性是最早在人们中间普及开来的。但是,什么是意识形态?广播电视因何具有意识形态属性?西方广播电视的意识形态属性是什么样的?我国广播电视的意识形态属性又有哪些具体内容?这种意识形态属性受到哪些思想的影响?这些问题都将在本节中得到一一解答。

一、意识形态的内涵与特征

(一)意识形态的内涵

一般认为,"意识形态"一词是由法国政治学家特拉西(Antoine Louis Claude Destutt de Tracy)在 19 世纪初系统研究启蒙时代的过程中最先使用的。在他看来,思想的产生需要具备物质基础,理念在物理环境中不断接受刺激而形成。意识形态正是对理念形成过程的研究,他称其为"理念的科学"。他认为,从"理念的科学"中所得的知识应该用于社会与政治的改良。可见,"意识形态"在本初意义上就与政治紧密联系。

真正对意识形态展开深入研究的是马克思(Karl Heinrich Marx)和恩格斯(Friedrich Engels)。马克思指出:"在不同的占有形式上,在社会的生存条件上,耸立着由各种不同的、表现独特的情感、幻想、思想方式和人生观构成的整个上层建筑。整个阶级在它的物质条件和相应的社会关系的基础上创造和构成这一切。"这里所说的上层建筑就是指意识形态。在马克思的理论中,意识形态是一个整体性的概念,包括许多具体的意识形态,如政治思想、法律思想、道德、哲学、艺术、宗教,等等。①

此外,还有许多学者从事意识形态的研究,如德国著名学者曼海姆(Karl Mannheim)。他基本同意马克思的观点,但主张厘清不同历史阶段中意识形态的历史关系。当代研究意识形态的学者还包括沃特金斯(Frederick Watkins)、萨金特(L. T. Sargent)、鲍尔(Terrence Ball)等。但他们的意见有很大的分歧,尚不能就意识形态的界定达成共识。

(二)意识形态的特征

尽管尚未形成明确的意识形态的含义,但从权威学者的论述中不难总结出意识形态的基本特征:第一,它首先而且主要是一个政治术语;第二,意识形态包含了对现状的看法以及对未来的憧憬,给人们以希望;第三,意识形态是行动导向的,它不仅描述美好的未来,还提供达成目标所必须实行的明确步骤;第四,意识形态是群众取向的;第五,意识形态以一般人能理解的简单语词来表述,语气上常常是鼓动性的,鼓舞人们尽最大努力来达成意识形态所设定的目标。这种群众诉求暗示了人类对通过积极行动来改良生活的能力抱有信心。②

二、广播电视具有意识形态属性

广播电视向受众呈现丰富多彩的内容,无论是真实记录客观世界最新运动状态的新闻信息,还是经过艺术加工的文艺作品,都会对受众产生潜移默化的影响。从这个意义上来说,广播电视属于马克思所说的上层建筑范畴,因此,它必然具有意识形态属性。这一点并不因广播电视所属国别不同而有差异,区别在于不同国家广播电视意识形态属性的具体内容。

(一)我国广播电视的意识形态属性

我国的广播电视具有社会主义意识形态属性,即在中国共产党的领导下,为社会主义建设服务。在我国,广播电视被认为是党、政府和人民的"喉舌"。我国的广电媒体必须坚持"以正确的舆论引导人",坚持"为人民服务,为社会主义服务"的原则,积极宣传党和政府的大政方针,努力成为宣传社会主义建设的主导力量;从更为宽泛的意识形态范畴来看,我国的广播电视产业在具体的运营过程中还必须以民族的、科学的、大众的和群众喜闻乐见、生动活泼的形式来弘扬社会主义主旋律文化。

(二)西方广播电视的意识形态属性

西方的广播电视同样具有意识形态属性。无论是公共性质还是商业性质的西方广播电

---

① 俞吾金:《意识形态论》(修订版),人民出版社,2009,第68页。
② [美]利昂·P. 巴拉达特:《意识形态起源和影响》(第10版),张慧芝、张露璐译,世界图书出版公司,2010,第9-10页。

视,它们在实际运营中都必然遵循资产阶级的政治观、价值观和新闻观。事实上,西方的广电机构也在作为"喉舌"为资产阶级服务,只不过这种"喉舌"是掩饰在新闻自由外衣之下的隐形功能。本质上,西方广播电视仍在为政府、党派、财团或某些势力代言,经营活动必然打上资产阶级意识形态的烙印。例如,享誉世界的英国广播公司(BBC,British Broadcasting Company)和美国之音(VOA,Voice of America)就是西方国家对外宣传的有力工具。

三、马克思主义新闻理论和中国特色社会主义文艺理论

从节目形态上来看,广播电视节目可以划分为新闻宣传和文艺创造两种形态。广播电视的意识形态属性要求其以马克思主义新闻理论和中国特色社会主义文艺理论为指导思想。

(一)马克思主义新闻理论

马克思主义新闻理论是马克思主义对新闻工作的根本看法,是历史唯物主义和辩证唯物主义在新闻学领域里的具体体现。马克思和恩格斯是马克思主义新闻理论的创立者。以毛泽东、邓小平、江泽民、胡锦涛、习近平为代表的中国共产党历代中央领导集体,在将马克思主义同我国革命和建设的具体实践相结合的过程中,始终坚持把马克思主义新闻理论作为我国社会主义新闻事业的指导思想,并根据我国新闻事业的实际,不断发展和创新,形成了有中国特色的社会主义新闻理论。

1. 马克思、恩格斯的新闻思想

马克思、恩格斯结合自己的报刊实践活动,确立了马克思主义新闻理论的基本原理:

第一,新闻媒体有自己的内在规律,研究新闻传播活动要以尊重其发展规律为前提。

第二,无产阶级党报理论。

第三,新闻事业应视为党、政府和人民的喉舌。

2. 毛泽东的新闻思想

毛泽东的新闻思想以服务于革命和建设为核心。主要内容如下:

第一,提出新闻事业属于意识形态范畴,是反映一定社会经济基础的上层建筑。

第二,确定我国新闻事业的根本宗旨是全心全意为人民服务,任务是宣传、贯彻党的政策,反映群众生活。

第三,强调新闻工作要坚持党性原则和群众路线,提倡"政治家办报"。

第四,提倡新闻工作要注重调查研究。

第五,重视新闻写作的文风问题。

新中国成立后,毛泽东非常重视广播事业。1965年9月15日,他在给中央广播事业局

的题词中写道:"努力办好广播,为全中国人民和全世界人民服务。"①

3. 邓小平的新闻思想

邓小平的新闻思想成熟于和平建设年代,是为改革开放后在市场经济条件下新闻事业如何有益于经济建设和四项基本原则服务的。他提出了许多全新的新闻宣传思想,极大地丰富和充实了马克思主义新闻理论:

第一,提出"党的报刊是思想上的中心"的观点。邓小平在1980年年初就提出:"我们希望报刊上对安定团结的必要性有更多的思想理论上的解释,……要使我们党的报刊成为安定团结的思想上的中心。报刊、广播、电视都要把促进安定团结,提高青年的社会主义觉悟,作为自己的一项经常性的,基本的任务。"②

第二,提出以社会效益作为评判新闻宣传价值的标准。对于"一切向钱看"的错误思潮,邓小平提出,要在思想文化教育领域中树立起以社会效益作为评判标准的意识。

第三,重视对外宣传工作。

4. 江泽民的新闻思想

以江泽民为核心的中共第三代领导集体面临的是深化改革、稳定局势、扩大开放、推进发展的崭新历史任务。新闻事业的工作重点相应转变为在改革开放的宏观局势中,坚持正确的舆论导向并实现自身的改革与发展。江泽民对马克思主义新闻理论的突出贡献在于高度重视新闻舆论的导向作用。

江泽民指出,"我们的宣传思想工作,必须以科学的理论武装人,以正确的舆论引导人,以高尚的精神塑造人,以优秀的作品鼓舞人。""历史经验反复证明,舆论导向正确与否,对于我们党的成长、壮大,对于人民政权的建立、巩固,对于人民的团结和国家的繁荣富强,具有重要作用。舆论导向正确,是党和人民之福;舆论导向错误,是党和人民之祸。"

5. 胡锦涛的新闻思想

新世纪以来,以胡锦涛为总书记的党中央面临的问题是提高执政能力,保证国家持续、稳定、健康地发展,全面实现建设小康社会的宏伟目标。以互联网为代表的新媒介深刻地改变着传统媒介格局,新一轮的科技革命也蓄势待发。新的历史条件下,胡锦涛的新闻思想体现了与时俱进、以人为本的理念,提出许多回应新形势的新闻观念:

第一,主张按照新闻传播规律办事;第二,鼓励自主创新发展信息产业;第三,推进政务信息公开,保障人民的知情权、参与权、表达权、监督权;第四,把提高舆论引导能力放在突出

---

① 中共中央文献研究室:《毛泽东新闻工作文选》,新华出版社,1983,第220页。转引自蒋丽:《马克思主义新闻理论中国化研究》,东北大学,2008,第21页。
② 邓小平:《邓小平文选》第2卷,人民出版社,1994,第255页。转引自杨伟光主编:《中国电视论纲》,北京出版社,1998,第83页。

位置,坚持以人为本,重视舆论引导的实际效果;第五,提出通过互联网了解民情、汇聚民智。胡锦涛提出"互联网已经成为思想文化信息的集散地和社会舆论的放大器。";第六,提出新闻传媒业应具有全球传播理念,形成与我国国家地位相称的外宣舆论力量。

6. 习近平的新闻思想

据学者研究,习近平总书记是自中国共产党"十四大"以来产生的中央最高领导人中,罕见地具有传媒经历和充沛传媒熏陶的一位。他曾发表过很有水平的新闻学术论文,还曾为省级和地级党报撰写过数百篇评论文章。这不但充分显示出习总书记作为新闻评论写作高手的突出能力,而且还有力表达出习近平总书记对新闻传播工作长期的一贯的热烈情怀。① 习近平总书记的新闻思想集中体现在他就新闻传播工作的多次谈话与指示中,如十八届三中全会《中共中央关于全面深化改革若干重大问题的决定》、全国宣传思想工作会议的"8·19"讲话、中央全面深化改革领导小组第4次会议讲话、视察解放军报社和第二届世界互联网大会开幕式上的讲话、主持召开中央网络安全和信息化领导小组第一次会议时的讲话、党的新闻舆论工作座谈会的讲话,等等。

中共中央宣传部组织编写的《习近平新闻思想讲义(2018年版)》以"习近平总书记对马克思主义新闻观的新发展新贡献"为主题,"重点提出:掌握意识形态工作领导权、构建全党动手的大宣传格局、增强领导干部同媒体打交道的能力。"②《习近平新闻思想讲义》围绕着做好党的新闻舆论工作这一核心,用五讲分而述之③:

第一,强调新闻舆论工作方针原则。党的新闻舆论工作是党的一项重要工作,是治国理政、定国安邦的大事。

第二,提高新闻舆论工作能力和水平。增强新闻舆论工作的针对性、把握好时度效、坚持改进创新、加快推动新闻媒体融合发展。

第三,做好网上新闻舆论工作。把网上新闻舆论工作作为宣传思想工作的重中之重,加强互联网内容建设,建立网络综合管理体系,提升学网、用网、管网水平。

第四,推进国际传播能力建设。让世界认识一个立体多彩的中国、讲好中国故事、争取国际话语权、优化国际传播战略布局。

第五,加强新闻舆论工作队伍建设。做好党的新闻舆论工作关键在人,加快培养政治坚定、引领时代、业务精湛、作风优良的新闻工作者。

---

① 尹韵公:《习近平新闻传播思想的精义要道》,《新闻与写作》2014年第10期,第26-31页。
② 童兵:《马克思主义新闻观中国化的典范——学习〈习近平新闻思想讲义〉心得》,《新闻记者》2018年第8期,第4-9页。
③ 《习近平新闻思想讲义(2018年版)》,人民出版社,2018,第33-76页,第77-112页,第113-144页,第145-176页,第177-209页。

(二)中国特色社会主义文艺理论

中国特色社会主义文艺理论是在确定中国特色社会主义发展目标和参与全球化的历史进程中确立的。

邓小平的文艺思想包括以下四个方面:第一,说明文艺与政治的关系;第二,重视艺术与人民的关系;第三,加强党对文艺的领导;第四,坚决纠正"左"或"右"的偏向,开展科学的文艺批评。

江泽民的文艺思想高度重视社会主义先进文化的建设,确立了弘扬主旋律和提倡多样化的辩证关系。他指出:"每年都要拿出一批优秀的、为人民群众所喜闻乐见的影视、戏剧、音乐、舞蹈、美术和文学作品。反映主旋律的精神产品不仅思想内容要健康向上,艺术表现还应多种多样、生动活泼、精益求精,具有强烈的吸引力和感染力,在文化市场竞争中赢得优势。"①

在胡锦涛的文艺思想中同样体现了以人为本的科学发展观。首先,他提出中国共产党要以符合文艺规律的方式领导文艺工作,并在尊重文艺多样性的前提下,发挥进步文艺的引领作用;其次,确定了进步文艺的内容、性质、功能和判断标准。

2015年10月14日,习近平总书记在文艺座谈会上发表讲话。他指出:实现中华民族伟大复兴需要中华文化繁荣兴盛;创作无愧于时代的优秀作品;坚持以人民为中心的创作导向;中国精神是社会主义文艺的灵魂;加强和改进党对文艺工作的领导。② 2019年3月4日,习近平看望参加政协会议的文艺界社科界委员时指出,"文化文艺工作、哲学社会科学工作就属于培根铸魂的工作。人民是创作的源头活水,只有扎根人民,创作才能获得取之不尽、用之不竭的源泉。文化文艺工作者要走进实践深处,观照人民生活,表达人民心声,用心用情用功抒写人民、描绘人民、歌唱人民。"③

第二节 广播电视意识形态属性的表现

意识形态属性具体体现在广播电视的诸多方面。上至整个行业的运营与管理,下至具体节目的策划与编排,都受意识形态属性的影响。本节选取广播电视的性质、任务和节目系

---

① 江泽民:《在全国宣传思想工作会议上的讲话》,《人民日报》1994年3月7日第1版。转引自何雁:《中国特色社会主义文艺理论发展的三个阶段》,《学习与探索》2010年第1期。
② 《习近平在文艺座谈会上的讲话首次公开发表(全文)》,央广网2014年10月15日,http://news.cnr.cn/native/gd/20151015/t20151015_520148533.shtml。
③ 《习近平看望参加政协会议的文艺界社科界委员》,新华网2019年3月4日,xinhuanet.com/politics/2019。

统来分析其意识形态属性的具体表现。

一、广播电视的性质

中国广播电视事业是中国共产党领导下的社会主义人民广播电视事业,是上层建筑和意识形态的重要组成部分。这决定了我国广播电视具有社会主义性质,是党、政府和人民的"喉舌"。

(一)广播电视的社会主义性质

广播电视事业是中国共产党整个新闻事业的重要组成部分,它的社会主义性质体现在根本宗旨、体制和管理模式上。

1. 根本宗旨

我国广播电视的根本宗旨是为社会主义服务、为人民服务。我国拥有世界上人数最多的广播电视受众,具有最广泛的群众性,广播电视的重要职责就是不断地满足人民日益增长的信息和文化娱乐需求。广播电视能够利用自身传播速度快、覆盖范围广的媒介特点,将各类新闻和实用信息传递给遍布祖国各地的广大受众,满足他们的信息需求;还可以综合运用音频、视频的传播符号,制作生动、活泼,为百姓喜闻乐见的文艺节目,满足他们的文化娱乐需求。期间,广播电视要通过内容来表达人民群众的利益、思想、情感和意志,确立人民群众的主人翁地位。

2. 广播电视体制

1980年以来,世界各国的广播电视体制都出现了较大的变革,传统的三大广播电视体制(国营型、公营型和商业型)出现了相互借鉴和融合之势。我国的广播电视体制也发生了一些变化。

在计划经济体制下,我国的广播电视体制是典型的国营型。随着改革开放的深入,广播电视业为了自身发展,逐渐引入了有限的商业运作体制,从单纯的事业单位走向"事业单位、企业管理"的改革之路。电台、电视台的广告收入逐步占据广播电视整体收入中越来越大的份额。目前,大部分广播电视机构已经实现自主经营、自负盈亏。

然而,我国广播电视体制依然保持着社会主义性质。这是因为:第一,广播电视的国有属性保持不变。尽管广播电视节目制作和经营部分被推向市场,但它始终承担着宣传党和政府重大决策、方针的职责,作为党、政府和人民"喉舌"的地位没有改变;第二,1997年8月国务院颁布的《广播电视管理条例》明确规定我国的广播电视台要由党和政府授权的广播电视行政部门设立,禁止任何其他单位和个人设立广播电视台,禁止设立外商独资经营、中外合资经营和合作经营的广播电视台;第三,人事管理上,广播电视机构的负责人仍由同级党委或政府任免、考评和培训。

3. 管理模式

首先,我国广播电视几十年来一直实行"条块结合,以块为主"的管理模式。具体内容是:省(自治区、直辖市)以下各级广播电视机构同时受上一级广播电视机构和同级政府的领导,但是以同级政府领导为主;国家广播电影电视总局统一领导和管理全国的广播电视事业;地方各级广播电视厅、局领导并管理本地区的广播电视事业。

其次,我国的广播电视事业实行宣传工作、事业建设和行业管理"三位一体"的管理方式。其中宣传工作是广播电视事业的中心工作,处于核心地位,包括技术、经营、行政、后勤等内容的事业建设和行业管理则要相互配合、协作,保证宣传任务顺利完成。

(二)广播电视的"喉舌"地位

中国广播电视的社会主义性质决定了中国广播电视是党、政府和人民的"喉舌"。坚持广播电视的喉舌性质必须遵守以下几个原则:

1. 党性原则

所谓党性,就是"要求对事情做任何估计时都必须直率而公开地站到一定的社会集团的观点上。"[1]党性原则要求广播电视在政治上时刻与党中央保持高度一致。各级广播电视机构要自觉接受党中央和各级党委的领导,无条件地宣传贯彻党的路线、方针、政策;在日常宣传和涉及重大政治性的理论问题和实践问题上,必须自觉捍卫党的利益,鲜明地站在党的立场上,坚决抵制和摒弃违背或有损党和人民利益的行为。

2. 正确的舆论导向原则

在我国党的利益和人民的根本利益是一致的,在重大问题上能够形成一致的舆论。但是日常生活中,人民内部的舆论声音又是多样化的,广播电视有责任通过各种意见的交流讨论,把群众的思想和注意力引导到有利于社会进步的轨道上来。这就要求广播电视要坚持正确的舆论导向原则,具体落实到新闻、文艺、社教、服务、电视剧、广播剧等各类节目形态中,保证正确的舆论在政治生活、经济生活、文化生活以及社会道德、价值观等各方面的主导地位。

3. 社会效益第一原则

社会效益第一原则要求广播电视在节目制作和播出时坚持高尚的道德价值判断和先进文化的发展意识。对于文艺创作类节目,广播电视机构应鼓励制作弘扬主旋律文化的节目,

---

[1] 列宁:《列宁论文学与艺术》第1卷,人民出版社,1960,第63页。转引自杨伟光主编:《中国电视论纲》,北京出版社,1998,第129页。

满足受众健康、合理的文化娱乐需求,抵制消极、落后、腐朽的价值观和生活内容;对于新闻信息类节目,要坚持以正面宣传为主的方针,着力宣传党的思想、政策和国家的法律法规,反映改革开放的巨大变化,弘扬正气的英雄事迹与模范人物。

二、广播电视的任务

广播电视的根本任务是通过丰富多彩的节目,教育、动员、鼓舞全国各族人民在中国共产党的领导下,同心协力为建设社会主义现代化国家而奋斗。这个长期远大的任务在广播电视的日常运营中转化为多项具体任务。

(一)具体任务

广播电视的具体任务体现在为社会主义经济建设、文化建设、思想建设和政治建设服务四个方面。

1. 经济建设

经济建设是社会主义事业的核心,对社会主义物质文明贡献巨大,因此是广播电视宣传的中心任务。全面、创造性地完成广播电视为经济建设服务的重任,首先取决于广播电视人对社会主义根本任务的认识。社会主义的根本任务是解放生产力和发展生产力,最终实现共同富裕。它决定了广播电视为经济建设服务的整体框架:广播电视要利用其话语平台,积极宣传在解放和发展生产力方面,哪些是值得肯定的,哪些是需要抵制的,哪些是亟待改革的,哪些是应该继承的。其次,广播电视要及时准确地宣传党在经济建设方面的各项方针、政策。中国共产党作为执政党,始终在努力寻找进一步解放和发展生产力、适合我国国情的有效方式,种种探索凝结为不同阶段的具体经济政策,具有战略指导意义。广播电视不仅要对经济政策本身大力宣传,还应及时反映经济政策在贯彻实施过程中出现的新情况、新经验和新问题。再次,经济发展需要稳定的政治局势和社会态势,广播电视应努力营造出有利于经济建设的舆论环境。

广播电视为经济建设服务的种种努力必然要落实到各种节目内容上。从 20 世纪 80 年代末开始,广播电视节目中经济信息的比例和时长都有显著增长,社会经济生活的报道范围不断拓宽。以电视为例,1987 年 2 月中央电视台推出大型经济报道栏目《综合经济信息》,1989 年改版为《经济半小时》。1992 年 8 月开办了《经济信息联播》栏目。这些栏目因为容纳大量短小实用的信息,沟通了产供销渠道,加速信息在生产与流通领域的流动,受到生产者、经营者和消费者的好评。这之后,一批经济栏目纷纷亮相,如《经济 118》(内蒙古电视台)、《经济十分钟》(山西电视台)、《经济总汇》和《经济信息》(河北电视台)、《经济传真》(广东电视台)、《经济纵横》(安徽电视台)等。当新闻体制改革朝着分众化、专业化方向迈进时,广播电视又纷纷推出专业化频率频道。中央电视台第二套节目因以经济报道为主更名为经济频道,制作了更多针对性更强的服务性栏目,如《金土地》《企业家》《致富经》等。许多地方的广播电视机构也开办了经济频道频率。

新世纪以来,在迅猛发展的互联网技术的加持下和国家媒体融合战略的鼓励中,各大广播电视机构都在积极利用自身优势探索服务经济建设的新路径。2020年是我国脱贫攻坚的决胜之年,但一场突如其来的新冠疫情波及全球。在这一背景下,从央视到各地方卫视,从央视知名主持人(朱广权、欧阳夏丹等)到王牌综艺节目都纷纷开启公益带货直播模式(参见图7-1),极大缓解了疫情期间的农产品销售压力。

2020年4月-5月"直播带货"相关微博话题(部分)					
微博话题	话题阅读量(万人次)	话题讨论量(条)	微博话题	话题阅读量(万人次)	话题讨论量(条)
#谢谢你为湖北拼单#	41000	121000	#天天向上助力花农#	7627	48000
#小朱配琦#	36000	140000	#央视boys为美好生活拼了#	5102.7	16000
#小朱配琦第二季#	17000	32000	#小尼李思思为湖北直播带货#	4397.1	19000
#汪涵向美好出发#	14000	507000	#小朱配琦锁了钥匙我扔了#	3739.8	12000
#央视新闻直播带货#	12000	110000	#央视boys带货直播3小时卖出5亿#	2022.3	12000
#董明珠谈直播带货#	12000	9945	#罗永浩直播带货#	1446.3	8486
#董明珠快手直播带货#	11000	10000	#直播带货等新兴消费形式表现强劲#	1004.2	997
			#国牌天团#	818.8	1467

图7-1　2020年4月-5月"直播带货"的影响力体现①

2. 文化建设

文化建设是社会主义精神文明建设的重要组成部分,包括科学、教育、文学、艺术、体育、卫生、娱乐生活等各个方面。文化建设是一个国家文明程度的标志,但目前我国的实际情况是农业人口、文盲半文盲人口、贫困人口的比重都很大。因此广播电视在文化建设方面担负着重要的历史责任。

广播电视不仅是及时宣传党和国家的文化建设政策、报道文化建设中各项成就和存在问题的"传声筒",还是向人们提供科学知识、文化娱乐的空中舞台。以广播电视大学为例,作为"没有围墙"的学校,广播电视大学以较低的成本为一大批渴望知识的莘莘学子圆了理

---

① 《王牌综艺、央视主持人等顶流IP发挥"带货能力" 王牌综艺深度融合"助农带货"内容表现不俗》,《当代电视》2020年第6期,第113页。

想之梦。它提供的教学节目数量与种类丰富,包括中外语言教学、文史哲和理工科课程,书画、摄影、舞蹈、音乐、戏曲等艺术课程。此外,广播电视还借助各种趣味性的形式,既传授了各个领域的知识,还给观众带去了欢乐,做到了寓教于乐。比如《法律讲堂》《探索发现》《百家讲坛》《绿色空间》《健康之路》《走近科学》,等等。在媒体融合时代,中央广播电视总台的网络平台央广网专门开设文化、教育、健康、公益等频道,运用丰富的多媒体符号加速文化传承。

总体而言,为文化建设服务的各类广播电视节目对于中国这样的发展中国家起到了改造国民性、开启民智、树立现代观念的重要作用。此外,因其自身独特的媒介符号和传播方式,广播电视已经成为一种新型文化形态,即广播文化、电视文化。一些充分调动广播电视生动直观、形声并茂优势的文化产品,如电视纪录片、广播剧、电视剧、文艺栏目等,已经成为人们日常文化生活的组成部分。

3. 思想建设

思想建设是社会主义精神文明建设的核心内容,决定着精神文明的性质。广播电视作为重要的意识形态部门,在思想建设方面发挥首要作用。社会主义思想建设包括很多内容:树立马克思主义的指导思想,弘扬爱国主义、集体主义、社会主义的主旋律,热情歌颂在社会主义各条战线上奋斗的人民群众及其事迹,提高全党、全国人民的思想觉悟和道德水平。

广播电视是最有效的思想宣传工具之一。它借助丰富多彩、精美健康、有益于社会主义思想建设的精神产品占领了思想文化的阵地,坚决抵制涣散斗志、腐朽堕落的精神产品。广播电视在实践中总结了一定的经验,即发挥广播电视的媒介优势,以真实感人、生动活泼的方式服务思想建设。对于中国特色社会主义建设中的伟大成就、不断涌现的先进人物及其奉献精神,广播电视既可以发挥时效性强的优势,将其以新闻信息、专题报道的方式及时播报,也可以对其进行艺术加工,制作成更有感染力的广播剧或电视剧。另外,在新媒体层出不穷、价值观日趋多元化的今天,广播电视人深知要完成思想建设的任务,必须改变以往政治话语浓重、高高在上、盛气凌人的语态方式,而采取贴近生活、贴近百姓的话语表达。他们进行了许多有益的尝试。2020年以来呈现井喷势头的扶贫剧,如《山海情》《一个都不能少》《枫叶红了》《花繁叶茂》《阿坝一家人》,等等,以优良的艺术品质和深沉的家国情怀,描摹党的"十八大"以来脱贫攻坚的恢宏画卷,彰显社会主义制度的优越性。

4. 政治建设

社会主义的政治建设包括内政、外交、民主、法制、民族、宗教、统战、国防以及政权建设、政党自身建设等内容。广播电视作为党和政府的"喉舌",为政治服务的要义就是认真宣传和贯彻党在以上各方面的方针、政策。

自20世纪90年代苏联解体和东欧剧变后,意识形态大战的幕布渐渐褪去,但民族矛盾和宗教冲突却成为世界各地局部战争和争端的诱因,造成的巨大损失令人唏嘘。对此,广播电视需要体现出高度的政治责任感,大力宣传我国政府的立场以及我党的民族政策、宗教政策。此外,在全球化的背景中,广播电视有责任面向国际社会塑造符合中国地位的国家形象。如何更有效地开展对外传播,广播电视还需要进一步探索。

随着我国经济体制改革的不断推进,政治体制改革也被提上议事日程。广播电视是推进现代社会民主进程的重要力量。社会主义民主制度的建设需要同社会主义法制建设相联系,广播电视一直重视坚持法制宣传,开设了一些重要的法制节目,提升了国民的法律意识。此外,广播电视还发挥着"窗口"作用,反映社会主义民主制度的变革过程以及政治民主、经济民主、文化民主等方面的新动向。更重要的是,广播电视自身也已成为民众进行政治参与的平台。随着广播电视人更加清醒地认识到受众在传播过程中的重要作用,他们逐渐将一部分话语空间让渡给普通受众,客观上都促进了公民政治参与。

(二)新时代的历史使命

中国特色社会主义进入新时代,是党的"十九大"做出的重大判断。党的"十九大"报告指出,我们既要全面建成小康社会、实现第一个百年奋斗目标,又要乘势而上开启全面建设社会主义现代化国家新征程,向第二个百年奋斗目标进军。与此同时,在信息传播领域,肇始于互联网信息技术以及各种新兴传播手段的快速发展,媒体格局、舆论生态、传受关系都呈现全新面貌,媒体领域整经历着互联网催发的前所未有的变革。2020年新冠肺炎疫情席卷全球,世界经济发展陷入低迷,同时也为我国的国际形势增添更多变数,大国之间的博弈更加复杂微妙。

在这样的时代背景下,广播电视机构一方面要深化改革,完善制度,创新创优,另一方面要围绕着党的"十九大"报告提出的奋斗目标,牢牢占据舆论引导、思想引领、文化传承、服务人民的传播制高点,更好地服务党和国家事业全局。

1. 加快向新型主流媒体转型发展,做大做优

2020年11月,国家广播电视总局印发了《国家广播电视总局关于推动新时代广播电视播出机构做强做优的意见》。打造新型传播平台,建设新型主流媒体;深化创新创优,提升产品内容竞争力、引导力;推进体制机制改革,释放事业产业发展活力;加强党的领导,为做强做优提供坚强保证,是这份文件对广播电视机构发展路径的明确指导。具体措施则包括[①]:加快广播电视播出机构流程再造,推动制作生产、传播分发、运行管理和体制机制等各环节

---

① 国家广播电视总局:《国家广播电视总局关于推动新时代广播电视播出机构做强做优的意见》,国家广播电视总局官网,2021年7月,https://www.nrta.gov.cn/art/2020/11/5/art_113_53696.html,访问日期:2021年7月29日。

共融互通,催化融合质变,加大深度融合、一体化发展水平;诉诸智慧化应用实现广播电视服务升级;勇于研发善于应用体现广播电视特色的核心技术;深化广播电视媒体"头条工程"建设,提升新闻舆论引导能力;建立健全把社会效益放在首位、社会效益和经济效益相统一的创作生产体制机制;坚持以人民为中心的工作导向,完善创作生产传播的引导激励机制;深化广播电视机构结构性调整,增强市场竞争力,推进产业聚合发展;强化组织领导,落实意识形态工作责任制,落实属地管理责任。

2. 宣传新思想,为新时代新目标新征程凝心聚力

广播电视事业是中国特色社会主义事业的重要组成部分,在各个历史时期都肩负着党的宣传思想工作的重责。十九大开启了我国社会主义现代化国家建设的新征程,广播电视更需要认真履行自身的政治责任,将宣传习近平新时代中国特色社会主义思想作为重中之重。"习近平新时代中国特色社会主义思想,是新时代中国共产党的思想旗帜,是国家政治生活和社会生活的根本指针,是当代中国马克思主义、21世纪马克思主义。"①新时代,广播电视要发挥主流媒体的阵地作用,运用多种传播形态和手段,广泛联系社会主义建设的生动实践,多层次多角度地持续深入阐释习近平新时代中国特色社会主义思想。要通过创新理论节目建设、紧扣主题宣传大事要事等,引导人民群众理解习近平新时代中国特色社会主义思想的政治意义、历史意义、理论意义和实践意义,成为早日实现新目标团结一致,凝心聚力的浓厚氛围。

3. 记录新时代,以无愧于时代的优秀作品奏响奋进凯歌

新时代,是承前启后、继往开来、在新的历史条件下继续夺取中国特色社会主义伟大胜利的时代,是决胜全面建成小康社会、进而全面建设社会主义现代化强国的时代,是全国各族人民团结奋斗、不断创造美好生活、逐步实现全体人民共同富裕的时代,是全体中华儿女戮力同心、奋力实现中华民族伟大复兴中国梦的时代,是我国日益走近世界舞台中央、不断为人类做出更大贡献的时代。新时代必定会带动中华文化的繁荣兴盛,它带来的恢宏独特的、广泛深刻的社会主义建设实践为广播电视文艺和网络视听文艺创作积累丰富的素材。广播电视文艺和网络视听文艺需要秉承为新时代奏响奋进凯歌的神圣使命,坚持现实主义文艺传统,把握时代脉搏、聆听时代声音,创作更多思想精深、艺术精湛、制作精良的优秀作品,为时代画像、为时代立传、为时代明德。

4. 营造新气象,打造绿色健康、正气充盈的空间

习近平总书记指出,"没有高度的文化自信,没有文化的繁荣兴盛,就没有中华民族伟大

---

① 《习近平新时代中国特色社会主义思想学习纲要①习近平新时代中国特色社会主义思想是党和国家必须长期坚持的指导思想》,《人民日报》2019年7月22日第6版。

复兴。要坚持中国特色社会主义文化发展道路,激发全民族文化创新创造活力,建设社会主义文化强国。"党的"十九大"报告明确提出要培育和践行社会主义核心价值观、加强思想道德建设、繁荣发展社会主义文艺。对此,广播电视机构需要"把核心价值观内化为广播电视始终坚守的价值追求,贯穿于创意研发、制作播出、宣传推介全过程,融入新闻、经济、科教、文化、少儿、综艺、真人秀等各类节目和纪录片、动画片、公益广告中,做到无处不在、无时不有。"①此外,广播电视机构还需要加快文艺创新、推动文化类节目转型升级。近年来,随着《国家宝藏》《朗读者》《见字如面》等一批原创文化类节目在经济效益和社会效益上获得双赢的喜人成绩,广播电视机构有了更大的信心和动力对优秀传统文化进行创新性转化和研发。坚持"小成本、大情怀、正能量"方向,制作有文化厚度、精神高度和思想深度的广播电视节目将打造出绿色健康、正气充盈的文化空间,抵制腐朽落后文化侵蚀。

5. 展现新作为,筑牢广播电视领域意识形态安全屏障

意识形态工作至关重要,关乎旗帜,关乎道路,为国立心,为民族立魂。在我国社会主义现代化建设的进程中,不仅面临着改革发展、治国理政的诸多考验,还恰逢世界百年未有之大变局,国际形势波诡云谲。尤其是新冠肺炎疫情暴发以来,西方政客更是加剧了对我国发展模式、价值理念的攻击。可见,意识形态领域的安全面临挑战。对此,身处意识形态斗争前沿的广播电视需要充分发挥其覆盖面广、影响力大的优势,坚持底线思维,强化忧患意识,坚持问题导向,保持战略定力,深刻认识并有效应对各种风险挑战,筑牢广播电视领域意识形态的安全屏障。

三、广播电视节目

节目是广播电视最基本的单元,是受众能接触到的最终产品。人们听广播、看电视,所听所看的都是具体的节目,而非物质性的接收器。广播电视的意识形态属性只有反映到具体的节目中才能起到影响思想的实际效果。因此,分析节目内容是审视广播电视意识形态属性的一个微观视角。

一般来说,广播电视节目可以划分为新闻节目、教育节目、文艺节目和服务节目。新闻节目以新闻宣传形态为主,文艺节目以文艺创作形态为主,而教育节目和服务节目在这两种形态上兼而有之。这些节目都需要以马克思主义新闻理论和中国特色社会主义文艺理论为指导,用灵活多样的方式促进社会的安定团结和发展。各类广播电视节目从总体设计到具体制作,直至节目的审查、编播,都要强调为社会主义服务、为人民服务的宗旨。但是在具体

---

① 田进:《宣传新思想 记录新时代 营造新气象 展现新作为——国家新闻出版广电总局副局长田进在2018年全国广播电视宣传管理工作会议上的讲话》,《中国有线电视》2018年第2期,第119-123页。

的节目中,意识形态属性的表现力度并不是均等的。通常新闻节目的意识形态属性比较显著。

西方新闻价值观强调关注政府、商业或者公共机构背后的失误与问题。与其以批评报道为主的风格不同,我国广播电视新闻节目的指导原则是坚持正面宣传为主,坚持正确的舆论导向。这就要求广播电视新闻节目在舆论引导的过程中要坚持把正确的政治方向放在首位,为社会主义现代化建设创造有利的社会条件。广播电视新闻节目中的内容构成与时段分配中,相当大的部分是用于宣传党和国家的路线、方针、政策,报道社会主义现代化建设中取得的成绩,反映人民群众的生活、劳动和精神面貌,表达政府对重大国际国内问题的态度等。坚持正面宣传为主,并不是一味拔高,弄虚作假,漠视现实生活中的丑陋现象,而是强调新闻报道的立场问题。批评或揭露性报道并不是为了发泄不满和愤怒,而是以暴露问题、化解矛盾、维护社会稳定为根本出发点。在整体上坚持正面宣传为主,有利于培养人们热爱生活、创造生活的热情,并以高昂的斗志投入到改革开放的伟大事业中去。

在广播电视新闻节目中,新闻评论类节目最具舆论引导能力。在内容上,这类节目主要包括:弘扬改革过程中的先进事迹与精神风尚;对政府新出台的政策法令释疑解惑;监督批评违法乱纪、腐败丑陋的社会现象;对生存环境问题的冷静思考与分析。从评论的出发点来看,节目必须坚持以中央的方针、政策、法律法规为宣传口径。实际播出时要寻找最佳时机,服从形势发展的要求,尽量配合党的工作的总体部署,争取最佳社会效益。对于反映问题的节目,评论类节目还要与有关主管部门配合,将政府部门的解决方案、过程与结果及时告知受众。20世纪90年代新闻体制改革中,诞生了一批活跃至今的新闻评论类栏目,如《焦点访谈》《实话实说》《新闻调查》等。这些节目始终坚持团结稳定鼓劲的方针,以"领导重视、群众关心、普遍存在"作为选题原则,收到了很好的传播效果。

以文艺创作形态为主的广播电视节目包括文艺节目和部分教育节目、服务节目。另外,鉴于广播剧、电视剧也属于文艺创作形态,且它们通过情节冲突在潜移默化中影响广大受众的文化理解和价值理念,占据着人们休闲时间的较大比重,已成为人民群众文化娱乐生活中的重头戏。因此,我们把广播剧、电视剧也视为文艺创造形态的广播电视节目之一。这类节目的意识形态属性集中表现为坚持中国特色社会主义文艺理论为指导思想,坚持百花齐放百家争鸣的方针,坚持弘扬社会主义主旋律文化。2020年疫情期间就涌现出一批优秀的广播电视节目,比如,北京卫视《生命缘》、湖北广播电视台的短纪录片《工地上的消杀志愿者"蓝天使"》《武汉这个社区书记与白岩松连线》《"钉"在岗位上超150小时》、北京卡酷少儿频道1分钟手绘动画二维宣传片《逆行者》、15秒三维动画短片《战"疫"卡酷和你在一起》河南小樱桃动漫集团、杭州阿优动漫公司等创作推出的《加油!画幅漫画为你打气》《相信党、终必胜》《信心》等作品,纷纷采用生动的叙事再现疫情期间的感人事迹,传达必胜的信念和温暖的力量。

所谓主旋律文化,是指一个发展的社会在一个时代具有的主流思想。广播电视要做的正是把我们这个时代的精气神儿唱响,使其始终占据文化的主导地位,起到鼓舞和团结全国人民共同为社会主义建设服务的目的。因此,广播电视文艺工作者要深入实际,心系人民,以各种艺术再现形式生动直观地反映中国特色社会主义的伟大实践、中华民族伟大复兴的艰难历程,热情讴歌在社会主义现代化建设中艰苦创业的亿万群众及其身上映射出的爱国主义、集体主义情感。每年"五个一工程奖"和"飞天奖"获奖作品中许多优秀的剧目都是弘扬主旋律文化的经典之作。另外,中华文化源远流长,戏曲、民歌、民乐、舞蹈、曲艺、杂技、武术、诗词、歌赋、书法、篆刻、绘画等一直是我们民族文化的重要组成部分,世界各民族也有着各具特色的优秀文化,广播电视节目可以利用声、光、电等高科技手法,将这些文化系统地介绍给广大受众,介绍西方交响乐、旅游胜地、餐饮文化等,在古今中外的优秀文化遗产中不断汲取营养,以风格多样的文化产品满足人们的审美需求。

本章思考题

1. 我国广播电视意识形态属性的内容是什么?
2. 广播电视意识形态属性表现在哪些方面?
3. 如何认识广播电视的意识形态属性?

第八章

广播电视的产业属性

第一节　广播电视的产业属性本论

改革开放后随着市场经济的不断发展,人们发现,除宣传教化外,广播电视逐渐为人们提供丰富的精神文化产品。其生产经营活动服从于价值规律,并呈现出文化产业的独特之处。由此,我国广播电视的产业属性逐渐被人们挖掘并重视起来。

一、广播电视产业概念的引入

广播电视的产业属性是指将广播电视视为参与经济活动的产业。研究广播电视产业,就必须了解产业、文化产业和传媒产业的内涵与外延,并理清三者之间的内在联系。

所谓产业即国民经济中具有同类属性的相互作用的经济活动组成的集合或系统,是独立的生产部门。文化产业是在产业内涵基础之上发展起来的延伸概念,指"以生产和经营文化商品和文化服务为主要业务,以创造利润为核心,以文化企业为骨干,以文化价值转化为商业价值的协作关系为纽带所组成的社会生产的基本组织结构"[1]。它是国民经济中与文化经营相关的部分,主要涉及体育比赛、文学艺术、旅游休闲、影视音像、科学研究、新闻出版、信息咨询、设计计划等领域。传媒产业可以界定为按照行业标准生产、存储、分配媒介产品和服务的一系列活动,它是文化产业的一个分支领域,包括文化产业中的新闻出版、影视音像等。从内容上看,传媒产业主要包括文化娱乐产业、出版产业、广播电视产业、平面媒体产

---

[1] 叶朗主编:《中国文化产业年度发展报告(2003)》,湖南人民出版社,2003,第25页。

业、网络媒体产业和户外媒体产业。

广播电视产业是传媒产业的子概念,它强调的是广播电视活动所具有的经济特性。与广播电视相关,按照商品标准生产、再生产、存储、分配和消费的所有节目以及其他相关服务的一系列市场行为和经济行为统称为广播电视产业。

二、广播电视产业的特征

(一) 共性特征

广播电视产业与其他参与经济活动的产业部门一样,拥有以下共性特征:

首先,必备的生产资料。广播电视产业最重要的生产资料是频率或频道资源,这是该行业开展经营活动的根本前提。另外,它还需具备技术设备和节目资源,这是广播电视节目正常播出的基本条件。最后,广电产业的正常运转必须具备专业的人才资源,以保证节目制作和播出质量。

其次,强烈的市场需求。广电业的市场需求来自于消费者在接收广播电视产品时获知信息和娱乐身心的心理需求。在知识社会,消费者对信息产品的需求越来越强烈、细致、丰富。因此,广电业在信息时代迎来了巨大的消费市场,这种市场需求成为产业发展壮大的原动力。

再次,配套的行业管理规范。行业规范是产业协调运转、生产出符合市场需求的产品的重要保证。各个国家都设立相应的管理部门,并制订一系列法律规范对广电业进行监管和制约。此外,广电业还配有内部规范,主要包括内部规章、生产流程规制和职业道德规范等内容。

(二) 个性特征

抛开产业的普遍规律对广播电视产业做深入的个性分析就会发现,在经济与文化、宣传和娱乐的碰撞中,该产业内还存在一些区别于其他经济领域的个性特征。

1. 社会效益和经济效益的双重目标

文化产业具有文化和经济双重功能,这是它区别于其他产业的突出特征。作为文化产业的子系统,广播电视产业具备经济和文化双重属性。因此,广播电视产业需要追求社会效益和经济效益双重目标。社会效益表现为广播电视必须注重舆论导向和精神价值,经济效益则指广播电视力争获得最大经济利润,二者时常保持一定的张力。2020年颁发的《国家广播电视总局关于推动新时代广播电视播出机构做强做优的意见》尤为强调,要"建立健全把社会效益放在首位、社会效益和经济效益相统一的创作生产体制机制"①。

2. 产品经营的特殊性

广播电视产业经营是由其产品的商业性质决定的。但广播电视产品不同于一般商品，其特殊之处是它具备物质和精神两种形态。广播电视产品的物质形态是指广电从业人员通过影音录制设备制作出的具有价值和使用价值的内容承载物，如录影带、光盘等。广播电视节目的精神形态则指广播电视的节目内容。

(1) 产品价值的精神属性

既然广播电视产品不仅具有物质属性，还具有精神属性，那么对它的价值衡量就不能单靠社会必要劳动时间，还必须考虑到节目内容、创意策划以及受众喜好等因素。因此，广播电视产品的价格波动往往表现出与其他产品不同的规律，这也是在同时段播出的不同节目具有不同经济价值的原因。

(2) 产品经营的时效性

在讲究效率和竞争的信息社会，时效性成就了广播电视的产业价值。广播电视的信息传播重视时效性，不仅包括一般的新闻类节目，还有其他类节目，甚至广告时段的收费，遵循的基本单位都是时间。

时效性对广电产品的经营提出了两方面要求。一要快，即以最快的速度反映实际；二要准，选题要切合实际，时机、分寸要把握得当。更为重要的是，在实际的操作过程中要平衡好两者的关系。

(3) 经营活动的消费者依赖性

经济学认为，消费者是上帝；传播学认为，受众的反馈是完整的传播链条必不可少的环节。二者共同表明，在广播电视产业中，作为消费者的受众对于经营活动的成败至关重要。因此，广播电视产业的经营活动对消费者有着高度的依赖性，必须建立在受众参与的基础上。

受众参与为广播电视带来两方面收益：一是直接收益，即向用户征缴的广播电视收听收视费，如有线电视和高清电视的收视费。二是间接收益，由受众参与所带来的时段价值，可以在"二次售卖"中转变为广告收益。从比例上来看，间接收益为广播电视带来更多利润。

(4) 消费群体的多重复杂性

广播电视的受众群体非常庞大，几乎覆盖了整个人口范围。近年来，随着社会政治经济环境的巨大变迁，人们的社会观念、心理结构、价值标准和生活态度都发生了巨大变化。这

---

① 国家广播电视总局：《国家广播电视总局关于推动新时代广播电视播出机构做强做优的意见》，国家广播电视总局官网，2021年7月，https://www.nrta.gov.cn/art/2020/11/5/art_113_53696.html，访问日期：2021年7月29日。

使广播电视产业消费群体的需求越来越个性化,随着频道、频率数量的日益膨胀以及传播技术的进步,广播电视产业迎来了分众化时代。

3. 垄断性

自产生之初,广播电视就被认为具有自然垄断属性。"自然垄断是指由于规模经济效益、范围经济效益、网络经济效益、资源稀缺性、沉淀成本等技术和经济方面的原因形成的一个产业由一个企业完全垄断或少数几家企业寡头垄断的经济现象。"[1]广播电视的自然垄断性与投入成本、规模经济和政府管制有关。广播电视产业的前期基础投资巨大,无形中提高了进入这个领域的门槛。另外,广播电视产业要想实现高额收益,需要形成规模经济。只有产业规模增大,巨额的固定资本才会被摊薄,从而降低单个产品的价格。形成规模经济所需的经济实力将广播电视产业的投资方限定在经济实力雄厚的有限个人、组织或机构中。再者,由于广播电视的意识形态属性和巨大的社会影响力,政府在管理广播电视产业时常设置行业准入条件。

三、广播电视产业经营

(一) 节目经营

一般而言,广播电视的节目经营包括节目的策划、生产、包装、推广和销售等环节。其中,策划是广播电视节目经营的首要步骤,节目策划的成功与否直接决定了后几个环节的发展形势。节目生产是指广播电视从业人员利用相关的设备和技术,根据策划内容进行制作。它是广播电视产业节目经营的基础和主体性环节。在节目生产的过程中,需要各个环节工作人员合理分工,相互协调。生产完成后需要对节目加以包装,节目包装可以提升节目的竞争力,获得较高的市场占有率。包装之后还需要有一个强大的推广团队把节目推向市场。推广和销售是广播电视节目经营中的最后环节,作用不容小觑。优秀的推广活动能在节目问世之前就在受众中形成期待,从而保证较高的市场份额。

按照节目性质,广播电视产业节目经营的内容可划分为新闻性节目经营、教育性节目经营、文艺娱乐性节目经营和服务性节目经营。由于节目形态的不同和观众关注程度的差异,这几类性质的节目形态在市场上所占份额的差异也相当明显。例如,娱乐性节目迎合了当前社会的休闲时尚潮流而备受市场宠爱,一度成为当前广播电视节目经营的重头戏。江苏省全省 2021 年广播电视节目销售收入 41.9 亿元,同比增长 53.65%;与节目制作相关服务

---

[1] 吴玉玲主编:《广播电视概论》,中国传媒大学出版社,2007,第 171 页。

收入 11.01 亿元,同比增长 140.92%,呈现出快速增长势头。[1]

(二)广告经营

近年来,广播电视产业化过程中越来越重视多样化经营,但广告依然占广播电视产业整体收入中的最大比重。因此,广播电视产业非常重视广告经营。

广告经营与广播电视节目内容及其编排技巧有很大关系。广播电视工作者要根据受众的收听/收视心理和习惯进行节目创作和编排。当节目能够满足受众获取信息、愉悦身心的需要时,广播电视产业就因为聚焦了受众注意力而提升了节目时间段的潜在价值。这种潜在价值一方面实现了广告商的营销目的,另一方面也为广播电视产业争取了经济利益。当然,由于节目内容和影响力的差别,不同媒体不同时段的广告费用不尽相同。但是,从根本上说,广播电视产业要想通过广告获取更高的经济收益,必须在节目内容与编排技巧上下功夫。据统计,2021 年江苏省广播电视广告收入 92.87 亿元,同比增长 7.72%。从广告收入类别上看,广播和电视广告收入呈现一增一减。[2]

(三)技术经营

广播电视是电波技术和影音技术发展的产物,其发展建立在现代电子科学技术基础之上。随着信息产业的发展和电子技术的不断进步,广播电视产业表现出越来越强的科技依赖性。由于不同国家、不同地区广播电视机构的技术发展水平不同,掌握先进广播电视技术的部门就可以利用自身的技术优势进行技术贸易,向技术不发达的国家、地区和企业提供技术服务,从中获取经济利益。在广电技术日新月异的背景下,技术交流已经成为广播电视产业经营的重要内容。

(四)网络经营

广播电视网络是指由无线电波覆盖网、有线电视网以及卫星广播电视网组成的广播电视节目传输系统。网络是广播电视经营的基础性资源,也是广播电视进行产业经营的前提。从现实情况看,有线电视网盈利模式已经基本成熟,成为广播电视网络经营的主要经济来源。

有线电视的经营活动主要包括有线电视网络的建设开发、维护管理、节目传输、交互服务等环节。节目传输是有线电视产业经营的最主要环节,以收视费和广告费为主要经济来

---

[1] 引自:《江苏省广播电视经营收入首次突破 400 亿元》[J],《中国有线电视》2022 年第 2 期,第 61 页。
[2] 同上。

源。随着有线电视技术的不断创新和节目资源的日益多样化,有线电视的收视费在广播电视系统中的收入比重日渐上升。以江苏省为例,该省 2021 年有线电视网络业务收入 74.87 亿元,同比增长 8.35%。其中,增值业务、集团客户业务收入增长较快,同比分别增长 32.41%、27.78%;基本收视维护费、付费数字电视频道收入则同比下滑。①

卫星电视是指利用卫星技术进行电视信号传递的电视系统。"完整的卫星电视产业链包括卫星转发器租赁业务、节目传送业务、卫星直播试验平台和境外卫星监管平台运行及卫星专用接收设备的制造和销售等。"②其中,节目传送是卫星直播活动的核心。当今世界已经有大概 30 个国家拥有了卫星电视直播技术并开展相关经营活动。美国早在 1993 年就利用卫星开展电视信号的传递活动,我国也于 1999 年开始采用卫星直播电视节目。

四、广播电视产业规制

受政治体制、经济环境和历史因素的影响,各国政府对广播电视产业的管理方式各具特色。但在广播电视产业管制的基本内容上却有许多相同之处。一般而言,广播电视产业的规制主要由准入规制、竞争规制、内容规制、广告规制等方面构成。

(一) 准入规制

广播电视的准入规制主要通过许可证的颁发来实现。大多数国家都根据法律和相关制度制定了广播电视机构的进入审批程序,只有通过审批的广电机构才具备播出资格。获得准入许可证只意味着广电机构取得了该频段在特定时间特定空间的使用权,而不是所有权。采用许可证准入规制,一方面是因为电波频率是公共的稀缺资源,政府必须对频率使用权做合理的规范。另一方面,政府可以通过许可证机制对广播电视进行管理。

不同国家的广播电视准入标准差异相当明显。在美国,任何个人或企业只要符合以下条件就可以提出申请:具有美国公民身份;具备健全的人格和必要的品质,没有犯罪和违规记录;具备足够的经济条件,并证明拥有建立并维持广播电(视)台运营的充足资金来源;具备法律规定的运作广播电(视)台的技术能力和技术设备要求。日本采取的是频率使用和业主资格双重许可证制度。申请者需就开办广播电视台的目的、频率范围及其他相关事项做出书面申请,并提交总务省审核。受理申请后,总务大臣从以下四个方面进行审查:无线设备的工程设计是否符合技术标准;按照《广播电视频率使用计划》是否有可能向其分配频率;财政基础是否稳固;是否符合开设广播电视台的根本性标准。③ 经审核后,如符合上述标准

---

① 引自:《江苏省广播电视经营收入首次突破 400 亿元》[J],《中国有线电视》2022 年第 2 期,第 61 页。
② 吴玉玲主编:《广播电视概论》,中国传媒大学出版社,2007,第 179 页。
③ 张志:《日本广电媒介体制的经济学审视》,《国际新闻界》2003 年第 1 期,第 34—41 页。

总务省就会向申请者发放预备申请许可,只要申请者满足条件就可以获得正式许可。

相比较而言,我国广播电视的准入机制更为严格。《广播电视管理条例》对广播电台、电视台的准入资格作出明确规定:任何个人或者民营单位不得设立广播电台和电视台,并禁止外来资本以任何形式参与设立广播电台、电视台;只有县级、不分区的市以上人民政府的广播电视行政部门以及设区的市、自治州以上的教育行政部门才具备广播电视准入资格。

(二)竞争规制

竞争是杜绝媒介信息垄断、保障社会信息安全的重要保障,也成为广播电视产业深入发展的内在动力。一方面保证广播电视产业的合理竞争已经成为各国政府制定相应规范的重要内容之一。1934年,美国出台的《通讯法》规定,一家广播公司最多只能拥有12家电视台,在国内的受众覆盖率不能超过25%,广播和电视执照的有限期分别为7年和5年。虽然1996年《电信法》的规定有所松缓,废除了以往一个广播公司最多只能拥有12家电视台的数目限制,允许业主在一个市场内同时拥有广播电台、电视台,同时还可以拥有无线电视网和有线电视系统,广播电视执照的拥有期限一律延长到8年,但仍要求其在美国国内不得覆盖超过35%的受众。另一方面,为了打破行业壁垒,《电信法》允许电话公司参与到有线电视市场的节目竞争中来。此外,《电信法》还废除了长期存在的广播电视网对有线电视系统交叉所有权的限制,也取消了同一市场上电视台和电台进行新合并的禁令。

日本、英国、德国也采取措施防止广电行业垄断。为了促进竞争,日本禁止一家公司拥有多家广播台或电视台,禁止个人或企业在同一地区同时控制广播电台、电视台和报社,禁止民间广播机构跨地区经营。"1995年英国广播法案取消了'一家公司最多只能经营两个电视台'的限制,并在一定条件下允许报社进入广电业。德国从1997年起放宽了规定,不设台数限制,允许一个机构拥有全国性电视台的全部股份。"①

(三)内容规制

鉴于广播电视具有强大的社会影响力,各国政府都采取综合的管制措施对其进行管理,内容规制是最有效的方法之一。其主要目的是防止不良内容对社会文化、经济建设和国家安全造成负面影响,特别是防止危害少年儿童身心健康的色情信息、暴力信息大范围传播。

目前,多数国家对广播电视的内容规制是通过审查制实现的,但不同国家的审查制度有很大差别。

我国采取的是事先审查制度。除此之外,节目在重播之前还必须通过二次审查。法律

---

① 鲍金虎:《国外广电产业的政府管制》,《有线电视技术》2003年第9期,第19-21页。

规定禁止播出的内容主要有:危害国家统一、主权和领土完整,危害国家安全、荣誉和利益,煽动民族分裂、破坏民族团结,诽谤他人、宣扬封建迷信、色情暴力的内容。此外,我国政府还专门制定《广播电视管理条例》以规范广播电视的信息传播和经营行为。

西方国家大多采取事后审查制度,如果播出内容违反相关规定,则按照法律法规进行事后追惩。事后追惩主要包括经济惩罚和拒绝许可证的延期,情节严重的还可能吊销经营许可证。从采纳的范围和发展方向来看,事后审查是国际审查制度的发展趋势。

除审查制之外,各国政府还制定法律对广播电视的节目内容进行规范。如美国颁布《1960年节目指导手册》《儿童电视法》《反暴力电视法》《净化广播电视内容执行法案》等法规,意在净化电视荧屏,保护公共利益。

(四) 广告规制

广告是广播电视产业的重要收入来源。追求广告收益是广播电视产业经济性的集中表现,与广播电视的公共服务属性构成了一对矛盾。为协调二者关系,各国对广播电视广告经营的时间、内容、播出方式都做出了明文规定,对公共广播电视的广告播放限制更加严格。

各国政府主要通过广告法规、法令和管理办法对广告进行管理。在美国,最高法院对广告的播出时间、地点和方式做出限制;联邦贸易委员会(FIC)反对"过度商业主义",保护公众不受虚假广告和误导广告的侵害;联邦通讯委员会(FCC)禁止以任何形式将广告和节目内容合为一体,并对儿童节目的广告时长进行限制。英国则规定,广告必须与节目有明显区别,不能在节目过程中穿插,而是要安排在节目之间。德国和法国也对广播电视播放广告做出规定。例如,广告内容不得使受众产生错觉,不得损害消费者利益,不得涉及政治、宗教等非营利性信息;必须有明显的标志;必须与其他法律的有关规定相一致。

广告管理是我国广播电视产业规制的重要组成部分。1995年《中华人民共和国广告法》颁布实行,标志着我国广告管理活动走向成熟。《广告法》对广告准则、广告活动、广告审查以及相关的法律责任做出明确规定,成为我国广告经营活动的最高规范。1997年2月19日,广播电影电视部根据《广告法》及其他有关规定发布《关于进一步加强广播电视广告宣传管理的通知》,其中规定,"广播电视广告必须符合有关法规、政策的原则性规定;广告应当真实、合法,符合社会主义精神文明建设的要求;应当有利于人们身心健康,促进商品和服务种类的提高,保护消费者的合法权益;遵守社会公德和职业道德,维护国家的尊严和利益;不得含有虚假内容,不得欺骗和误导消费者等。"[1]2004年,国家广播电影电视总局制定实施《广播电视广告播放管理暂行办法》,对广播电视广告经营活动做出了更为具体的规范。2009年8月《广播电视广告播出管理办法》经国家广播电影电视总局审议通过,自2010年1月1日起施行。[2] 2011年又进一步制定了《〈广播电视广告播出管理办法〉的补充规定》,明确指出:"播出电视剧时,不得在每集(以四十五分钟计)中间以任何形式插播广告。"[3]

第二节　媒体融合时代我国广播电视产业的发展现状

有学者指出,"1949年以来,中国传媒产业经历了两次较为明显的市场化发展历程,第一次发生在20世纪50年代初,第二次开始于20世纪70年代末的改革开放,一直持续至今。第一次市场化历程持续的时间短暂,形式单一,影响有限;而第二次市场化发展历程至今已有40年,其覆盖面广,形式丰富,影响深远。这期间,中国传媒业经历了产业化发展、集团化建设、数字化转型等重大变革,传媒经济保持高速增长的态势,传媒产业广告市场规模年均增长率超过30%,远远高于同期国内生产总值的增幅。"[4]

就广播电视产业而言,过去30多年的产业化进程取得的骄人成绩和积累的宝贵经验令人唏嘘。然而,进入新世纪,广播电视产业迎来了一个挑战与机遇并存的时代。随着科技革命的不断突破,全球化和信息化成为新世纪的主要特征。一方面,以互联网和手机为代表的新兴媒介形态给广播电视带来了全面冲击;另一方面,全球经济、文化事业的发展,尤其是数字技术的不断进步,也为广播电视产业的可持续发展带来了新的机遇。新形势下,如何调整发展思路,抓住数字化的机遇,在媒体融合转型中实现突破,是广播电视产业化必须进一步深入思考的问题。

一、广播电视业迎来了媒体融合的新时代

媒体融合时代的到来很大程度上源自以互联网为代表的各类新兴技术的迅速崛起与广

---

[1] 吴玉玲主编:《广播电视概论》,中国传媒大学出版社,2007,第132页。
[2] 国家广播电影电视总局:《广播电视广告播出管理办法》(令第61号),中华人民共和国中央人民政府,2009年9月,http://www.gov.cn/flfg/2009-09/10/content_1414069.htm,访问日期:2021年7月29日。
[3] 国家广播电影电视总局:《广播电视广告播出管理办法》的补充规定(令第66号),中华人民共和国中央人民政府,2011年11月,http://www.gov.cn/flfg/2011-11/28/content_2005138.htm,访问日期:2021年7月29日。
[4] 陶喜红、曾光:《广播电视产业市场化演进及其与市场结构、产业经济增长的关系》,《新闻与传播研究》2019年第26期(01),第77-97页,第127-128页。

泛应用。互联网在诞生之初就带有的"去中心化"的基因在半个多世纪的应用中,悄然且深刻地改变了传受关系、传播格局、舆论环境甚至媒介生态。基于报纸、广播、电视等传统大众媒介体而形成的单向的、不对等的传受关系被互联网内在且不断升级的"连接"属性击穿。随之而来的是人人都有麦克风、一边社交一边获取/分享信息、随时及时互动成本变得极低。在这个过程中,包括广播电视在内的传统媒体机构都在一边体察着互联网以及其他新兴媒介带来的冲击,一边被多样化的信息获取渠道和多元性的舆论表达倒逼着反思自己的传播力、影响力。同时,各大广播电视机构之间尚存在激烈的市场竞争压力。于是,一种自然而然且朴素的融合思维——如何利用好互联网去破解互联网带来的冲击,在20世纪90年代的广播电视人心中就已经形成。

1994年我国加入国际互联网。今天赫赫有名的互联网企业,如新浪、腾讯、阿里巴巴、网易等都在随后几年纷纷成立,划定各自的奋战版图。中国主流媒体触网的脚步也不慢,中央电视台1996年12月就创办"央视国际网络",人民网、新华网作为《人民日报》、新华社这类顶级主流媒体的网络平台在1997年相继创办。今天回过头来看,20世纪90年代中期开始,我国就进入了媒体融合的自主探索阶段。1996年广州日报报业集团的成立,是所有权层面媒体融合的集团化兴起的标志,紧随其后的就是南方报业集团、哈尔滨日报报业集团。值得一提的是,这一阶段广播电视领域的积极探索者正是后来产业化、市场化做得较为突出的湖南广电集团。

在行业内部自主探索了近20年后,我国的媒体融合迎来了一个重要的拐点。2014年8月18日,中央全面深化改革领导小组第四次会议通过了《关于推动传统媒体和新兴媒体融合发展的指导意见》。由此,推动传统媒体与新兴媒体的深度融合上升为国家意志,这标志着我国的媒体融合探索在全国范围内全面铺展开来。《关于推动传统媒体和新兴媒体融合发展的指导意见》被视为我国媒体融合的顶层设计。在文件中,习近平总书记强调,推动传统媒体和新兴媒体融合发展,要遵循新闻传播规律和新兴媒体发展规律,强化互联网思维,坚持传统媒体和新兴媒体优势互补、一体发展,坚持先进技术为支撑、内容建设为根本,推动传统媒体和新兴媒体在内容、渠道、平台、经营、管理等方面的深度融合,着力打造一批形态多样、手段先进、具有竞争力的新型主流媒体,建成几家拥有强大实力和传播力、公信力、影响力的新型媒体集团,形成立体多样、融合发展的现代传播体系。要一手抓融合,一手抓管理,确保融合发展沿着正确方向推进。在此之后,以人民日报社、新华社、中央电视台等3家中央新闻单位为龙头,步入媒体融合发展快车道。我国的媒体融合进程也进入了全面推进阶段。

2019年1月25日,习近平总书记在中共中央政治局第十二次集体学习中肯定了近年我国媒体全行业开展的以先进技术为基石、以内容建设为核心、内容平台渠道管理多点创新的融合探索所取得的成果。同年3月16日,《求是》杂志发表了习近平总书记的重要文章《加快推动媒体融合发展 构建全媒体传播格局》。文章指出,要形成资源集约、结构合理、差异发展、协同高效的全媒体传播体系。2020年9月,中共中央办公厅、国务院办公厅印发了《关于加快推进媒体融合发展的意见》。另外,十九届五中全会把"推进媒体深度融合"写进了"十四五"规划建议,进一步表示中央对媒体融合的高度重视。在国家层面的不断推动下,我国媒体融合发展进入加速建设的新阶段。

二、广播电视产业发展状况

(一)管理体制深化改革,运营实体不断壮大

长期以来,我国对广播电视系统实行政事合一的管理模式,即把广播电视媒体定位为事业单位,由各级政府进行管理。虽然实行市场经济以来,我国明确了广播电视媒体的产业属性,广播电视部门开始产业化转型,实行企业化经营,但广播电视媒体的事业性质并没有改变,广播电视机构的行政管理部门既是监管单位,又间接控制广播电视媒体的产业经营。这种管理严重束缚了电视媒体的发展,成为妨碍我国广播电视业深化改革的门槛。特别是近年来,随着市场经济的发展和产业化程度的加深,电视媒体产业属性和行政化管理的矛盾日渐激化,亟待以合理的方式加以解决。

"条块分割"是束缚我国电视产业发展的又一阻碍因素。1983年3月召开的第十一次全国广播电视工作会议提出了"四级办广播、四级办电视、四级混合覆盖"的方针。这一措施一度有效激发了地方各级政府创办广播电视的积极性,提升了我国电视的覆盖率。但"条块分割"的现状不符合当前市场经济的发展要求,不利于电视业的产业化发展。按照行政区域划分,一方面形成了广播电视机构数量过多、过于分散的局面,造成频率资源和设备的大量闲置浪费;另一方面,形成固定的封闭市场,限制了广播电视媒体规模的壮大。同时,"区域分治"也降低了广播电视媒体之间兼并联合的可能性,这也是到目前为止我国仍没有跨地区经营的广播电视集团(中央级电视台除外)的原因。

在媒体融合的转型发展的时代要求下,滞后管理体制成为限制广播电视业发展的重要症结。对此,2018年3月印发的《国务院深化机构改革方案》《深化党和国家机构改革方案》都确定了"管办分离"原则,为广播电视产业发展注入新活力。《深化党和国家机构改革方案》提出组建中央广播电视总台。2018年4月19日,由原中央电视台、中国国际电视台、原中央人民广播电台、原中国国际广播电台合并组建的中央广播电视总台正式揭牌亮相。中央广播电视总台是国家级媒体主动迎合融合趋势,优化升级,改制创新的成果,它是全球最大的融合媒体机构之一。它的示范效应一方面在于清晰地对外传达了广播电视领域的媒体融合的方向,另一方面也引领了全国各级广播电视机构合并、重组、改制的浪潮,形成一批实力不断壮大的广播电视运营实体。

《国家"十三五"时期文化发展改革规划纲要》提出了"规范推进电台电视台实质性合并"的有关要求。于是,在2018年集中出现了一种报业集团、广电集团、广电网络集团、电影集团等的再融合现象。它不同于20世纪90年代出现的以报业系统或广电系统内部为主的集团化路径,更多地呈现出一种打破以媒介为划分标准的融合思维。比如,"天津海河传媒中心整合天津日报社(天津日报报业集团)、天津广播电视台(天津广电传媒集团)等多家单位正式成立,成为全国第一家省级报业、广电合并整合的媒体;湖南广播影视集团公司与潇影集团和湖南广电网络控股集团整合组建新的湖南广播影视集团,整合产业和市场资源,构建全产业链和全业态融媒集群,强化聚合效应;原大连报业集团、大连广播电视台等11家单位重新组建的大连新闻传媒集团在2018年8月正式挂牌成立,成为全国第一家副省级、计划单列市报业、广电合并整合的媒体;芜湖传媒集团整合芜湖日报集团、芜湖广播电视台组建而成;绍兴市新闻传媒中心整合绍兴日报社、绍兴广播电视总台组建,全面实行企业化管理、考核、监督;珠海传媒集团整合原珠海报业集团和珠海广电集团组建成立,等等。"这些都是"更深层次的全媒体二次集团化,是在新形势下进行结构性的、革命性的、探索性的融合改革"①。广电媒体的这种融合探索目的就在于整合资源、优化分配,通过区域媒体的强强联合实现自身的体制改革,进而完成融合转型。

案例:天津海河传媒中心——以体制机制改革促进融合转型②

在海河传媒中心成立前,天津日报社、今晚报社、天津广播电视台、天津广电传媒集团等6家单位共有子报子刊16家、广播电视频率频道20个、新闻网站6个、新闻客户端8个、手机报2份,"两微"自媒体账号334个。从总量上看,天津市媒体架构数量较多,媒体种类也较为丰富。但天津海河传媒中心党委书记、总裁王奕指出"各类新媒体平台建设虽有一定成效,但影响力都比较有限。"在这种严峻形势下,天津市媒体深化改革、深度融合已是迫在眉睫。

首先,调整内部结构。领导架构合而为一。领导架构是媒体融合的"骨骼",只有架构合理、"骨骼"健全的大框架,才能保障媒体融合顺利进行。为此天津市委市政府坚持一体化的发展方向,实行一套班子、一个法人、一个行政指挥系统、一个宣传策划中心,使原来分散的机构凝聚在一起,接受统一领导,在领导决策和意见执行上效率更高。另外,局级领导职数也大幅缩减。机构改革之后,媒体业务流程更为精简,媒体融合的进程进一步加快。

其次,整合全媒体采编力量。采编力量是媒体业务的"精髓",优秀的采编队伍能够完成高质量的内容产出,从而促进媒体融合质量进一步提高。在媒体融合前,各新闻机构的采编力量相对分散,海河传媒中心成立后,按照业务统一协调,目前已完成体育中心、文艺中心的组建。核心新闻业务由分管宣传策划的副总裁负责,统一策划新闻宣传,占据舆论高地,让

---

① 林小勇:《当前广播电视媒体融合发展现状与趋势》,《中国电视》2020年第1期,第62-66页。
② 梅宁华、支庭荣主编:《中国媒体融合发展报告(2020)》,北京:社会科学文献出版社,2020,第141-143页。

主流媒体在新时代发挥应有的舆论引导作用。

再次,优化调整媒体结构。面对移动互联网时代的一系列变革,部分媒体出现一些不适应的状况,逐渐失去了受众。天津市委市政府在对媒体结构进行调整时,对于一些影响结构升级、被市场淘汰的产品坚决予以抛弃,关闭《中国技术市场报》《渤海早报》等10个子报子刊,关闭国际频道、高清搏击等6个电视频道,调整广播频率定位,停更、合并天津网、今晚网等5个新闻网站和"新闻117"等3个新闻客户端。可以看到,一些网站和客户端虽然也是新媒体产品,但在过去的几年内成效甚微,严重影响媒体融合进程,因此必须予以抛弃。

最后,改善经营理念、整合经营资源。实现广告经营的融合在过去的一段时间内,天津市主流媒体亏损严重,各媒体收入出现严重下滑。因此,海河传媒中心对于一些亏损严重的公司进行清理,总计关闭51家企业,裁减安置冗员500余人,将经营性业务聚焦于主责、主业。统筹主要媒体的广告经营业务,成立广告联盟,统一进行对外招商运营。2018年11月,海河传媒中心举办以"融聚2019"为主题的广告招商说明会,在平台、资源、内容融合的基础上,首次实现广告经营的融合。

(二)生存空间被挤压,调整优化创收结构

这里先以广播为例,看看其生存空间状况。广播在诞生之初风光无限。在四五十年代与电视短兵相接后曾一度落寞,后来借助专业化、小众化的发展策略重振雄风。然而,近年来,受到互联网和新兴数字媒体的冲击,广播的社会影响力大不如以前。

自20世纪90年代起,我国广播业就已经出现下滑现象,听众数量明显减少。据全国广播电台听众调查数据,广播的收听率由1998年的80.5%下降到2001年的62.8%。另据2002年底的一次调查统计,"全国4岁以上人口中,一个月内听过一次广播的'目前听众'为4.9亿。一周之内听过一次广播的'稳定听众'为4.15亿。与之前统计的全国有8亿多的听众规模相比,人数减少将近一半。"[1] 赛立信媒介研究有限公司发布《2014年中国广播收听市场综述》显示,自2009年开始,广播的接触率一直维持在59.5%-60.0%之间。[2]

近年来,移动互联网发展迅猛,广播的接触率依然下滑。"2019年广播接触率继续保持2018年(59.0%)的水平,受众规模保持不变(6.83亿)。这说明广播在新的媒体竞争环境中成功维系了其收听市场盘面的基本稳定。同时,广播的忠实听众群略有缩减,忠实听众占比由42.8%缩减至42.2%。整体上看,在媒体竞争格局重新洗牌的过程中,广播的市场需求

---

[1] 朱浙青:《如何认识广播产业所面临的机遇与挑战》,《广播电视信息》2003年第5期,第19-22页。
[2] 邵鹏、梁亮:《新媒体环境下文化产业中广播电视产业的角色与定位》,《声屏世界》2017年第7期,第5-8页。

仍在,传播价值仍在,市场根基仍在。"①2020 年"全年广播接触率略有下滑,同比下滑 1.8 个百分点,全国广播听众规模是 6.62 亿,较 2019 年减少 2000 万。2020 年广播人均收听时长是 63 分钟,较 2019 年缩短了 8 分钟。"②2021 年上半年,广播的接触率达到 47.1%,同比 2020 年疫情期间(31.0%)有较大幅度的上升,对比 2019 年上半年(43.6%)也略有提升。此外,广播媒体的听众规模有所回升,尤其是在年轻一代听众中有所回流,广播接触率稍有上升。③

除了听众锐减,接触率下滑外,广播的广告收入也不容乐观。纵向来看,传统三大媒体中,广播广告始终占比较低。《2005 年中国广告业统计数据报告》数据显示,1990 年全国的广告总额为 25.01 亿元,其中广播为 0.86 亿元,报纸和电视分别为 6.77 亿元和 5.61 亿元。而 15 年后,全国广告收入总额为 675 亿元。其中,广播广告总额为 38.9 亿元,电视广告额为 355.3 亿元,报纸为 256 亿元。相比之下,广播收入与电视、报纸的差距越来越大。20 世纪末,我国广播的广告收入下滑尤为剧烈。1999 年,广告收入下滑 15%,2000 年下滑 14%,而 2001 年这一数字是 11%。

但随着驾车人群的增多,广播广告投放量一度逆势上扬,2014 年上半年涨幅 18.3%。④ 2015 年上半年,广播广告投放同比上升 9%。⑤ 2016 年,广播电台广告营业额为 172.64 亿元,增幅高达 38.67%,不仅超过了 2015 年的 124.49 亿元,还超过了上次波峰(2014 年的 132.84 亿元)近 40 亿元。⑥ 2017 年上半年,电台刊例收入同比增加 9.2%,广告时长减少 0.9%。⑦ 但随着在媒体融合进程的加剧,广播广告收入依旧无法摆脱日渐萎缩的状况。据 2022 年 4 月发布的《2021 年全国广播电视行业统计公报》显示,传统广播电视广告收入 786.46 亿元,同比下降 0.40%。⑧

与广播的境遇相似,电视产业在一段时间内也遭遇了用户量、收视率、广告收入等不同

---

① 梁毓琳、赵景仁:《稳定传统端 迈向新常态——2019 年中国广播收听市场分析》,《现代视听》2020 年第 1 期,第 12-16 页。
② 梁毓琳:《2020 年中国广播收听市场盘点》,《中国广播》2021 年第 4 期,第 17-21 页。
③ 梁毓琳、罗剑锋:《用户深耕,打造新型主流媒体——2021 年上半年中国广播收听市场扫描》[J].《中国广播》2021 第 07 期,第 42-47 页。
④ 第三方媒介监测及研究机构尼尔森网联:《2014 年上半年广播广告市场研究报告》,中国社会科学网,2014 年 9 月,http://www.cssn.cn/xwcbx/xwcbx_gcsy/201409/t20140929_1346822.shtml,访问日期:2021 年 7 月 30 日。
⑤ 欧阳莉娅:《互联网+背景下广播产业面临的机遇、挑战以及应对策略》,华中师范大学,2016,第 24 页。
⑥ 邵鹏、梁亮:《新媒体环境下文化产业中广播电视产业的角色与定位》,《声屏世界》2017 年第 7 期,第 5-8 页。
⑦ 中国互联网数据咨询中心:《2017 年上半年中国广告市场回顾》,中文互联网数据咨询网,2017 年 8 月,http://www.199it.com/archives/619927.html,访问日期:2021 年 8 月 4 日。
⑧ 引自:《2021 年全国广播电视行业统计公报》,国家广播电视总局,2022 年 4 月,https://www.nrta.gov.cn/art/2022/4/25/art_113_60195.html,访问日期:2022 年 5 月 2 日。

程度的下滑。表 8-1 呈现的正是 2013 年-2016 年观众收看所有节目及新闻节目时间收视比的变化。这一下降趋势近年来并没有显著变化。来自 CSM 媒介研究的数据显示,"2019 年上半年,电视收视总量持续下滑,调查城市平均每人每天收看电视时长为 125 分钟,同比 2018 年上半年减少 7 分钟,下降幅度为 5.3%。但与 2015 年上半年相比,全国平均每人每天收看时长减少了 31 分钟,下降幅度达 19.9%,在短短五年间,人均收看电视的时间整整缩短了半个小时之多。"①2020 年受"居家抗疫"因素影响,调查城市平均每人每天收看电视时长增至 146 分钟,但 2021 年上半年这一数值再次回落至 121 分钟。可见,电视大屏收视形势整体依旧严峻。

另一个不容乐观的就是广告收入。广告收入历来是我国电视收入的重头,尤其是地方省市电视台对广告经营的依赖性更大。这也造成我国电视相当长时间里盈利模式单一,抗风险能够力较弱。从国家广播电视总局发布的历年全国广播电视行业统计公报来看,虽然自 2013 年以来,中国广播电视行业总收入和广告总收入都是逐年升高,但传统广播电视广告收入却处于下降状态。2017 年电视广告收入 968.34 亿元,比 2016 年(1004.87 亿元)减少 36.53 亿元,同比下降 3.64%②;2018 年电视广告收入 958.86 亿元,比 2017 年减少 9.48 亿元,同比下降 0.98%③。

2019 年以来,传统广播电视广告收入继续下降,但广播电视行业的新媒体广告收入却日渐增长。2019 年,传统广播电视广告收入 998.85 亿元,同比下降 9.13%;广播电视和网络视听机构通过互联网取得的新媒体广告收入 828.76 亿元,同比增长 68.49%。④ 2020 年再次延续这一趋势。传统广播电视广告收入 789.58 亿元,同比下降 20.95%;广播电视和网络视听机构通过互联网取得的新媒体广告收入 889.96 亿元,同比增长 7.38%。⑤ 2021 年最新数据显示,传统广播电视广告收入保持稳定——传统广播电视广告收入 786.46 亿元,同比下降 0.40%;但新媒体广告收入增速迅猛——广播电视和网络视听机构通过互联网取得的新媒体广告收入 2001.46 亿元,同比增长 124.89%。⑥

从广播电视行业总收入连年增长、广告总收入稳中有升、新媒体广告增速显著等数据中

---

① 戴元初:《客厅电视:大屏还是融屏》[J],《视听界》2019 年第 5 期,第 124 页。
② 《2017 年全国广播电视行业统计公报》,国家广播电视总局,2018 年 6 月,https://www.nrta.gov.cn/art/2018/6/5/art_113_38021.html,访问日期:2022 年 5 月 2 日。
③ 《2018 年全国广播电视行业统计公报》,国家广播电视总局,2019 年 4 月,https://www.nrta.gov.cn/art/2019/4/23/art_2178_43403.html,访问日期:2022 年 5 月 2 日。
④ 《2019 年全国广播电视行业统计公报》,国家广播电视总局,2020 年 7 月,https://www.nrta.gov.cn/art/2020/7/8/art_113_52026.html,访问日期:2022 年 5 月 2 日。
⑤ 《2020 年全国广播电视行业统计公报》,国家广播电视总局,2021 年 4 月,https://www.nrta.gov.cn/art/2021/4/19/art_113_55837.html,访问日期:2022 年 5 月 2 日。
⑥ 《2021 年全国广播电视行业统计公报》,国家广播电视总局,2022 年 4 月,https://www.nrta.gov.cn/art/2022/4/25/art_113_60195.html,访问日期:2022 年 5 月 2 日。

不难看出,广播电视机构已经在积极开拓其生存空间,不断调整优化创收结构。值得一提的是,此时优化创收结构的重要发力方向是新媒体。这受益于 2014 年媒体融合上升为国家战略以后,广播电视机构自觉开拓创新,积极投身融合发展实践的时代挑战。上至中央广播电视总台不断运筹新媒体运营,打造"3 个中央重点新闻网站(央视网、央广网、国际在线),17 个自有 App(央视新闻、央视影音、央视财经、央视频等),在第三方平台拥有 681 个账号,累计粉丝 11.76 亿。它还拥有全国唯一的 1 张 IPTV 集成牌照,以及 3 张 OTT 牌照,覆盖全国 3 亿智慧大屏用户。①"下至各省市广播电视机构不断推陈出新,比如,江苏省广播电视总台的"荔枝新闻"客户端,借助区块链理念组建全国首个云上新闻编辑部;湖南广播电视台打造芒果 TV,已进入视频网站第一梯队,堪称媒体融合的新锐典范;上海广播电视台推出的超级智能收音机"阿基米德 FM",主动满足移动人群需求。

除了新媒体运营外,广播电视的在节目经营上也是可圈可点。近年来,综艺节目、纪录片、影视剧等广电内容市场不断有优质内容爆出。2019 年,北京电视节目交易会吸引了参展参会公司约 430 家、2400 人,参展节目约 950 部;2019 中国(广州)国际纪录片节达成意向交易额 8.88 亿元,为历届展会最高。② 电视剧以占中国电视节目出口额的 70% 的姿态规模化地跨出国门,出口到 200 多个国家和地区,在日韩、蒙古、马来西亚、越南、泰国等都保持强大竞争力。③

表 8-1　2013-2016 年观众收看所有节目及新闻节目时间收视比变化表④

年份	每人每天收看电视时长（分钟）	每日收看新闻类节目时长（分钟）	每日观众收视比（%）
2013	165	23	14.8
2014	161	22	14.2
2015	156	21	14.1
2016	152	19	13.8

(三)区域发展差异大,产业融合成必然

我国广播产业发展不平衡首先表现在区域发展的不平衡。由于经济发展程度和受众接受水平的差异,我国广播市场表现出极强的区域性特征,具体表现在中央与地方、东部与中

---

① 杨正良:《深耕旗舰平台,打造金牌 IP——中央广播电视总台新媒体经营探索》[J].《国际品牌观察》2020(36),第 56-57 页。
② 卜彦芳:《2019 年广播电视产业经营回顾与前瞻》[J],《中国广播电视学刊》2020 年第 2 期,第 20-25 页。
③ 朱新梅:《国产电视剧走出去:正成为产业高质量发展的新动能》,《光明日报》2019 年 12 月 4 日。
④ 赵泽润:《我国广播电视业不平衡发展的成因和改善对策》,《文化产业研究》2018 年第 1 期,第 304-317 页。

西部地区、发达地区与不发达地区、城市与农村地区广播产业发展的水平差异很大。总体说来，东部发达地区和城市地区产业发展良好，部分电台收益相当可观，而西部、不发达地区以及农村地区的广播产业发展则相形见绌。2002年，北京、上海、广东、江苏、浙江、山东、天津等十省市的广播广告总额就占到了全国比重的78.4%，而广大西部地区的比重只有9.29%。① 2004年全国20个广告收入过亿元的电台中，90%分布在东部地区。在全国15个副省级城市中，东部有8个城市电台收入超过4000万元，西部最高的成都电台也不过3500万元。② 2016年我国省级电视台全天收视率排在前六名（湖南、浙江、上海东方、江苏、北京、安徽）的都来自广电产业基础扎实、市场开放程度高、专业人才素质高的地区。③ 根据国家广电总局"中国视听大数据"（CVB）收视季报，2021年前三季度，全国省级上星综合频道全天收视率前10名被东方卫视、湖南卫视、江苏卫视、浙江卫视、广东卫视、北京卫视、深圳卫视、山东卫视、湖南金鹰卡通、北京卡酷少儿等轮流占据，欠发达地区的卫视无缘top10。④ 此外，东部区域的湖南广播影视集团、浙江广播电视集团、上海文化广播影视集团等改革较早的单位已然率先实现了转型发展，其旗下的广播电视媒体的发展成效显著。但其他地区的大多数广播电视机构还处于尝试和探索阶段。

广电产业的区域发展不平衡造成显著的马太效应。在发展规模、经济效益乃至影响力上，中东部地区优势广播电视集团远远领先于其他地区。从表8-2可以看出，"中央电视台、湖南、江苏等五台收入占全国广电总收入的60%以上，其他27家省级广电、332个地级广电和2856个县级广电分摊不到40%的总收入。"⑤其他广播电视机构无论在硬件投入还是软件建设上都后劲不足，加之属地经济基础薄弱，专业人才队伍不强，导致大量的广播电视机构在面对优势广播电视集团以及各类新媒体的竞争时捉襟见肘。

表8-2 2014-2016年部分广电收入的市场占有率统计表（单位：亿元）⑥

年份	中央电视（广告）	湖南	江苏	浙江	上海	五台收入合计	广电总收入	五台收入占比
2014	158	175	123	102	152	710	1059	67.04%
2015	180	185	116	123	210	814	1227	66.34%
2016	197	233	126	132	195	883	1373	64.31%

---

① 胡正荣主编：《21世纪初我国大众传媒战略发展研究》，中国广播电视出版社，2007年，第238页。
② 陆地：《中国广播业的现状、挑战和机遇》，《视听界》2005年第5期，第19-23页。
③ 赵泽润：《我国广播电视业不平衡发展的成因和改善对策》，《文化产业研究》2018年第01期，第304-317页。
④ 引自：兰之馨：《2021年全国省级卫视调研报告》[J]，《中国广播影视》2021年第23期，第38-47页。
⑤ 赵泽润：《我国广播电视业不平衡发展的成因和改善对策》，《文化产业研究》2018年第01期，第304-317页。
⑥ 同上。

其次,广播电视产业发展不平衡还表现在不同频率/频道之间、不同收益来源之间的失衡。赛立信媒介研究数据显示,2021年上半年听众收听的电台频率类型的集中度更高,头部频率优势更为明显:交通频率市场份额35.2%,新闻频率市场份额25.1%,音乐频率市场份额26%。在融媒体端,交通、新闻、音乐频率也是融媒体云端影响力最大的三类频率,在移动互联网端累计点击量占比达75%。①

改变广播电视区域发展不平衡的现状,需要深刻体会媒体融合的内在逻辑,在产业融合上下功夫。这首先需要广播电视产业突破媒体边界,在和其他传统媒体以及各类新媒体的竞争合作中,逐渐形成"你中有我,我中有你"的"跨媒"发展道路。河北广播电视台在打造内容产品过程中,主张"电视广播化、广播电视化、广播电视移动互联网化"的联动创新思路,在"跨媒"融合中找到了新的市场空间。② 其次,广播电视机构完全可以突破行业限制。各大互联网视频平台目前已经完成从以往的播放平台到内容生产宣发机构的身份转换,推出大量网络综艺、网络自制剧甚至网络大电影。广播电视机构可以从这种思维中加以借鉴,突破行业链条中的某一环节,向跟全面纵深的方向探索。CTR媒体融合研究院发布的《2020中国媒体市场趋势报告》显示,国内18家广播电视机构向MCN机构转化,正是这种跨界思维的体现。最后,随着5G到来,物联网正在兴起,广播电视产业需要探寻与其他产业之间的联动。比如,与汽车厂商合作,布局车联网中的新视听;与智能家电设备携手,占据家庭生活的智能场景,等等。总之,在新兴媒介技术的加持下,目前中西部处于劣势的广播电视机构如果能够充分发挥融合思维,很有可能实现弯道超车的新局面。

本章思考题

1. 为什么广播电视产业既有经济属性又具备文化属性?
2. 你认为我国广播电视产业应当如何走出国门迎接来自全球广电巨头的挑战?
3. 媒体融合的时代背景下,广播产业和电视产业应如何更好地实现转型?

---

① 李盛楠:《2021年全国广播电台和频率调研报告》[J].《中国广播影视》2021年第22期,第18-25页。
② 高贵武、李政:《内生突破与外生协同:迈向"十四五"的中国广播业》,《编辑之友》2021年第1期,第35-43页。

第九章

广播电视的公共服务属性

自广播电视问世以来,其固有的公共服务属性就为西方尤其是欧洲国家深刻认识,并且创办了一整套完整的公共广播体制与理念。相对来说,我国对广播电视公共服务属性的认识长期处于混沌或自发状态中。尽管在实践中确实出现不少体现广播电视公共服务属性的节目形态,但是从媒介属性与社会职能的角度审视广播电视与文化公共性之间的关系还是晚近的事。广播电视公共服务属性的自觉伴随的是广播电视机构经济上的日益独立和社会主义民主政治程度的不断提升。

第一节 广播电视的公共服务属性本论

一、对广播电视公共服务属性的认识

广播电视的公共服务属性界可以定为:政府或其他掌控广播电视的社会机构与团体以维护公共利益为旨趣,利用广播电视这一媒介平台,向所有社会成员提供包括公共信息和文化服务在内的广播电视产品与服务的特性。

具体来看,理解广播电视的公共服务属性可以从几个方面着手:

第一,践行这一属性的主体是管理和使用广播电视的机构和个人,包括政府、商业组织、社会团体、专家学者、媒体从业人员等。其中政府是主导,这一点在我国表现得尤为突出。从建国到改革开放前,我国的广播电视一直都侧重意识形态属性,在宣传内容外提供有限的文化、娱乐、教育等方面的内容;而改革开放后,人们不仅认识到广播电视的产业属性和公共服务属性,还在政府的支持下大力建设广播电视产业和公共服务体系。此外,政府还是公

服务政策的制定者,频率频道等公共资源的统筹规划方,更是公共服务财政的支持者。

第二,公共服务的对象是不论种族、性别、贫富、长幼的所有社会成员。如果说产业属性是广播电视基因中追逐经济利润的成分,那么公共服务属性就是倾向于民主平等的基因编码。这要求广播电视不能嫌贫爱富,一方面要向所有社会成员提供公共信息,另一方面要关注社会中的少数人群和弱势群体,表达他们的思想、需求和文化。此外,公共性存在于不同的视点及其相关关系,无论是视点的单一化,还是相关关系的消失,都会导致公共性或我们共同生活的世界的毁灭。① 从这个意义上说,广播电视服务于文化公共性建设,不仅需要在其产品与服务供给中体现多元和差异,还需要致力于维系不同观点之间的相互关系。达成这个目的的最直接手段就是倡导受众共同参与。

第三,公共服务的目的是维护公共利益。公共利益是一个社会中所有成员共享的价值观,是文化的重要组成部分。而广播电视作为"社会公器"在任何国家中都是公共文化事业的重要建构者。广播电视的公共服务通过维护并强化共同价值观在社会成员中形成归属感,维护公共利益。

二、我国广播电视公共服务的内容

广播电视的公共服务承担的是市场力量不愿做、做不了、做不好,但对于社会又非常重要的那部分职能。整体来看,广播电视公共服务包括硬件和软件两部分,硬件指基础设施建设,软件则指内容建设。具体来看,包括以下内容:

首先,完善基础设施建设,实现所有公民的基本收听收视权利。我国广播电视公共服务是按照城市与农村两大区域分别推进的。② 在城市,由于人口集中,消费能力强,广播电视基础设施建设基本完备。而在广大农村,由于地方经济落后,财政投入不足,广播电视发展速度缓慢,严重滞后。尤其是一些地形复杂,居住分散的"老少边穷"地区,广播电视覆盖难度大。已有的广播电视设施也存在设备老化陈旧,发射功率不足、播出时间不足、覆盖效果差等问题,甚至还出现大量的"返盲"情况。我国持续进行的广播电视"村村通"工程就是借助行政规划力量避免农民因地域和经济方面的原因丧失基本的收听收视权利。

其次,提供满足不同需求的公共信息,保障公民的知情权和社会不同群体的基本文化权利。广播电视通过将各类公共信息及时、全面、通俗易懂地呈现给公众来满足其知情权,而知情权是公众参与政治生活和公共事务的重要前提。这也是广播电视培养公众公共意识的过程。另外,广播电视的公共服务还包括在内容中反映社会不同群体的生活状态和思想文

---

① 汪晖、陈燕谷主编:《文化与公共性》,三联生活书店出版社,2005,第45页。
② 杨明品、李江玲:《中国特色广播电视公共服务发展历程探析》,《中国广播电视学刊》2011年第2期,第77-79页。

化,如少数民族、弱势群体、边缘人群等。

再次,拓展受众参与的渠道,保障公民的表达权和参与权。广播电视的公共服务除了基础设施和内容建设外,还应该发挥公共领域的作用。利用包括互联网和短信等新兴媒介技术不断拓展受众的参与渠道,实现公众有效的参与和表达,从而维护公共利益。

最后,传承并创新民族文化。广播电视的公共服务是以维护公共利益为核心的,公共利益表现为一个民族和社会共享的共同价值观,民族文化正是这种共同价值观的集中体现。传承并创新民族文化是加强我国民族自信心和凝聚力的文化力量,不仅能够强化国民精神家园的建设,还有利于增强民族文化在全球化竞争中的优势。

三、公共服务属性与意识形态属性、产业属性的关系

意识形态属性、产业属性和公共服务属性是广播电视最为重要的三重属性。在我国,这三重属性的开掘表现出与西方国家不同的面貌。我们不避讳意识形态属性,声称广播电视是党、政府和人民的"喉舌"。另外,与西方国家在广播电视诞生之初就明确其产业属性或公共服务属性不同,我国对这两个属性的认识有一个过程。这两点决定了我国广播电视体制迥异于西方商业与公共的二元体制。在我国,广播电视是党领导下的宣传部门,又是参与市场竞争的信息和娱乐产品的生产经销商,还是要维护公共利益的公共服务提供者。也就是说,广播电视要用一副嗓子唱三个角色的戏,唱好的难度之大可想而知。而三个角色——意识形态属性、产业属性和公共服务属性之间还有着复杂的关系,如表9-1。

表9-1 广播电视三重属性间的关系

	倾向	服务对象	价值取向	表现	追求目标
意识形态属性	政治性	政党、国家	政党与国家意志	强制性权力	思想稳定、民心凝聚
产业属性	经济性	媒介机构	生存与发展	自主性竞争	效率至上、利润第一
公共服务属性	文化性	公众	公共利益	规范性权利	公平、公开、均等

(一)公共服务属性与意识形态属性的关系

意识形态属性与公共服务属性有交叉之处。换句话说,意识形态属性中的喉舌论与群众观都包含着公共性元素。从这个意义上来说,意识形态属性与公共服务属性具有统一性。

喉舌论承认广播电视既是党和政府又是人民的喉舌。这就是说广播电视是需要反映民意和公众舆论的。群众观则是指广播电视要依靠群众、联系群众、反映群众、引导群众、为人民群众服务。具体来说,广播电视在节目制作中要表达人民群众的利益、思想、情感和意志,

满足他们认识和改造世界的理想和愿望;确立人民群众在节目中的主人翁地位;为群众提供有益于改善生活质量和文化素养的信息和能够引发其情感共鸣、审美享受、心理娱乐的文艺体育节目。从喉舌论和群众观的内涵来看,应该承认它具有一定的公共性成分。但是它们将公众视为被代表的群体,这就意味着公众丧失了一部分自主权——因为被"代表",就没有自己发言的必要。这又与公共性所强调的民主、均等理念相冲突。

另外,相对来说,广播电视的意识形态属性具有强制性的保障机制和监督机构,而到目前为止,公共服务属性的保障和评议机制尚在建设中。这就造成了公共服务属性的自主性不强,容易被来自意识形态属性方面的压力所干扰。在"文革"十年中,尽管当时公共服务属性还处于混沌状态,但由于意识形态属性的膨胀而被完全挤压。时至今日,在一些舆论监督类和深度调查类节目中,也常常出现意识形态属性和公共服务属性发生摩擦的情况。因此,就广播电视公共服务体系的建立来说,我们认为应该深度开掘意识形态属性与公共服务属性中的同一性部分,并尽快建立健全广播电视公共服务体系的经济来源、法律规范等全方位的保障体系。公共服务属性的建构需要更为包容开放的政治气候。

(二) 公共服务属性与产业属性的关系

产业属性与公共服务属性之间的关系更为复杂,产业属性首先能够为公共服务属性所必需的独立性提供经济上的支撑,但又容易因市场力量过大造成对公共性的侵害。改革开放后,广播电视的产业属性逐渐复苏。30多年来广播电视从播放广告开始,着手打造精品节目、树立品牌意识、增加融资渠道、延长产业链条、扩展海内外市场,基本获得了经济独立。以央视为例,从1983年起先后组建和划归了中国电视剧制作中心、中国国际电视总公司、中央新闻纪录电影制片厂、北京科学教育电影制片厂、中央卫星电视传播中心、中央数字电视传媒有限公司、中国爱乐乐团,加上央视国际网站、《中国电视报》《电视研究》和《现代电视技术》报刊和中央电视台影像资料馆等,到目前中央电视台已初步形成以电视为主体,电影、互联网、报刊、音像出版等横向拓展以及内容制作与流通纵向优化的经营格局。[1] 时至今日,在媒体融合的时代要求下,原中央电视台(中国国际电视台)、中央人民广播电台、中国国际广播电台合合并组建了中央广播电视总台。地方广播电视台也纷纷走集团化、资本化路线。1998年,湖南广电实体有限股份公司在深交所上市,开拓产业化发展的新道路,如今更是形成了湖南卫视与芒果TV"一云多屏、两翼齐飞"的全媒体发展格局,成长为竞争力和口碑都让人瞩目的新型传播平台。

广播电视产业属性的复苏与彰显也是将公共服务属性从被意识形态属性遮蔽的状态下解

---

[1] 胡正荣主编:《媒介公共服务:理论与实践》,中国传媒大学出版社,2009,第127页。

放出来的过程。这是因为:第一,因产业化获得的经济独立增强了广播电视的自主性,这有利于公共性的自觉;第二,受众公民意识觉醒。作为消费者的受众的喜好和评估直接影响到广电业的利润,促使广播电视机构必须重视、了解并满足受众的需求。相应地,受众在这一过程中会潜移默化地提升自我意识和公民意识。这些都会促进广播电视公共服务的建构。

但是,产业属性具有对经济利益过分追求和对社会弱势群体关照不足的弊端。广播电视制作大量诉诸观感、娱乐有余而严肃不足的"3S"(Sex、Scandal、Sports)内容迎合受众,以提高收视率来谄媚广告商。其获取的利益是以偏离最佳社会效益、丧失多元性、挤压公共事务的辩论空间为代价的。这种现象在商业体制下的美国尤为突出,而在我国过去十几年的广播电视娱乐化浪潮中也有显现。可见,产业属性与公共服务属性具有一定的相斥性。

综上所述,公共服务属性的独立性在当下还有提升的空间。意识形态属性与公共服务属性有相通之处但又存在挤压后者的危险。产业属性一面解放了公共服务属性被遮蔽的状态,一面也因追逐商业利润造成了对公共服务的侵害。

第二节　我国广播电视公共服务的发展现状

由于公共服务属性的自觉相对较晚,因此广播电视的公共服务建设还处于起步阶段。更重要的是,公共服务建设在实践中常常受到产业属性的掣肘。我国广播电视公共服务主要包括硬件的基础设施建设和软件的内容建设两方面。另外,近年来,一些重大突发事件和新兴媒体的冲击,也变相地促进了广播电视的公共服务职能。

一、硬件:加强基础设施建设,提高传输覆盖率

在我国,政府是广播电视公共服务的责任主体,一直负责基础设施建设。现阶段,广播电视公共服务的基础设施建设主要包括:农村广播电视"村村通"工程、广播电视无线电覆盖工程、有线电视数字化工程、直播卫星广播电视服务平台建设、智慧广电工程等。这里重点论述广播电视"村村通"工程和智慧广电公共服务工程。

(一)广播电视"村村通"工程

广播电视"村村通"工程于1998年正式启动。当时广大农村地区近2亿人听不到广播、看不到电视。针对这种情况,原广电部党组提出"广播电视事业建设的重点是覆盖,覆盖的重点是农村"的工作方针。[①] 从1998年到2005年,"村村通"工程处于初级阶段,主要致力于

---

① 杨明品、李江玲:《中国特色广播电视公共服务发展历程探析》,《中国广播电视学刊》2011年第2期,第77-79页。

扩大传输范围,但使用的技术主要是单一无线覆盖和小片网等。统计数据表明,这7年间,中央和地方财政共投入36亿元,完成了全国11.7万个行政村、10万个50户以上自然村"村村通"建设任务,修复了1.5万个"返盲"行政村"村村通"工程,解决了近1亿农村群众收听收看广播电视的问题。西新工程实施后,西部少数民族地区的广播电视覆盖发生了巨大变化,广播电视覆盖能力比工程实施前增加了2.5倍。全国广播电视综合人口覆盖率从1997年的85.5%和87.4%提高到2005年的94.48%和95.81%,分别提高了8.98和8.41个百分点。①

2006年以后,"村村通"工程进入升级阶段。提出公益性、均等性、基本性和便民性的指导原则,并实现技术创新,采用无线、有线和卫星直播等方式对广大农村实施了因地制宜的覆盖。有了直播卫星的全覆盖,理论上广播电视传输信号的盲区就消失了。截至2010年年底,全国广播电视人口综合覆盖率达到96.78%、97.62%,比"村村通"工程实施前分别提高了11.28和10.22个百分点。有线广播电视用户1.87亿户,其中有线数字电视用户达8799万户,直播卫星数字电视用户也已达到1350万户。② 此外,从2006年起,国家开始重视无线电覆盖在提供广播电视基本服务方面的作用,加大投资实施广播电视无线电覆盖工程。截至2008年6月,完成3325座大中功率无线电发射台(站)、6000多部用于转播的电视、调频和中波发射机的更新改造任务。当时,中央人民广播电台、中央电视台一套和七套的无线人口覆盖率分别达到84%、82%、68%。③

至2015年年底,广播电视村村通工程"十二五"规划任务顺利完成。全国广播、电视综合人口覆盖率为98.17%和98.77%,较2010年分别提高了1.39个百分点和1.15个百分点。④ 2016年,国务院办公厅印发《关于加快推进广播电视村村通向户户通升级工作的通知》。文件指出,"广播电视'村村通'工程实施以来,有效扩大了农村广播电视覆盖面,全国已基本消除广播电视覆盖盲区,解决了广大农村群众听广播难、看电视难的问题。加快广播电视村村通向户户通升级是构建现代公共文化服务体系的重要举措,对于创新和完善城乡广播电视公共产品和服务供给、引领现代文化传播、促进文化和信息消费、提高公民的思想道德和科学文化素质、适应分众化差异化传播趋势具有重要意义。"⑤

---

① 杨明品、李江玲:《中国特色广播电视公共服务发展历程探析》,《中国广播电视学刊》2011年第2期,第77-79页。
② 同上。
③ 刘祥平、肖叶飞:《中国广播电视公共服务:政策与规制》,《甘肃社会科学》2010年第5期,第249-252页。
④ 《新闻出版广播影视"十三五"发展规划》,国家新闻出版署,2017年9月,https://www.nppa.gov.cn/nppa/upload/files/2017/12/1628652238.pdf,访问日期:2022年5月3日。
⑤ 《国务院办公厅关于加快推进广播电视村村通向户户通升级工作的通知》,中华人民共和国中央人民政府网站,2016年4月,http://www.gov.cn/zhengce/content/2016-04/21/content_5066526.htm,访问日期:2022年5月3日。

(二)智慧广电公共服务工程

媒体融合的时代要求需要广播电视的公共服务也要与时俱进。早在2015年,国家新闻出版广电总局聂辰席副局长在第23届CCBN会议上就提出"智慧广电",指出要"坚持融合创新、协同覆盖,打造无处不在、数字智能的广播电视网络",要"加快网络互联互通、智能协同覆盖。加强顶层设计,统筹有线、无线、卫星、互联网等网络传输资源,实现网络间的互联互通、无缝切换和可管可控,加强移动互联网技术的研发应用,深化广播电视网的移动互联能力建设","实现天地一体、智能协同、宽带交互"。① 2018年11月广电总局印发的《关于促进智慧广电发展的指导意见》提出,"以深化广播电视与新一代信息技术融合创新为重点,推动广播电视从数字化网络化向智慧化发展,推动广播电视又一轮重大技术革新与转型升级,从功能业务型向创新服务型转变,开发新业态、提供新服务、激发新动能、引导新供给、拉动新消费,为数字中国、智慧城市、乡村振兴和数字经济发展提供有力支撑,让广电业务在新时代获得新拓展,提供新动能。"② 2020年1月广电总局印发的《关于加强广播电视公共服务体系建设的指导意见》确定的主要目标是"力争到2025年,智慧广电得到普遍应用,公共服务数字化、高清化、网络化、智能化、移动化水平大幅提高,转型升级取得实质进展,实现由"户户通"向"人人通"、由"看电视"向"用电视"的新跨越。"③

《2021年全国广播电视行业统计公报》显示,"截至2021年年底,全国高清电视频道985个,4K超高清电视频道8个、8K超高清电视频道1个,中央广播电视总台和25家省级台电视频道基本实现高清化。新闻资讯类、专题服务类、综艺益智类电视节目高清超高清制作比例分别达到62.3%、55.7%和59.4%。有线电视网络整合与广电5G建设一体化加快发展,全国有线电视实际用户数2.04亿户,同比下降1.45%;高清和超高清用户1.09亿户,同比增长7.92%;智能终端用户3325万户,同比增长11.39%。有线电视双向数字实际用户数9701万户,同比增长1.57%,高清超高清视频点播用户3992万户,占点播用户的比例达95.3%。全国交互式网络电视(IPTV)用户超过3亿户,互联网电视(OTT)用户数10.83亿户,互联网视频年度付费用户7.1亿,互联网音频年度付费用户1.5亿,短视频上传用户超过7亿。"④

得到政策支持后,各地陆续开始智慧广电的建设。山东省加快5G、大数据、云计算和人

---

① 王丰、施玉海、王斌:《基于广播电视有线无线卫星融合网打造"智慧广电"发展新模式》,载中国新闻技术工作者联合会《中国新闻技术工作者联合会2015年度"新闻科技论文"优秀论文集》(出版者不详),2015,第33-39页。
② 国家广播电视总局:《关于促进智慧广电发展的指导意见》,国家广播电视总局,2018年11月,http://www.nrta.gov.cn/art/2018/11/16/art_3592_42308.html,访问日期:2021年8月4日。
③ 国家广播电视总局:《关于加强广播电视公共服务体系建设的指导意见》,国家广播电视总局,2020年1月,http://www.nrta.gov.cn/art/2020/1/6/art_113_49392.html,访问日期:2021年8月4日。
④ 《2021年全国广播电视行业统计公报》,国家广播电视总局,2022年4月25日,https://www.nrta.gov.cn/art/2022/4/25/art_113_60195.html),访问日期:2022年5月2日。

工智能等新技术在广播电视内容生产中的创新应用,推动广播电视内容核心竞争力进一步增强。"中国广电·青岛5G高新视频实验园区"落户青岛西海岸新区,将重点布局5G条件下更高规格、更新应用场景的高新视频内容产品创新,高新视频云、高新视频软硬件设备研发生产、高新视频应用集成创新、内容监测监管和数字版权服务以及高新视频产业运营等六大板块,打造涵盖高新视频生产、传播和服务的端到端产业链,构建高新视频生态圈,建成具有重要国际影响力的高新视频产业示范区。①

江苏省有线自2010年前后由苏州、无锡、常州等地开始,在省内逐步开展"有线智慧镇"、广电"智慧社区"等相关实践,并进一步向"智慧县城"延伸,先后开发出各类特色"智慧广电"服务数十项。截至2020年,全省共建成或在建广电"智慧县城"6个、"智慧乡镇"57个、"智慧社区"350个。②

贵州省建成全球首个采用IP无压缩标准的4K超高清全媒体转播平台,建设完成88个县级融媒体平台,实现省、市、县三级融媒体平台融会贯通。IPTV集成播控平台与电信企业传输系统进行了规范对接,实现IPTV节目内容的统一集成和播出。截止到2020年8月,贵州持续实施多彩贵州"广电云"村村通、户户用工程,累计新建光缆34万公里,建成省、市、县、乡、村全程全网覆盖的广电全光网。③

智慧广电不仅布局在大中城市,还将向广大农村深入推进。2020年12月29日,中央农村工作会议召开。会议就加快推进农村地区广播电视公共服务提质升级方面提出了具体要求——策划实施"智慧广电乡村工程",坚持内容供给和基础建设并重,优质资源向乡村下沉,加强智慧广电平台、网络、终端在农村地区的部署和建设。继续大力推进直播卫星高清节目同播工作,加快高清节目进村入户。继续实施智慧广电专项帮扶行动,助力乡村振兴。

二、软件:内容建设

硬件建设只是广播电视公共服务体系的基础,真正落实公共服务属性的是内容建设。2021年全国制作广播节目时间和电视节目时间分别为812.71万小时、305.96万小时,播出时间分别为1589.49万小时、2013.99万小时;播出广播和电视公益广告节目时间分别为56.38万小时、108.08万小时;制作的农村广播和电视节目时间分别为141.56万小时、69.03万小时,各自播出时间占公共节目时间比是28.80%和21.77%;制作发行电视剧194部、6736集,制作影视剧类电视节目时间7.52万小时;制作纪录片8.87万小时,播出时间74.07万小

---

① 山东省广播电视局"十四五"规划重点课题调研组:《山东省智慧广电建设发展研究报告》,《现代视听》2020年第9期,第75-79页。
② 陈益、戎麒、孙圣安、沈燕:《"智慧广电"公共服务的内涵、现状及发展》,《广播电视网络》2020年第27(12)期,第28-31页。
③ 国家互联网信息办公室:《贵州智慧广电建设取得阶段性突出成效》,中共中央网络安全和信息化委员会办公室,2020年8月,http://www.cac.gov.cn/2020-08/27/c_1600089283462165.htm,访问日期:2021年8月6日。

时;制作发行电视动画片332部、7.99万分钟,播出少儿广播和电视节目时间分别是28.76万小时、62.61万小时。① 这些数字虽然能够精准地表明广播电视内容服务能力的提升,但显得抽象干涩。为了生动地再现我国广播电视公共服务建设的现状,我们选取几类节目形态来逐一审视其公共服务的价值所在。

在我国,广播电视的公共服务属性常有两个层面的表现:面向公众和代表公众。前者是指面向公众提供各类信息资讯和文化娱内容,后者则指广播电视以公共利益代言人的身份表达对社会现象和问题的态度。从"面向公共"的角度来看,所有的广播电视节目都具有公共服务性,属于广义界定。而"代表公众"则将公共服务的节目限定在那些具有批判、辩论、互动意味,可以强化公民意识的特定类型上。这里将舆论监督类、谈话与论坛类和民生新闻视为代表公众的节目形态,专业化公共服务视为面向公众的节目。

(一)舆论监督类节目

舆论监督类节目是广播电视彰显公共服务属性的重要场域。早在20世纪80年代新闻体制改革之初,广播电视业内就已经出现零星的舆论监督节目。1979年8月29日,央视播出批评性新闻《北京有些单位在马路旁边乱堆放物品破坏首都市容和公共卫生》。同年9月12日,《新闻联播》播出批评性报道《王府井停车场见闻》,讲述一些干部子女乘公家轿车去王府井购物、游玩。这条压了近四个月才播出的新闻引起受众的强烈反响。1980年7月12日,第一个新闻评论性节目《观察与思考》问世,它邀请政府官员与观众在演播室见面,回答问题。但是由于选题涉及一些敏感问题,于1983年停办。后来各地也创办了一些舆论监督类栏目,如北京电视台的《观众之声》、山东电视台的《街头见闻》、福建电视台的《新闻半小时》和上海电视台的《观众中来》等。

早期的舆论监督主要触及违反社会公德的行为与现象,鲜有探究社会深层次问题。真正有大规模社会影响的舆论监督栏目是90年代接连问世的《东方时空》《焦点访谈》和《新闻调查》。这三个节目分别于1993年、1994年和1996年推出,至今仍活跃在电视荧屏上。它们通过极具震撼力的批评、调查、监督性节目内容维护了公共利益,唤醒了公民意识。

有学者认为《东方时空》之于中国电视改革正如小岗村之于中国改革的意义。它最重要的价值在于第一次将非官方的公共话语引入电视节目中。在早期《东方时空》的四个子栏目中,受众能看到对国内外热点问题立场鲜明的针砭时弊、褒贬是非(《焦点时刻》),也能感受到"讲述老百姓自己的故事"的小人物生活百态(《生活空间》),还能见识到社会精英的个性

---

① 引自:《2021年全国广播电视行业统计公报》,国家广播电视总局,2022年4月25日,https://www.nrta.gov.cn/art/2022/4/25/art_113_60195.html,访问日期:2022年5月2日。

风采(《东方之子》)。① 这些无疑打破了官方话语"一言堂"的局面。后来,《东方时空》几次改版②,但始终坚持以"真诚面对观众"的态度,采用纪实性拍摄和报道手法讲述真实而鲜活的人物或事件。在舆论监督方面,《东方时空》对公共议题情有独钟,比如 2004 年 5 月,子栏目《时空连线》在接连四期节目中以调查报道的方式揭露了湖南省郴州市嘉禾县违法拆迁事件,引起强烈反响。

如果说《东方时空》的舆论监督类报道还只是这个大型杂志类节目的一个分支职能,那么到了《焦点访谈》,维护弱势群体利益,进行舆论监督和引导则成为它的"看家法宝"。至今,《焦点访谈》已走过了 20 个春秋,一些响当当的舆论监督报道已经定格在公众的记忆深处,如《回家的路有多长——对流浪儿童的追踪采访》(1994 年)、《巨额粮款化为"水"》(1996 年)、《罚要依法》(1997 年)、《河道里建起商品楼》(2001 年)、《洗不掉的恶行》(2002 年)、《追踪矿难报道真相》(2003 年)、《沉重的棉花》等。整体上看,这类节目的数量并不多,据央视新闻评论部统计,《焦点访谈》在批评监督类节目最多的年份和季节,其比例也没有超过播出节目总量的 22%。③ 但是影响力却很大,收视率长期在 30% 左右,《纽约时报》评价其"每天吸引 3 亿人"。《焦点访谈》侧重于监督基层政府和地方治理,在一定程度上维护了公共利益,尤其是弱势群体的利益。对诸如"黑心棉"和"309 国道乱收费"一类的违法和违背道德的事件的揭露,无疑捍卫了公共利益。更重要的是,这类节目本身及其引发的讨论和思考会激发公众重新思考权力、责任、维权、法治等严肃的问题。

《焦点访谈》是广播电视在服务公共利益方面的一个承上启下的栏目,从其手中拿过接力棒的另一个重要监督类节目是《新闻调查》。与《焦点访谈》从开播到一路成长都有各级领导的关照与呵护不同,《新闻调查》更多地体现出电视人执着的新闻专业主义理想。《新闻调查》力图通过舆论监督实现启蒙的目的,以维护公共利益和共同价值观作为追求目标。它通过记者的独立调查揭露事件的真相和内幕,注重理性和思辨性,在选题上偏向于社会转型与改革中的公共议题,如公权力运用、民主进程、教育改革、医疗改革、环境问题等。它也制作了许多有影响的节目,如《明天怎么看病》《公交是否优先》《厦门远华大案》《南丹矿难内幕》《黑哨内幕》《透视山西运城渗灌工程》《虎照疑云》等。这些调查报道不仅还原了事件的原貌,监督了公共权力与公共资源的使用状况,而且引领公众从对事件的一般关注提升到对公共事务的质疑、讨论和深层次思考。

---

① 另外一个子栏目是《东方时空金曲榜》。
② 1996 年 1 月 27 日《东方时空》第一次改版,《焦点时刻》更名为《时空报道》;2000 年 11 月 27 日第二次改版,将《时空报道》更名为《直通现场》;2001 年《东方时空》推出《时空连线》;2004 年 9 月 1 日,《东方时空》移师晚间黄金时段。
③ 孙玉胜:《十年——从改变电视的语态开始》,三联生活书店出版社,2003,第 121 页。

《东方时空》《焦点访谈》和《新闻调查》成功的示范效应和"铺路"效应迅速引发了全国范围内的克隆风。一时间"男方之子北方之子人丁兴旺;小焦点小调查遍地开花"。① 其中有较大影响力的栏目包括:中央人民广播电台的《新闻纵横》、北京电视台的《北京特快》、河南电视台的《中原焦点》、南京电视台《社会大广角》、江苏电视台《公众视线》等。

　　需要强调的是,不同于西方媒体的公共性表现为独立于政府并代表公众监督政府,上述三个栏目的舆论监督节目所体现出的我国广播电视公共服务属性的逻辑起点是解决问题而不是激化矛盾,是在维护政府形象的前提下表达公众多元意见。这是我国广播电视公共服务属性与意识形态属性在实践运行中的平衡点。

　　遗憾的是,近年来《新闻调查》由于收视率以及节目时间安排等原因呈现出被边缘化的趋势。而《焦点访谈》也不断有反馈表明舆论监督的力度与深度明显下滑。鉴于我国舆论监督类节目始终是在政治体制改革和民主化进程的时代大背景下成长的,因此,这两个栏目表现出的"退步"不应视为舆论监督或者公共服务的空间受到挤压,而应当是深化改革路径确定之前的等待。这也再一次表明我国广播电视公共服务的主导力量来自政府。

　　2003年,央视新闻频道开播是广播电视公共服务平台建设的重要事件。一些具有舆论监督作用的新栏目纷纷出现,如《新闻周刊》《新闻1+1》《每周质量报告》《共同关注》等。虽然它们不大可能获得类似《东方时空》《焦点访谈》《新闻调查》最火爆时的社会影响力和认可度——毕竟这三者是特定时期的先行者,但是它们继承的是培养理性成熟的受众和维护公共利益的衣钵,是公共服务属性在更广范围内的践行者。

(二)谈话与论坛类节目

　　公共服务理念包含了尊重受众的意味,而尊重受众的最好方法就是让其说话。受众始终不乏说话的欲望,但是话语空间以及说话意识还是要由广播电视来提供和激发。早期广播领域的珠江模式就是利用热线电话唤起了受众的说话意识,并因提供了人人都可以平等表达意见的空间而获得成功。这种理念的进一步发展催生了各种谈话类节目。

　　说谈话类节目不能不提《实话实说》。它于1996年3月16日开播,是一档对电视公共服务有重要贡献的节目。《实话实说》去除权威话语,围绕大众关注的社会问题,与嘉宾和现场观众平等沟通,展现愉悦、放松、平视和人文关怀的节目特色,在叙述和讨论中实现各抒己见、增强交流的目的。它曾经讨论过的公共话题有:拾金不昧要不要回报?风景区该不该建索道?教育孩子能不能打人?建高速公路遇到千年古树该不该挖掘?一块钱的官司值不值得打?这种讨论通过激发受众的说话意识来培养公民意识。

---

① 孙玉胜:《十年——从改变电视的语态开始》,三联生活书店出版社,2003,第21页。

时至今日,谈话类节目在荧屏和声波中早已遍地开花。比如,《艺术人生》《鲁豫有约》《对话》《面对面》《锵锵三人行》《新闻会客厅》《有话好说》《龙门阵》等。从提供多种话语空间、丰富观点市场的角度来看,它们对广播电视的公共服务是有益的。但是在市场力量已经深入到广播电视节目生产和机构运营的各个角落的今天,谈话类节目也往往受制于经济因素影响,在选题与操作上倾向于私人性和媚俗化。比如在《艺术人生》《鲁豫有约》中,就有许多期节目诉诸感性,大打感情牌,借助明星轶事趣闻赚取观众眼泪,获得高收视率。因此,如何在广播电视的产业属性和公共服务属性之间选取恰当的平衡点是需要认真研究的。

市场逻辑对广播电视公共服务的侵蚀也波及了由知识分子参与的论坛类节目。目前比较有影响的论坛类节目有央视的《百家讲坛》、中国教育频道的《师说》和陕西卫视的《开坛》等。这些节目创办的初衷都是挖掘知识分子的知识潜能,为社会文化发展服务,实现弘扬学术、再现精英话语的目的。知识分子占据文化资本和深邃的现实批判思想,素来是公共领域中的活跃群体。论坛类节目本应是知识分子介入社会生活、提升电视公共性的一个渠道,但是美好的愿景再次受到市场逻辑的篡改。以《百家讲坛》为例,它创办的初衷是效仿BBC的《思想家》,请科学巨匠讲学问,但无奈因起初收视率过低,被迫改为由学者讲故事。① 如今,《百家讲坛》受到的最多诟病就是娱乐化,选取的学者是学位型而非思想型,对历史的解读重谋略而轻智慧,以庸俗化的视角迎合受众的猎奇心理,丧失了学术讲坛应有的哲理性和思辨性。

(三)民生新闻

民生新闻是在激烈的媒介竞争中地方广播电视机构发挥自身优势开辟的新战场。它将视线从向外向上的国际新闻和时政新闻转移到向内向下的本地新闻,从街头巷尾、家长里短中的小事琐事入手,反映平民百姓的生存状态、生活状态。2000年以来,民生新闻在各地风生水起,如黑龙江卫视的《新闻夜航》、吉林卫视的《守望都市》、江苏电视台城市频道的《南京零距离》、江苏卫视的《1860新闻眼》、湖南经济电视台都市频道的《都市第一时间》等。一时间,民生新闻成为业内关注的焦点,并且为各地广播电视机构赢得了高额的广告收益。以安徽电视台的《第一时间》为例,自2003年7月28日开播以来,其收视率在合肥地区最高达到28.92%,在安徽地区达到9%左右,成为安徽收视率最高的节目。广告时段爆满,2004年第一季度的广告、栏目冠名等已经达到1800万元。②

民生新闻在广播电视公共服务方面的价值体现在它极力突出了"民"的意义,无论内容设置还是视角选取都以普通百姓为中心。在内容上,民生新闻以老百姓能听得懂的话讲述

---

① 王志安:《不播广告的电视台会变干净吗》,《青年记者》2011年第4期,第31-32页。
② 陆晔、赵民:《当代广播电视概论》,复旦大学出版社,2010,第196-197页。

老百姓熟悉、关心的事。这些事看似细小琐碎,却折射出社会转型与城市化进程中的"大民生"问题,如消费者权益维护、医疗保险、住房改建、环境保护、道德滑坡等。这也体现了民生新闻创办的初衷,用关注"民生"的方式体现对"国计"的参与。其次,民生新闻采用平民视角。它将镜头对准普通百姓,如农民工、环卫工人、出租车司机、晨练老人等,邀请他们说话,倾听他们的诉说,感受他们的生活。节目的解说和评论也是从百姓的利益与立场出发,强调朴素直白亲切。另外,许多民生新闻的广播电视栏目非常尊重百姓的话语表达权,在节目中设置互动环节,鼓励百姓通过发短信、打电话、上网留言、拍摄 DV 短片、提供新闻线索等方式参与节目内容。这些都有助于带动百姓参与公共事件的讨论,形成公共意见,是唤起公民意识的重要手段。

民生新闻对广播电视公共服务建设的贡献是有目共睹的。从传播学的视角来看,是因为它成功地应用了心理接近性和地理接近性。此外,民生新闻还体现出广播电视媒介机构及其从业人员对媒介社会功能的新认识。但是这种认识在白热化的媒介竞争中难免向无孔不入的经济逻辑低头,表现就是民生新闻的节目中添加了越来越多的煽情化内容。

(四)专业化公共服务

上述节目形态以代表公众为主,而专业化公共服务则是面向公众的。所谓专业化公共服务是为了满足人民精神文化生活的各种需求而提供的可选择性的广播电视公共服务。它可以是窄众化、高端化、特色化的。专业化公共服务的目的是满足一部分人群、一部分阶层的个性化的精神需求。[①] 专业化公共服务主要在专业化频率频道中提供,以内容划分的频率频道有交通广播、音乐电台、电影频道、科教频道、军事频道、老故事频道、高尔夫-网球频道、钓鱼频道等;以服务对象划分的则有妇女频道、少儿频道、农业频道、对农广播等。整体上看,目前我国广播电视专业化公共服务的节目种类比较丰富,基本能够满足不同人群的个性化需要。从服务大众日常生活所需的《天气预报》《天天饮食》《生活》到满足各年龄层受众群体个性需求的节目,如少儿节目《大风车》及各类动画片、女性节目《半边天》及各类服饰、美容节目、男性观众钟爱的体育和军事类节目以及服务于老年人的《夕阳红》和各种健康保健类节目,专业化公共服务的多元立体体系已初具规模。其中发展比较完善的是交通广播,而尚有较大提升空间的则是对农传播。

经济的快速增长带动了汽车产业和城市交通的发展,也提高了普通家庭的购买力,越来越多的人能够拥有私家车;但是城市道路基础设施建设速度明显滞后于车辆增速,堵车成为城市人的生活常态。这两方面的因素为交通广播的发展提供了广阔空间。处于移动状态且

---

① 张国焘:《广播电视公共服务的基本内涵》,《现代传播》2008 年第 1 期,第 119—121 页。

心情烦躁的司机急需实用的路况信息,也需要信息资讯和娱乐内容来打发时间、调节情绪。而广播独有的伴随性恰好满足了这一人群的需求。首个交通广播频率是 1991 年开播的上海人民广播电台交通信息台,之后各地的交通广播迅猛发展。多年来,交通广播的专业化公共服务实现了"既叫好又叫座"效应。"叫座"是指交通广播频率设置增多,广告收益也连年增长,2006 年,仅北京交通广播就获得了 3.12 亿的高额广告收入。"叫好"的层面则更广泛:它不仅满足了司机"在路上"的信息需求,还利用自身的资源与优势拓展服务项目,如江苏交通广播开展的交广汽车俱乐部。更重要的是,交通广播还具有动员社会力量参与公共事务的能力。几年前,长春一名孕妇产后大出血,生命垂危,而本地缺少她所需的特殊型号的血浆。长春交广在广播中播报了这一消息,远在黑龙江的出租车"的哥"们迅速行动,在高速公路上展开接力赛,一站一站地传送爱心血浆。虽然最后因多种原因,年轻的孕妇依然故去,但交通广播的社会动员能力以及参与其中的受众所表现出的公共精神令人感动。

与交通广播的热闹繁华形成鲜明对比的是对农广播的落寞萧条,背后的原因还是市场逻辑。交通广播服务的是生活在城市中的"有车一族",其社会地位和消费能力是广告商所钟爱的。而农民则因经济实力和文化素养的原因被广播电视有意无意地剥夺了话语权。在广播电视中,农民的声音即使有也是最弱的,农民的形象即使有也常被模式化为贫穷、愚昧。这严重违背了广播电视公共服务均等和多样的原则。

就全国范围内的电视台而言,对农专业频道除央视 7 套的半农业频道外,还有山东电视台农科频道和吉林电视台乡村频道;省级台的对农节目仅有十五六家,如辽宁电视台的《黑土地》、安徽电视台的《田野风》、江西电视台的《稻花香里》、广东电视台的《摇钱树》、山西电视台的《黄土地》等。许多对农节目饱受收视率的压力,比如央视 2 套的《金土地》。它曾经定位于传播农业新闻,但在 2005 年改版为《乡村俱乐部》后,成为一档向城里人介绍到农村游玩的娱乐节目。因此,整体上看,专业化公共服务在对农传播方面供给不足,专业化的频率频道和节目栏目稀少,而且不能反映和满足农民的切实需求。2006 年国家广电总局发展研究中心课题组的一项调查显示,农民对广播电视节目的需求按重要程度依次是实用技术(99.8%)、农业政策(99.7%)、新品种(99.6%)、教育培训(99.4%)、人才招聘(97.2%)、市场信息(40.7%),而广播电视台不能满足农村人口的农业政策、市场信息、技术知识和农民工就业的全方位信息需求,而且缺乏公共服务自觉意识和激励机制。[①]

(五)助力脱贫攻坚

2015 年 11 月 23 日,中共中央政治局审议通过《关于打赢脱贫攻坚战的决定》,2020 年是

---

① 刘祥平、肖叶飞:《中国广播电视公共服务:政策与规制》,《甘肃社会科学》2010 年第 5 期,第 249—252 页。

我国脱贫攻坚收官之年。近年来,广播电视在助力脱贫攻坚大计方面成绩斐然。国家广播电视总局发布的《2021年全国广播电视行业统计公报》显示,"截至2021年年底,农村广播和电视节目综合人口覆盖率各自为99.26%、99.52%,分别比2020年提高了0.09和0.07个百分点。农村有线广播电视实际用户数0.67亿户,在有线网络未通达的农村地区直播卫星用户1.48亿户,同比增长0.68%,农村广播电视网络基础设施持续改善。2021年广播电视机构聚焦乡村振兴,农村节目制作播出时间保持稳定。全国制作农村广播节目时间141.56万小时,同比增长1.84%,占制作广播节目时间的17.42%;播出时间457.70万小时,同比下降0.34%,占播出公共广播节目时间的28.80%。制作农村电视节目时间69.03万小时,同比下降3.29%,占制作电视节目时间的22.56%;播出时间438.36万小时,同比下降3.02%,占播出公共电视节目时间的21.77%。《温暖的味道》《江山如此多娇》《经山历海》等农村题材节目闪耀荧屏,描绘了党领导全国人民全面奔向小康社会的奋斗历程。"①

在这场史无前例的脱贫攻坚伟大战役中,中央广播电视总台扮演了见证者、记录者、传播者、参与者、助推者的角色。在媒体融合时代,中央广播电视总台采用4K+5G+AI技术,并充分调用各类新型融合报道手段。总台旗下电视、广播等数十个频道、频率,央视网、央广网、国际在线等中央重点新闻网站,央视新闻、央视频、云听等客户端,以及各类社交媒体平台账号,合力形成网上网下、内宣外宣联动的强大传播矩阵。在节目形态上,除了传统的新闻、特稿、专题、评论、专题片、纪录片等形式外,还开拓网络直播、短微视频、图文报道、新媒体海报、互动产品、广告、影视剧、广播剧、纪实文学、长篇小说等全媒体品类。"据统计,仅2020年以来,至9月中旬,脱贫攻坚主题报道在中央广播电视总台新媒体自有平台和账号以及电视端的总触达人次达211.62亿次。其中,新媒体端,中央广播电视总台在央视新闻、央视频、三网(央视网、央广网、国际在线)以及两微平台的脱贫攻坚报道总发稿量为57933篇次,总阅读浏览量为8.5亿次;电视端,脱贫攻坚相关新闻报道观众总触达人次达203.12亿次。"②

各地方广播电视机构在助力脱贫攻坚方面也颇有建树。江苏省广播电视媒体纷纷开设特色专栏,推出典型报道。比如,江苏广电总台《东西手拉手 共同奔小康》系列报道、南京台开设《聚力强富美高 决胜全面小康》专栏、扬州台开辟的《走向我们的小康生活》专栏、连云港台《全面小康看老乡》《优强镇街风采》《全面小康乡镇行》等专栏报道等。江苏省还不断创新传播方式,打造精品内容。H5、Vlog、VR等新技术、图文、视频等融合形式广泛运用在聚

---

① 引自:《2021年全国广播电视行业统计公报》,国家广播电视总局,2022年4月25日,https://www.nrta.gov.cn/art/2022/4/25/art_113_60195.html),访问日期:2022年5月2日。
② 中央广播电视总台总编辑室:《全媒体行动,为打赢脱贫攻坚战凝心聚力——中央广播电视总台聚焦聚力脱贫攻坚的创新实践》,《中国广播电视学刊》2020年第11期,第11-15页。

焦脱贫攻坚与全面小康的内容呈现上。比如,江苏广电总台荔枝网推出的《苏写答卷》《政策发布厅》《小康任务书》《小康人物志》《美好 style》等系列新媒体产品、常州台启动"全面小康看百村·奋力建设明星城"大型新闻行动、苏州台"SBS 暖视频"平台推出讲述普通人故事的系列短视频《小日子 大梦想》和《90 后的小康路》;看苏州新闻客户端策划推出《老乡 Vlog》,等等。[①]

三、外部促进因素

从对我国广播电视公共服务发展现状的梳理中不难看出,公共服务属性虽然进入到自觉时期,基础设施和内容建设也在朝着健康的方向发展,但是由于尚未建立起制度保障,公共服务属性不时受到产业属性的制约,表现为市场逻辑通过收听率收视率将广播电视拉向广告商的利益端点,侵蚀或挤压了公共服务的空间。近些年,一些接连发生的突发性公共事件和方兴未艾的新兴媒体作为外部促进力量不断地将广播电视公共服务建设推向前进。但是应该看到,这种进步是伴随着政治民主化进程,在政府执政理念转变的过程中由政府主导的。

(一)突发事件

广播电视的公共服务是与受众的知情权紧密联系的。新世纪以来,一系列突发的公共安全事件在推动广播电视公共服务自觉和加强受众知情权方面起到了外部促进作用。

2003 年是中国广播电视公共服务从危机走向转机的关键年份。这一年,引起全球关注的"非典"事件在最初的五个月内受到包括广播电视在内的主流媒体的严防死堵。公众知情权被忽视,公共服务整体缺席,原因都是意识形态属性的惯性使然。但是 4 月 21 日后,传播路径却峰回路转。先是中央罢免卫生部长和北京市长,继而中央授意创办的新闻频道于 5 月 1 日开播,并于开播后立即投入到对"非典"的全方位报道中。随后的一个多月,以央视为首的广播电视机构掀起了客观、全面、及时地报道"非典"疫情的新阶段,每天更新信息努力做到与疫情发展同步,突破了长期以来灾难事件报道的种种束缚,在理念与运作上凸显了广播电视"船头瞭望者"的价值。

广播电视在一次次突发事件中总结经验教训,调整传播策略。2008 年堪称多事之秋。年初南方雪灾,广播电视及时跟进;但到"3·14"拉萨打砸抢事件中却再次陷入集体失语。其中一个原因就是广播电视机构及其背后的管理部门缺乏应对此类重大社会安全事件的经验,条件反射式地退回到传统思维的窠臼中。但是对比一年后在新疆"7·5"事件中广播电

[①] 仇乐、郑洁:《多点发力 融合传播——江苏广播电视媒体服务脱贫攻坚的现状分析》,《视听界》2021 年第 1 期,第 73-76 页。

视开放、大方、成熟的姿态,不禁让人感慨:执政党和政府的新闻理念确实在与时俱进,广播电视也的确将满足受众知情权作为了推进公共服务建设的重要事项。

2008年另一件值得在广播电视公共服务史上大书特书的事件就是对汶川地震的报道。5月12日汶川地震后,央视中断了正常节目并开始了连续14天"众志成城抗震救灾"的大型直播报道。不仅随时公布灾区伤亡情况的真实信息,还将地震预测专家、地震动力学专家、疫病防治专家邀请到演播室与主持人一起分析讨论,为受众提供有广度、有深度的立体信息。此外,许多省级媒体的表现也是可圈可点,如四川卫视。而广播也发挥灾难报道中"轻骑兵"的优势,在灾区其他通信设备遭破坏的情况下,将外界的信息与温暖传递给灾区人民。汶川地震报道受到了国内学者和境外媒体的高度评价,认为中国已经具备公民社会的雏形。

2020年一场突如其来的新冠肺炎疫情席卷全球,2021年河南遭遇千年难遇的暴雨事件。在这类突发事件中,广播电视用于担当主流媒体的重责,广播电视人创作出众多鼓舞人、感染人的视听作品。疫情期间对信息的渴望倍增。新闻类节目不负众望,及时传递信息,公开透明及时权威,满足受众的知情需求,收视率屡屡攀升。"全国地方卫视频道晚间新闻收视率全面大幅增长,12省份收视率涨幅超50%,其中湖北卫视晚间新闻在此期间收视率整体提升531%,收看用户数提升906%。"①最普遍的文艺作品电视剧更是发挥其专长,用真实温暖的剧情给人们鼓劲,不仅带去情感的抚慰,也极大地团结的人心。"2020年,1月27日至2月9日,电视剧日户均收视时长较2019年12月份提升15%,《绝代双骄》《下一站是幸福》《新世界》单频道收视率均破1%,《下一站是幸福》微博话题阅读量达91.5亿次。"②不仅如此,特别专栏、公益广告、MV等多种节目形态被充分用于发布信息、宣传防疫知识,传播正能量上。北京卫视《生命缘:抗击新型冠状病毒特别报道(一)——医生的除夕》、东方卫视《全力抗击新型冠状病毒肺炎疫情》特别报道、湖南卫视《抗击疫情特别时间》、江苏卫视《抗疫情特别报道》、浙江卫视《众志成城 防控疫情》、湖南卫视《2020元宵一家亲》、歌曲MV《你有多美》等节目均获较高收视率,并获得受众好评,实现经济效益和社会效益的双丰收。

(二)新媒体的冲击

新媒体对广播电视公共服务的影响体现在两个方面,第一,新媒体带来的技术变革促进了广播电视公共服务硬件建设的更新升级;第二,新媒体对媒介格局的触动激励了广播电视推进公共服务的内容建设。

硬件方面,新技术首先拓展了广播电视公共服务的渠道。基于网络技术和数字技术,出

---

① 引自:《广播电视节目收视逆势爆发 为疫情防控 强信心 鼓士气》,国家广播电视总局,2020年2月,http://www.nrta.gov.cn/art/2020/2/13/art_114_49972.htm,访问日期:2021年8月6日。
② 同上。

现了一些新型的广播电视传播渠道,如网络广播/电视、IP电视、手机广播/电视、移动多媒体广播/电视、车载电视、户外大屏、地铁电视、公共视听载体等。这些新渠道与采用模拟技术的传统广播电视不断融合、竞争和合作,奠定了公共服务更扎实更便捷的基础。其次,渠道的多元变化使广播电视公共服务的接收方式发生转变。传统的接收方式是在收音机、电视机旁定时定点被动接收,现在则不同。接收终端除了传统的接收器外,还包括网络、手机、移动终端等。接收方法上也不再受广播电视节目单的线性限制,可以采用点播、回放等方式实现受众随心所欲听广播看电视的心愿。此外,受众还可以自己制作音视频节目,上传到网络与他人共享。接收方式的转变有利于广播电视公共服务的便利性和交互性发展,也能鼓励它提供更多个性化的内容。

但是,需要注意的是,技术的进步并不必然带来社会的全面发展。上述新技术以及各种衍生物不仅没有缩小甚至有可能加大目前存在于城乡之间的"数字鸿沟"。无论是网络广播/电视、手机广播/电视,还是移动多媒体广播/电视、户外大屏、地铁电视,基本上都是以大中城市为发展中心的。广大农村以及偏远山区受数字化技术惠泽的速度、广度、深度都明显落后于城市。这是有违广播电视公共服务的均等性原则的。如果要借新兴传播技术的东风实现城乡之间公共服务的均等化,就必须制定相应的配套制度并加大对农村地区广播电视数字化建设的财政投入。

内容建设方面,新媒体对广播电视公共服务也有显著的促进作用。互联网的网状结构具有"去中心化"的特点,因此它天然地具有民主性。互联网作为发言成本较低的公共空间,其公共性体现在以下几个方面:第一,它为来自社会中下阶层——在传统媒介中鲜有话语权的人群提供了话语交流的平台,形成了一条自下而上的表达渠道;第二,它提供了更丰富多元的信息和意见,有助于实现公民的知情权;第三,它可以汇聚民意发挥舆论监督的力量。因此,互联网有利于培养公众的参与意识。2003年以来,网络媒体异军突起,成为媒介竞争格局中的一支劲旅。正是竞争带动了广播电视推进公共服务,并渐渐表现出与互联网联手合作的倾向,可以说这是媒介融合背景下的必然趋势。在近年来的一些媒介事件中,如"躲猫猫""最牛钉子户""杭州飙车案""郭美美事件""华南虎事件""宜黄拆迁""周久耕事件""表哥杨达才"等,都存在这样一个规律:事件最开始在网络上被热议,形成舆论焦点,然后广播电视(以及其他传统媒体)跟进报道,扩大影响。

在广播电视看来,新媒体已经成为重要的信息源和了解受众反应必不可少的渠道。如今许多广播电视节目中,都设有利用新媒体与受众同步联系的环节,如广播电视节目中的短信平台和节目栏目的官方网站留言等。这种让受众的意见及时参与到节目内容中的做法是广播电视尊重公众表达权的一种表现。

尽管新媒体在公共服务方面对传统的广播电视产生了许多有益的影响,但其自身也并非尽善尽美。以网络为例,各种网络暴力、人肉搜索等非理性行为与公共服务精神中的平等理性原则相悖。如果任其发展,不仅不利于培养公众的公共精神,甚至还有可能污染初露端倪的网络公共领域。广播电视在与网络联手推进公共服务的过程中,有必要发挥传统媒体的权威性优势,抵制网络非理性倾向,形成新旧两种媒介之间的良性互动,共同为公共服务建设出力。

本章思考题
1. 什么是广播电视的公共服务属性?
2. 如何理解广播电视的意识形态属性、产业属性和公共服务属性三者的关系?
3. 简述我国广播电视公共服务建设的现状。
4. 如何看待重庆卫视禁播商业广告行为?

本单元主要参考文献

1. 俞吾金.《意识形态论》(修订版)[M].人民出版社,2009.
2. [美]利昂·P.巴拉达特.《意识形态起源和影响》(第10版)[M].张慧芝、张露璐译.世界图书出版公司,2010.
3. 杨伟光主编.《中国电视论纲》[M].北京出版社,1998.
4. 张勉之.《世界广播趋势》[M].中国广播电视出版社,2005.
5. 毕一鸣.《现代广播电视论纲》[M].中国广播电视出版社,2007.
6. 李良荣等.《当代西方新闻媒体》[M].复旦大学出版社,2003.
7. 吴玉玲主编.《广播电视概论》[M].中国传媒大学出版社,2007.
8. 陆地.《世界电视产业市场概论》[M].中国人民大学出版社,2003.
9. 李瞻.《电视制度》[M].三民书局,1982.
10. 赵玉明主编.《中国广播电视通史》[M].中国传媒大学出版社,2006.
11. 赵玉明、艾红红.《中国广播电视史教程》[M].中国广播电视出版社,2009.
12. 郭镇之.《中外广播电视史》[M].复旦大学出版社,2008.
13. 李立功.《广播电视产业经营理论与实务》[M].江西人民出版社,2004.
14. 叶朗主编.《中国文化产业年度发展报告(2003)》[M].湖南人民出版社,2003.
15. 陆晔、赵民.《当代广播电视概论》[M].复旦大学出版社,2010.
16. 吴克宇.《电视媒介经济学》[M].华夏出版社,2004.
17. 郑蔚.《中国电视媒体的管理和经营》[M].中国广播电视出版社,2006.
18. 国家广播电影电视总局发展研究中心.《2008中国广播电影电视发展报告》[M].新华出版社,2008.
19. 胡正荣主编.《中国广播电视发展战略》[M].北京广播学院出版社,2003.
20. 胡正荣主编.《21世纪我国大众传媒发展战略研究》[M].中国广播电视出版社,2007.
21. 刘斌.《中国广播产业制度创新》[M].中国传媒大学出版社,2005.
22. 宫承波、闫玉刚.《文化创意产业总论》[M].中国广播电视出版社,2008.
23. 朱金玉、巢立明.《中国广播电视业发展战略》[M].上海人民出版社,2005.
24. 赵多佳、许秀玲.《内容·受众·传播——广播专业化概论》[M].中国国际广播出版社,2008.

25.《中国广播电视年鉴2008》[M].中国广播电视年鉴社,2009.

26. 艾伦·B.阿尔巴朗、格雷戈里·G.彼茨.《无线电广播产业》[M].詹正茂、张莹、张莉译.清华大学出版社,2007.

27. 胡正荣主编.《媒介公共服务:理论与实践》[M].中国传媒大学出版社,2009.

28. 孙玉胜.《十年——从改变电视的语态开始》[M].三联书店,2003.

29. 汪晖、陈燕谷主编.《文化与公共性》[M].三联书店,2005.

30. [加]罗伯特·A.海科特、威廉姆·K.凯偌尔.《媒介重构:公共传播的民主化运动》[M].李异平、李波译.暨南大学出版社,2011.

31. 石长顺、张建红.《公共电视》[M].武汉大学出版社,2007.

32. 卢迎安.当代中国电视媒介的公共性研究(1978-2008)——以央视和凤凰为例[D].上海:复旦大学,2009.

33. 蒋丽.马克思主义新闻理论中国化研究[D].东北:东北大学,2008.

34. 黄莉.当前媒介生态下电视产业的生态困境与策略[D].重庆:重庆大学,2007.

35.《习近平在文艺座谈会上的讲话首次公开发表(全文)》[EB/OL].(2014-10-15). http://news.cnr.cn/native/gd/20151015/t20151015_520148533.shtml.

36.《中共中央关于全面深化改革若干重大问题的决定》[EB/OL].(2013-11-12). http://cpc.people.com.cn/n/2013/1116/c64094-23561785.html.

第四单元

广播电视传播与生态论

如果说广播是一项跨越空间的伟大发明,给人类带来了一场前所未有的听觉革命,那么电视也毫无疑问称得上20世纪人类最辉煌的科技成就之一,它不仅深刻地改变了人类的生产和生活方式,还深刻地改变了人类的思维观念,极大地推动了社会发展。

与报纸、杂志相比,广播电视拥有更独特的传播优势。它们的诞生使大众传播迎来一个视听传播的新时代。在此阶段,信息传播的形式、速度乃至承载量都得到巨大提升,广播电视逐步成为当代社会最具影响力的新闻媒体和最常见的娱乐消遣手段。

今天,人类已进入信息社会,广播电视更是深入社会肌理,延伸到人类生活的每个角落,它们以丰富的传播内容、多样的传播手段越来越多地参与到人类社会生活的方方面面,潜移默化地影响着人们的生活态度与价值观念。

在从诞生至今近百年的发展历程中,广播电视也在不断改进和完善自己,调整着前进的脚步。今天,新媒体以不可抵挡之势将人类带入一个新时代,也给广播电视媒体带来了巨大挑战。它的交互性将话语权逐渐移至受众,使受众从被动的信息接收者转变为可以主动表达自己思想、观点的传播者。

广播电视在抵挡新媒体技术的强力渗透过程中,也获得了新的生机。借助互联网,广播电视打破了过去中心发布的传播模式,实现了节目的网络在线接收和随时点播,克服了信息转瞬即逝、难以保存的缺陷;与手机联姻,信息反馈更为便捷、迅速,随时随地的接收和互动成为现实。信息传播模式由一对多演变为多对多的互动方式,"以媒介为中心"的信息传播方式将成为历史。

第十章 广播电视传播概说

第一节 广播电视传播符号

人类传播本质上是信息的传播,然而信息必须依附于具象的符号才能够为人们所感知并得以传递。因此,符号在人类传播过程中扮演着非常重要的角色,"它是信息的外在形式或物质载体,是信息表达和传播中不可缺少的一种基本要素。"①

人类拥有一套最完整的符号体系:信号和象征符。在传播学中,一般将人类使用的符号分为语言符号和非语言符号两大类。语言符号是人类所特有的也是最为重要的符号系统,是人类在长期社会交往中约定俗成的,以语音和字形为物质外壳,以词汇为建筑材料,以语法为结构规律的符号系统。非语言符号是指不以人工创制的自然语言(如汉语、英语)为语言符号,以其他视觉、听觉等符号为信息载体的符号系统,如人的面部表情、动作、外貌衣着以及声音的语音语调等。

不同的传播媒介拥有各自独特的传播符号系统。以报纸、杂志为代表的印刷媒介主要运用文字、图片、图表等静态符号来传递信息;广播媒介运用有声语言、音乐以及音响等声音符号来传递信息;电视媒介运用声音、文字以及图像等视听符号来传递信息。

一、广播媒体的符号系统

广播是听觉媒介,声音是构成广播媒介传播符号系统的唯一元素,也是广播媒介传播信

---

① 郭庆光:《传播学教程》,中国人民大学出版社,1999,第43页。

息的载体,其符号系统主要由有声语言、音乐与音响三部分构成。

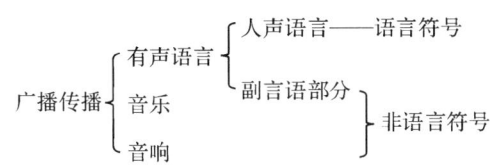

图 10-1　广播媒体的符号系统

(一)语言符号

有声语言是人类社会中最重要的符号系统,是人们传播信息、交流思想的工具。在广播中,有声语言符号处于整个广播符号系统的核心地位,它主要指人声语言,即广播中人物说话的言语部分,主要包括两大部分:其一,播音员、主持人的播音语言,指广播节目中主持人在演播间里的口述语言;其二,记者采录的现场语言,指在事件发生现场所录制的人声语言,包括记者自己的口播报道以及采访对象的言语等。

声音是广播媒介传递信息的唯一通道,一则信息要通过广播传递给听众,需要先将抽象的文字材料经由词汇、语法、语调重新塑造,转化为听觉材料。在这一过程中,人声语言主要起告知的作用,用于指代声音背后一个真实的客观存在,新闻、体育、娱乐、服务等许多信息都是通过人声语言传递给受众的。

(二)非语言符号

广播的非语言符号系统由音乐、音响以及有声语言的非言语部分构成。与语言符号不同,非语言符号所承载的信息主要诉诸受众的情感,表达的内容十分宽泛,主要作为人类表情达意的辅助手段,用来弥补语言符号在情感表现力上的不足。

1. 音乐

音乐是人类的第二语言,是一门以声音为表现手段的艺术形式。通过旋律、节奏、音色等多种元素的律动组合,音乐能够表现出人类细腻多变的情感。通常,音乐语言不是现实世界的客观再现,而是具有写意性。在情感表现力上,往往比理性的有声语言更深邃,也更有韵味,是广播节目中不可缺少的组成部分。根据广播节目中音乐所起的不同作用,可以将音乐划分为标识音乐、间隔音乐、补充音乐、背景音乐等不同类型。

2. 音响

音响指除有声语言、音乐之外的其他声响,包括自然环境、动物、机器工具以及人的行为动作等发出的各种声响。与音乐的写意性不同,音响注重写实,例如海浪拍打堤岸的响声、清晨公鸡的鸣叫声、婴儿的啼哭声等,这些声响都是大自然或者现实生活中真实存在的。广播节目中的音响可以分为实况音响和音响效果两大类。

实况音响:实况音响是客观物质运动声波的真实再现,具有现实还原的特点。[1] 一方面,在广播节目中,实况音响的运用往往能够真实地还原事发时的现场环境,增强信息的真实感与可信度。

另一方面,实况音响对于叙事也有一定的帮助。人类的许多生活状态都会伴随有一定的声响,典型的实况音响还可以代替言语进行叙事。例如,公鸡的报鸣声意味着清晨的到来,汽车往来的马达声与鸣笛声意味着主人公身处喧闹的街头,电闪雷鸣的声响则意味着大雨将至。除了具备叙事功能,实况音响某种程度上也增强了广播叙事的画面感与故事性,如听见火车的鸣笛声我们眼前会浮现出火车在铁轨上缓缓通过的画面,听见鸟鸣声则会联想到茂密的森林、斑驳的光影等。

此外,实况音响还具有很强的立体感,它包含了背景环境中的空间信息与方位信息,体现了声音的全方位性,如听众可以从脚步声中判断出与人物距离的远近。合理地运用实况音响可以帮助听众加强听觉的"景深感",给人一种空间幻觉。

音响效果:音响效果是戏剧、电影或其他舞台演出常用的创作手段之一,主要指通过专用的器具和技法,模拟或再现各种自然界真实存在的声响,如风声、雨声、枪炮声等,以烘托环境气氛,增强艺术感染力。与实况音响不同,音响效果并非真实的现场声音再现,而是传播者制作出来或者转借过来的声音;它只具有真实感,不具备客观真实性。它起到的主要是强化节目表现力、夸张人物情感、渲染气氛等作用,被广泛运用于文艺性广播节目、娱乐性广播节目以及广播剧中。

3. 有声语言的副言语部分

副言语(Paralanguage)又被称作副语言、类语言,是指超出言语交际和分析范围,并伴随语言的声音。副语言主要有两种类型:一种是功能性发声,如笑声、哭声、叹息声、咳嗽声以及因惊恐而发出的喊叫声等;另一种是伴随有声语言出现的语音特征,如语音、语调、语速、语顿、音质、音高、停顿等。[2] 前者属于音响范畴,后者属于有声语言的副言语部分。

声音在本质上是一种波动,物体振动空气形成声波,声波传播出去,刺激人的听觉器官,人便对声音有了感知,这种感知就包括有声语言的副言语部分——音量、音调、音色。音量,也称"响度""声量",指声音的大小;"音调"也称"音高",指声音的尖利或低沉;"音色"也称"音品",指声音的悦耳或嘈杂。

---

[1] 吴玉玲主编:《广播电视概论》,中国传媒大学出版社,2007,第77页。
[2] 宋昭勋:《非语言传播学》,复旦大学出版社,2008,第70页。

声音的音量、音调、音色的不同组合作用于人们的心理,可以产生丰富的内涵。因此,有声语言的副言语部分常被用作强化说话人言语信息以及情感表达的手段,以增强声音感知性与表现力。例如,通过音色与音质的不同,听众可以判断出说话人的性别、年龄、性格特点等信息;音高与语调的不同则传达出说话人的情感信息;语顿与静默也往往用于表达特定的含义与情感。此外,同样的声音,不同的人去听,也往往会产生不同的感受。广播是一门声音的艺术,所谓以声取胜,以声感人,声音的各种特性为广播利用声音传达信息提供了基础,也只有充分发挥声音的特色和优势,广播才会有生命力。

二、电视媒体的符号系统

电视是一种视听兼备、声画并茂的大众传播媒介,声画结合是电视区别于其他媒体最重要的特点。受众可以通过眼睛来感知电视画面,通过耳朵来聆听电视声音,电视通过"视、听、读"三位一体的方式将信息传递给受众,为受众提供了一份"色、香、味"俱全的视听盛宴。电视的传播符号系统主要由声音语言、文字语言以及图像语言三部分构成。

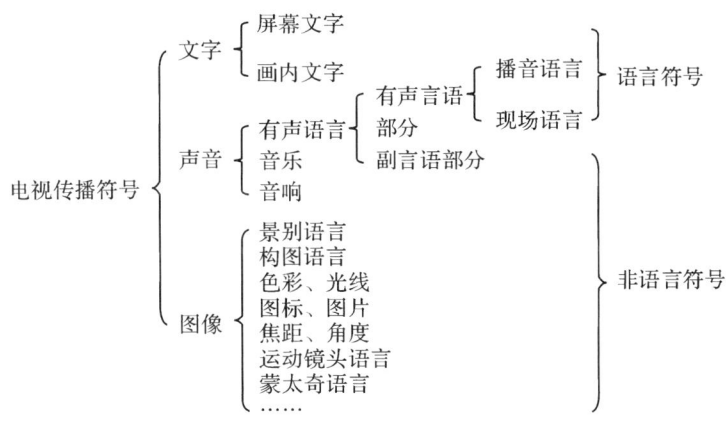

图 10-2 电视传播符号系统

(一)语言符号

电视的语言符号系统包括有声语言的播音语言、现场语言以及文字语言等,主要起到解释或补充说明的作用,用于表现一些抽象化的概念、观点以及人物的内心独白等。语言的抽象性在一定程度上弥补了电视画面具象化表述所带来的局限。

1. 有声语言

播音语言:所谓播音语言,是指广播电视节目主持人(播音员)的口述语言,主持人(播音员)通过口语播报,将信息传递给受众,主要有解说词、串词等表现形式。

解说词是指在节目后期制作中加入的,对事件起辅助说明作用的文字稿件,通常由播音员或记者本人配音,与画面内容、现场语言互相配合,共同传递信息。解说词是作者理性思维的外在表现,用于传达一些画面或现场同期声无法表现的信息,例如交代新闻事件的背景信息、表述人物的内心情感以及强调记者的观点等。需要指出的是,电视是一门声画艺术,电视解说词的运用一定要配合画面,充分利用画面内已有的信息,如人物的服饰、表情、动作等,而不能像广播那样面面俱到。

串词是指在上下信息之间起承上启下作用的简短评论或者介绍。串词的连接将节目中独立的组成部分有机整合在一起,使整个节目看上去更加紧凑,更具整体感。

现场语言:现场语言,又称同期声,是指在拍摄现场录制的具有实质性内容的声音语言,主要包括采访同期声以及记者现场报道的同期声等。

采访同期声是指记者在前期采访过程中录制下来的有声语言,具有与画面同步的特点。与解说词相比,它将记者与被采访者的语言交流直接传递给受众,避免了信息的重新编码,提高了信息传播的准确性。同时,当事人的亲口讲述也提高了信息的真实感,使传播变得更具说服力,充分表现出电视声画语言的独特魅力。通过同期声,观众可以听到被采访者富有个性化的语言表述,配合其画面中的衣着服饰、神态举止,生动饱满的人物形象便呈现在眼前。

同采访同期声一样,记者现场报道的同期声也具有很强的现场感与真实性。通过镜头,观众可以与记者同步由浅入深接近事件,直击事件发生、发展的全过程,犹如身临其境。

无论是哪一种同期声,作为新闻事实的一部分,其在烘托节目主题、渲染现场气氛、展示人物个性等方面都能发挥出画面无法替代的作用,给人以强烈的现场感和说服力。在当前日趋白热化的媒介竞争中,同期声的运用也成为电视发扬其自身优势、吸引受众的重要手段之一,对于强化电视新闻的真实性与感染力具有举足轻重的重要作用。

2. 文字语言

文字语言指出现在屏幕上的文字,主要分为屏幕文字和画内文字两种。屏幕文字是指根据画面信息的需求,在后期制作过程中加入电视画面的文字,即我们通常所说的字幕。画内文字是指出现在画幅内的文字(如路标、招牌、会标、文件等),这类文字由于处于特定的现场,往往能表现出现场的某些要素。

(二)非语言符号

电视的非语言符号系统包括视觉图像语言、音乐、音响以及有声语言中的副语言部分。图像语言是电视传递信息的第一语言,也是最为重要的表意符号,既包括静态画面的景深、构图、色彩、光线、图表与图片等视觉元素,又包括动态镜头的拍摄角度、焦距、运动形式等。

在信息爆炸和生活节奏加快的时代背景下,人们喜欢追求具有视觉刺激性的信息,电视的图像语言在当下的"读图时代"越来越受到人们的青睐。下面我们将重点对电视图像语言中的几个重要符号进行分析。

1. **景别**

景别是一个二维空间概念,主要指由于摄影机与被摄主体(可以是人、物或者环境)之间距离的远近而造成的被摄主体在画面内大小的变化,是一种位置与空间的关系。根据成年人在画面中所占位置的大小,景别可以划分为大远景、远景、全景、中景、近景以及特写。

大远景:严格来说,大远景以空间景物为拍摄对象,主要展现大的空间环境,用于交代背景,具有渲染氛围、营造意境的作用。一些纪录片的开头与结尾就较多运用大远景,开头用于交代大环境,结尾表示叙事的结束。例如,用远景来展现茫茫的群山、浩瀚的海洋、广阔无垠的草原等自然景观,表现一种宏大的规模和超脱的情绪。

远景:远景是电视摄影机远距离拍摄的画面,在这种画面中,被拍摄主体只占很小的面积,画面大篇幅为景物。远景主要用于表现人物与周围环境的关系及其所处的具体位置,展示人物活动的空间背景和环境气氛,强调一种空间上的位置感。适宜于表现规模浩大的人物活动和渲染气势磅礴的宏伟场面。透过远景画面,观众可以看到广阔深远的景象,感受到一种辽阔深远的宏大气氛。

全景:全景是指被拍摄主体的形态在画面内完全被呈现出来的景别,常用于拍摄人物,也被称为"人物全景"。全景既能展示人物的形体、动作,又能在一定程度上展现出人物与环境的关系,具有较强的叙事性。全景画面一般呈现出一种较为开阔的视野,给人一种空间上的距离感,观众的主观情感介入较少,如同一个旁观者在客观地记录。在新闻性电视节目中,常用全景画面来凸显客观性与公正性。

中景:中景是取景到人物膝盖以上的画面,既能够交代人物主体的形态、动作和表情,又可以交代环境,是电视叙事中较为常用的基础景别。在电视访谈节目中,主持人与嘉宾的镜头采用的基本上都是中景画面。中景镜头对空间和人物主体都能展示清楚,有良好的叙事能力,但缺少情感上的感染能力。不像远景、大全景那样超脱、开阔,又没有近景、特写镜头那样浓的情感色彩,而是比较中性、平稳、客观。①

近景:近景是取景到人物的腰部或胸部以上的画面。在近景中,人物占据了画面的大部分空间,环境变得零碎而模糊。观众的注意力被集中到人物的肖像和面部表情上,面部细微的变化也能够被观众捕捉到,易于展现主体人物的内心情感和内心世界。此外,在近景中,由于摄像机与被摄主体的距离较近,观众在视觉上也会感觉与被摄主体距离很近,很容易形

---

① 张菁、关玲:《影视视听语言(第二版)》,中国传媒大学出版社,2014,第18页。

成一种交流感。在电视节目中,主持人的镜头就较多采用了近景画面。

特写:特写通常是指取景到人物肩部以上的画面,也包括人物其他身体部位或者特殊物件的细节画面。它是视距最近的一种景别,用以捕捉人物细微的表情变化或者强调某一重要的局部细节,揭示事物在整体中的某种特殊寓意,具有强烈的主观色彩与视觉冲击力。

景别的变化带来的是视点的变化,也是形成节奏变化和引起观众不同心理反应的因素之一,它使画面更具指向性。概括而言,大远景、远景出意境,全景出气氛,中景衬环境,近景写内心,特写现情绪,景别既是视觉语言的一种基本表达形式,又是画面造型的重要手段之一。对画面景别的调度实质上也是对观众所能看到的画面表现时空的调度。不同景别对画面内涵意旨的表现与强调不同,传播者应根据画面内容与情感的不同有针对性地选择景别,有效地支配观众的视听注意力并赋予被摄主体以恰如其分的表现意义,准确、贴切地向观众传递信息。

2. 构图

构图原是西方美术中的概念,指在一定的空间范围内,把各部分组成、配置并加以整理而形成一个具有较高艺术性的画面,借以表达创作者的意图与思想。在电视摄影中,构图是表现影视作品内容的重要途径,它把被摄主体与光线、线条、色彩等视觉元素有机地组织、分布并整合在一起,力求在突出重点的前提下实现画面的视觉美感,并表现出一定的内容与情感。摄影构图实际上是创作者对被摄主体的选择与空间重构的过程。

一幅画面通常由主体与陪体、前景与背景以及空白组成,画面构图就是要将这几个要素合理地组合在一定的画面空间内。

主体:主体是电视画面的灵魂与核心,是主题思想的集中体现者,其他一切人与物的出现都是为主体服务的。为了突出主体形象,创作者会尽量抓取被摄主体最富表现力的表情、姿态或动作进行拍摄。一般来说,主体都会出现在画面构图中最明显的位置,光线充足、线条轮廓清晰,使人一目了然。

陪体:相对于主体而言,陪体指在画面中与主体构成一定关联,并用以陪衬主体、突出主体的人或物。陪体可以丰富画面的视觉语言,具有均衡画面、美化主体、渲染气氛的功能,有时它也能在一定程度上推动情节的发展。但是,应切忌陪体喧宾夺主或者与主体平分秋色。

前景:前景是指处于主体前面或者靠近摄影机位置的人或物,主要起陪衬主体的作用,可以由画面的陪体充当。在画面构图中,前景的运用可以平衡构图、装饰画面、增强画面的空间感。例如,选择一些具有规则形状或图案的物体充当前景,可以起到装饰画面的作用;选取门、窗等具有位置感的物体充当前景,可以增强画面的方位感。

背景:背景是指处于主体之后用以陪衬主体的景物,通常用于强调主体所处的客观环境。构图时,要注意通过画面的明暗色调、轮廓线条等视觉元素,使主体与背景形成鲜明的对比,以突出主体的地位与空间感。在选择背景时,要注意抓取富有鲜明地方特色或时代特征的景物用以交代主体所处的地点、时代等信息,以加深观众对电视作品主题的理解。

空白:空白即画面构图中空闲无物的部分。通常由单一色调的背景组成,如天空、草原、大地或其他景物。在整个画面构图中,这些景物往往会超越它们原有的实体形态与意义,因此可以作为空白来陪衬画面主体。空白在画面构图中起着沟通与纽带的作用,将画面中各实体物有机地组合在一起,共同构成了画面的整体空间系统。此外,空白还有助于创造画面的意境,正如中国国画中"留白"的概念,画面空白留得恰当,可以扩大视觉的回旋余地和观者的想象空间。

3. 色彩

色彩是构成电视图像语言的重要视觉元素。色彩的变换可以表现内容情节的起伏、人物情绪的变化,增强画面的真实感与视觉表现力。不同的色彩有其特定的情感表现力,这是经过人类长期的生活经验而约定俗成的。一般来说,暖色调(红、橙、黄、黄绿)能给人积极进取的感觉,冷色调(淡绿、青蓝、蓝紫)则带有消极、被动的情感。

虽然色彩的表现力及其象征寓意具有一定的共性,但由于个人生理直觉、生活经验以及民族文化的不同,人们对于色彩的理解也会存在一定的差异。例如,黄色在西方社会有警示的作用,而在中国则是尊贵与皇权的象征。

4. 光线

光线是电子媒介图像生成的前提条件,没有光就不可能形成荧幕上的影像。影视作品里的光已经远远超出了照明的含义,它不仅是摄影艺术的灵魂,还是表达情绪、营造氛围的重要手段。一般而言,强光能够造成明朗、乐观、宏伟等情绪效果,暗光能造成悲哀、阴森、恐怖、危险等情绪效果;软调常用于表现回忆的、童话的、诗情画意的、浪漫色彩等题材内容,而中间调则富有安宁、温和的含义,宜于表现严谨、庄重的题材内容。[1]

不同的光线性质、光源位置、光线角度塑造同一物体,会使物体表现出不同的特性。如用正面光作为主光源,物体的成像清晰,但立体感差,缺少画面的纵深感;用侧面光作为主光源,物体会出现从明到暗的光影变化,"能体现物体表面凹凸的层次,也能表现人物毛发、皮肤的质感"[2];用逆光作为主光源,人物的面部难以清晰呈现,在新闻采访中,常用来保护被采访者不被暴露在镜头前。

作为电视画面语言的构成元素,光线与色彩的重要性不言而喻,但值得注意的是,新闻摄影或者纪实性的纪录片摄影通常并不苛求色彩与光影的完美造型。新闻最重要的是时效

---

[1] 宋昭勋:《非语言传播学》,复旦大学出版社,2008,第175页。
[2] 张菁、关玲:《影视视听语言(第二版)》,中国传媒大学出版社,2014,第58页。

性,纪录片最重要的是真实性,因此有时为了抢拍新闻或者真实地记录历史场景,拍摄时不会过分追求色彩与光影的效果。

5. 图表与图片

图表与图片常常被用作画面内容的辅助手段与补充材料而出现在电视作品中。图表主要用于表现一些抽象复杂的内容,如气象云图、统计图表等。图片则主要被用于一些没有影像资料的叙事中。此外,电视作品中有时也会出现动画或特技效果等形象化的表现手段来丰富画面信息,增强视觉冲击力。

6. 运动镜头

运动镜头是指通过改变摄像机机位、拍摄方向或变化镜头焦距所拍摄的镜头。在电视摄影中,根据镜头焦距的长短,可以分为短焦镜头、中焦镜头和长焦镜头。焦距长度不同,镜头所产生的视觉效果也不同。一般说来,焦距越长,视角范围越小,画面清晰的范围越小,背景越虚化;焦距越短,视角范围越大,画面背景越实。①

短焦镜头:短焦镜头也被称作广角镜头。采用短焦镜头所拍摄的画面,能产生一种空间的延伸感,具有近大远小的透视效果,是一种夸张的镜头语言。用短焦镜头拍摄人物时,人物会出现变形的效果。

中焦镜头:中焦镜头也称作标准镜头。采用中焦镜头拍摄的画面,可以还原人物与空间之间的真实关系。

长焦镜头:长焦镜头把空间进行了纵深压缩,给人一种视觉上的压迫感。采用长焦镜头拍摄的画面,前景与后景之间的距离被填平,画面纵向的景深消失,如同一个二维的平面。

摇镜头:摇镜头是通过摇摄而产生的一种电视镜头语言。摇摄是指摄像机镜头以固定支点为圆心做旋转运动进行拍摄,如同人通过转动头部,身体在原地变换姿势产生环顾性视线移动。

移动镜头:所谓移动镜头就是摄像机在运动中所拍摄到的镜头。可以全方位地变换与被拍摄对象的距离和拍摄角度,形成推、拉、移、跟等各种运动方式。

7. 角度

角度是影像语言的一种重要表现手段,指镜头拍摄时的"视点",是摄像机以一定的角度记录场景或物体的拍摄方式。根据摄像机与被摄主体在垂直空间的位置关系,拍摄的角度可以分为俯瞰、俯拍、平拍与仰拍几种,运用不同角度所拍摄的画面,其内容的侧重点与表现力也有所不同。

俯瞰:俯瞰是摄像机垂直于被摄物体的拍摄方式,采用一种自上而下的视角,给人一种

---

① 张菁、关玲:《影视视听语言(第二版)》,中国传媒大学出版社,2014,第26页。

视觉上的优越感。俯瞰画面通常要借助直升机来进行空中拍摄,多用于拍摄宏大的场面,展现环境的全貌,从而表现出一种强大的气势。例如,在体育赛事的转播中,俯瞰画面被大量运用,以展现整场比赛的全貌。

俯拍:俯拍又称"俯角度",指摄像机镜头视轴偏向水平线下方的拍摄方式。[①] 在电视摄影中,俯角度拍摄一般不用于表现人物,因为近景俯拍人物会造成人物的变形,中远景俯拍人物会使人物显得非常渺小。另外,俯角度拍摄的画面往往会给观众带来心理上的压抑感,还会带有一种轻蔑的色彩,不利于传受双方的情感交流。

仰拍:仰拍是指摄像机低于被摄主体的水平线,自下而上进行的拍摄。仰拍具有一种夸张感,被摄主体的垂直高度及其在画面内的面积都会被夸大,带有强烈的主观色彩。采用仰角度拍摄人物,人物会显得雄伟高大,因此,这种拍摄角度常被用于英雄人物形象的塑造。采用仰角度拍摄人物的动作,画面的动感强烈,例如在抓拍人物的腾空、跳跃等动作时,能够夸大动作的幅度,给人以强烈的视觉冲击力。

平拍:平拍即摄影机与被摄主体处于同一水平线上,是最为常用的拍摄角度。采用平角拍摄,被摄主体不会被夸张变形,其视线角度符合人们日常生活中观察事物的角度,画面具有平稳感,能给观众一种平等、客观、公正的印象。在大多数情况下,新闻摄影以平拍为主,但如果一律使用平拍,也会让人感觉平淡乏味,所以,偶尔变换一下拍摄角度,在视觉效果上会给观众带来一些新鲜感。

第二节 广播电视传播内容

上一节我们了解了广播电视媒介的符号体系以及构成各自体系的不同元素,正是这些细小、繁杂元素的不同组合,构成了广播电视的声音和图像符号,这些符号又作为一种载体,传达着不同的信息,而各种各样的信息正是大众传播媒介所要传播的内容。广播电视将各种视听信息加以搜集、筛选、制作,并最终以节目的形式呈现给受众,形成一种全新的具有商品属性的文化产品。这些文化产品既包括作为大众瞭望窗口的新闻资讯类节目、信息服务类节目,也包括提供娱乐消遣的综艺游戏类节目。

一、作为大众文化的广播电视

大众文化是指民主化、工业化、市场化社会中为普通民众生产并为普通民众所参与和消

---

① 张菁、关玲:《影视视听语言(第二版)》,中国传媒大学出版社,2014,第32页。

费的一切物质、符号、观念和活动。简言之,大众文化就是现代社会中普通民众的生活方式。① 大众文化是区别于精英文化、主导文化、民族文化的一种存在,表现出显著的娱乐消遣性与商业性特征。因此,作为大众文化的有效构造者和主要承载者,广播电视也具有明显的娱乐性本质特征。

在发挥娱乐性方面,广播电视有其天然的优势。首先,广播电视是一种视听媒介,信息可以通过具象化的声音或者图像传递给受众,而无论是具有感染力的声音还是富有视觉冲击力的画面又都能极大地调动起受众的感官功能。从某种意义上说,广播电视就是一种感官文化,它以最直接、最感性的方式给人们带去精神上的愉悦。其次,广播电视具有良好的兼容性,能够将音乐、舞蹈、绘画、文学、戏剧、电影等一切艺术形式兼容并蓄,并通过一种通俗化、娱乐化的语言形式表现出来,以赏心悦目的画面或富于感染力的声音给受众带来审美享受和感官、情绪上的愉悦。再次,在这个众声喧嚣的时代,娱乐消遣以其不可抗拒的诱惑力渗透到人们的日常生活中,追求娱乐成为一件极为自然的事情。在此背景下,广播尤其是电视媒体,更是将官能刺激以及娱乐功能置入一个前所未有的重要位置。

二、作为社会文化的广播电视

作为社会文化载体的广播电视,其传播内容主要是与人们日常生活息息相关的政治、经济以及生活服务类资讯。通过对这些信息进行传递,传播者可以或直接或间接地传达某种思想或者观念,从而对受众的人生观、价值观等产生潜移默化的影响。

(一)政治与广播电视

政治环境构成了广播电视生存与发展的外部空间,政治题材又是广播电视传播的重要内容,广播电视与政治之间有着不可隔断的联系。以广播电视为出发点,概括来讲,这种联系可以归纳为三个方面:

首先,广播电视是政治信息的重要输出渠道。广播电视播出的政治信息涉及政治事件、政治人物、政治机构等方方面面,这些内容可以通过新闻、纪录片、电视剧以及谈话节目等多种节目形态来承载。其中,新闻因其及时、简洁的报道特点成为政治题材最为重要的节目载体。不少以"新闻立台"的电视频道就是因为成功抓住了政治突发事件的跟踪报道而为广大受众所熟知。如果说海湾战争成就了CNN,"9·11"成就了凤凰卫视,那么2003年的美伊战争就成就了中央电视台。当时,中央电视台国际频道每日跟踪播报,还邀请政治、军事专家

---

① 刘自雄、闫玉刚编著:《大众文化通论(第二版)》,中国广播电视出版社,2013,第15页。

到演播室分析战况和国际形势,树立了其在国际电视媒体中的新形象。①

其次,广播电视是重要的政治宣传工具。自电视媒体诞生后,美国大选中就从未缺少过它的身影。1960年美国总统大选中,肯尼迪英俊的外貌及出色的演讲口才正是借助于电视才得以展现,使其征服了美国民众,最终击败强大的对手,获得逆转性胜利。

再次,广播电视还是政府与公众沟通的重要平台,新闻发布会制度使政府可以通过广播电台、电视台及时向广大公众发布政府公告、公开最新信息,特别是在应对重大突发性灾难事件时,广播电视所起到的桥梁和纽带作用更显重要。

(二)经济与广播电视

在市场经济日益发达的现代社会,人们迫切需要了解各种经济信息以沟通产、供、销各个环节,从而促进投资与生产的发展。广播电视具有传播时效性强、传播范围广等优势,在推动经济信息的交流方面具有特殊作用。因此,经济题材也成为广播电视传播内容的重要组成部分,广播电视的经济类节目主要包括市场行情、投资状况,政府的经济决策以及经济理论知识与经济常识等内容。

在新中国成立以后相当长的一段时期内,我国都存在着经济报道少、即使有也只是穿插于其他新闻报道中的局面。1989年12月,中央电视台开播了一档以报道经济信息为主的新栏目——《经济半小时》,以信息量大、节奏快、实用性强的财经新闻迅速获取了受众的注意力,一改这种局面。其后,不少广播电视机构纷纷效仿,开办了类似的经济栏目甚至是经济频道,其中以上海文广的第一财经频道和中央电视台CCTV-2的经营最为成功。

(三)生活服务与广播电视

在信息时代,人们对于信息尤其是贴近生活的服务类信息的需求日益强烈,如天气预报、出行指南、交通路况、法律咨询等。而满足受众的信息需求是广播电视的传播宗旨之一,因此各类与生活息息相关的服务资讯就成为广播电视的重要传播内容。

生活资讯类栏目主要是为公众提供工作与生活上的便利,强调信息的实用性以及与生活的贴近性,体现出人文关怀。除了以栏目的形式出现,服务生活的理念还被运用到广播电视频道的定位上,尤其是数字化电视的推出,促使一大批以"生活服务"为定位的专业化广播电视频道相继出现,例如旅游卫视、江苏靓妆频道(Channel Dressy)、中华美食频道、孕育指南频道等,从强调综合性到强调专业化、细分化,生活服务类节目内容包罗万象,既可以是天气预报、旅游出行、健康咨询等传统性内容,也可以是美容服饰、饮食购物等时尚性内容。

---

① 欧阳宏生等:《电视文化学》,四川大学出版社,2006,第190页。

需要注意的是,从创作的角度讲,介绍旅游、饮食、健康等信息的节目很容易出现同质化现象,因此这类节目的内容及形式创新就显得格外重要。近年来,叙事手法被借鉴到以信息为主的生活服务类节目中,具有戏剧张力的故事情节可以使观众放松心情,从而在不知不觉中学到生活知识。此外,跌宕起伏的故事情节也有助于在节目中设置悬念,以吸引观众的兴趣,引发观众的思考热情。

三、广播电视传播的三大层面

(一)频道(频率)层面

频道(频率)又叫信道,是介于信号发射端和接收端之间的传输介质,原指信号在通信系统中的传送通道。在广播电视领域,频道(频率)通常用来指代与之对应的一套广播电视节目。其工作原理是把声音、画面转换成为特定频率的电波信号传送出去,再通过接收装置将信号还原,从而实现节目的收听或收看。一般来说,一个频道(频率)只能传送一路广播电视信号。

在诞生初期,广播电台、电视台的频道(频率)较少,往往采用综合频道的方式,将不同类型的节目放在同一频道播出,各频道之间也没有地域或者专业的划分。但是,随着广播电视节目内容与形式的日益丰富,受众对于信息的需求日益多元,加之在兴趣爱好、经济水平、生活地域以及教育程度等方面的差异日益明显,单一的频道(频率)资源既不能满足受众的需求,又不再能满足广播电视的发展需求,频道专业化分工开始出现。

所谓频道(频率)专业化,是指广播电台、电视台以频道(频率)为单位对节目内容进行的重新定位与划分,将内容一致或者相关的节目放在同一频道(频率)中播出,从而使节目在整体布局、编排方式与内容等方面形成鲜明、统一的风格,突出频道的定位和特色,使节目能够较为集中地满足某一特定群体的收视需求,实现收视对象的集中化。根据受众差异化的需求有针对性地进行信息分众化传播,也是当前广播电视发展的趋势。

频道专业化的高级阶段是细分化阶段。所谓细分化,是指将类型化节目划分为更为细小的单元,以满足特定小众群体的需求。如新闻频道可以进一步细分为世界新闻频道、国内新闻频道、各级地市新闻频道;娱乐频道可以进一步细分为音乐频道、电影频道、时装频道;财经频道可以进一步细分为财经资讯频道、股票频道、房地产频道;体育频道可以进一步细分出足球频道、篮球频道、钓鱼频道等。近年来,随着数字电视的发展,我国频道细分化也取得了一定的进展,例如出现了针对小众的汽车频道、宠物频道、高尔夫频道等。

(二)栏目层面

20世纪80年代中后期,我国电视领域出现了"栏目"的概念,它原指报刊中连续刊载的专栏,是由若干内容相当、形式相近的稿件组成的版面。广播电视中的"栏目"指以固定周期、时段和长度播出的,具有内容统一性或形式相关性的专栏性节目。定时、定点、定主题、定形式播出是栏目的基本属性。它既是一种节目的组织形态,又是一种节目管理样式。①

早期的广播电台、电视台以互不联系的独立节目为播出单位,节目时长没有严格标准,播出具有很强的随意性,常常出现播出延时的现象。为了实现节目的准时播出,广播电视界提出了"节目栏目化"这一概念。在实践中,"节目栏目化"给广播电视的发展带来了出乎意料的变革:从传播效果看,它开创了传播的对象性,实现了对特定地域、特定人群的定向传播;从播出技术看,它规范了广播电视节目的制作与播出水准;从经营与运行看,栏目制片人制度的提出改善了节目的制作水平、管理能力以及生产效率,成为推进广播电视市场化运行的有益尝试。由此,栏目不仅成为广播电视节目内容的集合体,还成为节目经营与运作的基本单位。

20世纪90年代中期,广播电视栏目的发展迈入了一个新的历史时期——个性化阶段。此阶段的栏目强调在播出内容、形式、目标受众以及市场定位等方面的差异和特色,并以创办具有较高知名度的名牌栏目为目标,借助名牌栏目的良好声誉、相对固定的高收视率以及众多的广告客户获得显著的经济效益。随着广播电视自身的发展,栏目也逐渐丰富。按照节目宗旨的不同,广播电视的栏目可以划分为四大类:一是担负着政治宣传、舆论引导使命的栏目,如中央及省市台的《新闻联播》;二是娱乐类型的栏目,如央视的《综艺喜乐汇》、湖南卫视的《快乐大本营》;三是以传播文化、传承艺术为宗旨的栏目,如中央电视台的《百家讲坛》、凤凰卫视的《文化大观园》;四是以提供服务、传播信息为宗旨的栏目,如提供实用信息的《为您服务》栏目,包含丰富科教知识的《走近科学》栏目,以及提供最新资讯的《有报天天读》等栏目。

(三) 节目层面

节目,是广播电视传播内容的基本编排单位和播出顺序结构,由语言、图像、音响、音乐等组成。② 广播电视节目实际上涵盖了广播电台、电视台及其他制作机构制作的具有特定内容和形式的作品,既可以是长达几十分钟的纪录片、电视剧,又可以是几分钟的新闻报道,甚至是几十秒的广告。可以说,"节目"构成了广播电视的主要内容,造就了我们对广播电视的整体印象。

人们通常把广播电台、电视台所播出的所有内容统称为"节目",这实际上赋予了"节目"双重含义:既指一个具体的、独立的节目,也指由单个节目所构成的"节目系统"。所谓节目

---

① 李立:《认识当代电视节目形态》,《新闻界》2006年第1期。
② 同上。

系统,是指"节目按照一定关联关系依时间次序组合而成的节目体系,具体节目之间相互关联并相互依赖,共同完成电视媒体的传播服务功能"。① 一般而言,广播节目系统多由定期播出的日播栏目构成,电视节目系统除了日播的新闻、信息服务类节目外,还包括一定量固定时段的周播栏目。

在这里,我们要对节目、栏目与节目系统这三个概念做一下区分。具体的节目隶属于栏目,是栏目的下位概念,是广播电视日常播出内容的基本单位;栏目则是一个隶属于节目系统的概念,是节目系统中相对独立的组成部分;而许多不同定位、不同形式的栏目组合在一起,共同构成了广播电台、电视台的节目系统。

广播电视的内容繁杂、表现形式多样,节目的划分标准并不统一。一般而言,任何节目都具有内容和形式两个维度,因此,对广播电视节目的划分通常采取以内容为标准的"内分法"和以形式为标准的"外分法"两种基本分法。② 按照节目内容划分,可分为新闻类节目、社教类节目、文艺类节目、服务类节目四大类;按照节目形式划分,又可分为新闻资讯类节目、访谈对话类节目、评论类节目、综艺游戏类节目、纪录片、广播剧以及电视剧等多种不同的节目形态。

第三节 广播电视传播者与受众

传播者与受众都是传播的重要构成要素。

所谓传播者即传者,也称信源,指的是讯息的发出者,包括个人和机构。它处于信息传播链条的第一环节,是传播行为的发出者,也是信息内容的发出者。它不仅决定着传播活动的存在与发展,而且决定着信息内容的质量与数量、流量与流向。③

受众是传播过程中信息的接收者,是信息流动的目的地。具体而言,大众传播媒介的受众包括报刊书籍的读者、广播的听众、电视电影的观众以及网络手机媒体的参与者。"同传播者一样,受众也是传播过程必不可少的因素,具有多重角色,它是信息内容的接收者,符号的解码者,信息产品的消费者,也是反馈信息的发送者。"④

一、广播电视传播者

广播电视的传播者,是以信息传播为职业的个人或机构,是构成广播电视事业的主体力

---

① 刘桂林、陈万利、刘斌:《电视新闻栏目定位于运作实录》,中国广播电视出版社,2005,第5页。
② 汪苏华:《我国电视节目的基本分类》,《当代传播》1997年第4期。
③ 宫承波:《传播学纲要》,中国广播电视出版社,2007,第91页。
④ 宫承波:《传播学纲要》,中国广播电视出版社,2007,第103页。

量。在信息传播的过程中,广播电视的传播者是媒介与受众交流的桥梁和纽带,具有重要的社会影响力,并构建着人类社会的信息环境,保障着信息安全。

(一)作为个体的广播电视传播者

作为个体的广播电视传播者,通俗地讲,即指从事广播电视工作的个人。广播电视行业对于其传播者的工作有着详细的分工。一般来说,按其工作领域的不同可以分为编播、技术、管理等岗位。

首先,广播电视的每一个主创团队都需要有一位领导者——制片人,负责节目整体的统筹策划、团队内部的协调分工等工作。一套成形的广播电视节目从素材采集、编播制作到节目最后播出,都需要众多拥有不同专业技能、身处不同工作岗位的职业传播者的通力协作与密切配合。在前期选题策划阶段,需要编辑、记者的协调配合,演播间的录播节目还需要导演、主持人、摄像师、灯光师、音响师、化妆师等人员的合力保障;后期编辑与制作阶段离不开播音员的配音、编辑人员的后期剪辑以及特技处理等环节;最后,还需要技术人员将节目播出、传送与发射出去。在此,我们仅从中抽取具有"枝干性"的三类进行详细介绍。

1. 记者

记者是指在媒介组织中从事信息采集与新闻报道工作的人;广播电视的记者则指在广播电台、电视台从事外勤采访与新闻报道的专业人员,包括采访的记者、摄影师、录音师、灯光师、现场编辑等所有参与信息采集工作的人员。

记者的工作主要是客观、准确、公正地向公众报道事件的真相、揭露事实的本质。美国著名记者约瑟夫·普利策(Joseph "Joe" Pulitzer)曾这样形容过记者的工作:"倘若一个国家是一条航行在大海上的船,新闻记者就是船头的瞭望者,他要在一望无际的海面上观察一切,审视海上的不测风云和浅滩暗礁,及时发出警报。"作为社会的"瞭望者",过硬的政治素质自不必说,记者首先必须善于观察,要以客观的态度、冷静的头脑时刻关注社会各方动态,及时、准确地将具有新闻价值的人物与事件告知公众;其次还要具备专业的采编技能,拥有良好的文字表达能力、严谨的逻辑思维以及出色的口语表达能力,了解广播电视的传播特性;由于记者的工作涉及社会生活的方方面面,记者还必须具备合理的知识结构与广博的知识储备,能够胜任不同题材的报道工作。此外,美国新闻学家杰克·海敦(Jack Hydon)就曾说过:"新闻事业是一个跟人打交道的行业。大约99%的新闻是部分或全部以访问——也就是向人提问题——为基础写成。"记者还要拥有较强的社会交际能力,能够与各行各业的人打交道,做一名活跃的"社会活动家",同时协调好"社会人"与"职业人"之间的关系,在追求新闻轰动效应的同时,也要遵从社会的伦理道德规范,做到"宁愿失去一条独家新闻,也不危害一个人的生命"。

2. 编辑（导演）

广播电视的编辑是指在广播电台、电视台从事报道策划与组织、信息选择与加工以及节目制作等工作的专业人员，包括广播编辑、电视编导及电视导演。

广播编辑的主要工作是把文字稿件和声音素材加工制作成符合广播传播特性的节目，具体业务包括组织节目、选择稿件、修改稿件、整理音响素材、编制节目等。电视编导的主要工作是策划和组织节目的制作与演播，具体包括策划节目选题，选择采访对象，组织指导记者，调度主持人、摄像、技术人员以及对节目进行后期编辑制作等。

文艺节目、综艺节目、电视剧以及纪录片中的编导一般被称为电视导演。在节目的拍摄与录制过程中，电视导演要了解摄制组每一名成员的工作情况与个人能力，以合理地下达指令，使摄制组成员合理分工、协调工作。在后期的编辑制作环节，电视导演也处于支配地位。此外，电视导演的工作还包括许多具体、琐碎的环节，如阅读脚本、写分镜头、挑选演员、检查拍摄或者录制现场的布景、灯光、道具以及摄像机位等。

广播电视编辑担负着把制片人的节目构思转变成具体节目的任务，还要保证节目的质量与播出效果。他们不仅要具备媒体工作者基本的专业素质，还要熟悉广播电视媒介的传播规律以及节目采编与制作的技巧，并且能够合理地组织、调配各方力量。具体而言，广播电视编辑应具备以下几点素质：

第一，能够根据广播电视的媒介特性来考虑选题，选择那些适于电子媒体表达的选题内容，收集能够充分发挥其传播优势的资料。

第二，能够用适当的思维方式来收集素材、编排节目。在采访阶段，要注意收集有意义的画面和声音；在后期制作阶段，要灵活运用素材，合理运用蒙太奇的思维方式，充分发挥电视声画结合的传播优势，使节目内容丰富多变。此外，也要注重培养对听觉信息和视觉形象的把握能力，掌握广播电视媒体自身的节奏感和逻辑性。

第三，要具备熟练运用广播电视技术手段的能力。了解机器设备的性能、熟练操纵机器设备是广播电视编辑高效、高质完成工作的保障。

第四，要具备出色的协调与组织能力。在现代传播机构中，各节目制作团队成员之间的合作越来越紧密，不同工种之间的协调能力直接决定着节目的制作效率与水准。广播电视节目的最终播出是编辑、记者、主持人、摄像等全体节目制作团队成员集体劳动的成果，作为团队的核心，编辑要具有较强的协调与组织能力，合理分配与协调工作，从而充分发挥出集体大于个人的优势。

3. 制片人

"制片人"原是电影中的一个概念，指电影的出资人或者投资人。引入电视领域后，"制片人"的概念被泛化了，指电视栏目或节目的管理者。在西方尤其是美国，电视制片人制度已被广泛使用了几十年,根据职能的不同,可以细分为栏目制片人、系列节目制片人、助理制片人、执行制片人,等等。中国的电视制片人制度是1990年代初作为电视节目管理模式的一种改革尝试被许多电视台广泛使用后才逐步兴起的。

从产业角度来看,电视制片人制度的出现是广播电视市场化运作的产物。如果把电视频道看作是一个大工厂,那么栏目就是它所生产的产品,而制片人则像是"车间主任",管理着整个栏目从制作到播出的各个环节。他是一档栏目创作、管理和支配的核心,需要负责栏目的制作、人员的管理以及栏目的日常运作与经营,只有在制片人充分调动起所有主创人员的积极性,合理分配好人力、财力、物资的前提下,才能够创作出名牌栏目。可以说,一档栏目能否取得成功,制片人起着至关重要的作用,而制片人制度的建立更是改善了电视栏目的制作水平、管理能力以及生产效率,是广播电视市场化运行的积极尝试。

具体而言,制片人需要具备以下几方面的素质:

第一,政治素质。广播电视作为党和政府的喉舌,担负着引导大众舆论导向以及宣传党和政府各项方针政策的重要职责。因此,作为栏目的第一责任人,制片人必须具备高度的政治敏感与政治觉悟,保持大局意识与责任意识,注重栏目的政治影响与社会效益。

第二,业务素质。制片人作为栏目创作的把关者,必须对电视制作的每个领域都有充分的认识,并且能够借鉴国内外的成功案例,对栏目做出合理的调整。同时,制片人还要保持清醒的头脑,能够在栏目定位、选题确立以及内容的表现形式上不断思考和创新。

第三,组织能力。作为栏目的管理者,制片人要对栏目组各成员的工作能力有足够的了解,合理地分配工作、协调关系,有效地控制与分配栏目经费,并充分利用各方资源,不断扩大栏目的影响力与知名度。此外,制片人在为人处世方面要做到正直、公正,培养良好的个人修养与人格魅力,能够在栏目组内部构建一个团结、稳定的工作环境。

(二)作为机构的广播电视传播者

作为机构的广播电视传播者就是我们通常所说的广播电视机构,在广播电视系统中,它扮演着双重角色——既是广播电视文化产品的生产者,又是广播电视内容传播的渠道。一般而言,广播电视机构包括广播电台、电视台以及影视制作公司等大众传媒组织。世界上许多国家和地区都拥有种类繁多的广播电台、电视台,按照其资金来源、经营性质以及传播内容的不同,可以划分为公共广播电视机构、商业广播电视机构以及国营广播电视机构。

1. 私营广播电视机构

私营广播电视机构以私人占有、商业运营为基本特征,允许广播电视事业向民间开放,可以自由经营和转让。可以说,它是自由主义报业理论在广播电视领域的翻版,西方大多数广播电视机构均属于此类。例如,美国的三大电视网——美国广播公司(American Broadcasting Corporation,简称 ABC)、哥伦比亚广播公司(Columbia Broadcasting System,简称 CBS)、美国全国广播公司(National Broadcasting Company,简称 NBC)以及福克斯广播公司(FOX)都是私营商业电视台的典范,它们均采用商业化的经营与运作模式,电视台的所有权都归属私人。

私营广播电视机构的运作经费主要来源于广告收入,因此广告客户的需求通常被置于广播电台、电视台节目制作与编排的首要位置。广告客户在广播电视领域拥有相当的发言权,他们可以从自身投资效果出发对节目进行干预,施加影响,有时甚至会直接影响广播电台、电视台的经营与运作。

可以说,经费成为制约私营广播电视机构生存与发展的关键。这种私营体制下对于广告收入的绝对依赖使商业化运作的广播电台、电视台表现出一些不可避免的缺陷。它们以盈利为最终目的,追逐利润最大化,具有高度的市场依赖性。由于过分关注和追求节目的市场价值,强调收视率决定一切,为获取高收视率,往往主动迎合大众的低级化审美趣味而置节目的社会影响于不顾,从而导致了广播电视节目的低俗化趋势,煽情、犯罪、暴力、色情等内容充斥于电视荧幕,给社会带来了严重的负面影响。与此相反,一些品位高雅、具有极强艺术性与文化价值的节目却往往由于收视率过低而无法生存。此外,高度的商业化还导致了消费主义文化的产生,充斥于广播电视节目中的各种商业广告教唆人们追求享乐主义,摒弃勤俭节约的传统美德,颠覆了社会的价值标准。

当然,商业广播电台、电视台也有其有益的一面。首先,自由竞争提高了节目的质量与生产效率,极大地丰富了广播电视的节目市场,并培养出许多优秀的节目主持人、记者、编辑、制片人等;其次,经济的刺激促使广播电视的传播技术不断创新,目前所采用的数字技术不但提高了节目的传输质量,也使得传受双方的信息交互成为可能,受众拥有了更大的选择空间;再次,私营广播电台、电视台强调和保护公民的言论自由,尽管因其商业性而受制于市场,但同时也因其私有性而受到法律的保护,政府无权干涉其独立的运营,相对超然的政治立场使其能够更好地监督政府和充当社会的舆论场。

2. 公共广播电视机构

公共广播电视机构是非盈利的、非政府的广播电视机构。它以保障公共利益为根本宗旨,关注少数派以及弱势群体,关心人民生活及其民族特性,通常将社会责任置于广播电台、电视台节目制作与编排的首要位置,英国广播公司(British Broadcasting Corporation,简称 BBC)以及日本放送协会(简称 NHK)就是公共广播电视机构的典型代表。

从经费来源看,公共广播电视机构的资金主要来源于广播电视的视听费用、国家的财政拨款以及企业和个人的捐赠等,以公共视听费、社会资助为主,国家财政补贴为辅,一般不接受商业广告与商业赞助。这就消除了广播电视商业化带来的弊端,使其可以摆脱商业广告的影响,不必为了迎合广告商而使节目陷入低级趣味。它可以根据社会的实际需要独立地制作节目,排除一切色情、暴力、犯罪等不良的节目内容,避免给青少年带来错误的引导。公共广播电视事业的出发点是兼顾公众、国家和市场的需求,并力求在这三者之间找到一个平衡点,既可以服务民主政治和社会公共利益,又可以教育大众,提高公众的文化素养。此外,公共广播电视还摆脱了大众媒介被资本家与政客所左右的局面,为公众提供了一个承载公共话语的平台。

从运作模式看,公共广播电视在一定程度上独立于政府与商业组织之外,其节目的生产和传播行为不直接受制于政府和市场的压力,具有相对的"编辑独立性",对于敏感的政治问题,通过采用中立的观点,客观地转述各党派的政策,不做过多的、有倾向性的评论。

从内容建构看,公共广播电视传播的是拥有较高品质与内涵的文化内容,力图避免像大众媒介那样因过分追逐利润而沦为廉价的娱乐工具。其节目内容强调社会责任,注重履行广播电视对大众的教育与引导作用,宣扬民族传统、民族文化,提供社会政治、经济、文化等多方信息,服务于大众。

尽管公共广播电视机构不必受制于广告,传播的内容也避免了低俗化倾向,但是,它仍然面临着许多困扰。有时,因其节目内容过于强调教育性而显得教条、呆板,失去了对受众的吸引力。此外,从实际运营情况看,公共广播电台、电视台越是试图减少来自市场的压力,避免来自政府的直接干预与控制,越是难以忽视市场与政府因素的双重影响。尤其是近年来,随着媒介市场化、商业化以及私有化的不断深入,公共广播电视机构由于资金有限、缺少活力,纷纷陷入了生存发展的困境,越来越难以抵挡商业元素的入侵。

3. 国营广播电视机构

国营广播电视机构创始于苏联,随着社会主义阵营的形成,中国、东欧、古巴等社会主义国家大都效仿苏联建立了自己的国营广播电视机构。在国营广播电视机构中,广播电台、电视台被视作国家财产,掌握在政府手中,是政党和人民的喉舌。

由于形成于特定的社会环境之下,国营广播电视机构具有以下几个显著的特征:一是广播电视传播的内容必须与政府高度一致,必须符合国家的新闻宣传政策,无条件地宣传党和政府的各项方针,充当好政府控制和稳定社会的舆论工具;在节目的制作与编排上,广播电台、电视台必须把国家的利益置于最高位置,维护政府和国家形象。二是国营广播电视机构的财政来源主要是政府的财政拨款,因此,广播电台、电视台的经营与运作要受政府控制并接受政府指导。三是政府直接掌控广播电台、电视台的人事任免、考核以及培训,广播电视的从业人员一般都是国家干部。

与其他形式的广播电视组织一样,国营广播电视机构既有优势,也存在着自身难以克服的缺陷。首先,由于其可以不受商业利益的驱使,节目内容较为严肃,很少出现暴力、色情等低俗内容,但也正是由于财政收入完全依赖于政府拨款,使得整个行业缺少竞争动力,节目内容与形式的创新力度受限,制约了其自身的发展;其次,国家和政府可以集中全国力量,有组织、有计划地发展广播电视事业,但同时这又不利于广播电视机构自身能动性的发挥;再次,广播电台、电视台能够配合政府有效地进行政治宣传与经济建设,最大限度地发挥其宣传与动员作用,并获得私营或公共广播电视难以企及的传播效果,而过分重视广播电视的政治宣传功效又会不可避免地忽视其信息服务与娱乐功能;最后,广播电视人员任免受党和政府的控制,编制冗余的现象不利于从业人员积极性与创造力的发挥。

二、广播电视受众

受众是整个传播链条中不可或缺的一环,离开了受众,信息的传播将失去目的地而无法完成。作为大众传播媒介的广播电视,要对受众有足够的重视,了解受众的特点、构成情况、需求及视听习惯,只有这样才能对广播电视节目进行合理的定位,收到理想的传播效果。

(一)广播电视的受众特点及构成

广播电视的受众具有"多、杂、散、匿"等特点。首先,广播电视的受众数量巨大,是目前普及率最高、最具影响力的大众传播媒介。根据国家广播电视总局发布的《2020年全国广播电视行业统计公报》,截至2020年年底,全国广播节目综合人口覆盖率99.38%,电视节目综合人口覆盖率99.59%,分别比2019年提高了0.25和0.20个百分点。其次,广播电视的受众分布广泛,他们生活在世界的不同地域,拥有不同的文化背景、教育背景,互相之间的联系并不紧密,是一个无组织的群体。第三,广播电视的受众具有隐秘性,信息是在匿名的状态下传播的。传播者要想了解受众的构成情况、收视习惯以及需求喜好等有一定困难,必须借助特定的受众调查手段。

由于广播电视受众的数量众多、分布广泛,其年龄、性别、地域、职业、收入水平、文化程度等属性也各不相同,受众的构成情况较为复杂。同时,受众对于广播电视的接收习惯、需求喜好等也存在着较大差异。

1. 广播媒体的受众构成

广播是听觉媒介,伴随性较强,覆盖范围极广。受众的媒介接触方式主要是"听",无论在家中、在出租车里还是在商店、餐厅,都可以随时随地收听广播。

广播收听的随意性使得其受众的构成相对复杂。根据赛立信公布的2020年中国广播收听市场数据,结合CSM媒介研究2020年全年连续调查的18个城市收听率数据,大体可以归纳出几点特征:

从广播总体的收听环境看,2020年全国的广播听众6.62亿,较2019年减少2000万;其中,车载用户总规模超过 5 亿,在广播听众中的占比超过 75%。

从广播媒体的核心用户看,广播媒体吸引的新用户大多是 25-44 岁的人群。70、80、90 三个年代的听众累计超过 75% 的比例,其中 90 后和 80 后听众的占比在逐步攀升。

从广播媒体各类目标听众的收听分布来看,男性听众收听率高于女性;总体广播收听率随听众年龄的增长而增长;中等学历听众收听率相对更高;月平均收入 1500 元至 3500 元听众收听率较高。车上成为仅次于在家的主要收听场所,车上收听率特征表现为男性听众、25-54 岁的中青年听众、中高学历听众收听率相对较高,高收入听众车上收听率明显地高于中低收入听众。

2. 电视媒体的受众构成

作为一种视听媒体,电视能够直观地再现现实生活,具有强烈的现场感与感染力,其受众群体数量庞大,处于大众媒介霸主的地位。一般来说,电视主要以家庭为单位的群体形式收看,是家庭文化的重要组成部分。

近年来,在新媒体的强力冲击下,电视媒体的收视情况不容乐观,观众也一再缩水。根据 CSM 媒介研究统计的 2019 年上半年电视收视市场总体发展显示,上半年电视收视总量持续下滑,收视竞争进一步加剧。2019 上半年,所有调查城市平均每人每天收看电视时长为 125 分钟,同比 2018 年上半年减少 7 分钟,下降幅度为 5.3%,较以往两年降幅有所减缓。但与 2015 年上半年相比,全国平均每人每天收看时长减少了 31 分钟,下降幅度达 19.9%,在短短五年间,人均收入看电视的时间整整缩短了半个小时之多,新媒体的发展对电视的冲击不可小觑。收视总量的下滑,主要源于开机率的减少。2019 年上半年平均每天有约 1.6 亿的城市观众收看过电视,占所有电视人口的 49.8%,比 2018 年上半年减少 2.7 个百分点。与此同时,观察不同年龄段观众收视量的变化趋势,2019 年上半年,65 岁及以上的老年观众人均收视时长 277 分钟,是唯一一个与前两年保持等量收视的群体,其他各个年龄段观众的收视量均出现一定程度的下滑,尤其中年观众收视时间连续两年加速下滑,电视收视量的下滑已经从年轻群体开始向中老年群体蔓延。①

收视变化是受众行为的客观反映,这些变化对电视媒体人来说,是全新的挑战。

(二)广播电视受众的接收习惯

受众的接收习惯主要是指经过一段较长的时间,受众逐渐养成的、相对稳定的收看或收听某一时段节目或某一频道的习惯,一经形成就很难改变。

---

① CSM 媒介研究:《2019 年上半年电视收视报告》,2019 年 7 月 26 日,https://www.csm.com.cn/yjdc/,访问日期:2021 年 8 月 6 日。

广播是一种纯声音媒介,它解放了人们的眼睛和双手,可以一边做其他事情,一边听广播,是个"从不妨碍我们的朋友",较强的伴随性使其对接收环境的要求十分宽泛。此外,随着科技的发展,广播的接收装置也发生了巨大变化,小巧便携的MP3、手机等具备收音机功能的移动收听工具正逐步取代传统的收音机成为主流的收听方式,人们可以在清晨锻炼、上班乘车、吃饭休闲甚至远足旅游时收听广播,以获取新闻资讯或者享受休闲娱乐,这更使得广播可以无处不在。近年来,随着私家车拥有量的不断增加,有车一族的移动收听也日益成为一种趋势,这些都是广播能够继续保持其媒介影响力的重要因素。

相较广播,电视的接收环境相对固定,主要以家庭为主。有学者认为,电视最重要的特色就是它是一种家用媒体。它既是家庭成员获取新闻信息的主要平台,又是家庭娱乐和交流的重要手段,成为人们日常家庭生活中必不可少的一部分。

在节目编排与内容方面,电视媒体也越来越注重家庭视角,涌现出大量涉及家庭生活的电视节目。首先,一些访谈类节目在语言表达上更注重口语化,采用类似于家庭交流的语言风格,增加受众的亲切感,拉近了电视与受众之间的距离。其次,电视传播的内容也开始大量涉及家庭生活,一些讲述老百姓自己故事的民生新闻、家庭伦理类情感剧等受到广泛关注。再次,娱乐性综艺节目中以家庭为单位的参与形式越来越多。如中央广播电视总台的《谢谢了,我的家》,湖南卫视的《全家一起上》等节目,都是采取以家庭为单位的参赛模式,既增进了家庭成员之间的情感交流,也不失为家庭娱乐方式的一种新尝试。

与广播媒体一样,近几年技术手段的进步也惠及电视媒体,车载移动电视、手机电视等移动收看电视的形式正悄然兴起,电视的接收环境更趋多元化。

本章思考题

1. 广播电视媒体的传播要素都有哪些?
2. 广播电视传播者需要具备哪些素质?
3. 广播电视的受众分别有怎样的接收习惯?

第十一章

广播媒体生态位与生存空间审视[①]

第一节 广播媒体生态位

生态学中关于生态位的概念有很多,由美国生态学家奥德姆(Eugene Pleasants Odum)提出的观点认可度较高。他认为,生态位是指一个生物在群落和生态系统中的位置和状况,而这种位置和状况则决定于该生物的形态适应、生理反应和特有的行为(包括本能行为和学习行为)。他还指出,"一个生物的生态位不仅决定于它生活在什么地方,而且决定于它干些什么。"[②]这和"生态位"一词的始创者格林内尔(J. Gri-nell)的观点如出一辙,"他把生态位看成是生物在群落中所处的位置和所发挥的功能作用"[③]。

邵培仁将时间、空间、功能、营养看作媒体所必需的环境资源,将媒体的生态位资源分为时间生态位、空间生态位、营养生态位、功能生态位四种,并认为,从营养生态位的角度分析,受众资源与广告资源是当代新闻媒介的基础营养生态位。不同媒介种群在各自的生态位中发挥着各自的功能,共同构成了一个完整的媒介生态系统。

一、广播媒体的生态位构成

(一)时空生态位

传统意义上的广播媒介以声音为传播形式,以电波为传播载体,依靠调频或调幅的方式

[①] 本章部分内容参照田园:《媒介生态视野下广播媒体的生存空间研究》,硕士学位论文,中国传媒大学,2013。
[②] 尚玉昌编著:《生态学概论》,北京大学出版社,2003,第174页。
[③] 同上。

传递音频信息,经由音频制作处理、信号传输和发射等阶段,通过半导体收音机接收还原为广播节目。整个过程以时间为主要存在维度,具有转瞬即逝的特点。由此可以得出,传统广播占据的是时间中以声音传播为主的频率空间生态位。

(二)营养生态位

从广播的受众构成来看,传统广播对老年群体、学生群体、民工群体、司机群体有着广泛的影响力。这一群体或因娱乐匮乏,或因情感困扰,或因接触方便,均对广播产生了强烈的收听欲望。因此,传统广播占据的是情感、便捷等因素主导的受众生态位。

从广播的广告构成来看,目前电台广告以中小企业广告、本地广告、药品广告、汽车广告、居家广告为主,这些广告的诉求对象主要是本地听众,具有成本低、影响力小、制作粗糙等特点。由此可以判断,广播的营养生态位以低成本、区域化、低质量为主要特征,以本地受众为主要传播目标。

(三)功能生态位

从广播的历史角度来看,广播在诞生不久后即被用作战争宣传,政治功能是早期广播的主要功能。除此之外,早期电台产生的另一诱因是出售铁矿石收音机。由此来看,广播从诞生之初就带有强烈的商业色彩。

从大众传播角度来看,当今广播的功能日益丰富。首先,在新闻广播获得蓬勃发展之后,娱乐休闲成为引导广播发展的时代潮流;其次,普及科学知识也是广播的一项重要功能,这一点在对农广播中表现尤为突出;再次,随着类型化广播的出现,广播媒体更加重视服务功能,为听众开展交友聚会、组团旅游活动,提供气象、出行、交通、洗车、购物等日常信息,而这也开始成为部分电台吸引听众的常用手段。此外,广播节目采编简单易行,这成为"非常时期"广播的一大优势,特别是灾难来临时,广播的这一优势更为明显。

二、广播媒体的生态位分析

分析广播媒体的生态位,可以从其在媒介格局中的地位和功能两方面入手。

(一)地位

作为唯一的声音媒介,广播在媒介大舞台上一度叱咤风云,但它也经历了跌宕起伏。电视诞生后,广播逐渐退出主导媒体的位置,经历了一段较长时期的生存低谷。近年来,随着城市电台的兴起,广播媒体又有了复苏的迹象,尽管其地位不可与之前同日而语,但这依然不影响其在媒介格局中享有独特的位置。广播既不似报纸在互联网的冲击下终日惶惶不已,衰退之势似难挽回,又不像电视媒体在新媒体的挑战下十八般武艺齐上阵,将改革当作生存常态。相比之下,其变革更独具特色。

与许多媒体不同,广播的听众都是有着特殊收听偏好或特殊收听条件的人群,既有听众一般不会完全放弃这种形式而转投其他媒体,这就造就了其一大优势——听众群体的固定性。然而,广播毕竟只是单一的声音媒介,在当前的媒介生态环境下,将广播作为主要信息接收媒体的受众非常稀少。尽管广播媒体还包揽着成本低、技术简单、接收方便、移动性、伴随性、私密性等诸多优势,但与其他媒体相比,它也有着无法弥补的劣势:既没有报纸挑选信息的自主性,也没有电视声画并茂的丰富性,更没有互联网的超链接和任意搜索等强大功能。正是基于这样的现实,广播选择了一条适合自身特色的发展道路:不与其他媒体抢占市场,而是在如何保持原有受众并适时吸收新受众上下功夫。广播媒体的地位是独特的,称它为非主流媒体,并不是对其在媒介格局中地位的否定,而只是对其在激烈的媒介竞争环境中独特定位和避开媒体激战行为的描述。

(二) 功能

广播的主要任务是为受众提供特定的声音信息接收形式,为有着特殊收听偏好和处于特殊接收状况的人群提供有针对性的类型化节目。其主要功能可以划分为获取新闻资讯、消遣和服务三个方面。

1. 获取新闻资讯

作为电子媒体,提供国内外新闻资讯、满足人们的信息需求是广播的首要任务。因此,各大广播电台都有自己的新闻频道。如中央人民广播电台(现称"中央广播电视总台央广",下同)的中国之声,号称"全天24小时不间断直播的中国新闻广播的第一品牌";中国国际广播电台(现称"中央广播电视总台国广",下同)设有环球资讯广播频道,也是24小时滚动直播的全资讯频道。此外,北京广播电台的北京新闻广播频道、安徽广播电台的新闻综合广播频道等也都是以新闻为主打品牌,成为听众获取新闻资讯的平台。

广播的新闻资讯分为日常的新闻信息和重大突发事件的直播。

日常的新闻信息即对平日时政要闻的常规报道,这方面的功能并非为广播所独有,报纸、电视、互联网等其他媒体均能够提供,一些新媒体对于这种新闻信息的传播速度甚至要远远超过广播。但是,突发事件的直播却是广播新闻资讯类节目的一大优势。2008年年初,南方的冰雪灾害阻断了人们归家的路,也阻断了信息的顺畅传达。恶劣环境中广播媒体一马当先,利用其节目制作简单、信号覆盖广、接受便利的优点,挑起了灾情信息传达的重担。中央人民广播电台率先推出24小时特别直播节目《爱心守望,风雪同行》,打断常规节目的播出,充当百姓的贴心使者,在信息报道、灾情发布等方面彰显出独特的媒介社会功能。

然而,有时候这种独特的优势同时也会形成对广播的极大考验。2008年5月12日汶川大地震爆发,电视信号、手机信号的传输被破坏,报纸更是无法送达,当震区一切通讯、交通中断,灾民无法与外界联系时,广播就成了解外界信息的唯一途径。中央人民广播电台及时推出24小时特别直播节目《汶川紧急救援》,第一时间给灾区人民带去温暖与希望,成为灾区与外界沟通的桥梁。据赛立信媒介研究公司调查显示,有超过一半的(53%)受访者主要是通过广播了解相关情况,远高于报纸(35%)和手机信息(13%),这个比例要远高于平时人们获取信息渠道的情况。调查还显示,在汶川地震发生后不到十天的时间里,有76%的受访者收听过广播节目(包括通过网上收听广播),这一比例较平时收听广播的听众比例高出16.8个百分点(2007年全国广播接触率为59.2%,赛立信媒介公司调查数据)。在地震期间收听过广播节目的受访者中,有42%的人会"时刻留意"灾区的最新消息,33%的人表示"经常留意",还有25%的人表示"有时会留意"。可见,大灾之时有更多的人收听广播,广播在报道灾情和抗震救灾行动中作用更加明显。[①]

2. 消遣和服务

受"左"的思想路线影响,广播在发展之初片面强调政治属性,更多地充当党和政府的喉舌、联系群众的纽带,而忽略了其本身的媒体属性和社会属性,这也成为传统广播在向现代广播转变过程中的"硬伤"。此外,互联网的强势崛起与智能终端的普及已经使如今的广播不再是受众获取信息的主流方式。

对于受众而言,从互联网上获取信息,是较广播而言更便捷、更具时效性的方式。而现代听众收听广播的主要目的已转向缓解压力、放松娱乐。"主打交通信息、音乐、本地实用信息等内容的广播频率(频道)普遍受到受众的喜爱。"[②]这也间接表明了广播媒体在以新闻信息为主导的媒介环境中的非主流地位,而这一地位又决定了收听广播的大部分听众并非持有特定目的去收听,故符合受众兴趣、能为受众提供有益信息的节目必定会抓住观众的注意力。因此,消遣和服务类的频道和节目在广播媒体中发展迅速。

当前,这类频道和节目的主要类别有音乐、文艺、经济、生活等。如中央人民广播电台的音乐之声、中国国际广播电台的HIT FM、北京人民广播电台的北京城市服务管理广播都有很高的收听率。

近年来,生活服务类广播发展极为迅速的一个例子是交通广播。北京广播电台的FM103.9是其中的一个典型。FM103.9是一个适应市场需求、为特定观众量身定做的有针对性的专业化频道。它与北京市公安交通管理局合办,每天24小时不间断播音,以交通信息

---

① 《广播在抗震救灾报道中彰显优势》,http://www.radio-gd.com/rgd/xxyd/nfgbyj/zt/83446.Shtml,访问日期:2021年8月8日。
② 侯迎忠:《数字化背景下广播受众接触行为的实证分析》,《传媒》2008年第5期。

为主打,在此基础上也开设新闻、娱乐、资讯等综合性节目。"新闻节目立足北京,通过新闻网络,全方位关注世界范围内与交通相关的动态。整点、半点播报路况信息,重要信息随时插播,整点报告天气情况。专题节目为听众介绍衣食住行方面的知识,提供娱乐信息。"①由于贴近生活、服务听众,北京交通广播成为许多人在驾驶途中的必听节目。

第二节　广播与其他媒介种群的生态位对比

不同媒介种群各具特色、共同生存也是媒介生态系统稳定和健全的重要标志,只有能够容纳不同媒介种群的媒介生态系统才具有生机与活力。广播媒体要想在媒介生态系统中获得长久生存,在找准自身生态位的基础上,还需在与其他媒介种群的生态位对比中认清自身的优势与劣势。

一、广播与报纸的生态位对比

(一)广播的生态位优势

第一,时效性。"报纸的空间生态位决定了它无法像占有时间生态位的电子媒体那样展示随时间流动发展的事件原生态。……与占据时间生态位、顺应时间流动性传播的广播相比,报纸在重大报道的时效上呈天然弱势。"②广播是典型的时间媒介,借助于无线电,可以在短时间内穿越高山深壑,把信息传递到地球的每一个角落;此外,广播节目制作简单,收听方便,省去了报纸的编辑、排版、印刷、发行等环节,信息采编和接收更为省时便捷。

第二,覆盖面。一方面,广播采用电波传送信息,可以不受空间的限制,人们无论身处城市还是乡村,陆地还是空中,也无论天气、交通、自然条件如何,都可以听到广播,传播范围较广;另一方面,广播的"门槛"相对较低,听众不受年龄、文化、职业的限制,只要拥有简单的收听工具,都可以随时随地收听广播节目,受众层次较为多样。而与此相比,报纸的覆盖范围就窄得多,对受众的文化水平、受教育程度也要求较高,视力不好或文化层次较低的群体均很难成为报纸的阅读对象。

第三,传真性。报纸上的信息——无论是文字符号还是图片——均是静止的,无法带给观众如广播一样直观的感受,加之其信息编码与解码过程相对复杂,对新闻事件的信息还原能力也相对较弱,缺乏逼真效果。广播靠声音进行传播,诉诸人的听觉感官,能带给人无限

---

① 百度百科,http://baike.baidu.com/,访问日期:2021年8月8日。
② 严怡宁:《报纸媒体生态位及其新闻竞争力刍议》,《金陵科技学院学报(社会科学版)》2005年第2期。

的想象空间。古人云:"余音绕梁,三日不绝"。通过语言、音乐和背景音响的配合,比报纸更容易实现情绪表达、气氛渲染,从而使信息传递的效果更加明显、听众印象更为深刻,更好地完成传达与说服功能。

第四,伴随性。技术的进步使广播的接收终端越来越向小型化、轻便化发展,在移动状态下仍能保证节目的正常收听。人们在收听广播的同时,还可以进行阅读、锻炼、驾车等活动,舒心动情的伴随收听还有助于提高从事其他活动的效率。而报纸阅读要求读者大脑思维活跃,精神高度集中。此外,报纸阅读对环境要求较高,如在移动、黑暗等条件下,阅读行为无法发生。

(二)广播的生态位劣势

第一,保存性差。广播依靠声音传递信息,转瞬即逝,不易存查,听众在收听过程中缺乏思考空间。除非拥有专业的刻录设备,广播节目不能像报纸那样保存下来反复阅读。

第二,选择性差。一些西方学者把报纸、杂志等印刷媒介称为"选择性媒介",而把广播、电视等电子媒介称为"闯入型媒介",就是因为广播容易受干扰,在同一时间内无法任意选择收听内容,也无法调节收听速度。而报纸、杂志等印刷媒介轻便易携,所有的内容均以版面空间呈现,读者可以随意选择自己感兴趣的内容阅读,在阅读时还可以随时跳跃,更易形成迅速、有效的信息聚焦。

第三,深度性差。报纸依靠文字符号传递信息,文字的理性和逻辑力量使其可以透过信息表象,纵向上挖掘新闻事件的来龙去脉,横向上关注新闻事件的相关事件、人物,报道它们之间的相互联系影响,满足受众对深度报道的需要。在分析性、解析性较强的报道以及以理性认识为主的重要讲话、论述文章、数字资料和有较大时空跨度的事件中,报纸空间生态位的凝固性和可携带性使受众对深层信息的反复咀嚼成为可能,有助于读者理解复杂的信息。这是线性传播、过耳不留的广播媒介所望尘莫及的。[①]

二、广播与电视的生态位对比

(一)广播的生态位优势

第一,时效性。与电视相比,广播的发射技术、采编流程、设备要求都要简单得多,在同等条件下,制作一套完整的电视节目包含了前期的采集、构思、拍摄、录制和后期的剪辑、合成等众多琐碎的环节,而制作广播节目所消耗的时间成本、经济成本都小得多。这也给广播

---

① 严怡宁:《报纸媒体生态位及其新闻竞争力刍议》,《金陵科技学院学报(社会科学版)》2005 年第 2 期。

带来了另外一个好处——灵活性,任何正在播出的节目都可以被随时打断,插播突发新闻。这使得广播在面对重大突发性灾害事件时能够比电视更为从容。

第二,移动伴随性。一方面,广播的接收工具小巧轻便,收听行为不受时间、地点的限制。而电视受制于体积和重量,只有在特定场合才能收看;另一方面,广播只作用于人的听觉器官,并不影响眼、手、口等器官的正常活动,人们可以边听广播边从事其他活动,即便在移动状态下也可以正常收听。而电视的收视要求则高得多,不仅要求在室内固定场所收看,还要求观众全神贯注,不能"一心二用"。

第三,私密性。电视适合家庭成员集体观看,而广播既能集体收听也可以个人单独收听。一些平日不宜外泄的私密话题,如感情困扰、健康忧虑等都成为电台夜间节目火爆的强劲动力,这也是广播被称为"情感媒介"的主要原因。

第四,服务性。与电视相比,广播的服务功能更为突出。频率细分之后,各大频率更是进一步强调电台的服务功能。出行信息、天气信息、娱乐信息、交通信息占据了当前各大电台的主要时段,经营成熟的电台还广泛开展交友祝福、听众见面、组团旅游以及汽车维修等服务。而电视服务则仅限于购物和天气等信息的发布,相关功能还有待进一步开发。

(二)广播的生态位劣势

第一,直观性差。在功能生态位上,广播提供给受众的是听觉资源,而电视提供给受众的是视听觉资源;广播仅靠声音传递信息,传播过程缺乏视觉认知,直观性相对较差,冲击力和感染力相对较弱,电视图文并茂、视听合一,人们不仅能亲耳听到且能亲眼见到如同发生在自己身边的各类事物。

第二,影响力弱。广播影响力减弱主要表现在以下几个方面:其一,广播听众流失严重。电视的产生将大量原来的广播听众迅速吸引到家人集体观看的情境中;其二,广播权威性降低。广播节目制作的随意性更大,新闻失实率也就更高;其三,广播收益减少。广播广告额占媒介总广告额的比重连续多年呈下降趋势。

第三,娱乐性弱。电视天生就是娱乐的,以《中国好声音》《爸爸去哪儿》等高流量综艺为代表,高收视率背后隐藏的是巨大的娱乐需求,在充分满足大众的好奇、窥探、娱乐心理之后,电视当之无愧的媒介霸主地位愈发牢固。而相比之下,广播的娱乐功能仅体现在音乐、休闲频率的开播上,与电视相去甚远。

三、广播与新媒体的生态位对比

(一)广播与网络媒体的生态位对比

网络媒体占据着四种生态位。在时间生态位上,它突破了传统广播与电视的线性播放模式,占据了更广阔的时间生态位,不仅能为受众提供直播节目,还支持搜索、随选播放、延时点播等功能;在空间生态位上,它融合了多种传播渠道,突破了电视的落地限制,将播出平台拓展到网络电视、手机电视、IP电视、移动传媒等终端上,可以超越空间通过各种便携式、户外和城市公交等接收终端实时在线观看。此外,网络具有海量的信息容纳能力,使其空间生态位得到进一步拓展;在功能生态位上,它可以提供报纸、广播、电视三者任何一个甚至三者总和的视听觉资源,信息资源更加丰富;在营养生态位上,无论是资金、受众还是广告、品牌,网络媒体也都具有较大的发展空间。

(二)广播与手机媒体的生态位对比

手机与广播的媒介生态位相差甚远。广播的收听习惯更为传统,而手机的传播诉求则更为现代和新颖;广播的功能相对单一,而手机的功能相对多样;手机使用者以年轻群体为主,具备时尚、个性、民主特质;而广播的听众群体则相对分化,主要为民工群体、白领群体、学生群体和老年群体。上述差异使广播与手机的生态位竞争相对缓和。相反,二者融合的产物——手机广播所具备的超强的选择自主性、互动性将使广播焕发出新的活力。

(三)广播媒体的生态位优劣势

第一,互动性不强。新媒体不仅突破了传统媒体的话语壁垒,使"把关人"的能力大大削弱,"去中心化"的传播方式带来了传受双方身份的转换,还使信息的搜索、筛选、复制和保存变得更加容易,受众以何种标准、通过何种途径、如何选择和过滤信息完全取决于自己的偏好,主动性大大提高。然而截至目前,广播的互动还仅停留于发短消息、打热线和网上留言等浅层次的阶段,与新媒体以受众为中心的交互式传播相去甚远。

第二,传播手段单一。目前,新媒体已经走向了多媒体融合的阶段,声音、画面、文字、视频、游戏等多种手段并用,而广播仅靠声音传递信息,单位时间内传递的信息量较小,具象性较差。

第三,传播内容单调。新媒体的信息海量,内容丰富多彩,五花八门,其超链接的功能还会带来无限相关信息,而广播节目的形式主要有新闻类、音乐类、服务类等几种,内容单一,与新媒体相比缺乏吸引力。

尽管如此,与新媒体竞争,广播并非毫无优势。例如,情感认同。广播承载了很多时代记忆,并成为听众内心世界的情感音符,听众长期形成的收听习惯、情感寄托等优势令新媒体望尘莫及。再如,服务功能。广播的接收终端方便携带,随时随地可以收听,并不妨碍其他活动的进行,可以更好地为听众的日常生活提供出行、气象等信息服务,而这些不具伴随性的新媒体均无法做到。

第三节　广播媒体生存空间审视

任何生物都生活在特定的空间中,只有具备与之特性相适应的各项条件,才能得到生存和发展。对于媒体来说,生存空间就是其存在的客观环境和与其他媒体(包括同类媒体和不同媒体)相互作用所共同组成的关系环境及其在该环境中的发展状况。广播媒体的生存空间,既取决于它当下的生存环境,又与它潜在的发展空间息息相关。

一、广播媒体的生存环境

(一)制度环境

事物的发展都要受到一定法律和制度的约束,对于媒体而言尤其如此。我国《宪法》《民法》《刑法》等基本法中都有涉及广播电视的条例,《著作权法》等也将广播电视作为保护对象。这方面比较有针对性和代表性的行政法规是《广播电视管理条例》和《广播电视设施保护条例》,还有一些部门规章和规范性文件,它们都对广播事业的发展有着最高的约束力。这些规定对于广播的设备安全、传输顺利、效果的保证都发挥着重要作用。

目前,我国的广播媒体由政府主导是不争的事实。1949年10月中华人民共和国成立之初便组建了中央广播事业局主管广播工作。对广播业而言,政策的支持至关重要。2003年1月8日到10日,在北京举行的全国广播影视工作会议上,原广电总局局长徐光春正式提出2003年为"广播发展年",确定了"广播收听率明显提高,广播创收明显增加,广播影响力明显扩大,广播地位明显提升"的目标。对广播事业的发展提出如下要求:加快广播频率专业化、节目对象化的步伐,加大广播创收力度,大力拓展增收渠道;加快广播新业务开发,研究广播节目衍生品市场开发;建立有中央台、地方台参加的信息、音乐等节目协作网,有效利用现有节目资源。"[①]这一政策的出台对促进广播事业发展具有重大意义,广播频道专业化变革便是该政策推动下的成果。

(二)经济环境

经济基础决定上层建筑。毋庸赘言,当今我国开放的经济环境为传媒产业的发展提供了良机。很多经济发达的区域,传媒产业也表现出了一派繁荣的景象,而经济欠发达的地

---

① 徐光春:《全面贯彻十六大精神 努力开创广播影视工作新局面——在全国广播影视工作会议上的报告(摘要)》,《电视研究》2003年第2期。

区,传媒产业也相对落后。具体到广播媒体,经济环境对其生存环境的影响可以概括为两个方面:

其一,经济的大发展大繁荣推动了人们生活环境的改善,与此同时,生活压力也随之增大,终日劳碌的人们在工作之余迫切需要摆脱过重的压力和烦恼,放松紧张的神经,而都市广播节目大多轻松活泼,可以为听众缓解压力、放松心情;

其二,生活条件的改善、私家车的普及掀起了一股移动收听的新潮,为广播的发展创造了条件,培养了一大批新的听众群体。车载广播仅靠声音传达信息,无须动用太多感官,成为移动群体驾车旅途中的首选。

(三)技术环境

广播的诞生靠的是技术支撑,广播发展的动力也离不开技术。无线电、大功率发射机和高灵敏度电子管接收机的发明和广泛使用造就了广播的初始形态;数字技术的进步使手机、MP3等电子设备内置广播模块成为可能,拓宽了广播的接收途径;数字收听设备的风靡扩大了广播的听众群体;互联网技术的发展拓宽了广播节目的接收渠道,网络广播、在线收听等新兴广播形式给广播的发展带来了无限生机。

二、广播媒体的发展空间

(一)类型化

在阐述类型化之前,有必要先理清一个与"生态位"相关的概念——生态位宽度。在生态学中,生态位宽度指一个生物所利用的各种资源之总和。一个物种的生态位越宽,该物种的特化程度就越小,即它更倾向于是一个泛化物种;相反,一个物种的生态位越窄,该物种的特化程度就越强,也就是说,它更倾向于是一个特化物种。[①]

媒介生物大都是拥有宽泛生态位的泛化物种。也就是说,媒介是内容大而全、涵盖面广、针对性不强的综合性产品。这些特点在报纸、电视中较为常见。如都市报内容越来越多,几乎覆盖新闻、体育、生活、娱乐、文艺等各个领域,报纸的厚度也始终处于增加趋势;再比如,电视中综合性频道的节目种类也几乎覆盖了社会生活的方方面面。

然而,这种综合性、泛化的发展道路对广播而言并非良策。它的特殊性质决定了市场细分和类型化频率才是其发展的大趋势。这与经济发展和社会变革背景下人们价值观念、生活方式的自由和多元化是分不开的。同时,广播接收方式的多样化、接收设备的便携性、收

---

① 尚玉昌编著:《生态学概论》,北京大学出版社,2003,第182页。

听的随意性和非目的性,也都决定了受众对某一频道中某一节目进行选择的最大决定性因素仅仅是该节目是否符合其兴趣、能否吸引其耳朵。这样的节目需求决定了只有足够专业化、类型化才能做到尽最大可能地吸引听众,也必然促进了类型化频道的繁荣。类型化趋势的出现既是广播媒体激烈竞争的结果,也是政策推动的目标,更是广播适应分众化潮流、充分满足受众需求的必经之路。

(二)本土化

在我国,除中央级广播的信号能够覆盖全国绝大部分地区外,地方性广播的受众往往局限在某一地区。而且,"就未来媒介发展来讲,中小规模电台更具活力。"①本土化成为广播发展的一大趋势。因此,广播的发展实行本土化策略势在必行。这就要求地方性的省级尤其是市级广播电台必须开办贴近本地风土人情的节目,唯其如此,才能引起听众的共鸣、拉近与听众的距离。

目前,我国大部分地区的广播部门已经做了有益的本土化尝试。比较突出的有廊坊电台。廊坊市历史悠久,有着深厚的戏剧曲艺文化底蕴。河北梆子、京剧、评剧等剧种都在当地有着大量爱好者。廊坊电台正是抓住了这一点,利用广大戏曲爱好者的需求来实现本土化的发展目标。2006年,廊坊电台成立了河北省首家戏曲曲艺专业频道,迅速在听众中引起强烈反响,收听率不断提高。此外,廊坊电台还以节目为依托成立了戏迷俱乐部,举办了大量活动,吸引了更多听众,扩大了节目的社会影响力。

(三)服务性

在节奏日益加快的城市生活中,越来越多的人开始依赖广播提供的服务性信息。这为广播的发展提供了一个新的途径。

对服务性节目而言,当它能为听众带来切实的帮助时,就必然会受到听众的重视,继而在听众心目中占据重要地位,该节目也由此可以为广播电台带来巨大效益。北京文艺广播的《吃喝玩乐大搜索》节目正是满足了人们在基本生活之外不断增长的物质和精神需求,从每天17点30分开始,在人们下班途中,提供给人们可供参考的吃喝玩乐信息。还有中国国际广播电台轻松调频的《摩天轮》(*Third Wheel*)节目,在每天12:00~14:00的午后时光,以轻松的音乐、聊天式的主持方式、地道而实用的英语表达为听众带来愉悦的享受,它的成功和取巧之处就在于满足了城市中学生或白领想学英语又不愿收听呆板严肃的教学节目的心理需求。

---

① 曹璐:《解读广播——曹璐自选集》,中国广播学院出版社,2004,第57页。

(四)受众主体性

在广播受众中,中下层听众占有相当大的比重,无论从数量还是从媒介社会责任的角度讲,都不能忽视这部分听众。在打造流行、前卫、高端节目的同时,也要顾及中下层受众群体的权益和信息需求,比如农民工、老年人等。日本、美国的广播媒体中,老年电台、老年节目就颇受欢迎。这一做法也值得我国广播借鉴。

一方面,当前我国社会老龄化趋势显著,2016年65岁以上老年人占总人口9.5%,多达2.2亿,是世界老年人口总量的1/5。预计到2025年,我国老龄人口数量将近3亿;到2050年,我国将有4亿老年人。① 银发一族作为一个庞大的听众群体,等待广播去开发。

另一方面,广播以声音为传播符号,具有很强的情感魅力。将"以人为本"作为广播的核心理念,更多地关注受众的情感需求,关注他们的生存和精神状态,实现与受众思想感情的沟通,有望打造成为受众的"心灵家园"。

(五)与新媒体合作

哈罗德·伊尼斯认为,一种新媒介的长处,将导致一种新文明的产生。互联网的产生便是这句话的有力证明。作为新兴媒体,互联网拥有传统媒体无法比拟的优势,借助图形、文字、画面、视频、游戏、流媒体等众多形式传递信息,拥有电子邮件、新闻浏览、搜索引擎、在线音乐、即时消息、BBS、在线影视等强大功能,并以空前的交互性、自由选择性吸引了大批年轻受众,成为当前最为盛行的媒体形式。

无疑,与互联网融合将使广播的功能得到进一步延伸:一方面,网络媒体的互动性和可检索性的特点,为广播媒体提供了新的发展方向;另一方面,广播媒体所固有的节目资源优势找到了新的传播平台,并可以根据这一新平台的传播特性,创造更加符合用户需要的节目内容。② 除此之外,与网络联姻,还将改变传统广播单向线性传播的弊端,弥补声音传递稍纵即逝的弱点。受众与广播进行互动将显得轻而易举,参与节目的形式也将更为多样化。如今的在线广播、网络电台、微电台、移动音频APP等,都是广播与互联网合作的崭新形态。

本章思考题

1. 简析广播媒体的生态位。
2. 与其他媒介种群相比,广播媒体有哪些生态位优势?
3. 广播有着怎样的发展空间?

---

① 老龄委:《2017年中国老年人口数量、老龄化人口占比及未来城乡老年人口变动趋势》,中国产业信息网,2017年1月14日,http://www.chyxx.com/industry/201701/490635.html,访问日期:2021年8月7日。
② 彭国芳:《新兴媒体拓宽了广播的发展空间》,《声屏世界》2008年第6期。

第十二章
电视媒体生态位与生存空间审视

第一节　电视媒体生态位

同广播一样,电视媒体也有自己的生态位。从当前的媒介生态环境出发,延续邵培仁的媒介资源框架,很容易发现电视媒体在生态位上的种种局限:从时间生态位上来说,传统电视实际上尚未真正摆脱线性播放的模式,大部分电视台在零点之后开始停止播放节目,只有少部分电视台是24小时滚动播放,即使有视频回看的功能,回看的时间也极其有限;在空间生态位上,传统电视未能摆脱其落地限制,必须固定在某一地点才可以播放节目,时空生态位相对狭窄。从营养生态位和功能生态位来看,电视媒体所能够获得的资源主要集中在资金资源、内容资源、受众资源、广告和品牌资源等主要方面,传统电视台的资金资源主要靠广告收入维持,而电视所能提供的内容又很容易在如今的互联网等新媒体渠道获得,营养生态位和功能生态位也相对狭窄。不过,这并不是说电视已经失去了存在的必要。本节依然通过地位和功能来对电视媒体的生态位进行分析。

一、电视媒体的主流地位

电视接收声画并茂,内容丰富多彩,具有很强的感染力,而且没有纸媒对于阅读能力的限制。种种特征使它成为影响力最大、受众最广泛的大众媒介形式。在媒介生态格局中,电视占据着以传播声画为主的频道空间,也有着区别于其他类型媒体的独特生态位。

然而,改革开放前,由于经济水平、技术发展、电视普及率等条件的限制,电视媒体在人们的生活和媒介生态格局中并不处于主流地位。那时的电视新闻"完全是纪录电影的缩小版、《人民日报》的影像版、人民广播的图像版、新华通讯社的精简版。"①

随着生活水平的提高,电视节目内容越来越丰富,电视媒体的地位也不断提升。"1982年,中央将重大决定发布时间由20点提前到19点,由原来的广播首先发布变为电视首先发布。这一决定从政治上保证了以《新闻联播》为首的电视新闻的权威性。"②这也是对电视媒体在社会生活中主导地位的正式肯定。自此,电视真正开始进入到主流媒体的行列。来自政府的管制和频道资源的有限性也进一步巩固了其最具凝聚力的主流媒介地位。

今天,互联网突飞猛进的发展给所有传统媒体都带来了前所未有的生存危机,电视的主流媒介地位也面临着巨大威胁。

二、电视媒体存在的合理性

(一)电视是家用媒介

电视媒体在发展的过程中日趋成熟,其主流地位也不断得到巩固。它不仅充当了人们联系世界的窗口、轻松娱乐的平台,甚至还逐步成为一种生活方式融入人们的日常生活,看电视已成为人们生活中与吃饭、睡觉、工作一样必不可少的一部分。英国学者罗杰·西尔弗斯通(Roger Silverstone)就曾提出:"电视是家用媒介。"③电视作为家用电器之一占据了客厅的一席之地,成为家庭关系的纽带,"既看作是家庭行动的中心,又是行动的源泉。"④许多学者认为,电视在家庭环境中肩负着许多功能,它无论在隐喻意义上还是在实际意义上都是家庭的一员,"它进入了家庭关系的日常模式之中,成为人们的情感与认知能力的中心。"⑤所以,长久来看其在家庭中的地位不会有太大变化。

(二)弥补其他媒介的局限性

在当前激烈的媒介竞争格局下,电视对于其他媒介局限性的弥补为其提供了潜在的发展空间。以目前发展势头最为迅猛的互联网为例,尽管它带来了空前的信息自由和舆论民主,使普罗大众开始拥有话语权,但另一方面,它也促使信息爆炸,使人们在泛滥成灾的信息面前迷失,失去选择判断的能力。此外,互联网的表达是分散的,它在搭建起畅所欲言的大众话语平台的同时也带来了思想的鱼龙混杂。而社会共同体的建设需要的是严肃的、被受众认可的主流意识形态,互联网的先天特性决定了权威性和严肃性并不是它的长项。这一

---

① 焦中栋、赵美娟:《电视:媒介生态之变》,《传媒》2008年第11期。
② 同上。
③ [英]罗杰·西尔弗斯通:《电视与日常生活》,陶庆梅译,江苏人民出版社,2004,第35页。
④ [英]罗杰·西尔弗斯通:《电视与日常生活》,陶庆梅译,江苏人民出版社,2004,第54页。
⑤ [英]罗杰·西尔弗斯通:《电视与日常生活》,陶庆梅译,江苏人民出版社,2004,第59页。

切都为电视媒体在当前激烈的媒介竞争格局中带来很有利的条件。至少目前,以电视为代表的传统媒体仍然是代表国家权威的信息发布平台,是意识形态的导向。电视为大众认清社会现状提供了指导性意见,是凝聚公众的重要媒介。

三、电视媒体的生态位优劣

(一)电视媒体的生态位优势

1. 视听表达

电视诉诸受众的听觉与视觉,通过声音还原真实的语言与音响效果,通过画面记录事物的颜色、形态、运动特性等信息。视觉语言是电视区别于其他传统媒体的重要标志,信息通过画面的构图、色彩、光线以及拍摄的景深、角度等多种形式传递给观众。这种直观化的视觉感受往往比文字更具感染力和冲击力,有时一个简单的画面就能胜过千言万语。外界信息可以通过电视这个视听双通道传播工具,全方位、立体化地展现在受众面前。

2. 现场感强

电视声画兼备的特点决定了其直观再现生活的独特能力和由此带来的强烈现场感。随着卫星技术的发展,现场直播逐渐常态化并成为电视最具魅力与影响力的表现形式,更进一步确立了电视传播的最根本优势。借助通信卫星以及 SNG 新闻采访车①,传播者不仅可以"零时差"地发布新闻,还能对相关内容进行多点直播,全方位传播事件发展中各方的动态信息。观众们也习惯了跟随电视镜头,同步直击重大事件发生的全过程,从中获取强烈的参与感与现场体验。在整个传播过程中,信息并未经过任何剪辑处理或人为的筛选过滤,记者所见即观众所见,观众几乎是"零损耗"地接近事件发生的原貌。例如,香港和澳门回归仪式的直播,伊拉克战争的直播报道,"5·12"汶川大地震的现场灾情报道……无论是回归的喜悦还是战争与自然灾害的残酷,电视画面通过真实的场景再现、生动的人物形象以及逼真的音响效果,使每一位观者感同身受。

今天,现场直播已被大量运用于重大的节日庆典、体育赛事以及文艺演出等报道中,现场直播报道也不再仅满足于将"今天的新闻今天报"(Today News Today)变为"现在的新闻现在报"(Now News Now),报道的速度、广度与深度也日益成为衡量一家传媒机构实力的重要标准。

3. 贴近性强

无论是一个新闻节目,还是一档专题访谈,电视采用的大都是最接近面对面人际交流的

---

① SNG 新闻采访车是一个移动式信号发射站,电视台工作人员可随时将所在现场的采访信号通过卫星传送到电视台,电视台再从卫星接收信号并将信号发送出去,SNG 已成为电视多点现场直播的重要技术支持手段。

播报方式,通过口语化的语言表达,拉近传受双方的距离。观众不仅可以了解事件发生的真实场景,还可以聆听当事人的倾情讲述,人物的声音、表情以及内心的情感都可以直观地呈现在观众面前。这样的直面讲述不仅有利于传者的情感表达,也有利于受众的情感认同,为信息的传播增添了一抹人情化色彩。

(二)电视媒体的生态位劣势

尽管电视拥有诸多优势,但正如本节在开头中指出的,它自身也有一些固有的缺陷,主要表现在以下几个方面:

1. 选择性与保留性差

一方面,由于电视的信息传播方式是线性的,受众只能按照时间顺序线性地接收信息,而不能像阅读报纸一样在特定版面内自由选择想要获取的信息。

另一方面,由于电视的传播载体是无线电波,转瞬即逝,不能为受众留下反复思考和琢磨的时间。除非借助存储介质,否则信息很难保存下来。因此,一旦电视的传播内容出现冷僻的专业术语或枯燥抽象的理论知识,就会大大影响信息的传播效果。

2. 互动性差

电视采用的是一对多的信息传播模式,不能与受众形成较充分的互动。在"受众本位"的时代,受众的参与意识逐渐提高,表达欲望也逐步增强,他们不再仅满足于信息接收者的角色,而是希望能更深入地参与到事件的讨论中。这就迫切需要一个自由开放的空间以供受众去评论事件、表达自己的观点,实现"说话"的权利,而显然,传统意义上的电视很难满足受众的这一需求。

3. 缺少想象空间

一部出色的电视作品并不是一览无余、面面俱到,将所有信息和盘托出就万事大吉,而是在交代清楚必要信息的基础上,还能不遗余力地激发、调动观众的想象力。然而,很多时候由于电视过于直接、具象地将一切信息呈现在观众面前,没有留给受众充足的想象空间,信息往往如过眼云烟,很快就被遗忘。

第二节 电视媒体生存空间审视

与"生态位"类似,在生态学的视域下,"媒介生存空间"的概念揭示的是媒介种群与媒介生境相互依存的内在本质,对于我们研究媒介与环境的关系以及媒介如何不断调整、演进以适应媒介生态,最终实现自身的生存与发展具有重要意义。电视媒体的生存空间,也需立足于其现有的生存环境,从自身的优势生态位中努力挖掘。

一、电视媒体的生存环境

与广播媒体相似,电视媒体的生存环境也可为分制度、经济、技术几大类,具体到其中的实质内容又有所不同。

(一) 制度环境

媒介发展的各种政治制度、法律法规和管理体制等外部因素构成了媒介的制度环境。

在我国,电视媒介作为控制舆论的社会公器、国家喉舌,具有很强的政治属性,肩负着建设和维护意识形态的重任,从电视台的成立到电视节目的审批都要受到政府有关部门严格的制度控制。国家新闻出版广电总局不仅是广播媒体的主管部门,而且是电视媒体的最高行业统帅,从各方面对电视事业进行规范化管理。

在行政法规方面,有《广播电视管理条例》《广播电视设施保护条例》《电视剧审查管理规定》《广播电视节目制作经营管理规定》等部门规章以及各种规范性文件。加入 WTO 后,我国开始向境外开放卫星电视市场。但鉴于电视媒体维护意识形态的独特作用,同时出于保护国内电视产业的需要,(原)广电总局从制度上对境外电视的落地实施了限制。例如,2004 年 8 月 1 日起施行的《境外卫星电视频道落地管理办法》第三条规定:"经广电总局批准,境外卫星电视频道可以在三星级以上涉外宾馆饭店、专供境外人士办公居住的涉外公寓等规定的范围及其他特定的范围落地";第六条规定:"对于一个境外广播电视机构,原则上只批准其所属的一个卫星电视频道在规定的范围内落地;原则上不批准新闻类境外卫星电视频道在境内落地;不批准境内广播电视机构及其他有关部门、团体、企业、个人在境外开办、合办的卫星电视频道在境内落地。特殊情况,须报广电总局特殊批准。"由此可见,境外电视进军中国市场尚存在许多制度性障碍。

相对我国,虽然身处资本主义国家的美国电视业大多是商业体制,在运营播出方面有较大的自由,但这也并不意味着可以任其发展,只是管制松紧有所不同。美国联邦通讯委员会(FCC)在美国广播电视的发展史上处处显示着其关键作用。美国所有的商业或非商业广播电视牌照均由 FCC 发行。在 20 世纪末期媒介融合的背景下,根据《1996 年联邦电信法》的调整,美国适时放宽了对广播电视、有线电视和电信之间的业务限制,规定有线电视无须申请特许就可以运营电话业务,鼓励电信和互联网业进入传统媒介市场。这一举措打破了媒体间的壁垒,在提高媒体间渗透性的同时也大大促进了电子媒体的竞争。

(二)经济环境

较之广播媒体,经济环境对电视媒体的发展更具决定性的影响,这之中既包括国家的经济体制和经济发展水平,又包括国家的经济政策。

首先,经济体制决定了电视媒体的性质。以公有制为主体、多种所有制经济共同发展的经济体制决定了中国的电视要受到国家的严格控制;

其次,作为一项高成本、高投入的产业,电视的发展离不开一定经济实力的支撑。一般来说,经济越发达的地区,技术越先进,社会风气越开放,电视的发展水平也越高;

再次,国家经济政策是国家履行经济管理职能、对经济发展进行宏观调控、对国家经济发展战略进行整体规划的指导性方针,对媒介经济环境有着重要影响。改革开放30多年中,我国经济持续高速稳定增长,人们的生活水平和精神需求也不断提高。在这样的背景下,为促进电视事业的发展,我国政府也相继出台了一系列政策,这对于电视行业的经营和传播行为都有着积极的引导作用。

(三)技术环境

科技是媒介发展的基础。对于电视媒体来说,技术更是十分重要。技术是电视媒体存在的前提和基础,也是影响电视节目内容和传播质量的关键因素,电视媒体对于技术有着较高的依赖度。可以说,技术的不断发展和创新为电视的发展提供了新的机遇。

当今,电视技术不断创新,无线电视、有线电视、卫星电视都已成为过去时,数字电视、网络电视、手机电视、智能电视等高新技术主宰下的电视正当其时,推动着传统电视收视方式的变革,电视节目的内容和形态也不断变化。

二、电视媒体的生存法则

自然环境中的生存条件恶劣。物种与自然之间、不同物种之间和物种内部之间都有着残酷的竞争。优胜劣汰、适者生存是生物的生存法则。对电视来说,在与其他媒体和各电视台之间的竞争中,只有遵循相应的规律才能更好地生存。

(一)在社会责任中生存

在市场经济条件下,电视媒体逐步脱离行政体制的庇护,成为自负盈亏的市场主体,经济利益不可避免地成为影响其生存的关键因素。但电视媒体受众多、影响广,这又意味着它必须对社会公共利益承担相应的责任。作为社会公器,电视媒体在营造和谐稳定的社会文化环境、进行精神文明建设方面发挥着不可替代的重要作用。在建设和谐社会的过程中,更需要电视媒体尽其对社会的责任,将公共利益放在首位,营造健康的媒体生态环境。

一方面,一味追求收视率和经济效益、不顾社会责任,必然造成媒体公信力的丧失。2007年北京电视台的"纸包子事件"就是部分媒体人职业道德缺失、社会责任感缺失的例子。前些年,也有部分地方台反复播出涉嫌假冒伪劣产品的电视购物节目。在这些事件中,电视台提供了公开行骗的直接平台。

另一方面,在传媒竞争日益激烈和多元化的情况下,电视媒体也更应明确自身所担负的社会责任,自觉提升节目品位,增加节目的人文关怀,而不能被一时的经济利益冲昏头脑。

2020年年初,新冠肺炎疫情突如其来。国家广播电视总局统筹全国卫视节目编排,加强疫情防控报道,减少娱乐性节目。湖南、浙江、安徽、重庆等省级卫视纷纷响应号召,开设了抗击疫情新闻直播节目和特别报道,及时发布权威信息,回应人民群众关切,凝聚众志成城的力量。浙江卫视从1月26日起全天多时段开辟新闻直播《众志成城 防控疫情》,仅1月27日一天就进行了6场新闻直播;湖南卫视在晚间黄金档推出新闻专栏《抗击疫情特别时间》;山东卫视推出新闻直播《众志成城 防控疫情》;安徽卫视推出《众志成城 抗击疫情特别报道》。此外,湖南卫视、浙江卫视还取消了原定春节期间播出的综艺节目《快乐大本营》《王牌对王牌》《新声请指教》《漫游记》等,展现了主流媒体的责任和担当,赢得社会广泛好评。①

2022年北京冬奥会期间,全国各级广电媒体又聚焦主题主线,全力迎接这一国家盛事。中央广播电视总台调集3000多人投入北京冬奥会转播、公用信号制作以及新闻报道、文艺编导等工作;河北广播电视台开设了《相约冬奥》《冬奥百科》等24个冬奥专题专栏;陕西广电融媒体集团推出冬奥特别节目《一起看冬奥》;湖南广电陆续推出电视剧《超越》《冰球少年》、短剧《夏虫可语冰》、纪实综艺《跟着冠军去滑雪》等一系列围绕北京冬奥会、冰雪运动的体育题材视听作品。这些,都是广电媒体大局意识和责任意识的有力体现。

(二)在特色化中生存

在争夺生态位的过程中,生活在同一群落中的种群努力发掘自身优势,避开与其他种群直接正面的竞争,每一个种群的生态位都与其他生物分离开来,叫作生态位分离。在媒介生态领域,"生态位分离策略是指两个以上媒介物种在争夺并不丰富的同一生态位时,避开高强度的竞争,针对不同生态位序列或层级所蕴含的资源量所采取的合理规避、彼此分离甚至彻底剥离的竞争机制和手段。"②

尚玉昌在《生态学概论》中提到一个关于生态位分离的经典研究。在坦桑尼亚的坦瑞格

---

① 《广电总局统筹部署 多家卫视推出抗击疫情直播报道》,国家广播电视总局官网,http://www.nrta.gov.cn/art/2020/1/28/art_114_49659.html,2020年1月28日。
② 邵培仁等:《媒介生态学——媒介作为绿色生态的研究》,中国传媒大学出版社,2008,第73页。

里自然保护区,有3种基本生境类型和14种食草动物,其中8种动物几乎生活在同一生境中。动物们共存且不发生利害冲突的原因正是彼此生态位的分离:不同种类的动物吃不同的植物、吃同一植物的不同部位、在不同高度上取食、出现在不同时间或不同季节、分散在不同地点。通过这种方式,各种动物实现了自身的延续和物种间的互不侵犯,将竞争减少到最低限度。生态位分离不是逃避挑战,而是另辟蹊径,找到一种有效的竞争方式,实现共赢。

在电视媒体的生存战略中,采取专业化、特色化的发展战略符合生态位分离的规律。在电视发展的早期,技术更新慢、频道少,节目资源也不丰富,电视频道多呈现新闻性或低级的综合性面目。随着改革开放的深入,经济水平的提高,人们的生活水平也逐步提高,对物质生活的需求渐渐转移到精神层面上来。入世后,为迎接外国媒介集团进入中国所带来的挑战,地方性的广电集团纷纷成立,整合本地频道资源,以省级卫视为龙头,重新定位,组建各种专业频道。如山东电视台除拥有山东卫视外,下设齐鲁频道、影视频道、综艺频道、体育频道、农科频道、少儿频道等不同特色的专业化频道。

很多省级卫视也在相互竞争中放弃了大多数卫视频道千篇一律的综合性招牌,以特色化的节目打造类型节目群,造就了本台与众不同的特色,成为卫视中的专业台。例如,主打娱乐牌的湖南卫视在20世纪90年代就推出了《快乐大本营》等综艺节目;2002年,正式确立"锁定娱乐、锁定年轻、锁定全国"的战略定位,突出"青春、靓丽、时尚"的频道特色;2003年,明确提出要把频道打造成"最具活力的中国电视娱乐品牌";2004年,又推出"快乐中国"的频道核心理念,进一步强化频道特色。同年,选秀节目《超级女声》应运而生,红极一时,开启了各大电视台竞相模仿的热潮。随后,《闪亮新主播》《国球大典》《吉列威锋英雄会》等大型活动类节目也相继诞生。成功的特色定位在观众心中树立起了频道形象,湖南卫视与"娱乐"一词再也脱不了干系。同样,以电视剧立台的安徽卫视也是电视频道专业化的典型。在纪录片摄制的良好传统下,专注于影视剧创作和开发,注重与海外电视界的合作交流,并不惜斥巨资购买境内独播剧,成为在国内具有广泛影响的强势媒体。河南卫视自2011年开始推进"文化定位"的改版起,便陆续推出《汉字英雄》《梨园春》等多档聚焦传统文化的综艺节目。2021年,随着河南卫视春晚《唐宫夜宴》《龙门金刚》等爆款节目出现,以及《元宵奇妙夜》《清明奇妙游》《端午奇妙游》《七夕奇妙游》等"中国节日"系列节目的推出,河南卫视凭借传统文化"火"出圈,文化品牌更加突出。此外,旅游卫视也是我国省级卫视专业化的一面旗帜,作为全省级卫视中唯一的专业频道,从最初依托于本地优越自然风光和旅游资源的小节目发展成如今集旅游、时尚、娱乐等于一体的特色化频道,以独具特色的节目内容在全国卫视阵营中站稳了脚跟。

在电视体制深入改革的大潮中,中国电视媒体的经营不再处于单纯的生产时代,而是迈向了营销时代,品牌竞争成为潮流。在众多的电视频道面前,在同质化节目泛滥的环境下,选择变成了一件并不容易的事。由此,特色化成为电视台打造频道品牌的有力措施,也成为电视台竞争力的象征。这就要求电视台强化品牌特色,强化观众对频道的品牌意识,培养观众的忠诚度,差异化的竞争策略也是其获取收视率的必要途径。

(三) 在整合食物链中生存

正如"螳螂捕蝉,黄雀在后""大鱼吃小鱼,小鱼吃虾米"等俗语所阐释,自然界中存在着食物链现象。在媒介生态系统中,媒介食物链正是基于传播互动关系和媒介依赖关系而将各种媒介生态要素联系起来形成的链环,并承担着描述和解释的功能。"从媒介系统内的信息生产发布过程来看,媒介食物链就是:信息的采集与创造、处理与加工、发布与传播和受众的接受与反馈。"①因为内容资源是媒介生物的基本营养,所以这也是媒介系统内一条关键的食物链。

媒介内部需要建立优化的食物链,对信息资源进行内部整合,提高资源利用效率,才能实现"1+1>2"的系统最优化结果,提高媒介竞争力。例如,凤凰卫视将"大编辑部"的概念运用于新闻采集工作:对于某一事件的报道,先由领导层进行采访任务的安排,然后分派几个记者小组对事件进行不同角度的采访,采集的素材全部传回总部的新闻平台,不同频道的不同节目各取所需,自行编排播出。这样就省去了不同节目针对同一事件的重复采访,实现了对资源的最大利用。

(四) 在创新中生存

创新是生命力的源泉,它的生态学概念叫作"生态位创造",即"当人们面对一个地方已经饱和的并且竞争充分的媒介市场,为了避免因猛攻这一市场而造成媒介巨大损伤,针对当地市场被忽视的'空白生态位'直接引种或创办媒介以迅速填补空位、形成优势的竞争策略。"②在当今节目数量过剩、内容千篇一律的情况下,创新是电视媒体内部竞争中的一大法宝,具有新鲜感的节目最容易吸引观众的眼球。几年前,湖南卫视的《超级女声》可谓最成功的电视节目创新,平民舞台、层层海选、大众狂欢,一系列从未有过的新鲜创意,在国内的电视荧屏上首开选秀节目的先河。

电视创新必须持久。节目的新鲜劲儿来得快,去得也快。不注重创新手段的更新也会造成观众的审美疲劳,在观众因失去兴趣而流失之前,采取新一轮的创新措施是维持节目地位的必要措施。例如,《超级女声》在连续举办了三届之便后一改女生独霸的形式,改办《快乐男声》,同样是平民歌唱选秀,主角的变换重新拉回了观众的注意力,甚至吸引了新的观众群。

---

① 邵培仁等:《媒介生态学——媒介作为绿色生态的研究》,中国传媒大学出版社,2008,第75页。
② 邵培仁等:《媒介生态学——媒介作为绿色生态的研究》,中国传媒大学出版社,2008,第74页。

值得注意的是，创新虽贵在一个"新"字，但"创"也同样不容忽视。照搬创新型节目的形式和内容是低级的模仿，只会造成同质化节目泛滥。《超级女声》之后，各大卫视跟风开办选秀节目就是最好的例证。当然，如果能够在模仿中创新，取其精华，也能闯出另一番天地。同样是模仿选秀节目，浙江卫视汲取了其中最精华的"平民"色彩，开创了《我爱记歌词》节目。同样是唱歌，但比的不是歌喉，不是技巧，不是舞台表现，没有最终的冠亚季军，也没有推星造势的浩浩荡荡，有的只是大众娱乐，最终在2009年的电视荧屏上掀起了一股电视"卡拉OK"的新时尚。

第三节 当下媒体生态格局概观

所谓媒介生态，即用生态学的观点来研究媒介，把整个媒介系统作为一个生态系统来对待。在生态学中，生态系统是指"在一定的空间内，生物的成分和非生物的成分通过物质的循环和能量的流动互相作用、互相依存而构成的一个生态学功能单位。"[1]借鉴这一观点，我们把媒介生态系统视为以大众媒介为中心，以人为主导，通过信息、社会、自然等各因素之间相互联系、相互作用而形成的一个有生命力的整体系统。

我国学者崔保国认为，"媒介生态系统是媒介生态学研究的基本对象，也是媒介生态学研究的核心问题。"[2]媒介生态系统的组成元素是人、媒体、自然和社会。其中，媒体是媒介生态的主要构成元素，是媒介生态环境中的主要物种；人是其中的主导和控制者，是媒体的核心组成部分，也是媒体产品的接受者和评判者；而自然和社会条件则是环境因素和外力，是媒介生态系统形成的大背景。因此，各种类型的媒体是媒介生态系统中的主体，也是媒体生态格局的主要研究对象，分析它们的发展状况及其相互关系，探究这些因素如何构成媒体环境及其与媒介生态系统中其他要素之间的相互关系，都是研究媒体生态格局的重要任务。

媒介生态系统是一个有机的统一体，既与外界紧密相连又具有自身的个性特征。在这个媒介系统中，各个媒介物种既相互联系又相对独立。总结当下媒体生态格局的状况，我们大致可将其归纳为以下四点：媒体种类增多、各种媒体多样化存在；媒介间竞争日趋有序；媒介融合成为必然趋势；媒介与人和社会的互动性增强。

---

[1] 尚玉昌编著：《生态学概论》，北京大学出版社，2003，第194页。
[2] 崔保国：《理解媒介生态——媒介生态学教学与研究的展开》，《全球信息化时代的华人传播研究：力量汇聚与学术创新——2003中国传播学论坛暨CAC/CCA中华传播学术研讨会论文集（上册）》，2004年1月。

一、多元并存

优胜劣汰是自然界永恒的法则。在自然生态系统中,新生的优势物种往往会对旧物种产生威胁并进而导致旧物种灭亡,以此维持生态系统的平衡。但媒介的生存和发展似乎并不符合这一规律。

媒介生态学认为,一种媒介的兴起并不会导致旧有形态的消失,相反,新旧媒体可以同时并存。广播的诞生并没有导致报纸消亡,电视的出现也没有使广播退出历史舞台。在较长的一段时期内,报刊、广播、电视形成了一个较稳定的媒介生态格局。尽管互联网的出现掀起了一场媒体革新的浪潮,人们也开始担忧传统媒体的生存状况,但现实是,媒体物种的增多刺激了各种媒体不断发掘自身潜力以应对其他媒体的挑战,传统媒体非但没有灭亡,反而在与新媒体的融合中寻求到了新的发展空间。越来越多的事实证明,媒体多元并存才是媒介生态的合理格局,这也直接促进了整个媒介环境的繁荣。各种媒介共同发展、共同演进,是媒介生态系统的独有特征。

学者尚玉昌在《生态学概论》中介绍了一块弃耕农田在 40 年的演替期间其植物种类和数量的变化情况。结果是,随着物种多样性的增加,在演替过程中各物种之间在数量上的差异逐渐减小,演替早期阶段少数物种占有明显优势的状况逐渐消失。他总结道,演替过程只要不遭到人类的破坏和各种自然力的干扰(如洪水和火灾等),其总的趋势会导致物种多样性的增加。[1] 媒体生态中,物种的演替也是如此。报纸在大众媒介发展之初占据了垄断地位,随后广播、电视、互联网等逐一发展起来,媒体物种逐渐增多,但每一个后来者都没有造成前者的消亡。原因就在于人们在使用旧媒体的过程中,各种更高更新的欲望和需求也被逐渐开发出来,这为后来拥有更多功能、更能满足人们需求的新媒体的诞生做了铺垫。比如,报纸最初为人们提供了了解外部世界的窗口,但它毕竟只能提供单一的文字信息,缺乏形象感、生动性;而之后,能够提供声音信息的广播和丰富声画信息的电视则满足了人们进一步增长的多感官需求。

需求源源不断的增长刺激了新技术、新媒体的出现。每种新媒体都对旧媒体的功能进行了有益补充,各种媒体各居其位,使整个媒体格局日趋完善。正如保罗·莱文森提出的"补偿性媒介"理论,任何一种新媒介,都是对过去旧有的某种媒介先天功能的不足所做的一种补偿,使其向着完善更进一步。

"物种多样是生态系统健全完善的重要特征。"[2] 多元化的物种为生态系统注入多样的特色和新鲜的活力,是生态系统发展前进的有力促进因素。媒介物种的多样性在丰富大众生

---

[1] 尚玉昌编著:《生态学概论》,北京大学出版社,2003,第 173 页。
[2] 邵培仁等:《媒介生态学——媒介作为绿色生态的研究》,中国传媒大学出版社,2008,第 68 页。

活、繁荣社会文化的同时也促进了媒介系统自身的平衡和稳定,多元并存符合媒介生态学中的"媒介生态平衡观"。

二、良性竞争

多元和竞争始终是并存的。一个良好的媒介生态应是保持适度竞争、多元并存的生态。① 以互联网和手机为代表的新媒体打破了传统而陈旧的媒体格局,为媒介消费市场注入了新的活力,也对报纸、广播、电视等传统媒体构成了极大的挑战,促使其重新审视自身的发展策略。用生态学的观点来看,如同一个新物种打破了原有生态系统的平衡,媒体格局也出现了动荡。新媒体来势汹汹,传统媒体深感自危。若不及时采取有效的应对措施,传统媒体的市场份额将会被逐渐蚕食。

在媒介生态中,竞争是媒介种群前进和发展的动力。在缺乏竞争的状况下,原有物种会不断扩张繁殖,打破系统的生态平衡,于进化无益。相反,竞争却是媒体格局重新走向平衡的必经之路。生态学中最重要的一个命题——竞争排斥法则告诉我们,"如果两个竞争物种能共存于同一个生存环境之中,那么他们一定是生态位分化的结果。"②各种媒介占据相应不同的生态位,依托不同的资源优势,各尽其能,形成一个错位竞争的良性竞争格局,才能使整个媒介系统获得良性发展。如今,媒介间的竞争早已不再是以往那种你死我活的恶性争斗,"不出胜负不罢休"的零和游戏只会导致两败俱伤。在联系日益紧密、彼此依赖日益加深的媒介生态格局中,共存共荣、在合作中竞争、在竞争中发展才是生存的唯一出路。

三、媒介融合

在媒介多元竞争的格局下,融合成为必然趋势。"媒介融合是在数字技术、网络技术和网络存储技术等传媒技术产生的基础上,以受众需求变化为导向,从整体上打破传统传媒业的边缘,彰显个性媒体的独特传播优势,实现立体式传播效果的演变过程,其终极目标是实现社会的媒介化。"③不同的媒体之间可以相互借鉴,在一种媒体身上赋予另一种媒体的特征,或不同形式之间的媒体进行合作,或几种媒体合而为一。在激烈的媒体竞争格局下,这种做法不失为一种良策。

早年间风靡一时的手机报是媒介融合的最鲜明例证之一。手机报是纸质媒体与手机结合的产物,纸质媒体或网站成为信息提供商,移动运营商依靠手机的便携性和及时性等特征,将信息内容编辑后以彩信的形式发送到手机上,为人们获取信息提供了便利。手机报的

---

① 蔡骐、蔡雯:《媒介竞争与媒介文化》,复旦大学出版社,2007,第179页。
② 邵培仁等:《媒介生态学——媒介作为绿色生态的研究》,中国传媒大学出版社,2008,第252页。
③ 杨海军:《媒介融合:缘起与终极目标》,《传媒》2009年第4期。

信息形式简洁、内容多样,在手机报发展的黄金时期,中国移动除《新闻早晚报》外,还有与《瑞丽》杂志合作的《手机报—瑞丽》,与国家地理合作的《中国国家地理》,以及内容源于《周末画报》的同名手机报等等。自主选择订阅,个性化较强,短小精悍的编排适合现代人的生活和工作节奏,获得了大批受众群体的青睐。

此外,互联网也可谓媒介融合的典范。保罗·莱文森在解读麦克卢汉"媒介即讯息"的观点时认为,因特网是一切媒介的媒介。"因特网摆出了这样一副姿态:它要把过去一切的媒介'解放'出来,当作自己的手段来使用,要把一切媒介变成内容,要把这一切变成自己的内容。"①

四、互动至上

作为社会系统的子系统,媒介并不是完全独立的信息发布机构,而是社会系统中与经济、政治、文化等因素并存而又相互影响的组成部分。在现实生活中,并不存在完全独立的媒介系统,它与其他因素的联系也会延伸到社会的各个领域。时至今日,一个最为明显的表现是:媒介与受众的联系越来越紧密。

在这方面,新媒体的能量毋庸置疑。互联网的出现为人们表达思想和情绪宣泄提供了空前的自由,原有"你说我听"的传播模式被彻底打破。与此同时,这种自由也催生了多种形式的网络产品,如网络歌曲、网络小说。受众话语权的增强使其由原本的信息接受者转变为有参与权利和表达自由的"参众"。互动性已成为当前新旧媒体共同的关键词。在新媒体的影响下,传统媒体纷纷摘下以往高高在上的新闻发布者的面具,一边借助与新媒体合作,加强与受众的沟通;一边加强与社会的联系,扩大自己的影响力。

本章思考题

1. 什么是媒介生态系统?
2. 当前媒介生态格局是怎样的?
3. 电视媒体有着怎样的独特地位?
4. 怎样看待电视媒体的生存空间?

---

① [美]保罗·莱文森:《数字麦克卢汉——信息化新纪元指南》,何道宽译,科学文献出版社,2001,第7页。

本单元主要参考文献

1. 欧阳宏生主编.《广播电视学导论》[M].四川大学出版社,2002.
2. 陆晔、赵民主编.《当代广播电视概论》[M].复旦大学出版社,2002.
3. 吴玉玲主编.《广播电视概论》[M].中国传媒大学出版社,2007.
4. 仲富兰.《广播电视新闻学》[M].上海外语教育出版社,2006.
5. 郭庆光.《传播学教程》[M].中国人民大学出版社,1999.
6. 宫承波.《传播学纲要》[M].中国广播电视出版社,2007.
7. 黄匡宇主编.《广播电视学概论(第二版)》[M].暨南大学出版社,2005.
8. 张雅欣.《电视概论》[M].中国广播电视出版社,1997.
9. 王振业、方毅华、张晓红.《广播电视新闻性节目规范研究》[M].中国广播电视出版社,2002.
10. 刘桂林、陈万利、刘斌.《电视新闻栏目定位与运作实录》[M].中国广播电视出版社,2005.
11. 张菁、关玲.《影视视听语言(第二版)》[M].中国传媒大学出版社,2014.
12. 刘京林.《新闻心理学概论》[M].中国传媒大学出版社,1999.
13. 秦瑜明编著.《电视传播概论》[M].北京广播学院出版社,2002.
14. 祁林.《电视文化的观念》[M].复旦大学出版社,2006.
15. 欧阳宏生等.《电视文化学》[M].四川大学出版社,2006.
16. 宋昭勋.《非语言传播学》[M].复旦大学出版社,2008.
17. 邵培仁等.《媒介生态学——媒介作为绿色生态的研究》[M].中国传媒大学出版社,2008.
18. 宫承波.《新媒体的多维审视》[M].中国广播电视出版社,2008.
19. 尚玉昌编著.《生态学概论》[M].北京大学出版社,2003.
20. 朱羽君、高传智等.《瞭望之路:中国广播电视新闻改革研究课题报告》[M].中国传媒大学出版社,2008.
21. 蔡骐、蔡雯.《媒介竞争与媒介文化》[M].复旦大学出版社,2007.
22. 胡正荣、曹璐、雷跃捷主编.《广播的创新与发展》[M].北京广播学院出版社,2004.
23. 曹璐.《解读广播——曹璐自选集》[M].中国广播学院出版社,2004.
24. 张海潮.《眼球为王:中国电视的数字化、产业化生存》[M].华夏出版社,2005.
25. [美]保罗·莱文森.《数字麦克卢汉——信息化新纪元指南》[M].何道宽译.科学文献出版社,2001.
26. 吴红雨.当代中国电视受众需求研究[D].上海:复旦大学,2008.

第五单元

广播电视节目论

　　作为广播电视的基本表现形式,节目与广播电视媒介是不可分割的,节目与这两种媒介如影随形,有了广播电视就有了节目。

　　节目是电台、电视台各种播出内容的最终组织形式和播出形式,换句话说,广播电视所要传播的各种内容都要以"节目"这个基本单元形式来组织、呈现,它们构成了节目;而各类信息内容又依附于具象的传播符号,这些传播符号的有机配合、相互作用,才使得广播电视节目既合理规范,又丰富多样。

第十三章 广播电视节目概说

第一节　广播电视节目的基本概念

一、节目与广播电视节目

汉语中,所谓节目,其本义是指树木枝干交接处坚硬而纹理纠结的部分。其中,"节"是指物体的分段或段与段之间的地方,如竹子生叶与分枝处称"竹节",动物的骨骼连接处称"骨节""关节",还有"时节""季节""情节"等,都含有段落之意;"目"字,除了有眼睛、观看的意思之外,还有大项中再分小项的意思,如大纲细目、条目等。后来,"节目"一词除本义之外,又引申出关键、项目、程序等意思,并且其引申义逐渐冲淡或掩盖了本义。

英语中,"节目"为"Program"。其中,"pro"为前缀,是预先、前兆的意思;"Gram"意为文法、文法规则。两者拼在一起,就构成了按主观预先的规定,按某一种要求顺序而进行的事情的条目,即进程的项目和单元。

由此看来,不管是中文还是英文,"节目"大致是指由一定的内容按照预先设定的意图、文法规则排列组合后形成的一个有机整体。

人们现在所说的"节目"通常是指文艺演出的基本单位,同时也泛指一定时段里表现一定内容的一种形式。许多艺术门类都是以节目的形式作为其演出的基本单元,如一台戏、一台晚会中有歌舞节目、曲艺小品节目等。

无线电广播出现后,广播电台移植了"节目"一词,"节目"成为广播电视传播最基本的单元。《中外广播电视百科全书》中对广播电视节目作过这样的定义:广播电视节目是电台、电视台各种播出内容的最终组织形式和播出形式,也是电台电视台和其他广播电视节目机构制作的供播出或交流的具有完整内容的广播电视作品。

二、广播电视节目与栏目

广播电视节目是日常播出内容的基本编排单位和播出顺序结构。节目内容中包含的几个相互独立但又存在一定联系的局部被称为"栏目"。这两者的区别在于,栏目一般有固定的主持人,并且主持人是其外在标志;而节目没有固定的主持人;栏目是定期定时定量播出,而节目无延续性,播出时间不固定;栏目有特定服务受众,而节目的收听、收视对象不固定,内容更广泛。

在最初的概念描述里,"节目"是上位概念,"栏目"是其下位概念。如中央广播电视总台央视一套综合频道的《生活圈》节目,就设有"在线大名医""健身九宫格""生活大爆款""智能一点通""巧手厨房""走近中国科学家""院士说科技""医疗新技术"等多个子栏目。

由于传统的广播电视节目内容比较简单,除少量的文艺节目、教学节目较长外,大量的是5到20分钟不等的小型节目。如中央人民广播电台1988年的第一套节目全天播音21小时30分钟,共划分为74个节目,单个节目平均长度为17.5分钟左右。所以,节目的表现形式比较呆板。一般来说,传统的广播电视节目较少,再下设固定的子栏目,且节目编排以简单线性顺序排列,较为随意,节目个体之间缺乏内在联系。

20世纪80年代中期以后,随着板块型节目被引入我国,广电领域出现了"节目栏目化"的提法,并逐渐发展为一种趋向。板块式广播电视节目是指具有基本固定播出时段及周期,内容融新闻、信息、服务、文化娱乐等多种节目类型为一体,多采用主持人串联形式播出的大时段节目,也称为"杂志型节目"。板块型节目即体现了"节目栏目化"的特点,这样的节目将反映同一内容和同一类型的节目归为一栏,整个节目分成多个专栏进行编辑和播出,有固定的名称、标志、开始曲和时间长度,并安排固定的时间播出。

可以看出,这时候的"节目"和"栏目"分别所指代的具体内容发生了变化。"栏目"指各个时段和定期播出的内容单元,而"节目"则变成了"特定时段中的具体播出内容或固定栏目中某一相对独立的局部"。"栏目"成为涵盖"节目"的上位概念,而"节目"则变成了"栏目"的下位概念,这与之前人们对"节目"和"栏目"两个概念及其关系的理解显然有所不同。

广播电视界对"节目"和"栏目"一直没有一个统一、明确的界定,为便于论述,在此仍将播出内容的基本单元称为"节目",将"节目"内部相对独立的组成部分称为"栏目"。

节目栏目化意味着内容、时间、长度相当的固定,使得节目系列化、播出连续化、周期化。它体现的是一种规范,是对日复一日的广播电视播出的一种基本保障,是广播电视播出的"有序化",更是对观众的一种尊重。广播电视节目实现栏目化,实际上就是通过各种栏目的编排及每个栏目的节目构成、顺序安排,来组织听众收听、收看。受众与广播电视机构的交流,也因为有了"专栏"作为具体的对象而更加方便直接。因此,栏目化使得电台、电视台可以更加主动、自觉地吸收受众深度介入到广播电视节目的制作、演播过程中来。

三、广播电视节目系统

广播、电视节目是一个系统工程。由于各级电台、电视台所处地位不同,传输信号覆盖范围不同,拥有的频率、频道资源不同,它们以台为单位,依据不同的传播社会功能,从不同的层次、不同的时态要求出发,各自设置节目,建构自己的节目系统,从而形成多功能、多层次、多时态的系统结构。

如中央广播电视总台现在有十七个中文电视频道,除了一套为综合节目频道,还有专业的新闻频道、综艺频道、体育频道、电影频道、少儿频道等,它们分别服务于各自的受众对象,体现出不同的社会功能。

从结构层次上看,一个拥有一个频率或频道的电台、电视台,它的节目系统至少应该包括四个层次,即一套节目、一类节目、一个节目、一次节目①。如果一个台有多个频率或频道,那么在同一时间内就有几个节目在播出,那它就还有多套节目这一层次。

按时间序列来划分,广播电视节目系统的不同层次又存在着纵向或横向的时间布局,呈现不同的时间形态,由此形成顺时和共时两个子系统。

其中,节目顺时子系统有两种表现:首先,是一个电台、电视台的一个频率或频道(即一套节目)一天播出的各种节目,构成了该套节目的纵向顺时链。如中央广播电视总台新闻频道的节目,从子夜零点的新闻开始,到23点59分的节目结束,24小时中的每个具体节目都是构成顺时系统的一个环节。

其次,是隶属于同一节目的一次次具体节目构成了一个定期播出的节目的纵向历时链。

节目共时子系统也有两种表现:一个是同台多套节目共时。如果一个台拥有多个频率、频道,也就会有几套节目,那么在同一时间内就有几个节目在播出,这些节目之间就形成了共时链的关系。

二是异台节目共时。在同一区域可能被多个电台、电视台的节目所直接覆盖,那么在同一覆盖区域内,也可能存在着共时性节目链。比如,在北京,中央三台和北京两台,甚至周边地区,如河北的某些市台交叉覆盖;在上海,有两个同一级别的电台和电视台,它们的节目都形成了本台多套和多台的共时链。

---

① 方毅华:《节目构思与分析》,中国广播电视出版社,2009,第43页。

第二节 广播电视节目发展概观

从广播电视节目诞生伊始,其节目的制作者就开始不断地探索适合电台、电视台播出的节目内容和节目形式。随着科学技术的不断进步、人们对节目观念的逐步清晰,广播电视的节目类别也不断地拓展和变化,广播电视节目走过了一个由简单到丰富、由随意编排到有意识地追求整体效果的发展历程。

一、世界广播电视节目发展概观

(一)节目萌芽期

1. 广播节目

1920年11月2日诞生的世界上第一座电台——美国宾夕法尼亚州匹兹堡的KDKA广播电台,以广播沃伦·甘梅利尔·哈定(Warren Gamaliedl Harding)和詹姆斯·考克斯(James Cox)在总统选举中的得票数为开端,开启了广播节目。

在节目内容上,KDKA广播电台创造了许多"第一",实现了一系列的突破[1]:现场报道体育比赛,舞台戏剧演出实况转播,第一个教堂广播,第一个政府官员的广播讲话,第一个股票行情等等,这些开创性举措很快被载入史册。

1921年,第一个谈话节目出现在美国马萨诸塞州斯普林菲尔德的WBZ电台。

广播剧是这一时期最为辉煌的节目形式。现在所知的世界上第一部原创广播剧,是1924年1月25日BBC播出的《危险》(又译《煤矿之中》)[2]。

20世纪30年代初期,一些电台还利用广播在声音上的优势,直播或转播了一些音乐剧和交响音乐会。

但早期的广播电台是各类节目都有的综合台,当时的节目,正如传播学专家丹尼尔·杰·切特罗姆(Daniel J. Gitrom)在其著作《传播媒介和美国人的思想》里所描述的:"在最初的年月里,广播节目题材广泛,包罗万象。固定节目在20年代早期还是比较罕见。在KDKA电台里,音乐会、歌唱家、留声机唱片占了大部分播出时间,另外还有初步的新闻报道和一些宗教服务节目。"也就是说在这段时间里,由于广播仅仅被视为获得娱乐的"音乐盒",音乐节目

---

[1] 周小普:《广播新闻与音响报道》,中国人民大学出版社,2001,第39页。
[2] 张凤铸教授在《中国广播文艺学》中提出了不同看法,认为世界上最早的广播剧是1923年10月在格拉斯哥播出的《罗布·罗伊》。

占有绝对优势,新闻节目只不过扮演"跑龙套"的角色,广播新闻在全部节目中所占的比例较小,电台也很少有自己的新闻采编队伍,播出内容多是报纸、通讯社的稿件。

到了20世纪30年代,由于广播广告份额逐年增加,通讯社出于经济利益的考虑,对广播电台进行新闻封锁,不再向电台出售新闻。在这种情况下,电台被迫开始自己采写新闻,走自己的发展道路。

这期间,电台除了报道一些重要事件,如罗斯福(Franklin D. Roosevelt)总统的炉边谈话,英王爱德华八世退位等重点新闻外,还进行新闻述评,加强了新闻评论节目。后来各电台发现主题性节目比较受欢迎,就都试着建立自己的节目主题,由此形成了版块节目的概念。

2. 电视节目

普遍认为,世界电视事业的诞生始于1936年11月2日英国广播公司(BBC)正式播出在伦敦郊外亚历山大宫举行的一场盛大的歌舞,但第二次世界大战的爆发,使刚刚开始起步的世界电视事业陷入了停滞状态。世界范围内绝大多数国家不得不中断了电视的实验和播出,英国广播公司BBC电台被征为战用,只有美国还有6家商业电视台在勉强维持,但所播出的节目不仅时间短,内容上也不过是一些防卫信息。

由此可见,"在广播电台、电视台创办的初期,所谓节目,内容多为临时组合,并没有形成稳定的节目方针、节目风格,也没有形成对于具体内容和形式的特定取向。"①但值得注意的是,一些现在仍活跃于广播电台、电视台中的节目形式和报道方式,在电台、电视台诞生初期就已经出现了。

(二)节目发展期

1. 广播节目

对于广播来说,有一定规范的定期节目,形成于20世纪中期。广播发展较为迅速的美国由于有了广告收入而得以稳定,并在20世纪中期开设了定期广播,人们每周都能听到他们喜欢的节目。广播节目包括喜剧、音乐会、体育、戏剧、讲座和新闻评论。

这期间,真正让广播引人注目的是广播新闻节目的长足发展。由于资本主义国家政治经济的动荡,第二次世界大战的爆发,广播新闻成为重要的信息来源,新闻节目在所有广播节目中所占的比例逐年扩大;广播新闻开始出现能发挥自身特长的节目形式,特别是一大批记者和早期的新闻节目主持人在第二次世界大战中做了大量的现场新闻报道,开辟出广播新闻的一片新天地,"广播事业非但已成为传播新闻的媒介,还成为一股社会力量了。"②

---

① 方毅华:《节目构思与分析》,中国广播电视出版社,2009,第2页。
② [美]威廉·曼彻斯特著:《光荣与梦想》,朱协译,商务印书馆,1988,第269页。

比如,1938年爆发了希特勒侵略奥地利的"慕尼黑危机"。当年3月28日,哥伦比亚广播公司的记者爱德华·默罗(Murrow Rossoe Edward)和其他几名同事克服种种困难,分别从伦敦、巴黎、维也纳、罗马和柏林组织发回了有关当地情况的"世界新闻综合报道",实现了历史上第一次新闻联播;同时,在近二十天的事件危机中,哥伦比亚广播公司首次在公众中树立了"新闻评论员"的权威形象,主持人卡尔登邦在纽约配合这几名记者,对这些新闻进行分析和评论,有时他把希特勒、张伯伦、戈培尔和墨索里尼的讲话直接翻译给美国听众听,有时又预测事态的发展和各主要国家将会采取什么样的外交措施。这种节目播出形式极大地丰富了报道内容,满足了当时美国人了解战争事态和各地情况的欲望,改变了广播电台广播新闻评论默默无闻的状况,也使得这一年成为广播史上最重要、最令人瞩目的新闻年。

图13-1　爱德华·默罗

再比如,1940年开播的《这里是伦敦》节目。主持人默罗发挥广播的技术优势,采用现场报道的方式,用平静而富有感染力的语言对大不列颠战役进行生动描述,以最快的速度将战况及时报道给听众,一般认为,这是世界上最早的广播现场报道,①使该节目成为国际广播界现场报道的典范。

二战中,广播记者的空前创造精神,使广播新闻报道形态更为丰富,现场报道、电话采访、连线访问、新闻分析、新闻评论等成了广播新闻报道的基本体裁和样式,新闻节目在广播中上升到举足轻重的地位。到1944年,广播新闻的播出时间已经增加到26.4%,1948年,广播广告上升为1.33亿美元,新闻节目在广播中上升到举足轻重的地位。

---

① 饶立华等:《电子媒介新闻教程》,中国人民大学出版社,2010,第18页。

2. 电视节目

世界电视事业的真正发展，应该说还是在第二次世界大战之后。只是二战刚结束时，在各国刚恢复播出的电视节目中，新闻节目依然没有受到重视，像日本的NHK东京电视台就多为转播日本人喜欢的体育项目——相扑、棒球、职业摔跤等；美国的电视节目则主要是一些幽默剧、轻歌舞、卡通片、电影以及其他娱乐性节目。"根据1951年1月美国全国广播联合会（NAEB）对纽约7个电视台一周的节目调查，结果显示，在电视播出的564小时的节目中，25%是戏剧节目，……14%是综艺节目、杂耍表演，13%是儿童娱乐，新闻、体育、家政及采访各占10%。"[①]

(三) 节目繁荣期

20世纪50年代，在欧美国家，迅速普及到普通百姓人家的电视，以其声画并用的传播方式对单纯依靠声音的广播电台造成巨大冲击，广播内容起了极大的变化，发展得很好的广播剧、肥皂剧、答问节目和其他娱乐节目被电视抢走，在广播中不见了。

1. 广播节目

为了争取受众以求生存，从20世纪50年代开始，广播逐渐转变自己的传播功能，开始重新定位，不再坚持以综合节目来吸引广大的听众，而逐渐转向一家电台就做一种节目类型，为特定的听众提供专业化服务。最早出现的专业台是音乐台。音乐台的创始人托德．斯托兹注意到酒吧里投币唱机里只有几首同样的歌曲被人反复点播，他把这种播放方式引入到他工作的KOWH电台的节目编排中，只播放流行的唱片音乐，一举成功。这就是最早出现的专业电台。由于专业台提供的节目内容专一，而且连贯一致，便于听众收听，到20世纪50年代下半叶，像这种专业台的广播形式已经在美国占据了主导地位。

专业台的建立标志着广播节目发展的新方向，"音乐、新闻加谈话"的模式被广泛采用，一方面，从节目内容的角度，专业广播被进一步细分，如音乐台进一步细分为爵士音乐台、古典音乐台、乡村音乐台、轻音乐台、老式摇滚音乐台、老歌台等，每一个电台都拥有一群相对固定和忠实的听众；另一方面，按照年龄、性别、职业、地域、收听场所等，广播对受众市场进行细分，越来越面向小众提供各种各样的服务，形成了全天候新闻台、宗教台、种族台、谈话节目台、中老年音乐台、儿童音乐台等专业台，广播呈现出多样化的发展趋势。

进入21世纪，节目本地化逐渐成为广播发展的又一个方向。由于人们对本地信息，特别是自己所在社区的信息最为关注，于是为迎合听众的兴趣，发挥自身作为区域化、本地化的

[①] 郭镇之：《电视传播史》，北京师范大学出版社，2000，第201页。

传播机构的特点,法国、德国、英国、美国等纷纷开办"社区电台",尽量将自己报道的视野范围局限在本地区、本社区,节目构成也基本以本地新闻、时事、社区活动、娱乐为主,受到了当地听众的欢迎。

2. 电视节目

早期的电视新闻节目是从模仿广播新闻开始的。1948年8月15日,美国哥伦比亚广播公司(CBS)开办了世界上第一个定期播出的电视新闻节目——《CBS电视新闻》,每天播出15分钟的电视新闻。但由于电视技术的制约,许多电视新闻节目的制作人和主持人还没有完全从广播新闻的模式中走出来。

直到60年代开始,电视新闻逐渐显示出它独有的现场报道的魅力。在美国,对总统竞选辩论、约翰·格伦(John Glenn)第一次环绕地球轨道飞行、马丁·路德·金(Martin Luther King)被刺后的黑人区骚乱、人类第一次在月球上行走、越南战争等事件,各家电视网都给观众提供了难以忘怀的新闻现场报道,特别是对约翰·肯尼迪总统遇刺事件的报道,使电视新闻彻底摆脱了报纸和广播新闻的竞争压力,第一次牢牢抓住了公众的注意力。

随着电视新闻影响力的增强,1963年开始,美国的三大电视网先后把自办的晚间新闻从15分钟增加到30分钟,并确立了主持人制度;20世纪70年代,电视网除每天提供30分钟的新闻节目,每周日还提供15分钟的新闻综述节目;20世纪80年代,电视网逐渐形成了由早间软新闻、滚动播出的简明新闻、作为主力的晚间新闻以及夜晚的访谈节目组成的全天新闻节目结构。

除了在节目的时长和时段上拓展,美国的电视台也开始探索新闻节目的新形态。1968年9月24日,哥伦比亚广播公司(CBS)开创电视新闻杂志《60分钟》,每周日晚7点播出,节目由三个独立调查性短片组合而成,没有节目主持人,只在每个节目短片前由该片的出镜特派记者在演播室做一简短述评。"精彩的故事、犀利的提问、亲历的现场、调查式报道'硬新闻'的主题、公众的立场及严肃的态度,使《60分钟》长达30多年居于收视榜前位,被新闻业界视做一个高高在上的职业理想范式。"① 《60分钟》是美国新闻史上迄今为止最成功的电视新闻杂志节目,从1968年创办至今已成功地在哥伦比亚广播公司(CBS)播出了50多年,风靡整个西方世界,成为调查性新闻节目的典范。2008年年底,《60分钟》以奥巴马当选后的首个电视采访再次引起全世界的关注,创造了新的收视纪录。《60分钟》的成功,引来电视同行们纷纷效仿,风格不同的电视新闻杂志成为各电视台的王牌节目。

1980年6月1日,美国第一家通过卫星向电缆电视网和卫星电视用户专门提供全天新

---

① 吴玉玲主编:《广播电视概论》,中国传媒大学出版社,2007,第33页。

闻节目的电视公司——CNN(Cable News Network)在亚特兰大成立,它开办了世界上第一家 24 小时全新闻频道。和传统的三大商业电视网不同,作为全天候的新闻频道,CNN 可以随时打断正在播出的节目或广告,插入对突发新闻事件的现场报道,真正实现对正在发生的事实的报道。

二、我国广播电视节目的发展概观

我国广播电视节目发展的路径与世界的发展大体一致,只是在时间上相对滞后。

(一) 节目的初创

1923 年,美国商人奥斯邦在上海租界内私自创设的"奥斯邦电台",是中国境内出现的第一座广播电台。而真正由中国人自己创办的电台——哈尔滨广播无线电台于 1926 年 10 月 1 日诞生,"每天广播两小时,节目为钱粮行市以及新闻、音乐、演艺等。"①

在抗日战争爆发以前,国内的民办电台一度繁荣,当时的民营电台就有"专业台"的划分,主要分教育电台、商业性电台和宗教性电台,但大多数播送广告与低级庸俗的娱乐节目。

国民党在南京创办了"中国国民党中央执行委员会广播无线电台",最初每天播音 2 个小时,上午是 1 小时为演讲节目,下午 1 小时是新闻节目,所有新闻稿也都由中央社提供。之后,国民党又陆续在杭州、北平、广州、上海等各地办起 20 多座电台,并规定全国各地广播电台都必须抄收转播国民党中央广播电台晚间的新闻节目,扩大其政治影响。"这也许就是我国新闻联播这种节目形式的滥觞。"②

中国共产党领导下的人民广播始创于 1940 年的延安新华广播,"试播期间广播节目的安排和广播内容,除报道国际国内及抗战消息外,并经常有音乐、名人演讲、科学常识、日语、革命故事等节目。"③ 1947 年 7 月以后,解放战争从战略防御转为战略反攻。为了配合这一形势的转变,1947 年 9 月 5 日,延安台正式开办了《对蒋军广播》(后改名为《对国民党军广播》节目),这是延安台自开播以来举办的第一个对象性节目,对于瓦解国民党军队的战斗意志,发挥了积极的作用。1947 年 9 月 11 日,延安台又开办了"英语新闻"节目,将收听范围扩大到了外国听众方面去。

很显然,由于客观条件的限制,那时候的广播充其量相当于报纸的"有声版",没有严格意义上的新闻节目,对节目如何体现广播的传播特点和自身的要求,没有也不可能给予应有

---

① 陈尔泰:《中国第一座广播电台》,《新闻研究资料》1985 年第 30 辑。
② 毕一鸣:《世界广播电视发展史——视听传媒的历史变迁》,中国广播电视出版社,2010,第 320 页。
③ 赵玉明:《关于延安新华广播电台的筹建和试播始末》,《新闻研究资料》1980 年第 4 辑。

的关注。这种情况甚至在新中国成立后也持续了很长一段时间,相当一部分听众一直把收音机和广播喇叭称为"戏匣子",这也从一个侧面表明文艺性节目在广播中的重要地位和巨大影响。

1958年5月1日,我国第一座电视台、现中央电视台的前身——北京电视台开始试验播出。这一天的节目内容,首先是政治节目,然后播放了中央新闻纪录电影制片厂摄制的纪录片《到农村去》,还有文艺节目诗朗诵等,最后是苏联的科教片《电视》。

(二) 节目的发展

新中国成立后,党和政府非常重视广播事业的建设和发展。在"文革"前的17年,人民广播曾经努力学步,大胆探索,开拓进取,勇于创新,开办了一大批富于广播自身特点的新闻、专题和文艺节目。

1949年北平新华广播电台开始播音的时候,全天设有4次、共70分钟的新闻节目。到1950年的4月,中央人民广播电台的新闻节目就从全天4次增加到7次。在新增的3次节目中,其中一次是《首都报纸摘要》(后改名为《新闻和报纸摘要》),专门摘发首都各报当天的消息和言论;一次是国际新闻,这是中央台最早设立的专门广播国际新闻的节目。1951年5月1日,中央台晚间的重点节目《全国各地人民广播电台联播节目》开播,这就是后来的《各地人民广播电台联播节目》,现在叫《全国新闻联播》。

1954年5月30日,中央台增设了对国内广播的第二套节目,主要任务是发展新闻广播,增办对象节目和知识性节目,全天播音时间从1949年的5小时,增加到23小时55分,新闻节目增加到11次。

到1956年,中央人民广播电台的新闻节目次数又增加到15次,并开办了《时事讲话》,对过渡时期党的在方针、政策和经济建设方面的成就和出现的问题作通俗的讲解和评述。

1960年11月7日起,中央台的新闻节目进一步增加到22次,创新中国成立以来最高纪录。在这22次新闻节目中,除了全国一起转播的《联播》《报摘》外,还有全天分布较为均匀的10次新闻节目,每次15分钟,还有一些专门性新闻节目,如《工业新闻》《农业新闻》《文教新闻》等。

在"广播要学会自己走路"要求下,各地广播电台相继开办了一些颇具特色的节目和栏目,节目品种不断丰富,节目品牌初步确立,涌现出卫生、科普、少儿、体育等一大批专题节目。其中,1954年9月4日开播的《小喇叭》,是社教类节目中的杰出代表;1951年1月8日,上海人民广播电台转播了苏联男子篮球队与上海"沪联"篮球队的友谊比赛实况,这是新中国成立后第一次转播体育比赛实况;同年12月1日,中央人民广播电台开始举办第一套广播体操节目；音乐类节目《每周一歌》后来成为中央台经久不衰的名牌节目；1950年2月7日，中央人民广播电台为纪念"二七"铁路大罢工，录制并播出了反映铁路工人修复铁路支援国家建设的广播剧《一万块夹板》，就此开创了新中国广播剧艺术形式的先河。

之后，由于历史的原因，以中央人民广播电台为代表的各级电台，其各类节目随着国家政治、经济的变化而起伏，名为"广播节目"，实则大部分时候仅仅是报纸的"有声版"。特别是"文革"期间，中央广播事业局实行军管，规定《新闻联播》的头条新闻必须是当天《人民日报》的头版头条的内容；新闻中大量引用的毛主席语录，不准有丝毫删节。由于稿件冗长，每次新闻节目播出的条数大大减少，任意延长节目时间的情况经常出现。

电视方面，1958年5月，北京电视台（现中央电视台前身）开播不久，就开办了电视新闻节目《图片报道》。1960年元旦，北京台实行固定的节目表，设立了每周三次的《电视新闻》节目。但此时的《电视新闻》只是简单粗糙的新闻片和纪录片的组合。由于中央新闻纪录电影制片厂摄制的《新闻简报》是早期北京电视台新闻节目长期的经常的新闻节目来源，这种新闻纪录片也是其采用最多并始终坚持的报道方式，这一时期也被称为"新闻纪录片时代"。新闻节目不但数量少，而且充斥着空洞的口号和大同小异的画面。观众收看电视"主要是奔'正片'而来，观赏压轴的故事片和戏剧转播。这类节目在早期占有极大的比重。……因此，早期电视又被称作'缩型影剧院'①"。到"文革"初期，电视台实行军管，除上海台外，大多数地方电视台基本停播。观众喜爱的知识性、娱乐性节目等，几乎统统被扣上"封、资、修""大毒草"等大帽子，打入冷宫，不允许在电视中出现。

可见，这一时期的中国广播电视节目，沦为了极"左"政治的"传声筒"和"传真版"，其内容不讲究时效，也不讲究信息量，节目观念仍是朦胧的，节目形式的价值降到了历史的最低点。

(三) 节目的繁荣

1983年3月，第十一次全国广播电视工作会议提出，广播电视要"扬独家之优势，汇天下之精华"。伴随着改革开放的步伐，广播电视"自己走路"和"走自己的路"的口号被重新叫响，广大广播电视工作者的积极性和创造力被充分调动起来，节目意识被唤醒，改进新闻业务的热情空前高涨，揭开了广播电视改革的序幕。

1. 广播节目

首先是广播新闻节目有了变化，报道的数量明显增多，报道面有所扩大，时效性逐渐突

---

① 郭镇之：《中国电视史》，文化艺术出版社，1997，第6页。

出,具有广播特点的音响报道增多,评论节目开始恢复。在节目播出形式上,主持人节目也崭露头角。1981年元旦的时候,中央人民广播电台开办了对台节目《空中之友》,率先采用主持人形式,由与广东人民广播电台《大众信箱》的主持人李一萍并称"北徐南李"的徐曼主持,她亲切、自然的播音风格在台湾听众中获得了广泛好评。

20世纪80年代末,随着平面媒体的锐意改革、电视媒体的迅速发展,刚刚"过上好日子"的广播又面临着不得不改的境地。1986年年底到1987年年初,广播由单项、个别节目的变革逐步过渡到节目整体改革。

1986年12月15日,广东珠江经济广播电台开播,率先推出以主持人直播串联的大版块节目。电台每天播出8个版块,平均每个版块在3小时左右,在固定播出时段,以主持人直播串联的形式,将新闻、文艺、信息、广告、娱乐等若干具有不同特色的小栏目组合播出,每逢半点有简明新闻,整点有经济信息,同时节目还开通热线电话,听众可以通过电话直接参与节目。这种大版块节目的播出方式表现为"节目内容综合化、节目设置版块化、栏目主持固定化、栏目播出直播化"的特点,也被称为杂志型节目。业内人士把珠江经济台的那种传播方式叫作"珠江模式"。其在节目内容和形式上的多方面创新,反映出中国广播开始将亲切、平等、服务听众的理念取代以前那种高高在上的广播姿态,体现了广播节目制作传播理念的进步。

这种清新、活泼的节目形式给长期接受传统广播风格的听众以全新的感受,很快为广大听众所接受。在"珠江模式"下,"珠江经济台的收听率长期保持在50%左右,在覆盖广州市和周围地区的近10个电台中高居首位。原来爱听境外电台的听众,很多人改听珠江经济台的节目了,从而扭转了广大沿海地区空中竞争的态势。"①在珠江台之后,各地纷纷效仿办起了经济台,楚天经济台、长江经济台等都开始采用"大版块+主持人+直播"的节目形式。随后,中央人民广播电台也吸收了版块节目的一些长处,对节目作了相应调整。中央人民广播电台在1987年、1988年和1992年先后进行了三次大幅度的节目调整,一方面加强了新闻节目的播出力度和频度,另一方面设置了一些版块节目,以提高相关时段的收听率。其中较有代表性的版块节目是《午间半小时》,这是一个融新闻性、知识性、服务性于一体的新闻版块节目,其大信息量的节目内容和错落有致的节目编排形式赢得了听众的一致认同。

"珠江模式"不仅是微观上广播终端产品——单个节目的内容和表现形式上的变革,作为一个专业台,珠江经济台的创建还是对节目组合方式的重新整合,是我国广播频率专业化的一次具体实践。只是从节目架构来看,当初的珠江经济台并没有多少明显的经济类节目,

---

① 赵玉明主编:《中国广播电视通史》,北京广播学院出版社,2004,第368页。

而是以综合节目为主。"事实上,早期的广播专业化更多体现的不是内容专业化,其突破点仅在于直播、主持人、大版块等外在特征。"①

频率专业化不仅使广播的节目形态发生了质的变化,而且由于对受众的细分,广播在市场布局上也更精准、更全面。1987年3月,天津人民广播电台率先将五个频率分别改为新闻经济台、专题服务台、文艺台、教育台和调频立体声文艺台,拉开了专业系列台建设的序幕。到20世纪90年代,省级电台及省会城市电台的频率专业化全面推开。

1992年,邓小平南巡讲话后,党中央、国务院宣布浦东开发。在这种形势下,上海市广电局决定在浦东新区设立有独立法人资格、独立建制的事业单位——东方广播电台,在全国率先实行并行运转的双台体制,引入竞争机制。

1992年10月28日,上海东方广播电台正式开播。"它将广播经营管理体制改革和节目运营改革都推向了一个更高的水平。"②

在经济上,东方台独立核算、自负盈亏,以广告为收入来源,是市场经济的产物。在用人机制上,也改革了以往做法,从包括台长、主持人到编辑、记者及其他人员都采取公开招聘、双向选择,人员少而精。

在节目设置方面,提出了"以信息性适应时代,以服务性争取市场,以参与性赢得听众,以明星主持为标志",在中国最早开办全天候24小时直播的运行模式,运用热线电话办全新的谈话类节目,并提出"直播节目录播化,录播节目直播化"优化节目制作的措施。

上海东方台所进行的这一系列节目改革,被中国广播界誉为"东方现象"。东广的运作模式在全国有着示范作用,带动了中国广播界经营管理体制等方面更深层次的改革。可以说,始于珠江台的一些传播理念在东方台的实践中日趋成熟和完善。

在被国家广播电视电影总局定为"广播发展年"的2003年,"加快广播频率专业化和节目对象化的转变过程"成为业界的工作重心之一。仅一年之内,全国就新增34个专业性广播频率,一些综合频率也纷纷改版,转向专业化道路。2004年,中央人民广播电台完成了八套节目的频率专业化改造。目前,从全国情况来看,广播专业化频率的类别非常丰富,主要有新闻、经济、交通、音乐、文艺、生活、财经、健康、体育、戏曲、故事、城市管理、农村、老年、儿童、旅游等20多种,其中新闻、音乐、交通频率成为专业化的主流。

2. 电视节目

电视节目因其传播效果直接、牵涉面广、影响力更大、技术更复杂等原因,加之20世纪80年代时,电视正处于发展的上升期,变革的需求并不太强烈,因而一开始节目改革相对比

---

① 赵多佳、许秀玲:《内容·受众·传播——广播专业化概论》,中国国际广播出版社,2008,第18页。
② 周小普:《广播新闻与音响报道》,中国人民大学出版社,2001,第63页。

较和缓。在"自己走路"方针的指引下,1978年元旦,北京电视台(现中央电视台的前身)《全国电视台新闻联播》(后简称《新闻联播》)正式创办,成为真正意义上的电视新闻固定节目。这个节目一方面随着卫星传送技术的运用,大大提高了对一些国际突发新闻报道的时效性,另一方面逐步突破"新闻纪录片"的窠臼,自1981年7月1日起,取消了新闻配乐,逐年增加报道播出条数,扩大报道范围。

1979年8月,中央电视台开办《为您服务》,突破电视节目的固有模式,率先设立固定的节目主持人,首位主持人沈力一下子成了当时知名度很高的新闻人物。

图13-2　沈力在录制节目

1980年7月,中央电视台开办了央视第一个新闻评论性专栏节目《观察与思考》,这个节目不满足于一般的动态性报道,而是讲究报道深度,将新闻镜头触及社会生活的深处,对新闻人物、新闻事件进行深度地分析报道,以引起观众的思考。

与此同时,综艺、体育类节目也开始迅猛发展起来。中央电视台1983年正式开办的"春节联欢晚会"就是其典型代表,时至今日,年三十全家人齐坐看"春晚"已成为我国老百姓的新民俗。《正大综艺》《综艺大观》也风靡一时,中央电视台通过国际通信卫星转播的世界体育的各项赛事,同样吸引着许多体育爱好者的目光。

此外,自制电视剧数量不断增长。1979年,中央电视台共播放各地制作的电视剧18部,1981年,全国电视剧生产150部,播出117部。这一时期,根据古典文学名著改编的长篇电视连续剧《西游记》《红楼梦》等更是掀起了一阵阵收视热潮。

20世纪进入90年代,媒介生态环境发生变化,传媒竞争加剧。为适应受众需求,我国的电视事业加快了发展的步伐,电视节目进入全面繁荣期。

这一时期,电视新闻杂志式节目的出现,打破了传统广播电视新闻节目风格单一的局面。1987年7月,上海电视台推出了国内第一个社会多视角的杂志式电视新闻节目——《新闻透视》。形式上是大版块内设小版块,播音员主持串联,内容上宏观与微观、深度与广度结合,力求体现深邃的新闻内涵和深沉的思辨,整个节目将系统化、固定化、综合性融为一体。

1988年元旦,福建电视台开办《新闻半小时》,内容上以实施新闻舆论监督为特色,形式上主持人采、编、播合一,一改播音员仅仅是主持客串的传统做法。

在中国电视新闻改革史上具有开创性象征意义的是中央电视台《东方时空》的开办。1993年5月1日,中央电视台率先亮出"电视新闻杂志"的牌子,《东方时空》以全新的感觉和丰富的内容吸引了一大批观众。

图 13-3 《东方时空》节目

它以早新闻为先导,用《东方之子》《东方时空金曲榜》《生活空间》《焦点时刻》四个固定栏目构成节目单元,是集新闻性、社会性、知识性、趣味性于一身的大型综合杂志节目。这个节目每天一期,每期40分钟。《东方时空》以其新颖独特的内容和形式标志着广播电视新闻节目在总体上迈上了一个新台阶。此后,从中央电视台到地方各级电视台新闻、社教等各类节目都竞相以杂志的形式结构来包装自己,以版块节目形式重新定位,形成了一个颇为壮观的电视节目杂志化趋势。

随着电视新闻节目改革的逐步深入,我国电视新闻播出的时段不断增加,新闻节目逐步实现了多次整点播出、重点新闻滚动播出,并初步形成了早、中、晚结构性框架。现场直播被大量运用于电视新闻报道中,最具代表性的是1997年中央电视台对香港回归进行的72小时直播报道,这一年因此被称为"中国电视新闻直播年"。而2003年中央电视台对伊拉克战争的直播报道,几乎与事件和国际传媒同步,成为我国电视新闻报道史上的重大突破。

在新闻节目获得发展的同时,一些新的节目形态也在我国悄然兴起。1992年上海东方电视台开办了我国第一个电视谈话节目——《东方直播室》。1996年3月中央电视台正式推出《实话实说》节目,它以新颖的样式、平等的对话、机智幽默的语言成为"中国谈话节目的一面旗帜,它在一个很高的起点上,创立了中国谈话节目的典型模式,以至于后来的节目都很难达到它的高度。"①此后,从中央到地方,各级电视台谈话节目纷纷涌现。据统计,到2001年,我国电视谈话类节目已经有179个,其中比较著名的有央视的《对话》《五环夜话》,北京电视台的《国际双行线》,重庆电视台的《龙门阵》,湖南电视台的《新青年》等。

作为纪录片与专题片的分水岭,1991年中日合拍的大型电视系列片《望长城》,以同期声和现场效果的"现在时态"展现了长城沿线人们的真实生活状态,引领了中国电视纪录片的纪实主义潮流,开启了中国新纪录运动。1993年,我国第一个以纪录片命名的电视节目——《纪录片编辑室》在上海开播。同年,央视开播了《生活空间》。此后几年,类似的"讲述老百姓自己的故事"的节目在全国各地纷纷出现。

1997年7月,湖南电视台推出《快乐大本营》,它以轻松活泼、能让观众参与节目的游戏形态,迅速走红全国;1999年1月,北京有线电视台开播了《欢乐总动员》,被全国近40个城市的电视台引进播出。一时间,以"快乐"为宗旨、以"游戏"为内容的电视综艺游戏节目颇为风行。同期,"寓教于乐"的益智博彩类电视娱乐节目也大受欢迎,央视的《幸运52》《开心词典》,上海卫视的《智力大冲浪》、北京台的《SK状元榜》等节目的播出,使"知识问答+娱乐+重奖"的节目模式在全国范围内广为流行。

2000年8月,来自哥伦比亚广播公司的电视真人秀节目《生存者》在中央电视台2套《地球故事》中播出,"真人秀"节目由此进入我国。2003年,本土化的真人秀节目——广东电视台的《生存大挑战》推出,这是国内"真人秀"的首次尝试。湖南台创办于2004年的《超级女声》则是把娱乐平民化发挥到极致。

20世纪90年代中期以来,电视的频道专业化意识开始加强。面对国内电视市场的竞争以及境外电视媒体的不断渗透,从中央到各省、区、市电视台纷纷向频道专业化方向发展,由单一的综合频道派生出若干个专业性频道。在不断调整中,各个频道更加突出专业化特色,使节目编排得更加合理、有序,更有利于不同受众群的收看。2003年5月1日,中央电视台新闻频道开始试播。它以整点新闻、现场直播、字幕新闻、新闻评论等多种形式向观众源源不断地传递国内外新闻,每天24小时不间断播出,还随时插播突发重大新闻,使中国成为世界上少数几个拥有24小时连续播出电视新闻的国家之一。可以说,中央电视台新闻频道的开播,对于中国内地新闻界来说,具有里程碑式的意义,虽然之前央视已有专业的体育频道、戏曲·音乐频道、电影频道、少儿频道、农业·军事频道、科教频道等,但新闻频道的开播,还是被业界有关人士评论说:这是央视的一大步,也是中国的一大步。

---

① 吴玉玲主编:《广播电视概论》,中国传媒大学出版社,2007,第49页。

从版块节目、主持人节目、直播节目、谈话节目的出现,到专业台、系列台的创办,经过几十年的不断摸索和创新,我国的广播电视终于形成了日益多样化的节目系统结构。

3. 视听融媒体节目生产

随着网络新媒体的迅猛发展,传统的广播电视媒体融合的脚步一刻没有停歇。

微观业务层面上,2009年,中央人民广播电台建立快速反应的新闻播报整体运作,实行台网互动的"正在进行时"报道模式;他们打破部门壁垒,建立专门的新闻指挥中心,统筹策划指挥,形成内部新闻生产流水链条;稳定"板块+轮盘"的节目编排,突出简洁、迅捷、实时直播的风格;直播连线也从台内记者扩延到台外、国外的广泛资源,直通新闻现场。①

体制改革方面,制播分离在各地普遍铺开。2008年12月,中央人民广播电台"音乐之声"率先实现了制播分离,成为台内制播分离的最早实践者。2009年9月14日,中央人民广播电台宣布了将对覆盖北京地区的4个频率——"都市之声""文艺之声""老年之声"和即将开播的"娱乐广播"实施制播分离。2009年8月19日,国家广电总局正式批复上海广播电视制播分离改革方案,改制方案是将上海文广分拆为"上海广播电视台"和"东方传媒"。10月21日,上海广播电视台、上海东方传媒(集团)有限公司正式揭牌,标志着上海广播电视改革发展迈入了新阶段。②

机构整合方面,2019年4月,深圳广播电影电视集团挂牌成立卫视中心、融媒体中心、广播中心和专业频道运营中心四大中心及九个工作室,标志着集团的管理模式从"频道制"切换到"中心制",这将有利于集约化调度使用媒体资源、一体化组织指挥,构建全媒体生产传播新格局。

2018年3月21日,中央广播电视总台宣告正式成立,新成立的总台整合了中央电视台(中国国际电视台)、中央人民广播电台、中国国际广播电台的资源。之后几年,从央广《新闻和报纸摘要》播音员献声央视《新闻联播》,到《新闻联播》正式入驻快手、抖音等短视频平台,大屏小屏联动,总台新闻新媒体中心正式推出《主播说联播》短视频栏目,时政融媒体产品强势上线;从三台记者在博鳌亚洲论坛首次合作直播,到三台播音员、主持人联手打造中小学语文示范诵读库;从首个国家级"5G新媒体平台""4K频道"亮相,到全国县级融媒体中心智慧平台上线。中央广播电视总台经过此轮的三台整合,在融合与创新中不断打造融媒体节目产品,壮大主流舆论。

---

① 邓炘炘:《中国广播的年度轮廓:2009年的变化、发展和艰难》,《新闻与写作》2009年第12期。
② 邓炘炘:《中国广播的年度轮廓:2009年的变化、发展和艰难》,《新闻与写作》2009年第12期。

本章思考题

1. 什么是节目栏目化?
2. "珠江模式"和"东广模式"分别有哪些特点?
3. 你怎样理解"节目本地化"?

第十四章 广播电视节目的构成要素

节目的构成要素就是指构成节目的必要因素。我们要探讨广播电视节目的构成要素，从某种角度来说，就是探讨这些传播符号在各类广播电视节目中是如何得到有效运用的。

关于广播电视节目的构成要素，曾有过不同的观点。《中国广播电视学》一书把广播电视节目要素归纳为语言、图像、音响、音乐四要素。这是把广播和电视合在一起研究的，从表面上看，它有一定的合理性，但如果我们把广播节目和电视节目分开来考察和讨论，问题就出现了：一、声音是构成广播内容的唯一物质材料和运动形式，听觉感知是广播的本质属性。广播节目不可能有图像，根本不会有包括图像的广播节目。图像要素是区别广播节目与电视节目的特质；二、声音和图像同属于节目的首要的最基本的要素，是节目的一级要素。而声音里又包括语言、音响和音乐，图像又分实物图像和绘制图像，它们都是节目构成的二级要素，把从属于不同级别的要素交叉并放，混在一起来谈，显然是不科学的。

可见，广播节目的构成要素声音，主要包括有声语言、音响、音乐，各种声音悦耳动听，产生和谐效果，才是好的广播节目；电视节目的构成要素或可表述为图像和声音，图像是视频讯号，构成了电视节目的像部，声音是音频讯号，构成了电视节目的声部，图像和声音的有机结合，声画并茂，才是好的电视节目。

第一节　广播节目的构成要素

用声音传播信息是广播的主要特点，声音是广播媒介传播的唯一手段。在广播中，不仅最小的单元——节目，由声音符号组成，节目与节目之间的衔接、组合，乃至区分还是由声音的变化来表示的。

具体来说,按不同的特性,广播节目的声音包括有声语言、音乐、音响三大要素,其中,有声语言是信息的载体,是广播宣传最主要的手段,音乐和音响是渲染气氛、增加真实感、提高传播效果的辅助手段。

这里需要说明的是,电视节目的构成要素之一——声音,其实和广播一样,同样包括有声语言、音乐、音响三部分,其基本形态、功能和特性在很多时候和广播节目一样。因此,在下面关于广播节目声音要素的介绍中,如不作特别说明,将兼顾电视节目的情况。

一、有声语言

(一)什么是有声语言

有声语言是指传播者在广播电视节目中进行播报、解释、说明等内容的单纯语言表达,是广播承载信息最基本的符号系统。在新闻类广播电视节目中,有声语言的基本形态有三种:新闻播音语言、新闻报道语言、实况语言。

新闻播音语言,是指广播电视新闻传播机构承担向受众口头传播语言信息(即"播音")工作的人在播讲稿件时使用的语言,其功能定位是对记者、编辑、编辑部等提供的文字稿的口头再现。作为代言人,播音员对文字稿口语表达的准确性负个人责任;而一般不对文字稿传达的内容信息的正确性负个人责任。其特点就是规范。

新闻播音语言使用的基本条件是其使用时的时空定位与新闻事件不同步,就是一般不采取现在进行时的报道时空定位。时间的滞后是转述的基本前提,因而即便是报道正在发生的事件,也会是这样的表述:"截至某时某分发稿时为止,……仍在……""据刚刚收到的消息,……正在……"等。

由此可见,新闻播音语言是新闻体裁节目所使用的语言,但并不是所有的新闻节目都使用新闻播音语言。比如新闻现场直播、直播间里的现场采访、电话采访、记者编辑独立完成的采访报道节目等,这些形式的新闻报道一般都减少播音语言这一中介环节,提高报道的直接性、真实感、现场感。

新闻报道语言是指广播电视新闻信息传播机构中承担信息采集、编辑报道工作的人(记者、编辑)为报道新闻而播讲报道词、解说词时使用的语言。新闻报道语言较多地采取讲述式、播报式或谈话式,而一般不采用宣读式,因而它比播音语言更自然。从理论上说,它应该是节目的主体语言,即由主持人、记者第一人称亲自进行播音报道,以明确报道责任,因而在节目中要向受众交代报道者与报道语言的明确关系。

实况语言是新闻事件及记者在采访活动中发生的语言交流,具有原始的真实性,在三种声音中最为自然。具体地说,在事件发生现场出现的实况语言,有两种情形:一种是事件中人们相互间交流的语言,它不以新闻媒介的采访者及其受众为直接传播对象;另一种是以受众为传播对象的语言,既包括被采访者与代表受众进行提问的新闻媒介采访者进行交谈所发生的语言事实(包括采访语言),又包括被采访者直接以受众为对象诉说的语言。

下面以中国国际广播电台记者耿庆庆、蔡靖骉采制的广播消息《中国第二次载人航天飞行获得圆满成功》为例,来具体了解这三种基本形态。这篇作品曾获第十六届中国新闻奖二等奖。

中国第二次载人航天飞行获得圆满成功

经过5天的飞行,中国自主研制、载有两名航天员的"神舟"6号飞船,于北京时间17日凌晨,在预定区域顺利着陆,两位航天员身体状况良好。中国载人航天工程总指挥随即宣布,中国进行的第二次载人航天飞行获得圆满成功。下面请听本台记者的详细报道:

【音响1　北京航天飞行控制中心大厅内欢呼声　记者耿庆庆口播出】

听众朋友,我是记者耿庆庆。我现在是在北京航天飞行控制中心为您做报道。今天凌晨4时33分,我在控制中心大厅的大屏幕上看到"神舟"6号载人飞船在位于中国北部内蒙古自治区的主着陆场顺利着陆了,航天员费俊龙和聂海胜走出舱门。现在,我所在的控制中心大厅已经是一片沸腾,人们热烈鼓掌,庆贺中国进行的第二次载人航天飞行获得圆满成功。

在飞船着陆地点,数百名搜寻、救援人员以及记者亲眼见证了飞船和两位航天员的归来。

【音响2　着陆现场音响出】

当看到航天员费俊龙和聂海胜安然走出舱门时,人群爆发出欢呼声。尽管经历了5天的太空飞行,两位航天员仍面带微笑,不断向人群挥手。随后进行的医学检测显示,两位航天员的身体状况良好,各项生理指标正常。

中国全国人大常委会委员长吴邦国在北京航天飞行控制中心观看了飞船着陆全过程。在飞船安全着陆之后,他代表中共中央、国务院、中央军委宣读了贺电。

【音响3　吴邦国讲话出】

"神舟"6号载人航天飞行的成功,标志着我国在发展载人航天技术、进行有人参与的空间实验活动方面取得了又一个具有里程碑意义的重大胜利。

贺电还表示,中国将继续发展载人航天技术,积极开发太空资源,造福人类。

经过短暂的地面适应和身体检查,两位航天员由直升机送离了着陆地点。随后,他们换乘专机飞抵北京。

本台记者蔡靖骉一大早就守候在北京天安门广场。以下是他发回的报道:

【音响4　记者蔡靖骉口播出】

听众朋友,现在是北京时间5点47分。我现在的位置是北京天安门广场。天安门广场是世界上最大的城市广场,位于北京的中心位置。每天早上太阳升起的时候,这里都要举行升国旗、奏国歌的仪式,来自中国各地的许多老百姓都会自发地前来观看。我们注意到,虽然距升旗时间还有将近一小时的时间,但广场上已经聚集了数也数不清的人。

当听到收音机传来"神舟"6号飞船顺利着陆的消息时,来自山东省的男青年及光晖说:

【音响5　收音机广播声 及光晖讲话出】

"神6"的成功和咱们国家能看到的进步,让我充满希望和充满信心。希望国家能变得越来越好,国家的经济、科技实力越来越提高,在国际上声音越来越响。

伴随着初升的太阳,伴随着中国的国旗——鲜艳的五星红旗冉冉升起,来自河北省的女青年袁海娜对记者说:

【音响6　国歌声袁海娜讲话声出】

国旗是国家的象征,国歌响起的那一瞬间,心里的感觉无法用语言来形容,特别自豪。作为中国人,我感到非常骄傲。

中国的载人航天工程开始于十几年前,两年前首次实现了载人飞行。当时,"神舟"5号飞船搭载一名航天员在太空飞行了近一昼夜之后在预定着陆场安全返回。本次"神舟"6号载人飞船是于北京时间12日上午9时发射升空的,飞船环绕地球飞行了77圈,历时5天,从而在中国的航天历程中首次实现了多人多天飞行。同时,飞船还进行了生命科学、材料科学等领域的实验,并取得了初步成果。

按照中国此前公布的计划,今后中国载人航天事业的目标是实现航天员在太空出舱活动、掌握空间飞行器对接的技术,并建立永久的空间实验。

在这则广播消息里,新闻播音语言、新闻报道语言和实况语言都出现了。记者耿庆庆在北京航天飞行控制中心和记者蔡靖骉北京天安门广场的口播都属于新闻报道语言,他们在报道中使用的是第一人称,首先向听众交代了"我是谁""我在哪里"和"我在干什么",然后向听众叙述"我"的所见所闻。报道中出现的全国人大常委会委员长吴邦国、天安门广场上随机采访的普通群众的讲话录音属于实况语言,是在现场采制的,混杂着许多背景噪音,有的话显然表达得不太规范和完整。报道中其他的文字表述则都属于新闻播音语言,是由电台播音员播讲的,语言表达规范,播音员播得也是字正腔圆。

(二)有声语言的作用

1. 播报信息

播报信息是有声语言最主要的任务。广播电视是传播媒介,它们的各类节目每天需要向受众传播大量确切的信息事实,这些信息显然不能靠音乐、音响等去模糊地表达。如广播消息《中国第二次载人航天飞行获得圆满成功》向听众清晰地传达了航天员在预定区域顺利着陆,身体状况良好等信息。

2. 串联节目内容

节目与节目之间,一个节目中段落与段落之间,常常由主持人或播音员的人声语言来进行串联、过渡,这样就不会因节目内容的突然改变造成理解上的断裂。如文艺类节目中的音乐打榜,歌曲与歌曲之间就需要主持人用语言来连接;新闻类节目中的直播报道,在直播节目开始时,主持人会反复播报台名、台的频率呼号,节目的名称等,以此来提醒听众,告知现在是什么节目,然后才开始实质内容。在节目中如果要进行连线报道,也需要主持人的语言来提示听众节目将过渡到下一个环节。

3. 表达情绪、渲染气氛

特定的语言语气、语调可以表达出各种情绪,渲染特殊的气氛,使听众能够产生恰如其分的联想,如身临其境。中央人民广播电台记者侯艳采制的广播新闻《刘翔夺得男子 110 米栏金牌》,其有声语言就体现了这样的作用,这篇作品曾获第十五届中国新闻奖一等奖。

刘翔夺得男子 110 米栏金牌

各位听众,我现在正在雅典奥运会主体育场为您报道,男子 110 米栏决赛就要开始了,我国选手刘翔在前三轮比赛中一路过关斩将,轻松顺利地进入了决赛。

现在运动员都在起跑线上做着最后的准备,刘翔是排在第 4 道,刘翔做了个深呼吸,给自己鼓了鼓劲儿。

好,现在运动员已经在起跑器上准备起跑。

【出发令枪声】

起跑! 第一个栏,我们看到刘翔和旁边的选手并驾齐驱。

第八个栏,第九个,最后一个。刘翔第一个冲过了终点,中国选手刘翔第一个冲过了终点! 他以 12 秒 91 的成绩获得了男子 110 米栏的冠军,刘翔刚才的成绩也是平了这个项目的世界纪录。刘翔今天晚上真的太出色了,这个成绩超过了他以往所创造的个人最好成绩。刘翔为中国田径夺得了本届奥运会的第一枚金牌,也为中国田径和亚洲田径夺得了第一个奥运会短跑项目的金牌。

现在的刘翔身披着五星红旗,正在绕场奔跑着,刘翔向场下的观众挥手致意,并不断地把我们的五星红旗展示给全世界的人们。现在刘翔身披国旗绕到了我所在的看台的前面,他自己也忍不住哭了起来,确实太让人激动了!

(观众齐声喊:"刘翔,刘翔!")

【出录音】

刘翔:根本就没有想到,我自己也没有想到能跑到13秒里面。我可以说,在黄皮肤的中国人或者亚洲人来说,我实现了一个不大不小的奇迹吧。

这个现场报道中,比赛刚开始,记者的语言渲染了比赛的紧张气氛,刘翔夺冠后,记者的语言又显示出掩饰不住的兴奋和激动。节目播出后,引起听众的热烈反响,很多人发来短信:"听着这篇报道,我们也跟着叫呀,跳呀,也忍不住流下了激动的泪水。"

4. 显示个性

不同的人会有不同的语言表达习惯,会有其特有的语音、语调,因此不同的声音是广播节目中区分不同人物的重要手段。不同的语言特点是受众识别不同主持人的标志,一些受听众欢迎的播音员、主持人也正是利用富于个性的语言来赢得受众的。

(三)广播电视节目传播对有声语言的要求

作为广播节目的重要构成要素之一,语言必须适合于广播的传播。换句话说,就是广播的有声语言必须是根据广播的传播特性、合乎广播要求的语言。这些要求,往往也是电视节目对有声语言的要求。

口语化和规范化是所有要求中最重要、最基本的两点。

1. 口语化

口语化,就是接近生活,播来上口,听来顺耳,明白易懂,自然易记。这是广播电视节目对有声语言的最基本要求。为了让受众听得见、听得懂,就要求能够"入耳"和"便于耳听接收"。

(1)通俗。要善于把深刻的思想、复杂的问题等用浅显易懂的语言表达清楚。在用词方面,要多用口头词语,少用书面文字用语;多用双音节词,少用或不用专门术语,不用生僻成语;在句式上,多用口语中常见的短句子,少用或不用倒装句、欧化句、长句。当然,通俗化不等于简单化、庸俗化,不能简单地把"口语化"跟日常生活状态的口语画等号,不能降低对语言的要求,照搬生活中那些"大白话"。

(2)形象。广播电视节目中叙述事情,讲解道理,语言表达都要形象化,都要有实感。要善于用具体的事实、生动的材料来说明抽象的道理,善于形象地描摹事物,避免平铺直叙和数字堆砌,让受众能够感受得到、触及得到,如身临其境一般,才能形成鲜明的印象,留下深刻记忆,产生情感的共鸣。也只有这样的节目,才容易被受众理解和接受。

(3)精炼。语言越简洁明快、越简明扼要,受众就越容易感知和理解。应掌握精简的原则,繁简得当,善于开宗明义地将要讲的道理或要讲的事情统统告诉受众,善于将丰富的信息内容集中概括在最有表现力的语句里,言简意赅,切勿拐弯抹角,人为制造听觉障碍;切勿冗言赘句太多,语句的附近成分太多,导致喧宾夺主。电视运用语言时一定要避免语言和画面"抢地盘、争空间"。

(4) 清晰。广播电视节目的有声语言要便于听觉的辨析和鉴别,听其声便能解其意,避免造成音近相混、听觉模糊,乃至误听误解。这一点对于广播节目来说尤其重要。在语音安排上,要注意选用音韵响亮、平仄相间、朗朗上口的词语;尽量使用双音词;有选择、有节制地使用简称缩语。

(5) 质朴。就是在叙述事实时,语言要实事求是,平实自然,避免浮夸花哨;阐述道理时,语言要实在中肯,入情入理,避免强词夺理;抒发情感时,语言要真诚亲切,避免矫揉造作,这样才能既不哗众取宠,也不装腔作势。

2. 规范化

广播电视的语言具有非常广泛的影响和示范作用。人们在听广播、看电视的过程中,都会有意无意地在学习节目中的语言。而且作为一种大众传播媒介,广播的地域覆盖范围以及受众的分布非常广泛,规范化的语言表达有助于消除地域差异所带来的信息解码误差。因此,广播电视应以自身的规范化来带动全社会语言的规范化。

(1) 语音上:表达准确。广播电视新闻的语言表达要求真实准确。一是新闻报道对象要确有其事,构成新闻的基本要素、过程细节、引语、资料等都应是准确的,信息是相对完整的。特别是由于有图像作为语言的依托,电视节目对语言的准确度和贴切性要求就更严。二是广播电视人声语言必须采用规范的普通话语音,准确读音,特别要避免语言中的方言痕迹,避免语音的错读和误读。

(2) 词汇上:用词规范。广播电视节目的传播对象是全社会,因此其语言的用语用词需要考虑共性,应尽量使用统一的、规范的、广泛被接受和理解的、大家都听得清、听得懂的词汇。少用方言土语、文言词语和只有内行人才懂的专业名词、行话,慎用不常用的简称略语、生造词,不用洋文。对于一些尚未被普遍接受的外来新词、网络用语,应尽量用汉语中对等的词来代替。

(3) 语法上:避免语病。大众口语中,语法上的错误是极容易出现的,如句子成分残缺、词语搭配不恰当、语序安排不恰当、结构混乱、语言啰唆等,这些语病在广播电视节目中一定要避免。

二、广播电视节目中的音乐

音乐是通过组织声音(主要是乐音)来表现情感、反映社会现实的艺术,是通过演唱或演奏为听众所感受的非造型表演艺术,它伴随时间不断展示自己。

(一)广播电视节目中的音乐形式

在广播电视节目中,音乐的存在形式有三种:一种叫作音乐节目,一种叫作节目音乐,一种叫作实况音乐。

1. 音乐节目

当音乐经过电声技术处理,并被列入广播电视节目序列时,就成了我们通常所说的音乐节目。也就是说,音乐节目是专门提供音乐审美信息、供受众欣赏的节目,它不为广播电视所专有。

2. 节目音乐

当音乐与语言、音响相呼应、相融合,并且从属或服务于某个节目时,它就改变了自己原来的意义和作用,主要担负在节目中配合、辅助其他传播要素的功用,成为某个具体节目系统中的一个组成部分,我们常把这种音乐形式称为节目音乐。

节目音乐在广播电视中有这样几种表现方式:

(1)标志音乐

大多数电台、电视台及其固定节目都设定了自己的标识,如电台的频率呼号、电视台的频道识别片头,节目的开始曲、结束曲以及一些常设专栏节目的题头乐等。这类音乐个性比较鲜明,旋律容易入耳,播出相对稳定,有助于受众识别收听、收看的是哪个电台、哪个电视台、哪个节目。

(2)背景音乐

在节目中,为了强化受众对节目内容的理解,往往会配合语言、音响或者电视的画面,用由器乐形成的无声源背景音乐对受众的思绪进行暗示或引导,以提高传播效果。在综合节目、板块节目,特别是文艺类、社教类等节目中,这类音乐运用得比较广泛。但在以传播信息为目的的纯新闻节目中,除实况音响里的实况音乐外,一般不配置这类音乐。

背景音乐还具有一定的叙事功能。由于每个时代都有其独具特色的音乐,无论是曲风旋律还是演唱方法都会随着时代的变化而不尽相同,因此听众可以根据背景音乐的时代特色来获取时间信息。此外,背景音乐还可以交代民族、地域等信息,例如高亢嘹亮的陕北信天游、呢喃温婉的江南小调,等等,通过民族化的音乐语言,听众可以在无形中了解故事发生的地理环境。

(3)主题音乐

这是由声乐形成的插曲、主题歌,以及与节目内容相吻合的配歌、伴唱。如电视综艺节目《欢乐中国行》、电视专题节目《海峡两岸》都有主题歌,电视系列节目《话说长江》的主题歌《长江之歌》,更是已脍炙人口。

(4)间隔音乐

一组广播节目,特别是现在大量的板块节目,都是由一个以上的段落(栏目)编排而成的。不同的广播节目之间或者一组节目内,当节目中的时间、地点、场合或事件发展过程发生转换过渡,往往采用音乐做有效的间隔,起到划分段落、调控节奏的作用,还可以给受众以音乐的享受,舒缓情绪。

(5)补充音乐

广播电视节目的传播是线性传播,它不仅要求受众按时收听收看,其节目本身还应该是准时、连贯的,不能停顿、中断。但由于各种主客观原因,如播音员、主持人的播音速度不同,播出内容临时有删改,出现播放技术故障,直播节目因时差、传输信号故障等,有时会在节目播出中产生空档,这时候最简单、最适合的办法就是选择适当的音乐来填充时间空档,以免"开天窗"。所以,一些电台、电视台都会事先准备一些"垫乐""垫片",即一段音乐或音乐风光片,为补充播出空白备用。

3. 实况音乐

在新闻类节目中,有时新闻现场本身会有一些音乐,这就是实况音乐,如音乐会、演唱会里的现场音乐、一些重大场合里升国旗、唱国歌仪式里的国歌音乐等。这些现场意义很强的实况音乐,和现场环境、气氛或事情的发展情况密切相关,是新闻事实的有机组成部分,因而它要求新闻记者必须在现场及时录音。这里,我们以曾获第十六届中国新闻奖二等奖的上海人民广播电台记者王曼华采制的广播消息《周小燕与〈长城谣〉》为例来说明。

周小燕与《长城谣》

我国著名声乐教育家周小燕教授的17位曾经获得国际声乐大奖、现活跃在国内外歌剧舞台的拔尖学生,今天(18日)晚上在上海大剧院隆重举行了一台"周小燕优秀学生音乐会",音乐会上周小燕和她的学生再次选择了抗战歌曲《长城谣》。周小燕的一生与《长城谣》这首著名的抗战歌曲紧紧联系在一起,从她几度演唱这首歌曲的经历,我们可以看到她那一颗滚烫的爱国之心。

1937年,抗日烽火燃遍祖国大地,武汉街头,简易舞台上,一位年轻姑娘深切地唱着:"万里长城万里长,长城外面是故乡……",歌声悲愤苍凉,如泣如诉。

【实况:周小燕40年代唱片《长城谣》……】

这位姑娘就是周小燕,那年她20岁不到,正从她求学的上海音乐专科学校回家过暑假。抗日战争爆发了,武汉成为全国抗战的中心,周小燕全身心地投入到抗日救亡运动之中。她和妹妹们帮助母亲为抗敌将士缝制棉衣,去医院护理伤病员,参加武汉合唱团,用她那独特的歌喉,在街头、在学校、在医院演唱抗日歌曲,《长城谣》《歌八百壮士》《最后的胜利是我们的》等抗日名曲,都是由她首唱的。

1995年,抗战胜利50周年,长城上,身穿黑底红花旗袍的周小燕,以78岁的高龄,再次放歌《长城谣》。

【实况:周小燕唱《长城谣》……】

"万里长城万里长,长城外面是故乡。没齿难忘仇和恨,大家拼命保故乡。四万万同胞心一样,新的长城万里长。"歌声中,周小燕想起了自己的弟弟为了抗日,献出了自己年仅18岁的生命。无数的先烈为了保卫国家,前赴后继英勇奋战,她的眼眶润湿了。其实,那一天,她的丈夫、著名电影导演张骏祥已经病在床上起不来,为了这次演出,周小燕不顾自己年老体弱,一早从上海出发赶到北京,演出完当夜又赶回上海。今天,抗日战争胜利已经60周年,周小燕回忆起当时在长城上的感受时,仍不能平静。

【实况】周小燕:

那次在长城上,情绪是很激动的,因为我想到我首唱的时候,是中国最困难的时候,心情是什么呢,就是怕做亡国奴,怕失去自己的祖国。再在长城上唱的时候,我们中国是什么情况,令世界瞩目的中国,一个强盛的中国。这一天,烈士们没有看到,我的弟弟没有看到,我的父母也没有看到,我看到了。所以,那时我很激动的。

6月18号,88岁的周小燕,再次登上上海大剧院的舞台,这是一场她的一些名扬海内外的学生,为庆贺她从教65周年而举办的音乐会。周小燕又选择了《长城谣》。

【实况】周小燕:

我首唱时只有19岁,现在我是向90进军了。要听当年的音色没有了,但是当年的爱国激情还是有的。

周小燕领唱、合唱《长城谣》……

伴着激动的泪水,周小燕诚挚地说"抗战胜利60年了应该再唱一唱《长城谣》,这回不是唱声音,而是要唱精神"。舞台上的周小燕精神矍铄,激情飞扬,她用一个又一个音符和音阶,在"母亲——祖国"这条旋律线上放声歌唱。

【实况:掌声结束】

这篇作品充分发挥广播声音的特色,在不到4分钟的报道中,记者选择了周小燕在40年代、90年代和2005年三个不同历史时期演唱《长城谣》的实况录音和周小燕感人肺腑的讲话以及大剧院现场热血沸腾的场景实况,为听众传神地再现了我国著名声乐教育家、女高音歌唱家周小燕的拳拳爱国之心。

(二)广播电视节目中音乐的作用

音乐是构造广播电视节目的重要材料。不是所有的广播电视节目都需要音乐,但许多节目都需要音乐的参与。这里,我们借央视《实话实说》的节目案例,来具体说明音乐在广播电视节目中的种种作用。

中央电视台《实话实说》的节目现场有一个小型的乐队。这个乐队里的乐手是现场谈话参与者中享有特权的一类人,除节目主持人以外,其他人在聆听谈话内容时没有随意表达自己意见的权利,但这些乐手却可以在谈话的间隙,单独或集体地用音乐来表达他们的意见。他们弹奏的音乐在《实话实说》节目中发挥着不可或缺的作用。

《实话实说》的节目策划宣明栋、赵工曾在其撰写的《实话实说·乐队指挥》一文这样评价现场乐队的音乐:

"首先,也是最重要的,是它的表情功能。……现场音乐的出现,构造了谈话过程的情绪空间,使言语和其他现场信息在音乐的提示与参与下得到直观感性的表现。例如《父女之间》的结尾,嘉宾表达了自己真切的愿望之后,父女两人相拥而泣,这时,音乐从背景中走出来成为主角,配合着这一感人至深的画面,音乐的余音在观众的脑海里萦绕,一直持续到节目结束之后。

其次,是标点功能。无论是现场录制,还是编辑作品,作为一个独立完整的谈话过程,应当具有其整体结构和内在的节奏。当需要层次过渡、节奏控制或情绪调整时,音乐的连接常常比语言提示、隔离画面等其他方法更自然、更流畅。如同文章中的标点符号。

再次,是装饰功能。乐队参与谈话过程,使《实话实说》多了一种形式美,这在国内各种谈话节目当中独具特色。

最后,是表真功能。乐队的表达是即兴的,因而是不可重复的。这种音乐原生态的形式,生动地传达了现场的真实感。同时这也是在体制上保证实话实说的机制,因为随意剪辑谈话就会出现音乐的断裂,一听就知虚假……现场有时会出现情绪失控,例如录制《城市垃圾何去何从》时,两位观众由争论发展到争吵,旁人无法劝阻,于是崔永元一声令下,铺天盖地的音乐迅速让双方冷静下来。"

有时候,乐队的音乐还具有表述的作用。例如在《嫁给男人比我矮》那期节目中,当男嘉宾回答"不怕困难,勇往直前,誓把爱人娶回家"时,乐队弹奏出"我送阿诗玛回家乡"的音乐旋律,但只演奏了半句,就停顿下来了。这时主持人崔永元立即会意地解说:"他们只奏半句就是表示,送她回家乡是很难的……"这样默契的配合不止获得了全场的欢笑,从中也可看出音乐在广播电视节目中独特的表述作用。

总之,广播电视中,节目音乐是一种特殊的音乐形式,它的特殊作用只有在广播电视节目构成汇总,与语言、音响、图像等其他成分相互配合才能得以发挥。

三、广播电视节目中的音响

音响在不同的语境中有不同的含义。就一般意义而言,音响泛指声音。在广播电视中,它被用来指除报道、解说语言(不包括采访对话语言)和音乐节目、节目音乐以外的一切声音,包括自然环境的音响、人的各种动作的声音,等等。

需要特别说明的是,音响里面可能也包含某些语言和音乐,但这些有声语言和音乐有可能是农贸市场上买卖交易的嘈杂声、会议上的交头接耳声、商场里的背景音乐、大街上小店铺里播放的磁带音乐等,它们只是各种声音中的一个组成部分,通常是指那些没有纳入有声语言逻辑表达序列和音乐逻辑表达序列的声音,形不成独立具体的表达意义。

音响反映事物现场感较强,比有声语言更具体、更形象、更真实,能够使受众如临其境。

在广播电视节目传播中的音响,从其来源来说,可分为实况音响与音响效果两种,也称作真实的音响和虚拟的、模仿的音响。

(一)实况音响

实况音响是一个特定的称谓,它是来自"新闻事物或新闻人物自身的声音",是经过记者的选择、采录,并运用到广播电视报道中,直接或间接表现报道主题和内容的声音。换句话说,第一,实况音响只能是自然音响,必须是新闻事物、人物所发出的真实的声音;第二,它运用在节目报道中必须是能表现新闻主题、有助于表现事物形象特征、传达现场气氛的具有新闻价值的声音。所以实况音响是客观物质运动声波的真实再现,声音的客观存在是其真实感的来源。

实况音响的类别有:

1. 从内容上分为人声和物声

人声又可分为人们说话的声音和人的发音器官或身体活动发出的声音。物声一是指风声、雨声、雷声等自然界的声音,或鸟叫、虫鸣、狗吠等动物的声音;二是指机器、汽车等发出的声音。

2. 从时间上分为实况音响和资料音响

实况音响是指在新闻事件发生的当时当地采录的,或是对某人某事的现状进行最近一次采访中获得的音响。如北京奥运会开幕仪式的报道、我国第一次载人航天飞机升空的报道,其音响只能是当天当地现场采录下来的声音。

相较而言,资料音响没有时间和空间上的限制,它只要求是所报道的新闻事物、人物曾经有过的音响或只是与此事物、人物有关系,或对报道有帮助的音响。但有一点要求,就是它必须是实地采录的真实的音响,而非人工制作出来的效果音响。如获得第20届中国新闻奖广播专题一等奖的作品《小岗村的好书记——沈浩》,报道中出现了沈浩本人生前的谈话、沈浩老母亲在沈浩再次去小岗村挂职的叮嘱、胡锦涛总书记视察小岗村的音响等,这些音响资料都是记者多年深入跟踪采访主人公而积累下来的大量一手音响。

3. 从与采录者的关系上分为主观音响与客观音响

主观音响是由采录者采访引发的音响,如采访对象与记者的交谈声,或者应采访需要,在现场操作发出的特定声音。

客观音响是指那些客观存在、不以采录者的活动为转移的音响,无论记者是否到场,这些事实及其音响都会发生。

4. 从在节目中发挥的作用上分为主题音响与辅助音响

主题音响是在报道中能揭示主题、阐明中心思想的音响,是报道中不可缺少的核心材料,一般在报道中要单独突出使用,不作压混使用。如聋哑人经过治疗能够开口讲话了,这个讲话的声音就是主题音响。如果音响在报道中被用来体现事件发生的现场气氛,只起辅助和陪衬作用,那就是辅助音响,它是报道中体现事物的场景、交代环境、表现现场气氛以及其他非核心内容的音响。如重点工程开工或竣工仪式上锣鼓喧天声、欢歌笑语声,它给人一种现场感,只为烘托主题服务。当然,一个声音是不是主题音响,还要看报道中的特定时间和环境,有着相对性。

5. 从声音的地位上分为主体音响和背景音响

主要是看一个声音在报道中是否被突出使用、单独形成报道内容。如果一个声音在报道中被单独突出使用,成为报道的主要表达内容,那么不管它是否表现主题,都可被称为主体音响,而凡是被用于背景压混使用的,都被称为背景音响。

(二)音响效果

音响效果是信息传播者制造出来的或转借来的声音,或称模拟音响。它与实况音响的区别是实况音响具有客观真实性,而音响效果仅具有真实感,不具有客观真实性。

广播电视中,新闻类、社教专题类节目、纪录片的内容都是写实的,其中的音响当然也要求是真实的,要确有其事、确有其声,绝不允许虚构、挪用,因而这类节目更多地采用实况音响,一般不使用音响效果。文艺性节目的音响效果则可以虚构、模拟、制作、移植,只要符合生活真实,得到观众认可就行。因此在非客观再现的情况下,可以用它来增强传播效果。例如,在娱乐性广播节目中,主持人常常运用各种音响效果来夸张语言的戏剧张力,为听众制造笑点;在广播剧中,音响效果常被用来渲染某种氛围以及表现人物的内心情感,如钟表的嘀嗒声表现了时间的紧迫,人物的心跳声表现了紧张的情绪,"咚咚"的敲门声强调了神秘的氛围。

(三)广播电视节目音响的作用

1. 能增强内容的真实感

任何事物都有其独特的声音形象,作为事实自身的一部分,原汁原味的实况音响是直接信息,它可以为受众提供具有现场感的听觉事实,从而能使受众在收听报道时如临其境,很容易地获得事物特定的声音形象,这比文字、语言、音乐更具体、更形象、更真实,有利于受众自己得出对事实的看法、见解和结论。因此,可以说,让受众直接听到新闻事物或新闻人物本身的声音,增加可信性,是我们运用音响的基本目的。

由于声音具有全方位性,视线往往是随声而后至,或者说人们往往是先听到某种声音,而后才会循声而去找发出声音的地方,这样镜头的拍摄就会比声音的记录晚半拍。所以在某些突发性事件中,音响可能是唯一的实况事实记录,具有独一无二的新闻价值。如1999年9月6日,当时的埃及总统穆巴拉克遇刺受伤,电视记者当时并没有拍摄到实况画面,受众从电视上所得到的,是群众场面中突发的几声清脆的枪声,此时的实况声音便成了最直接的事实记录。

2. 能表现时间和空间

音响除了提供现场感受,还能提供对时间和现场空间方面的感觉,如鸟叫声代表清晨,蛙鸣声表明夏夜,车声轰鸣表明在路上,声音远近大小的变化,都可以给人带来一种时空变换的感觉,使声音具有更大的表现力。

3. 能渲染、烘托环境气氛

不同的环境气氛会产生不同的音响,而当这些音响被运用到报道中时,其所包含的丰富声音,无须语言的修饰和渲染,便能准确传达出现场的气氛,迅速唤起受众的相同情感和情绪。另外,通过音响强弱、节奏快慢等的变化,配合特定的情节与画面,往往可以营造出或紧张或舒缓、或欢快或哀伤等的氛围。

4. 能够表现人物的思想感情、言行举止、刻画人物心理

不同的音响既是人物年龄、性别、个性等的写照,同时也能表现人物此时此刻的心理状况。音响能够表现出特定人物的心理活动、行动状态。

5. 在节目编辑方面发挥作用

实况音响在节目编辑上发挥着重要的作用,如通过音响效果,突出段落分割,提供节目起承转合的信息,实现转场,使节目承转自然、流畅。此外,实况音响还可以作为一个独立的时空单元,与语言、音乐、文字、图像同步或先后各自传播不同时空的信息,创造蒙太奇效果。

四、声音要素的组合模式

作为广播节目的构成要素,语言、音乐、音响在具体节目中有许多种不同的组合方式,我们可粗略归纳如下:

(一)纯有声语言的组合模式

这种模式是指在节目中只有有声语言,没有音乐和音响等其他构成要素的参与。它最常见于口播新闻、广播讲话、谈话类节目、理论节目等。这是因为,这些节目的内容一般比较平实,要求信息传递准确,道理阐述清晰,内容表达权威,无须煽情,无须特别加以渲染。

(二)语言+音响的组合模式

顾名思义,这种组合模式是指在节目中包括语言和音响两种要素,最常见于实况广播和录音报道。

1. 实况广播

现在更常见的表述是现场直播或实况转播。张舒在《音响报道教程》一书中对这一广播节目形式是这样解释的:"这是一种与新闻事件发生、发展以至结束同步直播播出的新闻广播形式。它以现场的实况音响为基本内容,一般由记者或播音员按照事件或活动的发生发展顺序,边传送反映实际情况的现场音响,边播报自己的所见所闻,有时还要进行必要的解说和评述。"[①]过去,由于技术等原因,进行一场现场直播需要投入大量的人力、物力,综合相关部门的多方力量才能实现,因此对一个台来说,搞一次现场直播是件大事。实况转播的播出形式也多见于体育赛事的转播。但随着传媒竞争的日益加剧,为抢时效,电台、电视台采取现场直播的方式进行新闻报道越来越多,这种节目要素的组合形式也正在往常态化播出方向发展。

2. 录音报道

录音报道与一般新闻报道的区别在于,它不再是一段简单的口播文字,而更多地运用了人物的谈话录音和实况音响;与现场直播不同,录音报道中的音响部分是在录音资料的基础上,经过编辑、剪辑、合成之后播出的,更精练也更有表现力。它的音响资料取材于现实,与新闻事实并存,但又与新闻事实不同步发生发展。现在,随着录音采制设备越来越先进,编辑记者的现场采录设备越来越普及,应该说,听众每天都可以在广播里听到录音报道了。

有一点需要强调说明的是,在语言+音响的组合模式中,语言和音响的关系是相辅相成的。音响使语言有了明确性,语言使音响具体化。特别是在广播新闻中,语言通常起到叙述事实、说明音响、补充音响、概括提示音响,连缀音响组成报道的作用。因此在节目中要处理好二者的关系。语言要兼顾音响内容,合理安排音响结构。音响报道要充分发挥音响的作用,用音响直接表达报道的主题。语言对音响做必要的补充和说明,凡能用音响表现的,就

---

① 张舒:《音响报道教程》,中国广播电视出版社,2001,第45页。

不要用语言文字,凡音响已经表达清楚的,就不再用语言文字重复。

在带有音响的报道中,语言和音响结合的方式主要有:

穿插。即语言叙述中穿插音响,互相补充说明。这是录音报道中最常用也最容易操作的一种结合方式。有时候以音响为主、语言为辅,有时候则反之。常见的结构形式是:音响——语言——音响,或语言——音响——语言。

叠加。也称压混。指把音响和语言声重叠,甚至同时发出,造成一种立体的音响效果,给人一种现场感。叠加的方式或者以语言为主调、音响为背景,或者语言为辅助、音响为主调,具体谁压混谁,要视音响和叙说的内容而定。

混合。把穿插和叠加这两种方式混合使用,既有语言和音响的交替出现,也有语言和音响的压混使用。

(三) 有声语言+音乐的组合模式

这种结构一般出现在音乐节目、综艺节目,以及一些广播文学性节目中。根据节目内容的不同,语言和音乐在其中所占的地位也不一样。

譬如在"金曲排行榜"这样的节目中,节目的重心是榜中的金曲,节目中主持人的语言主要集中于报榜、对歌曲的情况进行简单的介绍和评析,起承接、过渡的作用,是附属的、次要的。甚至有的电台要求压缩主持人在音乐节目中的语言,突出音乐,变"话说音乐"为"音乐说话"。如中央人民广播电台音乐之声就规定,在一个小时的音乐节目中,主持人的话语不得超过7分钟。

还有一些综艺类节目,不仅有音乐,还有一些趣味性游戏,如猜谜语、脑筋急转弯等,这时语言所占的比重就大些,有时音乐甚至退为点缀。

至于一些文学性节目,如配乐故事、配乐广播小说、配乐散文、配乐诗朗诵等,它们是将一些小说、散文、诗歌等文学作品和音乐相结合而形成的节目形态。在这些节目里,配乐是手段,在这些文学作品经过语言录音之后,配上适度、和谐的音乐及一定的音响效果,目的是让节目听起来更加绘声绘色、声情并茂,更有吸引力。

(四) 有声语言+音乐+音响的组合模式

这种组合模式最常见于广播剧中。作为一种特殊的戏剧形式,广播剧的艺术表现手段是语言、音乐和音响,其中语言是主要的,而音乐和音响只起辅助作用。语言在广播剧中分为两个部分,一个是解说,用于介绍剧中的时间、地点、人物、事件等;一个是人物语言,包括人物的对话、旁白、内心独白等,剧情的发展、戏剧冲突的进行、人物性格的展示等,都是靠人物语言来表现的。音乐和音响起的作用主要还是构筑场景,渲染气氛,延伸某种情绪,表现人物的内心和动作等。至于广播剧的情况,我们将另设专章进行具体分析。

另外,有声语言+音乐+音响的组合模式在有些专题性新闻报道中也曾用到过,但这种情况相对来说比较少见。被评为第十六届中国新闻奖一等奖的中国国际广播电台王丹丹、王小燕、周莉采制的广播专题《白杨树讲述的故事——留在中国大地的日本人墓园》就是一例。这个广播专题的第二部分就采用了"有声语言+音乐+音响"的组合模式。节目里,既有主持人在直播间里的主持语言,语言精练;也有记者在采访现场采录的与有关人物的谈话录音音响和来自公墓的一些自然音响,感染力较强;在播放现场采访的音响时,主持人还多次加配了乐曲《送别》的音乐,悠扬婉转,很好地渲染了气氛。整个节目制作精良,收听效果非常好。

第二节 电视节目的构成要素

广播是一种声音媒介,而电视却是既有声音又有画面的媒体。一般说来,一切电视节目的内容和形式都是由图像和声音这两大基本要素来表现的,由此构成了节目的像部和声部。

一、电视节目的图像

电视图像是电视屏幕框架内所记录的、能表达一定信息的具体可视的运动影像,是电视节目的基本构成单位。电视图像由一帧一帧的画面或一个一个运动镜头构成,是客观世界运动的场景和过程的展示。图像是电视区别于广播的最重要因素,也是它具有声画并茂优势的基础。

电视图像的概念有广义和狭义两种。从狭义上讲,图像是电视摄像机拍摄下来的一个个镜头画面,所以,有人又把图像称为"画面"。从广义上讲,凡诉诸受众视觉器官的视频信号,都可以称为图像,包括通过摄像机拍摄的"画面",也包括通过电脑技术生成的字幕、美术动画等。

这里,我们从广义上将图像在形式上大致分为实物图像和绘制图像,实物图像是指由人物和景物组成的镜头画面,绘制图像包括文字、布景和美术图案。

(一)实物图像

从内容上来说,实物图像就是由摄像机拍摄记录下来的物质现实的客观反映。它在反映客观现实时是具体的、单一的,只是客观再现"具体的人""具体的景物",而不能表现抽象的"人"和"物"。如果没有说明或其他辅助信息,单个电视图像的含义是不明确的。而且在表现抽象的思想、概念和认识时,实物图像远远不如文字来得灵活自如。"图像实际上是某种思想、情感的载体。其特性就是把抽象的思想、情感具体化为视觉形象,传达给观众,使人们对所表现的人物、事物和景物产生感受,引起思考。"①

1. 实物图像的基本特性

概括地讲,实物图像的基本特性,一是"运动",二是"连续"。

电视图像的运动可以使画面很好地接近生活和再现生活。"动"包括两个方面。一是图像反映对象的动。无论是人还是物,人物的动作和表情、物体位置的移动,都有一定的变化。二是摄像机的动。摄像机的拍摄有推、拉、摇、移、升、降、跟等不同的运动方式,这才有了全景、中景、近景、特写等不同景别,也才能在一定的法则下,变静为动,营造出多种图像的节奏和韵律。

但是电视节目不仅通过独立的图像本身,还需要通过众多图像的连续衔接,即通过图像之间的关系来表达内容、表现主题。图像的连续性,就是图像的更替组合。电视图像既被每一个"切换"所中断,又被每一个连接所连续,正是在这种多次的切换连接、连接再切换的过程中,一个图像与一个图像,一组图像与一组图像,按照视听语言的法则,被连续起来,组成具有思想内涵的电视节目,直到节目终了,才显示出编导的目的和意图。

2. 实物图像的基本表现单位——画面

一个实物图像单位,一般是指由摄像机一次拍摄下来的画面。对于画面,有时候又会称为镜头。但这两者之间还是有差别的。根据赵玉明等主编的《广播电视辞典》的解释,画面是指屏幕框架内所展示的能传达一定信息的可视形象,它是一个静态的概念。在摄像机拍摄过程中,若干静态的画面组成一段连续的动态的基本表现单元,就是所谓的镜头。可见,镜头是一个动态的概念。也就是说,"画面"与"镜头"实际上是根据对连续画面这种时空一体性影像对空间性和时间性的不同侧重来加以区分的,当我们要强调影像的空间性时,一般使用"画面"这一概念,而当我们强调每拍摄一次的一段画面的连续性(时间性)时,往往使用"镜头"这一概念。

电视镜头作为行为时空的影像记录,从本质上讲,它展现的应该是形声一体化的形象,其画面是不断变化的,空间性和时间性是紧密联系在一起的,这也是电视影像与绘画和照片拍摄中的静止画面的本质不同。

从视觉角度来看,电视画面由框架、影像和画面构图三个要素构成。影像呈现出来的形状、线条、光线、色彩、动静变化等要素以一定的构图方式组织和安排在框架中,才能形成一个具有一定思想内容和美感效果的电视画面。

(1)框架。框架是指画面的边缘,具体在电视屏幕上就是一个长方形的边框。框架对画

---

① 壮春雨:《电视节目学概要》,浙江大学出版社,2005,第17页。

面影像的空间范围起着限度的作用,并可以凝聚观众注意力。一般电视画面的长宽比例为1∶1.37,遮幅式画面的长宽比例为1∶1.66。

(2)画面构图。画面构图是指对被拍摄对象以及各种造型元素进行组织和安排,使其成为具有思想含义与美感形式的画面形象的过程。构成一幅画面的主要因素有主体、陪体、环境与空白。影响画面构图的主要因素有影调、形状、线条、色彩等。画面构图就是要通过合理选择拍摄角度、拍摄方向、拍摄距离,把这些因素进行比较、搭配、组合与建构,使它们具有一种和谐的关系。画面构图是决定造型形式的基础,不同的表现目的和审美要求会影响到对构图的处理方法。

在进行画面构图时,创作者需要考虑的视觉要素有很多,如景别、线条、光线、色彩等。构图的主要目的是通过一定的构图规则,把以上诸视觉要素有机地组合在一起,从而表达创作者的思想与意图。构图主要有对比、均衡、对称以及集中四种规则。几何中心与视觉中心是画面构图的两种基本形式。

几何中心:画面的几何中心是指对边中线或者对角线的交叉点。这是不以人的主观意志和感觉而定的客观中心点,几何中心位置能使视线集中,画面产生对称、均衡、庄重感和形式感,视觉上更突出、更集中。[1] 但是,缺点是画面容易显呆板。(见图14-1、图14-2)

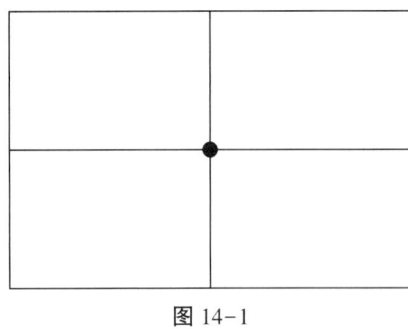

图14-1

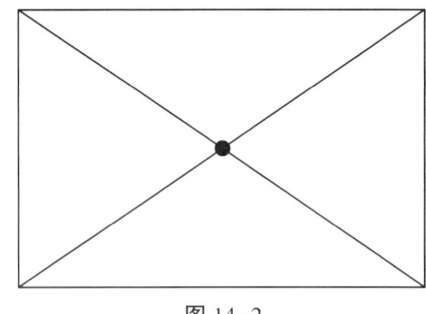

图14-2

视觉中心:视觉中心是指按照"黄金分割律"分割画面而形成的四个交叉点。将被摄主体放在这四个交叉点的位置上,可以避免对称式构图把被摄主体置于画面中央而带来的呆板感,往往给人视觉上的愉悦。(见图14-3)

地平线位置:在画面构图中,被摄主体一般出现在地平线位置上。地平线位置一般处于画面中间偏下的位置,这样画面看上去具有一种平稳感。(见图14-4)

(3)影像。影像是画面视觉形象的存在形态。电视画面包括这样一些影像要素:在实物图像里有景别、角度、运动镜头、光线、色彩等,在绘制图像里有文字、图表、图片、动画等。

---

[1] 张菁、关玲:《影视视听语言(第二版)》,中国传媒大学出版社,2014,第50页。

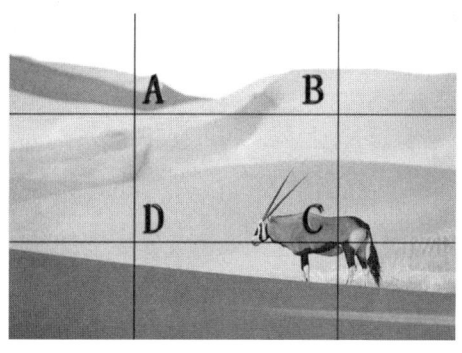
图 14-3

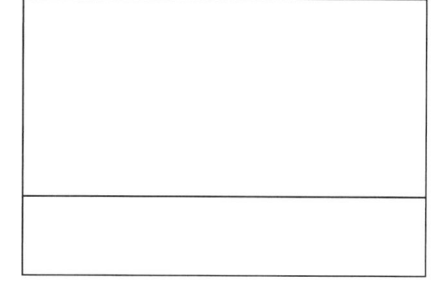
图 14-4

实物图像里的景别、角度、运动镜头、光线、色彩等概念在前面有关章节里已作过介绍，这里不再赘述。文字、图表、图片、动画等概念将在"绘制图像"内容里具体介绍。

(二)绘制图像

所谓绘制图像是指通过美术设计和美术工程而构造的图像。无论是一幅完整的图像，还是一个图标，或是一种色彩、一行字幕，都是参与节目构成的一种成分，服从于节目图像展示的需要，服务于节目的表义、造型和转场等目的。

1. 文字

这里所说的文字是指在电视屏幕上出现的文字，包括两种情况：一是画面内的文字；二是编辑制作时加上去的文字，称为"屏幕文字"或"字幕"。

(1) 画面文字。画面文字是指摄录的影像内存在的文字（如匾额、会标、标语等）。这类文字由于处于特定的现场，往往能表现现场的某些要素，如若使用得当，可以自然、准确地传达明确的信息。例如，路标、门牌在画面内出现可以简明地交代出事件发生的地点；会标可以交代人物的身份；而文件一般用于交代重要的新闻线索或者信息；"禁止吸烟"等标语在画面内出现，可以起到警示的作用，而在一个贴有"禁止吸烟"明显标识的公共场合，随处可见有人在吞云吐雾，形成一种反差效果，其画面表达的意图便不言而喻，比语言文字的叙述更形象。

(2) 屏幕文字。屏幕文字是指根据节目信息传达的需要，在节目后期制作或播出时叠加在影像或屏幕上的文字。这种屏幕文字最经常、最大量地出现在电视新闻中，而在电视剧等艺术类节目中应用得较少。屏幕文字不是有声语言的简单替代，而是作为一种独立的传播要素来发挥作用。

按作用和表现形式的不同，可以把屏幕文字（字幕）分为四类：

一是标题式或提要式字幕,通常是在画面边上出现的一行或两行文字,用于介绍节目的名称、出场人物的身份等信息;

二是插入式或进行式字幕,这类字幕通常在屏幕下方出现,可以在不打扰原有节目播出的情况下传递信息,如字幕新闻,就是采用进行式字幕将最新发生的新闻事件以文字的形式在屏幕下方滚动播出;

三是整屏阅读式字幕,主要用来解释某些抽象难懂的概念或者强调重要的信息,最常见的整屏式字幕是出现在节目结束时的主创人员名单;

四是注释式字幕,电视节目中经常会出现人物的同期声,有时由于现场录音效果较差或者方言、外语等原因,观众无法听清或者理解人物的语言,这时就需要加入注释式字幕,以起到注释或者翻译的作用,电视剧中人物语言的同步字幕也属于注释式字幕。

作为独立的传播要素而非其他要素的辅助因素,屏幕文字能与其他节目构成要素相配合,发挥着补充、说明、介绍、引导、强调、扩大信息量和美化画面构图等各种作用,共同完成传播的任务,特别是在某些有声语言无能为力的场所,字幕往往发挥着独特的作用。

采用字幕的形式,打出节目标题、内容提要,介绍画面上人物的姓名、单位、身份,标出重要的数字、时间等,都可以加深观众的印象。还有的时候,为保留完整清晰的同期声,就用字幕打出事件发生的时间、地点、事件起因等新闻要素,在这种情况下,字幕发挥了解说词的作用。

文字还能在电视中单独传达信息,如为提高电视新闻的时效性,在不中断节目播出的情况下,在屏幕下方以字幕的形式滚动插播最新消息和节目预告等。

与有声语言相比,文字具有不易产生同音歧义的特点,因而在电视传播中常用于辅助其他形式的图像和声音传达准确的限定性信息,对于重要会议公报、政令、名单等密集抽象性信息内容的传播,观众边听边默读的传播方式是较好的方式之一。

屏幕文字还能形成听读一体,采用声画合一的手法,有声语言和文字可以同步播出,观众且听且读,很是轻松,比起聚精会神听广播和费力看报纸,屏幕文字更易于理解和接受,也利于加强信息的记忆深度。

随着现代电子技术手段的不断进步,字幕文字在形式上可以说是花样繁多,并逐渐成为节目包装的重要手段之一。不仅有各种字体、字号、字形、色彩、光影、组合的文字表现的不同,还与电子特技相配合,在字幕文字的出现形式上也是令人眼花缭乱,如"写出""切入""划出""甩出""翻出""飞出""拉出""闪入""推出",等等。需要强调的一点是,这些手段和形式的运用,一定要掌握内容和形式统一的原则,努力做到各要素的优化组合,确保字幕文字与画面的色彩谐调,与节目整体风格的统一。同时,还要注意文字书写必须规范化、通俗大众化,杜绝错别字、生僻字的出现。

2. 示意图与图表

大数据时代使数据成为新闻报道中的重要资源,但这并不意味着新闻报道是数据的堆积,信息爆炸的时候,需要的是对信息更明晰的呈现、更准确的分析和更深层的解读。而示意图和图表在信息传达上具有展现内在状态、使概念形象化、复杂信息简明化、复杂关系条理化等作用,它将数值型和文本型的信息形象化、可视化,呈现数据、提示要点、图解过程、梳理进程、揭示关系、展现情状、整合内容、表达意见、分析解读,能够化繁为简,使影像难以涵盖或表现、语言叙述难以表达和理解的内容变得一目了然。正因为此,传统信息越来越倾向于图表化的表达,示意图和图表在新闻报道中开始扮演越来越重要的角色,使得媒体进入一个新的"读图时代"。

电视画面中常出现的一类示意图是地图、气象云图、卫星运行轨迹等。这种示意图是用简单的线条、符号和色彩来显示出某一地理概念、地理信息等,一般不要求严格按照比例尺寸准确绘制,但一定要清晰明了。还有一类示意图是把摄像机无法拍摄到的事物的内部状况揭示出来,如人体的解剖图、生产产品的工艺流程图等,使人一目了然。

图表一般有两类:统计图表、分析图表。统计图表主要用于说清数字概念,一般多用来表现数字的变化、比例或比较。常见的有折线图、柱形图、条形图、饼图等。分析图表可以使复杂的系统条理化,明了其关系结构,帮助观众理解和记忆。比如一个庞大机构,其组织形式头绪繁多,关系复杂,叙述起来极容易把观众弄糊涂。而如果用一幅组织结构分析图表,配以简洁的解说,则会脉络清晰,形象直观,易于被观众接受。

3. 照片、图片和动画

照片、图片和动画一般是作为影像的补充,用于没有、无法或不宜拍摄活动影像的情况。例如在电视作品中常常运用新旧场景的对比来表现一种时过境迁之感。但是,有时由于时间久远很难找到历史的影像记录,就只能用一些历史图片代替。传播形象画面是电视的优势,但对摄录设备的依赖又制约了它的灵活性。在某些特定条件下,无法或不容许进行拍摄,不能获得活动影像时,照片、绘画图片,或者电脑特技绘制的一些模拟的图片、动画,就成为形象表达的另一种选择。如一些突发事件的现场,照片或者模拟事件现场场景的动画演示,可以作为影像的有力补充。

中央电视台新闻频道《朝闻天下》节目经常使用照片作为自己报道的素材,以弥补电视台未拍到动态画面的遗憾。2006年年底,这个节目还推出了"影响2006 CCTV新闻记忆"年度摄影图片的评选活动,更是将图片在电视中的使用推向了极致。如其中的一期节目报道的是"金三角首年禁种罂粟"的情况,就是采用了《法制日报》记者采访拍摄的六幅图片来表现这一新闻的。①

(三)镜头(画面)的组接:蒙太奇

蒙太奇,是法语 Montage 的音译,它原是建筑业的一个术语,意思是装配和构成,将个别材料根据总体装配组合起来。法国电影艺术家很贴切地将这个建筑学上的术语引申到电影创作镜头组接这一环节上来,于是蒙太奇成为镜头组接的代名词被广泛使用,并逐渐发展成为一种镜头组合的理论。

蒙太奇,又称镜头语言,即在影视作品的创作中将一个一个的镜头根据一定的逻辑关系组接在一起,通过形象之间相辅相成或相反相成的关系,相互作用,产生连贯、对比、呼应、联想、悬念等效果,形成一个含意相对完整的表意整体。②

狭义的蒙太奇被视作"剪辑桌上的艺术",也就是指画面组接的章法技巧;广义的蒙太奇则是影视构成形式和内容的总称,实际上是说蒙太奇贯穿于影视编导工作的全过程。

其实质就是"通过队列构成来发掘一个影像与另一个影像,一个镜头与另一个镜头之间的内在关系,并依据内在关系来组接的,使观众在镜头队列所形成的冲突和联想中,在心里激发起新的认识和思想。"③

如把以下 A、B、C 三个镜头,以不同的次序连接起来,就会出现不同的内容与意义:A. 一个人在笑;B. 一个盛满液体的杯子;C. 这个人在不断地舔嘴唇,做痛苦状。这三个特写镜头的不同组合方式会给观众什么样的印象呢?

如果用 A——B——C 顺序连接,观众会想到这个人喝的那杯液体可能很酸或很苦,味道很不好。而现在,镜头不变,我们把上述镜头的排列顺序调整一下,按照 C——B——A 顺序连接,就会得出与此相反的结论。先是这个人在不断地舔嘴唇,做痛苦状,可能是因为他很渴,接着是他看到一个盛满液体的杯子,一饮而尽,然后他心满意足地笑了。

仅仅是改变了一个场景中镜头的顺序,而不用改变每个镜头本身,就完全改变了一个场景的意义,甚至得出截然相反的结论,收到完全不同的效果。这种连贯起来的组织排列,就是运用了蒙太奇手段进行的。

电视节目中的单个镜头(画面)是不能独立表达意义、难以记录叙述完整的动作和事件的,所以在电视节目制作中,经常会按照事物发生的先后顺序、依靠上下镜头的连接,也就是使用蒙太奇手法,把关键性的画面编辑在一起,以完成表达任务,让观众形成一个完整的印象。

---

① 许颖编著:《广播电视新闻实务》,东北财经大学出版社,2007,第 11 页。
② 赵玉明主编:《广播电视辞典》,北京广播学院出版社,1999,第 249 页。
③ 吴玉玲主编:《广播电视概论》,中国传媒大学出版社,2007,第 91 页。

具体说来,蒙太奇的功能作用包括:

1. 对节目素材内容进行有机组合

通过对镜头、场面、段落的分切与组接,可以对素材进行选择与取舍,省略删节烦琐、多余的部分,保留主要的本质的部分,以突出重点,强调具有特征的富有表现力的细节,使节目内容主次分明、繁简得当,达到高度的概括和集中。

2. 引导观众注意力

电视节目镜头(画面)的组接不是随意的,而是要按照一定的逻辑、一定的原则来组合。这种逻辑和原则只有符合观众的视觉习惯、生活经验和思维规律,才能使观众从视觉上觉得顺畅合理,也才能有效地引导观众的注意力,影响观众的情绪和心理,激发观众的联想,启迪观众的思考。

3. 创造独特的电视时空结构

电视每个镜头只能反映单个的现场,而经过蒙太奇的剪裁、编织、加工、改造,可随意将时间延伸、压缩、加速与减速、倒转、由现在追溯过去或由现在对未来进行展望;还可以为了某种特殊的表意需要,把不同的空间组合在一起,创造现实中并不存在的空间,从而使电视的时空大大扩大。

4. 表情达意,创造意境

通过对镜头不同方式的分切和组合、声画的有机配合和相互作用,可以产生各种新的节目含义,创造出不同的特定艺术情境,表达出节目内在的寓意。

5. 形成丰富的电视节奏美

电视的节奏美是以镜头内事物的运动和镜头外部运动的艺术形式为基础的,其中镜头外部的组接所形成的节奏就是蒙太奇节奏。我们可以通过不同长度、不同方位、不同镜头的组接,使电视节目丰富多变,生动自然又和谐统一。

二、电视节目的声音

如前所述,电视节目的声音和广播节目的声音一样,也包括有声语言、音乐和音响,其功能和特性在很多时候和广播节目也是一样的。我们已经在前面的章节里具体介绍过声音要素的有关情况,相同的情况不再赘述,这里主要介绍声音与电视结合后产生的新的运用形式,以及一些区别于广播的特性和功能。

(一)电视节目中的有声语言形式

根据电视的传播特性,电视节目的有声语言大体可以分为两大类:画内语言和画外语言。

画内语言一般是指由电视画面场景中传来的有声语言,它包括新闻人物的讲话,与新闻记者的对话,以及记者的现场报道等内容,与广播里的新闻报道语言和实况语言是一致的。在电视新闻中,这种语言被称为"现场语言",由于它是与画面中的发音体发声时的情景、场景(口型、形体动作及其他声源)同步摄录的声音,又称"同期声"。

同期声在电视节目中具有非常重要的作用。一方面,同期声的运用使画面人物的语言"声画合一",可以增强内容的真实感、可信度;另一方面,同期声的运用可以体现人物的特性。因此,在电视节目制作过程中已经越来越重视对同期声的运用。

画外语言一般是指在画面所反映的现场图景中实际并不存在的有声语言,是在后期编辑制作时加进去的。它一般包括新闻报道里的口播语言、解说词、串词、电视剧中的旁白、独白等台词、画外音等。

其中,解说词是电视声音的主体之一。一般来说,不同形态的电视节目所运用的解说词的风格不尽相同。政治与历史题材的电视作品,常用直接解说的风格,强调解说词的号召力与引导性,有时解说词甚至支配着电视画面;一些纪实性的电视作品,解说词一般只起到介绍背景信息和串联内容的作用,创作者更多的是运用画面来叙事,通过自然条件下捕捉到的人物同期声或者自然音响来展现事件发展的全过程。

这里我们需要强调一下画面、同期声(画内语言)和文字解说(画外语言)三者的关系。它们都只是电视新闻整体的一个组成部分,都是不完整的,在电视新闻中有着各自的功能。其中,画面居于核心地位,具有新闻直观性,并能带给观众现场感,是最能体现电视媒体传播优势的传播符号。因此,电视新闻中的解说和同期声应紧密配合画面,坚持从画面出发,结合画面来进行组织和撰写。

但画面在信息表达上又存在着种种缺陷,如画面可以显示这个地区的地理风貌,但没法准确确定它的地理方位;画面对复杂的人物内心世界难以直接表现等,这些就需要根据新闻主题,用同期声或文字解说来交代画面无法交代而又必须传达的信息。

同期声可以让采访对象直接说话,其声情并茂的表达可以展现采访对象的内心世界,比单一的画面或单一的文字解说更具可信性和感染力。

解说词可以运用语言的抽象概括能力和准确表达意图的能力来补充画面的不足,以交代新闻要素,完善报道形象。但解说词针对的是观众,是为观众"看"电视而写的,注重的是观众的视觉感受。因此,在电视解说词的写作过程中要有画面意识。但是,尽管电视解说词可以通过发挥文字优势弥补画面的不足,表达画面无法完全表达、尚未表达或表达不充分的内容,但解说词毕竟只是电视节目构成要素中的一种成分,它还必须通过与其他要素成分的有机结合才能完整表达内容。它更是无法摆脱画面而独立成篇。所以,电视解说词既不能局限于对画面的简单说明和解释,重复画面已经交代得很清楚的内容,又不能强求自身形式的完整性,解说词各部分之间不必做到严丝合缝,而是要注重与画面的配合,避免解说词和画面"两张皮"的现象。

可见,在电视节目制作中,画面、声音、文字要紧密配合,形成整体,才能发挥合力,达到更好的传播效果。

(二)电视节目中声音的作用

图像和声音,相对于电视节目的整体而言,都是不完整的,而只是其中的一个组成部分。电视节目主要是给人看的,因而图像在节目构成中的作用是显而易见的,但电视图像也有一定的局限性,如它难以表达理性的内容,难以评论事物。所以,声音,特别是有声语言就成为电视节目构成中不可缺少的重要部分。具体来说,声音在电视节目构成中有这样几点作用:

1. 使画面生动、真实

没有声音的画面,充其量只是个"伟大的哑巴"。视听结合,让声音加入画面,让受众在听到声音的时候,还能够通过"联觉"形成相应的视觉形象,才能使受众仿佛看到一幅幅生动逼真的画面,才能给观众以真实感。

2. 补充说明画面

电视节目以视觉形象为主,但有些内容是拍摄不到、难以拍摄或无须拍摄的,有些内容单纯靠图像又难以准确表达,这时一般就需要用语言来加以补充说明,如介绍事件发生的时间、地点、人名、数字、历史背景等,说明事物的状态、性质、意义,表达味道、冷热、软硬等图像中不能感受的感觉等。一些画外音还可以交代画面不宜表现的场面。

3. 阐述节目主题

电视图像的直观性是它的优势,但它对世间万物所蕴含的深刻意义,特别是在表达思想、理论、路线、政策等方面,却显得无能为力,难以对事物发表评论。这时候就需要用有声语言来深化节目的主题,阐述节目思想。

4. 反映人物内心活动

电视图像可以直观地看到人物的外表,但人物的内心活动、情绪波动等则需要语言来描述。电视剧里就通常采用独白或旁白来反映人物内心复杂的心理活动。

5. 渲染画面气氛

同样的画面,由于配以不同的声音,能产生截然不同的感受,声音对环境气氛的渲染、烘托,使它具有影响画面基调的作用。

6. 连接画面

各类电视节目图像的组接、场景的转换,都需要一个过渡的"纽带"。除了镜头图像可以串场外,声音在其中也有着重要的串联、转场作用。一句精妙、深刻的衔接语既能总括上文,又能提示下文;一段音响或音乐,也可以凭借其内在的逻辑,将不同时空的画面自然流畅地组合在一起。

7. 应急

有些突发事件或重要消息,一时来不及拍摄或后期制作,往往就需要靠语言来口播解决。

(三)声画组合的方式

电视是一门声画艺术,"声画结合"是电视最为重要的特征。让声音和图像各尽所能、相得益彰,视觉的画面语言与听觉的声音语言互相配合、互相照应,共同服务于广播电视的节目内容,是电视节目制作的基本原则。常见的电视节目声画结构,一般有"声画合一""声画对位"两种形式。

1. 声画合一

声画合一是指电视的画面和声音同时指向一个具体形象的结合方式,简单地说,即声画同步。例如,画面中火车正缓缓通过,它所发出的鸣笛声也同时伴随出现。这是声音与电视画面最基本、最简单的一种组合形式。特点是声画同步发生、发展,视听高度统一,画面和声音具有最高的保真度。[①] 它增强了画面的真实感与现场感,在新闻性电视节目中较多采用。

声画合一又有两种形式:一种是画内声画合一,即将画内音响和图像画面相统一,如出镜记者的现场报道,其同期声音响与所拍摄的现场画面要同步。在这一声画表现形式中,不仅有人物现场同期声,还有拍摄时真实的现场环境音响,因此,信息具有了高度的保真性。一种是画外声画合一,即将画外音响与图像画面相统一,如播音语言与画面的统一,常见于报道内容较为严肃、节奏缓慢的新闻和运用画外音解说的纪录片和艺术片。如在一些会议报道中,在播报出席会议领导名单时,相应地出现此人的镜头图像。

陕西电视台拍摄的电视消息《千米井下的笑声》,就采取了声画合一的手段。画面拍摄了温家宝总理 2005 年新年元旦到铜川看望慰问陈家山"11.28"事故遇难矿工家属和矿井一线职工的情景:

---

① 黄匡宇主编:《广播电视学概论》,暨南大学出版社,2005,第 302 页。

千米井下的笑声

【解说】温家宝总理在陈家山煤矿悼念了遇难的矿工,随后他来到遇难的矿副总工程师牛铁奇家里,紧握着他家属的手,听着家属对逝去亲人的怀念,亲切地安慰他们。

【实况 国务院总理 温家宝】

【同期声】我知道你现在的心情,搁到谁的身上都一样,我专门来看望你们,我的第一句话就是我来晚了,我惦记你们,而且我以后也不会忘记你们。我们工作没做好,我们要做好一点,就能少出这样的事。

临近中午,温家宝在视察了陈家山矿难处理情况后,来到和陈家山一样含有高瓦斯的下市街煤矿,下到1300米的矿井下,看望正在工作面上生产的矿工,并和他们围坐在巷道的铁轨上,一边吃午饭一边拉家常。

【实况 国务院总理 温家宝】

【同期声】我干地质的时候,我觉得苦。因为我上4千米以上的高山是经常的,但是,那时我就想,煤矿工人比我苦,他们见不着太阳,是不是这样。我说我还能够骑个牦牛在太阳底下跑,但是煤矿工人见不着太阳,一个人工作见不着太阳恐怕是最艰苦的,最艰苦的就是我们煤矿工人。在煤炭工业里边也要贯彻"以人为本"的发展观。爱护每一个矿工的生命,让大家都平安下井,平安地回家,我想我们经过努力,会逐步做到这一点,我把它作为我们本届政府的一项职责,一项任务。因此煤矿工人要得到全社会的关注,要得到全社会的尊重,要得到全社会的爱护。

这篇电视消息,大量采用实景实情的采录,声画合一,将总理在遇难矿工家里情不自禁悲伤的场景、在千米井下与矿工一起吃午饭亲切交谈的画面定格下令人难忘的时刻,记录下了总理的亲切和温情。尤其作者对总理最后三句话和矿工三次掌声的拍摄和运用,提升了整个新闻的内涵,不仅让人们从中感到关怀与感激,更多的是责任与希望。因此,它获得了第十六届中国新闻奖二等奖。

2. 声画对位

声画对位又称声画对列,原是一种音乐的表现技巧,借用在影视作品中,是指画面内容与声音对列,即它们按照各自不同的规律,独自表现不同的事物的信息,却又有机地围绕和表现同一内容。[①] 声画对位的表现形式是声音与画面组合关系的一种飞跃,这种形式实际上是利用声音和画面的不同步所产生的信息差距来充分调动受众"视""听"的两个感知通道,以引起声画信息叠加联想,使声音和画面不再重复表达同一客观存在,不再彼此简单附属,而是成为彼此各自独立的信息单元,各自发挥作用,由其组合关系产生新的意义及效能,从

[①] 黄匡宇主编:《广播电视学概论》,暨南大学出版社,2005,第304页。

而拓展了声音和影像的表现空间,大大扩大信息的承载量,产生"声加画"大于"声画"的传播效果。总体来说,声画对位是一种非常主观的艺术处理手法。例如,拍摄古朴、寂静的小村庄却配以都市繁华喧嚣的音响,能够给人一种新旧文化的冲突感,从而引发人们对于古老传统与现代文明的深层思考。

其主要形式有:同时空声画并立、同时异空声画并立、同时空独立声画并立、异时空声画并立等。

在电视新闻性节目中,声画对位的形式得到广泛运用。其主要运用在以下几种情况中:

一是画面信息已经十分清晰,但是由于叙事等因素的局限,观众仍对一些问题存在着疑惑或误解,需要编导在节目制作后期增加解说词,以起到分析、解释、说明的作用。

二是由于一些客观原因,记者有时无法赶到事件发生的现场进行拍摄,或者无法捕捉到有价值的新闻画面,这时就需要采用声画对位的形式,以相关画面配以解说的形式,来表现某一主题或者表达某种情感。例如,一些回顾性的新闻报道,实地景象往往已时过境迁,要想再现当时的实际情况,就需要解说词加以描述。

三是电视评论性节目,也常采用声画对位的表现形式,即以画面展现新闻现场,记者或者权威人士在旁进行实时点评。

这里需要强调的是:其一,"声画合一"和"声画对位"只是两种不同的处理电视声音与画面关系的手法,实际操作中,究竟哪种手法更好一些,要视不同的情况具体分析;其二,在实际节目中,无论是新闻类节目还是文学性节目,这两种声画结构形式都是综合起来组合使用的;其三,无论是"声画合一"还是"声画对位",都要求电视画面和声音有着密切的关联,切忌"声画两张皮",电视画面和声音各行其是。

本章思考题

1. 在广播电视节目中,有声语言有哪些作用?
2. 广播电视传播对有声语言有哪些要求?
3. 节目音乐在广播电视中哪几种表现方式?
4. 电视实物图像的基本特性是什么?
5. 如何正确选择电视画面的景别和拍摄角度?
6. 电视有哪些声画组合的方式?

第十五章

广播电视节目的基本形态与类型

第一节 节目形态概念辨析

一、什么是节目形态

"形态"一词直接的意思是指事物的"形状和神态"①。节目形态就是指节目的形状和神态。而我们知道,"形式"是指事物的"结构和形状"②,因此,从定义上就不难看出,节目形态显然有别于节目形式。与之相比,节目形态除了强调节目的具体形式外,一般更强调节目所表现出的一种只可意会不可言传的略带抽象意味的气质和神韵,也就是强调节目外在的个性化色彩。

广播电视节目形态是广播电视节目表现形式的延伸和个性化拓展,是由广播电视节目的形式、气质和神韵构成的有机体。也就是说,广播电视节目形态既有节目形式的元素,也有节目内容的元素,是节目形式和节目内容的统一。

需要说明的是,首先,并非所有的广播电视节目都具有形态意义。有些广播电视节目刚一诞生可能就意味着一种新形态的产生;有些模仿和克隆的节目只会增加节目数量,却不会对广播电视节目形态有所贡献;而那些粗制滥造的节目,只会给广播电视节目形态带来负面影响。

其次,现在很多节目的设计是建立在信息资源的对应分类而非节目形态的分类基础之

---

① 《辞海》,上海辞书出版社,1989,第917页。
② 中国社会科学院语言研究所词典编辑室编:《现代汉语词典》,商务印书馆,2005,第1525页。

上的。如国内一些电视台不同的部门,像新闻中心(部)、社教中心(部)、文艺中心(部)等,一般都办有各自的谈话节目,这些节目,除内容侧重有所不同外,在形态上区别不大。这不但使节目相互之间内容资源的争夺成为管理的难点,而且形式上互相重合,忽略了不同形态与不同收视习惯之间对应关系的建立。

二、广播电视节目形态中内容与形式的关系

事实上,广播电视的整个内容,都是通过各种节目形式而存在、传播的。内容是构成广播电视节目诸要素的总和,是节目存在的基础;形式是构成广播电视节目诸要素的结构,是节目存在的方式。没有节目的形式,就没有节目的内容;不完美的节目形式,也就不能完美地表达节目内容;不恰当的节目形式,则破坏节目的内容。新闻节目之所以只能采用新闻形式,而不能采用文艺形式,文艺节目之所以只能采用文艺形式,而不能采用说理形式,内容起着决定性作用。在节目的内容与形式的关系上,内容决定着形式。

但内容和形式的统一不是绝对的,而是相对的。节目形式并不是消极地依赖于内容,而是积极地作用于内容。当节目形式和节目内容相适应的时候,它对内容的发展起积极的推动作用;而当节目形式和节目内容不相适应的时候,它对内容的发展就会起阻碍作用。因而我们要善于利用一切可以利用的形式,不断改造,以至抛弃那些已不适应内容的形式,创建新的节目形态,以更好地表达节目的内容。

三、影响广播电视节目形态发展的主要因素

广播电视节目的形态是不断发展、不断运动变化的。

进一步考察,我们会发现,广播电视节目形态,既是节目制作者主观创造精神的反映,又受到广播电视技术设备和受众的制约,同时还受到社会政治经济发展水平的深刻影响。

一个社会的政治经济发展水平是广播电视节目形态发展的基本因素,我国的中国特色社会主义建设事业从根本上推动了我国广播电视节目形态的不断丰富和发展。

作为制作节目的主体,广播电视工作者的思想和意识、知识和素养直接影响着节目的形式和风格。

广播电视设备是节目制作的必要物质条件,是节目形式产生和发展的主要依据。

而受众的接受心理、接受方式、文化素养等,又规定和影响着节目形态的发展趋势。先进的广播电视节目形态本身应该更加符合观众对特定信息的接受和欣赏习惯,而节目形态的改变不但可以完成栏目间功能的区分,而且可以促使其整体向适应观众需求的方向转移。

此外,广播电视节目形态的发展变化还深受文化传统与文化传播的影响。① 一方面,电视的某些节目形态受电影、音乐、文学等传统文化形式的影响很深。如电视纪录片是在电影纪录片的影响下不断发展起来,MTV 则是传统的音乐与新兴的电视手段不断紧密融合的产物,电视散文节目又是文学电视化的积极成果。另一方面,随着全球化进程的加快,不同国家、不同文化背景的广播电视节目形态互相影响,也推动了我国广播电视节目形态的不断发展与演变。如脱口秀(TALKSHOW)、综艺节目、MTV 等节目形态,就是在美国、中国港台等地先得到发展,而后又传播到中国内地并得到普及的。

第二节 广播电视节目的基本形态与类型

自广播电视诞生,发展至今,其节目已经逐渐形成了一个要素齐全、结构完善的庞大系统。不同形态的广播节目既有一些形式和内容的共性与联系,在节目受众定位、节目内容性质与风格、采制方式等方面又有不同的个性。把握共性,突显个性,才能正确认识广播电视节目的基本形态。

对于广播电视而言,为满足和适应人与社会的需要,就会产生各种各样的节目。而人和社会的需要(包括兴趣)的广泛性与多样性,又导致了广播电视节目的多样性和复杂性。由于分类的前提条件不同,广播电视节目基本形态的表现方式也各不相同。这里主要从内容属性、报道方式、结构形式、播出方式等角度来考察广播电视节目的基本形态与类型。

一、从内容属性来考察

按内容属性的标准,理论界通常有"四分法"和"六分法"两种。"四分法"即将广播电视节目分为:①新闻性节目;②教育性节目(社会教育、学科教育);③文艺性节目(包括娱乐性节目、综艺节目);④服务性节目(包括广告)。"六分法"比"四分法"多了"言论类节目"和"知识类节目"两种。比较起来,四分法显得更加直观实用,国际或国内都以"四分法"为主。

依据节目内容属性划分节目类型与广播电视宣传的社会功能有密切关系。一般来说,节目是依据宣传的职能任务来确定的,有什么样的宣传职能,就有什么样类型的节目。过去,我国的广播电视节目长期以来只分为新闻性节目、教育性节目和文艺性节目三类,直到改革开放后,随着人们对广播电视的社会服务功能的逐步认识,才产生了社会服务性节目。

但具体到每一个节目,其节目类别并不能和社会功能简单画等号,相互之间一般会有交

---

① 欧阳宏生主编:《广播电视学导论》,四川大学出版社,2009,第 224 页。

又,一个节目常常会承担多种社会功能,如文艺性节目既可提供娱乐消遣,又可以报道文艺动态,还有文化教育的作用,这就有了新闻传播、社会教育和文化娱乐等多种社会功能。同时,一种社会功能又常常通过多种节目来完成。如,思想教育的作用新闻性节目、教育性节目、文艺性节目、服务性节目中都需承担。所以,在业务实践中,有相当一部分节目是很难严格归类的。比如,谈话类节目往往混杂着新闻信息和娱乐成分;体育节目往往是新闻节目的一部分,同时又具有较强的观赏性和娱乐性;一些纪录片既是以一定的社会新闻为基础,又有人文的、艺术的和社会教育的成分。

(一)新闻性节目

新闻性节目是以报道和评论新近发生或正在发生的新闻事实为内容的各种广播电视节目的总称。内容极其广泛,无所不包,涉及天文地理、社会人生、政治经济、科技文化等社会生产生活的各个领域。其主要功能和任务是宣传政策、传播信息、引导舆论、传播知识等。

1. 新闻性节目的媒介地位

虽然从在节目系统中所占的播出时间上看,新闻性节目无论在广播中还是电视中一般都不是最多的,但从节目自身所具备的特点、内容的重要性以及对社会所产生的影响和作用来看,在广播电视节目大系统中,新闻性节目却一直占据着举足轻重的地位。它既是节目系统的基础,又是广播电视节目的"龙头"、骨干、主体,新闻性节目的质量是决定整个节目系统健康运行的关键。

(1)新闻性节目伴随着广播电视事业的产生和发展

1920年,世界上首家广播电台——美国的KDKA电台就是以报道总统选举结果而宣告开播的;我国延安新华广播电台和解放区各新华广播电台最初大部分节目也都是新闻、评论、国内外舆论、综合报道、时事讲话、通讯等新闻性节目,在播报新闻中,间或播放唱片。可以说,新闻节目是伴随着广播电视的产生而产生的。

新闻性节目又是随着广播电视事业的发展而发展的。新中国成立以后,国家新闻总署明文规定:"发布新闻、传达政令"是广播的首要任务;历次全国广播工作会议也都强调要把新闻节目放在首位。到了1983年,时任广播电影电视部部长的吴冷西在第十一次全国广播电视工作会议上指出,"新闻节目是广播电视宣传的骨干","从新闻改革入手来带动其他各种节目和其他各项工作的改革"。

(2)新闻性节目是体现广播电视社会功能的有效武器

在我国,广播电视机构是党和政府的喉舌,肩负着宣传政策、传达政令、引导舆论的重要任务,而最能有效完成这一任务的,就是在整个节目系统中居于龙头地位的新闻性节目。新闻性节目以其独有的真实性、时效性,宣传党和国家路线、方针、政策,反映人民群众的工作、生活及思想动态,及时报道国内外大事,准确传播最新信息,正确引导社会舆论。曾有研究调查表明,我国居民了解党和政府方针政策的来源85.1%来自于新闻媒体,而广播电视承担了33.5%的任务。①

(3) 媒介竞争首先在于新闻性节目的竞争

近些年来,"新闻立台"的观点经常被业界提及,并逐渐为越来越多的人所接受。原因就在于,随着媒体竞争的日益加剧,人们越来越清醒地认识到:媒体的竞争主要就体现在新闻节目的竞争上。如,在美国,从20世纪的四五十年代开始,美国广播公司(ABC)、全国广播公司(NBC)、哥伦比亚广播公司(CBS)三大商业电视网在新闻节目上的竞争就一直相当激烈,一大批著名的新闻栏目,如 CBS 的《60分钟》《早晨》,ABC 的《美国,早晨好!》、NBC 的《今日》等,在彼此的竞争中相继出现,而这些名牌栏目也成了各自电视网的招牌,在很大程度上代表着这个电视网的综合实力。

再如,凤凰卫视的成功也是一例。它因对"9·11"事件的最先直播、对伊拉克战争的现场直播等一举成名,其在新闻时效、独家报道、栏目设置上的独特风格,终使它在激烈的新闻竞争中占有一席之地,短短几年间,就由原来一家设在香港的名不见经传的民营电视台发展成为全媒体发展的传媒集团。

正是在这样的媒介生态环境里,各媒体纷纷把大量的人力、物力和财力投入到各种新闻性节目、新闻频率频道中去,加大了对新闻性节目、新闻频率频道的打造力度,由此推动了各台自身综合实力的发展,新闻节目编播部门也常常因其人员众多、管理力量较强,成为电台、电视台最突出、最庞大的机构。

(4) 新闻性节目在广播电视节目系统中具有强势地位

新闻性节目在广播电视节目的播出安排上常常占据最突出的黄金时段,如在早7:00、午12:00、晚7:00三个黄金时间段,中央人民广播电台、中央电视台都安排了新闻性节目,其播出的《新闻与报纸摘要》《午间半小时》《全国新闻联播》和《朝闻天下》《新闻30分》《新闻联播》等节目也已成为名牌节目,影响远远超过了其他节目。而且,在各级广播电视机构的收听(收视)排行榜中,高居榜首的无一例外都是新闻类节目。

2. 新闻性节目的特点

在与其他形态节目和其他媒介的比较中,可以看出广播电视新闻性节目有如下特点:

(1) 快,指广播电视新闻节目快捷,时效性强。

随着电子科技的飞速发展,广播电视拥有着最现代化的信息采集和传播手段,使得广播电视逐渐从"TNT(Today's News Today,今天的新闻今天报)"发展到可以"NNN(Now News

---

① 黄匡宇主编:《广播电视学概论》,暨南大学出版社,2005,第228页。

Now,即时新闻即时发)"了,不但能够及时报道已经发生的新闻事实,还能在发生的同时进行同步报道,真正实现了广播电视新闻报道与新闻事实的同步化。这是它与其他新闻媒介相比显示出的最大优势。

(2)短,指广播电视新闻节目语言简洁,概括性强。

一般来说,广播电视新闻集中告诉受众"what(是什么)",即信息内容,而较少告诉受众"why"和"how"。这是由广播以声音为传播符号和电视要求声画并茂的特点所决定的。声音稍纵即逝,过耳不留,一条新闻过长,受众听后忘前,新闻的语言啰嗦,内容拖沓,受众必然失去继续收听、收看的耐心。这就要求广播电视新闻的语言要高度浓缩,将那些可有可无、细枝末节的内容去掉,概括性地将新近发生或正在发生的事件告诉受众。除实况转播以外,一般消息不超过1分钟,通讯不超过5分钟。中央人民广播电台早间的《新闻与报纸摘要》节目,在30分钟的节目时间里要播出30多条新闻。

(3)活,指广播电视节目形式多样,立体感强。

广播电视新闻节目表现形式灵活,消息、通讯、评论、连续报道、系列报道、热线讨论等多种形式并存,十分丰富;体裁活,将声音元素和图像元素进行多种组合,既有播音员的口播,也有记者的现场采访,还有实况录音,节目具有较强的立体感。

(4)真,指广播电视新闻节目形象生动,直观性强。

广播新闻能够真实地传播新闻事实发生的现场音响,电视新闻则声画并茂,将现场景象生动地展现给观众,使观众有身临其境之感。这种极强的传真性,不仅能给受众留下深刻印象,还使受众接收信息时"费力程度"最小,更易于接受新闻信息,从而极大地调动其参与意识。

(5)大,指广播电视新闻节目的信息容量大。

报纸的出版目前还只限于一天一次,提供的信息量自然受出版次数和版面的限制,而广播电视既可以反复多次播报新闻,又可以利用多种传播符号,在每次播报新闻的单位时间里尽可能增加信息容量。一方面,它囊括了政治、经济、军事、文化、科技、体育、卫生等方方面面的信息,是"新闻总汇";另一方面,它不光可以通过文字语言表达,还可以用声音、图像,将与之相关的信息带给受众,信息总量比报纸要大得多。而且,广播电视新闻在传播过程中"梗阻"的情况较少出现,如它不受邮路的"梗阻",覆盖面广,受众群庞大;其直观性更易为受众所接受等,增大了受众在广播电视新闻节目中实际接收的信息量。

当然,广播电视新闻节目也不可避免地有自己的弱点,如由于广播电视的图像和声音更易于反映事物的外貌和现场气氛,而较难表达事物的内在规律与本质属性,所以其新闻性节目一般难以形成深度报道,内容深度不够。再如:虽然广播电视新闻节目是以向受众呈现现场场景和音响见长的,但由于一些突发事件的发生难以预料,事件发生时,记者不可能恰好正在现场,所以往往不能抓录到感人的现场音响和抓拍到精彩的现场场景,成为其新闻报道的一大遗憾。还有,广播电视新闻节目采取顺序播出,选择性差;广播电视声音和图像都是稍纵即逝,其节目不便保存,等等。

3. 新闻性节目的构成

新闻性节目是广播电视节目系统的重要组成部分,同时,广播电视新闻性节目本身也是一个庞大的节目体系。根据对新闻事实的不同表述形式和处理方法,广播电视新闻性节目一般可分为消息类新闻节目、专题类新闻节目和评论类新闻节目三大类。

(1) 消息类新闻节目

消息类新闻节目以报道动态新闻为主,迅速、广泛、简要地对国内外最新发生、发现或正在发生的新闻事实进行报道。节目中一般以动态消息为主,辅以非动态消息,如经验性消息、解释性消息、述评性消息、人物消息等,其中报道的绝大多数是新闻性较高的硬新闻,奇闻逸事类的软新闻不多,一般将数十条新闻消息集中组合,安排在电台、电视台每天的"黄金时间"或正点、半点新闻中播出。其基本特征是:

其一,时效性强,及时发布最新信息。

其二,报道简明扼要,直截了当地叙事。

其三,公信力强,党和政府的方针政策、法令,以及各项重大决定、重要会议的召开等,都是通过这类节目发布的,对社会舆论起着较大的引导作用。

消息类新闻节目是广播电视新闻报道中最常见的,是广播电视新闻实现要闻信息总汇的主要渠道,也是整个广播电视新闻节目的核心。比较典型、具有代表性的消息类新闻节目有中央人民广播电台早间的《新闻与报纸摘要节目》、晚间的《全国新闻联播》,中央电视台午间的《新闻30分》、晚7:00的《新闻联播》等,各省市电台、电视台的本省新闻联播节目等也都均属于此类。

(2) 专题类新闻节目

专题类新闻节目往往围绕一个主题,采用消息、通讯、特写等多种体裁,对新近发生、发现或正在发生的新闻事实进行一次或多次的充分报道,它是广播电视进行深度新闻报道的一种节目形态。这类节目选题一般是政府工作中的难点、热点、群众关心的焦点,特点是节目播出时间比较长,节目内容比较丰富,对新闻事实的分析解释详尽、有深度。但与消息类新闻节目相比,因其报道的多是适应当时形势需要的内容,一般来说,并非每天播出,时效性显得稍弱。

专题类新闻节目的形式有固定的专栏节目、不固定的专题节目和临时举办的各种特别节目等,节目时长从几十分钟到几小时不等。

固定的专栏节目一般有专项的报道范围,节目对象性较强,有自己一定的受众群。如中央人民广播电台的国际问题专栏节目《国际时事》、法律专栏节目《法律园地》、体育节目《体育节目》等。《国际时事》是中央人民广播电台于1949年12月创办的,主要是对重要国际事件的发展状况和反应作综合报道,对一些国际问题作相应的评论。虽几经改名,但一直保留至今,是中央人民广播电台十大名牌节目之一。《体育节目》是1955年4月正式开办的,几十年来采制了大量有特色的体育报道,一直受到体育界、新闻界的好评。

每当党和政府有重要活动和重要会议,或者有重大节日庆典、全国乃至世界人民关注的大型活动,广播电视机构都会配合宣传,开设一些不固定的专题节目,这些专题节目对新闻人物、新闻事件做比较详细、系统的解释和分析,往往有特定的内容,也只是在这个特定的时间段安排播出。到了会议或庆典、活动的当天,一些电台、电视台还会临时调整固定播出的节目,做报道会议、庆典或活动的特别专题节目。这类特别节目报道形式灵活,可以采取客观纪实的手法,也可取现场报道的方式,还可以采取演播室议论与现场报道相结合的方式。

如2021年,为纪念建党百年,全国各广播电视台结合自身特色,各自发挥所长,制作播出了一批新闻专题专栏。中央广播电视总台率先推出《奋斗百年路·启航新征程》《美术经典中的党史》《中国共产党百年瞬间》等新闻专题节目,并携手各省区市广电机构联合打造直播系列特别节目《今日中国》,直播展示今日中国的发展成就。北京广播电视台在《北京新闻》《北京您早》《特别关注》等栏目开设了贯穿全年的新闻专栏《奋斗百年路·启航新征程》。《湖南新闻联播》先后推出《巍巍韶山连井冈》《传承红色基因 走好新的征程》《韶山连井冈 湘赣今更红》《奋斗百年路·启航新征程》等特别报道和专栏。山东广播电视台围绕着"奋斗百年路·启航新征程"宣传主题,在山东卫视《山东新闻联播》等新闻节目统一开设《奋斗百年路·启航新征程》《奋斗百年路·启航新征程——脱贫攻坚答卷》等专栏;《共产党员》《齐鲁先锋》栏目推出《小康路上》《精神的追寻》《中国精神》等系列报道;推出系列人物专题节目《百年初心》,讲述党史上具有标志性影响力的典型人物事迹。江西广播电视台陆续推出"两万五千里的红色征途"等融媒体策划和《我为群众办实事》《党员热心肠》等专题节目。7月1日当天,东方卫视、新闻综合频道、"看看新闻"App则打通全天版面,推出全媒体特别直播报道《理想照耀中国》,以统一的形式、统一的设计、统一的制作、统一的片花贯穿始终。①

另外,广播电视专访、广播电视讲话、电视新闻调查等也是专题类新闻节目的重要形式。

广播电视专访是电台、电视台记者、节目主持人对有关新闻人物、重要的新闻事件和社会问题进行专题访问报道的一种节目形式。一般都是采取问答、交谈的形式。这类节目可分为人物访问和专题访问两种,前者是对新闻人物的访问,涉及的内容比较广泛。如,中央电视台《东方时空》中曾设立人物专访节目《东方之子》,其宗旨是"浓缩人生精华",专访了

---

① 杨余:《重磅!广电共庆中国共产党成立100周年——新闻节目、文艺晚会》,https://www.sohu.com/a/474751120_613537。

无数在各个领域中做出卓越贡献的人物,在全国形成很大影响。2002年,央视又创办了一档独立的人物专访节目《面对面》,这个节目形式上是面对面的长篇人物访谈,兼具《新闻调查》的深度和《东方之子》的敏锐。在长达45分钟的一对一交谈中,主持人王志以其鲜明的质疑、尖锐的提问、审视与挑剔的眼神、适度煽情的"追问",力图展示新闻人物的另一面和他们丰富的情感世界。后者是就某一新闻事件或问题对有关人士进行的专访,以获得人们所关注的新闻事实,或是所想了解的观点看法。如,中央电视台的《新闻会客厅》节目,就是以家庭式的客厅为演播室基本形态,通过对当日或近期国内发生的重大新闻事件中的人的专访,来开掘新闻事件中当事人和关联人的亲历、亲为和亲感的。

广播电视讲话一般是请新闻人物、权威人士在广播、电视上就某一问题发表讲话,以介绍个人的看法和有关情况。广播电视讲话有命题准备讲话和现场即兴讲话之分。我国一般将党和政府所做的广播电视演讲都称为广播电视讲话。最具代表性的是每年元旦国家领导人在广播电视上发表的新年祝词。

广播电视新闻调查是就某个新闻事件或某个重大社会问题、社会现象做深入调查的节目形式,它也是广播电视新闻进行深度报道的一种形式。中央电视台的《新闻调查》节目就是一例。该节目采用大量真实、生动的现场音响和画面,加上实际调查得到的翔实背景材料和准确、精辟的评论,深度报道社会热点问题和典型事件。

(3) 评论类新闻节目

又称言论类新闻节目。与消息类、专题类新闻节目主要是用事实说话,通过对客观事实的报道来反映舆论、引导舆论不同,评论类新闻节目是以客观事实为依据,通过对新闻事实的理性思考,分析发表议论,阐述道理,以观点和见解来引导舆论,是新闻性节目的旗帜和灵魂。可以说,新闻评论是广播电视台直接发言的主要手段之一,也是公众判断广播电视台政治面貌和衡量广播电视台的政治态度和思想水准的主要标尺之一。

广播电视评论类新闻节目和其他传媒的新闻评论一样,在内容上具有新闻性、政论性、导向性、群众性等特点,在形式上又有着自身的一些特征。主要有:一是短小精悍。广播电视的新闻评论一般一事一议,以四五百字为宜,"千字文"就已经算长评论了。二是浅显易懂。广播电视新闻评论要深入浅出,一听、一看就懂。三是样式多样。报纸评论的样式,如社论、评论员文章、短评、编后等,广播电视新闻评论都可以借鉴采用,它还有适合自己传播特性的样式,如口头评论、谈话评论、主持人评论、音像评论等;广播电视新闻评论节目不但有文字表达的内容,还有音响、图像等。

从中国广播电视新闻发展的实践来看,我国广播电视新闻评论作为一种栏目化的节目形态已经运作了几十年。以电视为例,以央视1980年7月播出的《观察与思考》为标志,中国正式出现了一种新型的、独立的新闻评论体——电视述评。1988年7月,央视重新组建评论组,将《社会瞭望》与《观察与思考》合并,加强了新闻评论节目,后更名为《观察思考》,这标志着我国电视新闻评论类节目从此进入了一个新的发展阶段。1993年年底,央视在原有《观察思考》节目的基础上组建了新闻评论部,并于次年推出了新的电视新闻评论栏目《焦点访谈》,电视新闻评论才逐渐真正成为一个能引导舆论的重要节目类型,由此进入了中国电视新闻评论的黄金时期,各地方电视台纷纷仿效,相继开设了各种类型的电视评论节目。2003年5月,中央电视台新闻频道开播了一档纯粹的评论性节目——《央视论坛》。它不采集新闻,而是在各种媒体提供的新闻事实中选择那些最引人注目、最具谈论空间的内容进行评论、分析和解读,其发言者不是媒体本身,而是一支相对稳定的、被称为"本台评论员"或"特约评论员"的队伍。这是一种尝试,可以称之为"电视时评"。但由于节目后来渐渐偏离了初衷,2006年停播。2008年,随着央视《新闻1+1》《今日观察》《我的今日之最》等众多新型评论节目的开播,我国电视新闻评论节目继20世纪90年代中期《东方时空·焦点时刻》《焦点访谈》开播兴起的第一轮新闻评论节目热潮后,迎来了电视新闻评论节目发展的第二轮高潮。

2008年3月24日22:00,电视新闻分析和言论性直播节目《新闻1+1》在中央电视台新闻频道亮相。传统的电视新闻评论大都"寄生"在所报道的事实中,评论的内容通常是主持人几句不痛不痒的批评和调侃,总体上是为新闻事实服务的。《新闻1+1》则开创了一种以主持人加新闻观察员为主,两人在演播室展开双人谈话的"二人转"式节目新样态。节目改变了传统电视评论刻板的说教方式,围绕"时事政策、公共话题、突发事件"等三大类选题进行言论的探讨与话题的剖析,力求观点明晰、言论有理、论证有力。传统的电视口播评论中,图像符号功能没有得到有效的展现,造成与平面媒体难分伯仲的局面。《新闻1+1》突破这一瓶颈,充分发挥图像评论的功能,同时运用人物同期声、画面、字幕、现场连线等多种方式,为演播室节目的"话匣子"提供论据。

广播电视评论类新闻节目的形式很多,这里仅选择其中有其独自特点的一些形式作简单介绍:

口播评论。这是由播音员、评论员或节目主持人在话筒前口头播讲各类新闻评论稿件的形式。这些评论稿件包括本台撰写的本台评论,为新闻配发的编前、编后话,报刊、通讯社提供的评论文字稿,以及新闻节目主持人、记者采访时的即兴评点等。这种以个人名义讲述的见解有一种特殊的意义,具有一种"面对面"交流的效果。与广播的口播评论相比,电视的口播评论除了声音外,还有自己的形象特点。首先,播音员的活动图像出现在荧屏上,播讲评论时不仅有直观的服饰穿着和发式首饰等,还伴有面部表情、手势等非语言传播符号。其次,口播评论往往配有背景画面和活动图像、照片、字幕、图表以及漫画、速写等形式的背景材料。虽说是口播评论,实际上也是声画结合、图文并茂的。

广播(电视)谈话。广播(电视)谈话是以谈话的方式阐述对新闻事件看法的一种形式。它力求以平易近人的谈话方式交换意见和看法,以求达成共识。广播谈话也称"广播漫谈"或"广播杂谈"。电视谈话节目由广播谈话演化而来,最初是节目主持人、记者、编辑等电视新闻工作者围绕某一新闻事件进行讲述和评价,并配有各种背景材料画面和字幕说明。后来随着电视台开通直拨热线电话,观众可以直接参与由节目主持人组织的议题交谈和讨论。现在它已经发展为在节目主持人主持下群众或者专家就某一话题共同进行讨论座谈的节目形式。它多是选取社会上人们关心的热门话题,邀请相关人士进行较为广泛的议论或争论,以达到形成共识、有利于问题解决的完满结局。央视1996年3月16日开播的《实话实说》就是一个典型。

广播(电视)新闻述评。这是在报道新闻事实的同时,对所报道的事实做出必要分析和评论的一种形式。这种节目形式以评论员或主持人(记者或编辑)为主进行串联,在叙述事实的基础上,用夹叙夹议的方法,以声音或画面提供的事实为依据,时而用画外音叙述,时而在荧屏上评论,自然地引出观点、看法,就实务虚,叙事说理,既具体形象,又生动逼真,有很强的感染力,使受众容易接受。央视的《焦点访谈》兼具了新闻评论和深度报道的特质,即是这类节目的典型代表。

(二)教育性节目

教育性节目是指以传播政治、思想、伦理和科学文化知识为主要内容,以推动社会精神文明建设为目的的广播电视节目。国外又叫"公众利益服务节目"或"公共教育节目"等。

1. 教育性节目的媒介地位

作为广播电视节目系统中的"后起之秀",教育性节目虽然相对比较年轻,却担负着思想理论教育、政策法规教育、文化知识教育、科学技术教育和职业技能教育等重要任务,是人类社会生活内容中一个不可忽视的部分。特别是时代发展到今天,人们越来越认识到广播电视教育性节目的重要性,它与新闻性节目、文艺性节目等互相补充、互相渗透、互相联系,一起构成了电台、电视台的支柱。

我国历来重视广播电视教育性节目,很早就开办了教育性节目。在延安新华广播电台时期,就开办了《科技常识》和《革命故事》等节目。1949年9月1日,北平新华广播电台设置了《自然科学讲座》节目,经多次更名,即为后来的中央人民广播电台《科学知识》节目。我国电视事业发展起来之后,电视教育性节目也逐渐成为电视台的支柱性节目,在播出时间长度上,有时甚至超过了新闻性节目和文艺性节目。近年来,各级电台、电视台的教育性节目呈逐年增长之势,涌现出一大批堪称精品的教育性节目。种种迹象表明,教育性节目已成为广播电视节目系统中不可或缺的组成部分。现在,各级电台、电视台不但设有专门的教育性节目,有的还开播了教育频率、频道,甚至成立了专门的教育电台、电视台。

2. 教育性节目的特性

广播电视教育性节目融合了教育与广播电视传媒的种种特性,与其他教育机构相比,作为现代化传播工具,广播电视在传播社会教育节目上有着明显的优势。

(1) 受教育者的广泛性与专一性的统一

从总体上看,广播电视教育一不受学校围墙的限制,二不受课堂大小的限制,三不受文化水平的限制,只要拥有广播电视收听收视工具、听觉、视觉健全的人都可以根据自己的水平和需要有选择地接收教学内容,一次教学活动下来,听讲的"学生"往往数以万计,远远超过一个教师在课堂上听课的学生数。

而在具体的广播电视教育中,它又可以为特定的受众提供专一的教育内容。许多广播电视教育性节目都有特定的传播对象,特别是以年龄、职业和地域来区分教学对象的各类特定对象节目,都不同程度地具有专一性。无数种专一的对象,汇集成一个整体的广泛。这种广泛性与专一性的统一构成了教育性节目的首要特征。

(2) 传授内容的多样性、专业性与新闻性的统一

总体上来说,广播电视教育节目传授的内容是广泛多样的,不仅涵盖了学校教育的所有内容,而且许多教学内容是学校教育所涉及不到的,无所不包。但具体到某一单个教育节目时,广播电视教育节目的教学内容又突出了专业教学的特色。从根本上讲,广播电视机构是新闻单位,节目内容还常常包含反映社会现实、联系社会现实传授知识的内容,呈现出强烈的现实针对性和高度的时代感,不可避免地具有一定的新闻性。

(3) 传授方式的科学性、系统性与形象性的统一

广播电视的知识教育性节目作为教育的一个组成部分,当然会遵循教育的一般规律,注意教育方法上的循序渐进、启发诱导、理论联系实际等,注重教育的科学性和系统性。在此基础上,它更突出地具备形象性。这是由广播电视传播工具的特性所决定的。

3. 广播电视教育性节目的构成

目前,我国广播电视教育性节目一般分为两类:一类是教学性教育节目,一类是社会性教育节目。

(1) 教学性教育节目

教学性教育节目利用广播电视手段,系统地传授文化科学知识,教学内容往往与学校教育相对应。其基本形式来源于课堂教学,在题材、手法上与社会性教育节目有着明显的区别,因此,也有人称其为"电教节目"。根据传播内容和数量,教学性教育节目可分为三种:

综合教学。基本上按照全日制学校的课程设置安排教学,一般要进行考试并给合格者发文凭,是一种综合性的学历教育,如中央广播电视大学。由于它采取了一种远距离的教育

方式,也称为"空中大课堂"。

专业教学。专门教授某一学科,由浅入深,有计划、分阶段地教学。它与社会上一般的专业专科以及中专学校相似。

以上两类节目大都是由专业电子传媒,如中国教育电视台承担。

应用教学。应用教学类似职业教育和社会举办的实业教育,适用于知识更新和就业培训,如生产工艺教学、生活实用知识教学、艺术欣赏教学、外语教学等,具有实用性强、专业性强、对象性强等特点。特别是一些面向社会广泛的、固定的需求而举办的教学节目,如外语教学节目《FOLLOW ME》,长期以来深受受众的欢迎。

(2)社会性教育节目

广播电视日常宣传中最大量、最经常的教育性节目是社会性教育节目。按照节目内容,通常将社会性教育节目分为理论节目、知识节目、特定对象节目、竞技节目等。

理论节目。它是以讲解道理、阐发论点为特征的思想教育节目,是社会主义广播电视的一个突出特色。可针对各种理论而设置相应的栏目,如理论知识、理论讲座、理论信箱、论坛等。

我国中央和省一级广播电台理论节目都有几十年的历史,并在实践中取得了很好的成功经验。但电视则受其自身长于形象表达而不善思辨的特性所制约,至今还没有开设固定播出的理论节目。

知识节目。它侧重于通过趣味性的节目向群众传授各种领域的科技文化知识。由于内容丰富,依据各种知识门类,逐渐形成了名目繁多的节目和栏目。如:介绍医疗卫生知识的《健康之路》,介绍家庭生活知识的《快乐生活一点通》,介绍国际知识的《世界各地》,介绍法律知识的《法制园地》,介绍科技知识的《科技之窗》《科技博览》,介绍文物考古知识的《鉴宝》等。除了固定播出的知识节目外,更多的是各地电视台拍摄制作的电视专题片,如以介绍人文地理知识为主的系列专题片,像中央电视台的《话说长江》《话说运河》《故宫100》等。

与理论节目不同,电视由于其声画俱佳的优势,其知识节目通常办得比广播更为生动活泼。

特定对象节目。它是指以特定社会成员群体为对象而开设的教育节目。这种节目历来被认为是广播电视宣传的重要手段。延安新华广播电台1947年9月就曾开办过《对国民党军广播》节目,为宣传瓦解国民党军队起到了巨大作用。按照职业、年龄、性别、民族、地域等,可设置多种节目,如老年节目电视台的《夕阳红》、电台的《常青树》,少儿节目电视台的《大风车》《七巧板》,电台的《星星火炬》《小喇叭》,妇女节目电视台的《半边天》,农民节目电台的《金色田园》、电视台的《金土地》,还有残疾人节目、特区生活节目、牧区节目,等等。

竞技节目。它是以人的智力和能力比赛为内容的节目形式,也称益智节目。它囊括了竞赛、问答、讨论、辩论、评选和点播等样式。这种形式适应人们普遍存在的求知欲望,将知识性、趣味性和娱乐性融为一体,以受众参与的方式向受众传播知识,形成一种双向交流的宣传教育方式,能够取得较好的教化效果。

以竞赛型节目为典型代表,我国第一个影响较大的竞赛性节目是中央电视台1983年举办的《北京中学生智力竞赛》。此后,不少省市级电视台都举办过竞技节目,如《江浙沪越剧大奖赛》《京杭大运河知识竞赛》《家庭演唱大赛》等,还有后来出现并一直坚持举办的《亚洲国际大专辩论赛》《三星智力快车》等。现在,这种节目往往与娱乐类型的节目互相渗透,其中知识已经成为一种娱乐手段,构成了典型的"寓教于乐"样式,如央视的《开心词典》。

(三) 文艺性节目

广播电视文艺性节目,或称娱乐性节目。广播电视的文艺性节目是文艺与广播电视相结合的产物。它是一个广泛的概念,凡是利用广播电视媒介传播的文艺节目,或是利用广播电视塑造艺术形象来反映社会生活的广播电视节目,都可归为此类。这里涵盖了两层意义:一是传播手段的运用;二是作为塑造艺术形象手段的运用。这两者在艺术本质上是有区别的。前者只是一种传播,从广播电视音乐、戏剧戏曲到电视散文、配乐小说、电影录音剪辑等,其中的典型代表是"综艺节目"或电视文艺晚会。后者是一种艺术创造,典型代表是"广播剧"、"电视剧",它可以形成一种新兴的艺术门类。

1. 广播电视文艺性节目的媒介地位

自广播电视诞生之日起,文艺性节目就一直是其播出的重要内容。很多电台、电视台都是从文艺和新闻节目的播出开始的。延安新华广播电台每天不但播送新闻节目,还播送文艺节目。只是在当时,所谓的文艺节目常常是播音员对着麦克风唱几首革命歌曲,后来有了手摇式唱机,却没有太多的唱片,放来放去就《义勇军进行曲》几张片子。

文艺性节目也是广播电视节目体系中播出时间最多的内容,堪称广播电视节目的"半壁江山"。中央人民广播电台每天播出的文艺性节目曾经占到总播出节目时间的45%,省、市级电台、电视台文艺节目在播出时间量上还要大于这个数字,一些县级电台电视台的节目播出甚至以文艺节目为主。

文艺性节目以其大众化的品位广受受众欢迎,中央人民广播电台的《今晚八点半》、中央电视台的《曲苑杂坛》等都曾经是收听收看率很高的名牌栏目。

2. 广播电视文艺性节目的特性

与一般的文艺节目相比,由于传播手段和传播方式的不同,广播电视文艺性节目还具有鲜明的特性。

包容性。在所有的广播电视节目中,文艺性节目的包容性最强。它既可以包容音乐、舞蹈、绘画、雕塑、建筑、戏剧、文学、电影等一切艺术样式,又可以包容多个内涵层次,既有高品位的"阳春白雪"式的文艺精品,也有"下里巴人"式的大众通俗文艺。这是广播电视文艺性节目区别于其他文艺的最显著特征。

渗透力。广播电视传媒特性决定了其受众不受年龄、性别、文化程度等方面的限制,因而随着广播电视的日益普及,广播电视文艺性节目直接成为群众业余文化生活的一部分,这也使得广播电视文艺性节目具有了比文艺报刊、书籍、影剧院等大得多的渗透力和社会影响力,一部好的电视剧足可以使"万人空巷"。

连续性。小说连续广播、长篇评书、系列广播剧、电视连续剧等大大满足了群众足不出户便可连续、定期地欣赏文艺节目的需求。

节目选择的自由性与欣赏的随意性。广播电视接收工具普及,节目频率频道也多,受众可以自由选择自己感兴趣的节目;同时,欣赏广播电视节目时,受众既可以全神贯注,又可以漫不经心、一心二用。这种自由性和随意性,既是广播电视文艺性节目的长处,也是它的一个缺陷。

3. 广播电视文艺性节目的构成

广播电视文艺性节目包含的内容较多,从不同的角度出发,有不同的分类方法。

(1) 按照节目来源来分

广播电视文艺性节目包括三种来源:

其一,广播电视独有的艺术品种。

广播剧、电视剧是这类节目的典型代表。随着广播剧、电视剧创作的日趋活跃,这类节目已经发展成为一个新的、独立的艺术品种。

其二,对社会文艺进行加工。

这类节目指的是对一些社会文艺品种进行加工使之形成具有广播电视特点的文艺节目。如电影录音剪辑、MTV、LTV 等。

电影录音剪辑是指采用录音剪辑的方式来处理电影这类视听综合的艺术作品,这是中国广播工作者的创造,世界上其他国家没有这一样式。1950 年 3 月 8 日,中央人民广播电台播出陈开制作的电影录音《白衣战士》,这是中国广播电台播出的第一部电影录音作品。1955 年 11 月,中央人民广播电台在《广播节目报》上刊登节目单时,正式采用"电影录音剪辑"这一名称。后来,又生发出话剧录音剪辑、歌剧录音剪辑、戏曲录音剪辑等姊妹样式。

MTV,即音乐电视。是一种利用声画对位方式所形成的一种新的电视文艺节目。它把原本以听觉来感知的音乐节目,变成一种视听综合审美体验的电视节目。中央电视台的音乐节目《中国音乐电视 60 分》,是一个主要介绍中国 MTV 的栏目。

LTV,即文学电视。可以算是从 MTV 形式中引申出的新的电视节目样式,是将经典文学作品进行图像和音乐手段的加工处理,搬上荧屏。我国较早的 LTV 作品是 1994 年 6 月中央电视台制作的散文电视《世界上最疼我的那个人去了》。

其三,直接取材于社会文艺。

即把社会文艺节目直接引入广播和电视,基本不做加工或很少加工而进行播出的节目,如广播电视实况播出或现场直播的文艺晚会。

(2)按照节目功能来分

欣赏性文艺节目。它以播送各种各样的文艺作品为主,对受众进行审美教育,提供娱乐欣赏。

知识性文艺节目。主要是向受众传授和普及文艺理论知识和文艺技艺。

服务性文艺节目。主要是向受众提供文艺方面的咨询和服务,解答各种疑难问题,以满足受众的求知欲望和其他各种要求。

评价性文艺节目。主要是评价、介绍文艺作品和文艺创造者,将艺术评价与艺术欣赏、知识介绍巧妙地结合起来。

(3)按照艺术种类来分

音乐节目。它是广播电视文艺节目的重要组成部分,除了播出中外各类声乐、器乐外,还可以播出歌舞剧的音乐录音剪辑、选曲等,在广播文艺中占有极重要的地位,特别是调频立体声广播的出现,使得音乐广播赢得了更多的受众。

戏曲节目。可以说,这是中国特有的广播电视文艺节目样式,主要是播送中国国粹的各种戏曲剧目。如中央电视台的《名段欣赏》《戏曲欣赏》等。

曲艺节目。曲艺是各种说唱艺术的总称,包括鼓书、相声、评书等,快板等。中央电视台的《曲苑杂坛》,是一个融戏曲、评书、相声、小品、杂技、笑话等多种节目品种的栏目。

文学节目。包括文学欣赏、小说连播、电视小说、电影录音剪辑等。

广播剧和电视剧。

舞蹈节目。将各种舞蹈(如民族舞、芭蕾舞、现代舞、摇滚舞等)成功地在电视荧屏上展示出来。

(四)服务性节目

从广义上讲,所有广播电视节目都是为人民服务、为社会主义服务的。狭义上讲,服务性节目是与新闻类、教育类、文艺类相并立的,是指那些实用性强,通过传递信息、接受咨询、反映群众呼声等方式,直接为受众解放思想、工作、生活上的各种实际问题,给人们提供具体而实用的服务,为民排忧解难的广播电视节目。

1. 广播电视服务性节目的媒介地位

服务性节目是广播电视节目中前景广阔、发展潜力大的一种节目类型。

一方面,从传媒自身来说,广播电视的媒介特性决定了服务性节目在整个节目系统中的重要地位。媒介的社会服务功能是一种客观存在,作为最先进的传播媒介,广播电视在服务内容、服务对象上比其他传媒更具广泛性,服务方式也更形象、生动、亲切、真实。显而易见,服务性节目的传播能够使广播电视突出自己的媒介优势,广播电视在发挥社会服务功能方面有着更广阔的天地。

另一方面,从外在客观形势来说,时代的发展也决定了服务性节目在整个节目系统中的重要地位。随着我国社会主义建设事业的迅猛发展,政治经济、文化生活等各方面都有了很大的进步,这对广播电视的社会服务功能提出了更高的要求。作为提供服务最为便捷的工具,广播电视更需要不断地拓展新的服务领域。

广播电视服务性节目的历史也很悠久,早在广播电视产生之初就出现了。在我国最早可追溯到人民电台的创建初期,延安新华广播电台曾经开设过《社会服务》和《信箱》节目,播送国民党军队俘虏的家信,帮助传递消息,安慰家属。中央人民广播电台也在1950年播出过《首都行情》和《听众服务时间》等节目。

1964年召开的第八次全国广播工作会议明确把服务性节目与新闻性节目、教育性节目、文艺性节目并列为四类节目。但由于认识上的局限,在实践中并没有得到很好地贯彻,长期以来服务性节目一直不太被重视。直到改革开放以后,随着思想解放和改革开放的需要,人们才越来越认识到服务性节目的重要地位,服务性节目才得到真正的发展,逐渐形成一个独立完整的节目类型。现在,很多电台电视台都提出"服务至上"的口号,把服务性节目作为节目改革的突破口,一大批优秀的服务性节目脱颖而出。很多服务性节目都在黄金时段播出,拥有大量的固定受众,一些服务性节目的收听收看率甚至超过了新闻节目。

2. 广播电视服务性节目的特性

主要表现为两个方面:

实用性强。能广泛地适应不同文化、不同年龄层次、不同职业的受众的兴趣与口味,对人们日常生活、工作、学习等方面有直接的指导作用。

能产生直接影响。服务性节目无论是针对特定对象还是一般对象,是针对固定对象还是临时对象,都希望对服务对象从具体的言行举止到内在的思想情操产生影响作用。

3. 广播电视服务性节目的构成

我国广播电视服务性节目名目众多,内容丰富,按照不同的前提条件,可以划分为不同的类型:

(1) 按节目内容划分

家庭生活服务节目。即为广大受众的家庭生活提供固定的常规服务的节目,一般是介绍美食烹饪、医疗卫生、美容保健等与人们日常生活密切相关的内容,如天气预报、报时、《生活顾问》等,目前,此类节目中寻医问药的节目尤其引人关注,很多电台、电视台都开设了类似于"名医坐堂"这样的节目。

经济生活服务节目。即为个人或社会的经济生活提供各种服务信息的广播电视节目。如市场信息、投资指南、股市行情、外汇牌价等。

受众咨询服务节目。即为广大受众生产、生活、精神、心理等方面存在的问题排忧解难,在服务性节目中影响较大,效果也较突出。

广告服务节目。广告服务节目的地位比较特殊,它既是一个宣传节目,又是一个经营项目。我国早在20世纪七八十年代就陆续开办了广告节目,如中央人民广播电台的《健康热线》《科技、知识、生活》等。1979年1月28日,上海电视台在国内第一次播出电视广告——上海药材公司的"参桂丹酒"广告。现在,许多电台、电视台的广告节目已经改变了过去那种单纯"叫卖"的面目,更加注重广告节目的艺术性,讲究广告创意。

(2)按节目形态划分

独立形态的服务性节目。这是一种纯粹的服务性节目类型。它不与其他类型的广播电视节目相渗透,不借用其他节目形态来达到服务的目的,始终保持一种实用性质的形态。主要分为两类:

单项性服务节目。即只为受众提供一个方面或一个问题的具体服务,内容单一而集中。如天气预报、报时、广播体操、节目预报,还有具体介绍烹饪、裁剪等某种技能的节目,提供股票、外汇牌价、交通路况等某类具体信息的节目。其中,《天气预报》是每个电台电视台都开办的单项性服务节目。有时还为特定对象开设单项性的服务节目。如1984年8月,上海电台开播了一档以轻音乐为主要内容的《祝您晚安》节目,帮助老年人晚上入睡。

综合性服务节目。其服务项目多、方面广,更注重受众的参与,常常采用节目主持人的形式,由主持人在节目中回答受众的问题,选播受众来信,具体为受众提供家庭生活服务。如中央电视台1979年8月开播的《为您服务》节目,最多时开设了十几个服务项目,并举办各种家庭生活比赛,吸引受众参与。

非独立形态的服务性节目。这类节目实际上是从其他类型的广播电视节目中重新认定的,如教育性节目中的一些专题片、知识竞赛,文艺性节目中的综艺节目等,往往在节目中含有一些服务性的因素。如1999年中央电视台二套开办的《幸运52》,就是一个将商品信息融入知识竞赛形式中的大型互动式节目。

二、从节目的报道方式来考察

(一)现场报道

现场报道是报道者(记者、主持人)在新闻现场利用实况音响和报道者的现场解说、述评组合而成的报道形式。它以再现事物及其现场的瞬间状态和情景为主要表现目标,以现场的即时解说和述评为主导,以典型的富于表现力的实况音响为必要条件。现场报道可以是录播,也可以是直播。

(二)连续报道

连续报道是一种紧跟新闻事件的客观进程,以持续报道的方式迅速、及时地反映事件最新态势,让受众全面了解事件及其本质的报道形式。它是以时间顺序为线索的多次新闻的集合。在特定的新闻事件冲突过程中记者不断地以事件变动为新闻根据,分段分次地将事件发展中有价值的新动态及时传递给受众。连续报道追踪的不是一般的社会现象和社会问题,而是对正在发生发展中的新闻事件及所追踪的事实,进行及时而持续的报道。它所涉及的题材往往是重大的新闻事件。

(三)系列报道

系列报道是围绕同一新闻题材和主题从不同侧面、不同角度做多次、连续的报道,以求对新闻事实作比较系统、全面、有一定深度的报道。与连续报道相比,系列报道时效性较差,时空跨度大;系列报道中每一条新闻都是独立成章的,各条报道之间没有外在的时态连续,却有内在的必然联系;系列报道的题材大多为典型经验报道和反映各方面成就等非事件性新闻的报道。

三、从节目的结构方式或组合方式来考察

(一)单一式

指一个具体的节目。小到一则简讯,大到一部电视连续剧,它都具有独立、完整的内容与相应的形式,都是一个整体。所以,即使是电视连续剧、广播电视新闻里的系列报道和连续报道等,要分多次播出,但从内容和形式上讲,它们可以说就是一个单一式的节目。

(二)专题式

指一组内容相对专一的广播电视节目的集合。因其播出的方式不同,可以分为两类:一种是固定性专题节目,它们具有固定的节目名称和固定播出时间。如央视的《今日说法》《焦点访谈》等。一种是临时性专题节目,它们是不定期临时设置的,如为重大的政治、社会事件而特办的,像"两会"专题,党代会专题,奥运会专题,香港、澳门回归专题等。

(三)专栏式

指将一些有一定的相关性和共同性的广播电视节目编排在一起播出的一种形式。它有

一定的名称、一定的内容、一定的特点、一定的长度和一定的播出时间,可以按节目内容设置,也可以按节目的接受对象设置,如同一主题、同一题材、同一体裁,或者能引起联想、可以比较等。这种专栏式的节目便于节目的总体策划和管理,便于营造出特色鲜明的名栏目。如电台的《今晚八点半》等。这就是我们常说的"节目栏目化"。

(四)综合式

指按照一定的构思、编辑方针和要求,将多种内容和形式的作品有序地组合起来,是一个多个节目的集合体。它能把知识性、娱乐性、教育性、趣味性、新闻性融为一体,在每一类型的广播电视节目之中,都可以采用这种样式来组合节目。如中央人民广播电台的《午间半小时》,是新闻性综合节目;中央电视台的《综艺大观》,是文艺性综合节目。

(五)板块式

指在一个时段内,一些节目组成一个节目单元,又将若干不同内容和形式的节目单元精心编串,构成一个集合体。板块节目可以使播出时间成为一个整体,时间大都在半小时以上,有的长达两三个小时;可以按照节目的总意图,把不同体裁的新闻、专题、广告,综合汇编在一起,互相转换,交替出现;大都采用直播的方式,由主持人组织、串联整个节目。在我国,珠江经济台于1985年7月最早开办这类节目,被称为"珠江板块旋风"。

(六)杂志式

这也是由许多节目组合起来的集合体。它采用杂志式综合编排方式,是一种小节目集纳成一个有机整体的节目样式,采用节目主持人方式,一般长达一个小时,在固定栏目、固定的时间播出。比较适合关注社会热点和焦点问题,容易形成舆论力量。杂志型节目以新闻杂志型节目为典型,我国中央电视台的《东方时空》就是一个十分典型的新闻杂志型节目。

需要说明的一点是,专栏式、专题式、版块式、杂志式等,都是广播电视节目集合编排的形式,它们中间往往呈现出一种互相渗透的关系。

四、从节目的接受对象来考察

(一)一般性节目

一般性节目的节目内容取向和接受对象都具有最大的容量和一般性。比如新闻节目、广告节目、广播剧、电视剧等,它们的报道范围、创作取材包罗万象,不受什么限制;接受过程中,受众一般是不具有排他性的;表现形式单纯而灵活。它是广播电视节目的基本类型。

(二)对象性节目

对象性节目是以特定的受众群体为传播对象的节目。它具有贴近性、层次性和介入性的特点,可以向不同国家、地区、民族和不同行业、年龄层次的受众提供服务。如各种语种的国际节目、民族节目,还有专门针对农村的,如《金土地》,专门针对工人的《当代工人》,针对妇女的《半边天》,针对青少年的《十二演播室》,针对老年人的《夕阳红》,等等。

五、从节目的播出形式来考察

(一)录播报道节目

即先期将节目素材在现场或演播室录音、录像,记录在磁带上,经整理加工后,按编排顺序进行播出的节目。它利于播出控制,便于重播、复制和保存,但报道的时效性比直播报道节目要差。

(二)直播报道节目

即在现场或直播间,把新闻事实的声音、图像及记者的描述、采访等不经录音、录像,转换为电子信号,直接发射、即时播出的节目。就新闻事件来说,它既是报道方式,又是播出的节目。直播方式有两种:一种是重大事件的新闻现场报道的直播,一种是在新闻节目播音室里的新闻直播。自珠江经济台开播后,直播节目已经成为我国广播电视节目的主要样式。

与录播相比,直播报道事件的发生、发展,与节目的制作、播出和收听、收看是同步进行的,时效性强,现场感强。但由于未经剪辑,直播报道节目不容易做到内容集中、表述精炼、结构严谨,也比较容易出错。直播报道节目又可分为现场直播和演播室直播。

(三)联播报道节目

即在同一时间,全国或某一区域范围内的各个电台、电视台,同时播出同一内容的节目。

六、从串联节目内容的线索来考察

主要分主持人节目和非主持人节目。

主持人节目就是指由主持人主持播报、串联节目内容的节目。这种节目形式的出现,打破了广播电视节目原有的制作格局,使采、编、播得以一体化。同时由于是对象感较强的双向传播,增加了节目的亲切感和亲和力。

按照节目制作过程中主持人的工作特点、所处地位及发挥的作用划分,朱羽君等在《中国应用电视学》中将主持人分为四类,据此我们可将主持人节目分为:(一)独立型。主持人独立承担整个节目的采、编、播各个环节的工作,他要对整个节目负责。(二)单一型。主持人主要从事话筒前的创作或出场负责播音工作,在整个节目中发挥的作用比较单一。(三)参与型。主持人参与节目的采、编、播各个工作环节。可以是整个参与,也可以是部分参与。(四)主导型。主持人是整个节目的策划组织者、体现者和主播者,他负责把关定向,大量的具体工作则由一个采编班子完成。

非主持人节目是指主持人节目之外的其他节目。

七、其他

(一)从节目的来源来考察,可作如下划分

1. 自办节目。就是本台制作、编排、播出的节目。
2. 交流节目。就是无偿或有偿与台外有关机构交换来的节目。
3. 联办节目。就是和别国或别台联合举办的节目。
4. 转播节目。就是接收他台信号,通过本台发射、播送的节目。

(二)从播出时间来考察,可作如下划分

1. 定期节目。即固定时间定期播出的节目,又可分为日播和周播。
2. 特别节目。指为配合节日或其他重要活动特别安排的节目。
3. 插播节目。指打断正常播出的节目,临时插入播出的节目。如2003年伊拉克战争爆发时,中央人民广播电台就打断正常播出的节目,临时插播了《美英军队开始对伊实施军事打击》的消息。

如今,伴随着"窄播化"的深入,广播电视节目又出现了按受众年龄进一步细分节目的趋势,如按学龄前儿童、少年、青年、中年、老年细分等,甚至已经出现了专业儿童频率(频道)、老年频率(频道)等。

本章思考题

1. 影响广播电视节目形态发展的主要因素有哪些?
2. 广播电视新闻性节目有哪些特点?
3. 你怎样看待广播电视服务性节目的媒介地位?
4. 你认为世界广播电视节目的发展趋势会是怎样的?

第十六章

广播电视节目主持人

节目主持人是伴随着广播电视事业的改革和发展而出现的。西方的节目主持人在20世纪五六十年代就已进入了成熟状态;在我国,自1983年第11次全国广播电视工作会议肯定了主持人节目之后,节目主持人就越来越频繁地出现在广播电视节目中。如今,我国节目主持人的成长已经进入一个崭新阶段。

第一节 节目主持人的定义

一、主持人的定义和特点

节目主持人是广播电视媒体不可或缺的重要标志,是广播电视改革进程中一道亮丽的风景线。但应该说,直到目前,理论界有关节目主持人概念定义的界定还较为零散,可谓众说纷纭,尚无一个统一的认识。

从现代起源来看,"节目主持人"是个舶来品。由于历史和文化的差异,在外语中还不能找到一个单词能够与中文"节目主持人"完全对译。在英文中,最主要的或者说涵义广泛的是 Anchor 和 Host。Anchor 是新闻节目主持人的意思,其原意是指"殿后",以及基督教长老会议长、大学考试的主考官、体育接力赛跑最后一棒的冲刺者。其引申意为"关键时刻可以依靠的人"。这些人都是在特定群体中举足轻重的人物。当年唐·休伊特启用克朗凯特主持报道两党代表大会,并将其命名为"Anchor",就是基于"组织、串联两党代表大会的这个人应该具有 Anchor 那种最快的速度和冲刺的能力"的构想。可见,休伊特借助 Anchor 一词的最初用意正是取其众多含义中"最后一棒冲刺者"的特定含义。Host 用来指综艺表演节目或明星访谈节目主持人。此外，在英国还有 Presenter，原意为"展示者"，指在文艺节目中具有一定表演功力的主持人；在美国还有 Moderator，原意为"协调人""仲裁人"，特指游戏、猜谜等娱乐性节目的主持人。

在我国，自 20 世纪 80 年代节目主持人正式出现以来，围绕节目主持人的概念就一直争论不休，研究者们从各自的认知理解和多种视角来阐释"节目主持人"，从他们各自不同的表述中，我们可以总结出一些共性。

节目主持人是直接面向受众的真实的人。不管主持人在节目中的参与程度和作用如何，他必须是一个节目的出场者或出镜者，主播者或播讲者，必须与受众直接交流、交谈、沟通、传情达意，是广播电视媒体中进行直接传播活动的人。

主持人是节目的参与者。主持人必须或多或少地参与节目的采访、编辑、制作过程，以加深对节目内容的理解，更好地把握节目的节奏，完成节目任务。这是主持人区别于播音员的最重要特征。

主持人是节目的组织者和串联者。主持人要负责将不同的节目内容和形式巧妙、合理地转换、承接、铺垫和穿插，使整个节目的播出更加自然和流畅。

因此，有学者认为，"主持人的本质实际上是串播、播讲人员的异化，也就是要求串播、播讲人员对于节目的理解和把握，要通过例如节目参与等形式达到一个更好更高的层次。"[①]

二、主持人与广播电视其他传播者的区别

在广播电视节目传播过程中，还有一些出声、出镜的媒介人物，如播音员、现场报道的记者、走向"前台"的编辑、各类出场嘉宾等，和节目主持人一样，他们同样是运用声音或形体做媒介传播信息，都讲究语言的表述能力，但他们与节目主持人之间又都存在着差别。如：在某些节目中扮演诸如"王律师""花仙子"等身份的出镜传播者，他们以扮演一种虚构的角色，不是以真实的个人身份来演播，个别节目(如电视广告)虽然使用了真实身份，但并没有起到"主导"节目进程的作用。

广播电视节目中的司仪和报幕员，总体来说都是举行典礼(大会)或文艺演出时报告顺序进度的人。对整台节目来说，他们一般仅是节目的"旁观者"，而并不是节目整体的"参与者"。司仪或报幕员并不在广播电视节目主体中体现出"我"的形象，也不在节目中占主导地位。

现场报道的记者(编辑等)，一般来说要尽可能忠实地"再现"现场，而且一般也只是在整

---

① 黄匡宇主编：《广播电视学概论》，暨南大学出版社，2005，第 321 页。

体节目中的某一局部偶尔出现,并不在"这一"节目中起主导作用,也不对节目整体信息进行具有个性化的加工。

各类节目特邀嘉宾,他们一般只是以真实个人身份客串出现在某一次或几次节目的整体或者某一局部中,但在"这一个"或"这一次"节目所传递整体信息中并不总是或者并不是进行着"我"的加工,也并不主导节目。

播音员主要从事节目信息的播音工作,不需要在所传信息中显示个性特征和对所传信息进行个性化的加工,一般只是尽可能忠实地在节目中"还原"他人采编的信息。播音员一般只对稿件内容的播音准确性负责,并不在整个节目中起主导作用。

再把节目主持人和播音员具体比较一下,通过了解他们之间的差异,我们可以更加明晰节目主持人在广播电视节目中的角色地位和作用。

传播程中的地位不同。播音员是以传播者为中心,直接将信息传给受众。而节目主持人是以受众为中心,在传播过程中是要为受众服务的。节目主持人与受众是"平起平坐"的关系,其传播是一个双向交流、沟通、契合的过程。

工作职能不同。播音员从属于节目,他只对稿件负责,精于对已有稿件在发音上的推敲,只要表达准确、无遗漏,就算完成任务;而节目主持人是驾驭节目,他要对整个节目的形象负责,要掌握整个节目的要旨和走向,把握节目进程。

参与节目程度不同。播音员的工作是从拿到稿件开始的,一般不参与节目的采编和制作,他不固定在某一个节目中,既可播新闻,又可播专题;而在节目制作的采、编、播几个环节,主持人总是趋向合作或合一的,因此节目主持人只要尽可能多地参与策划、创意、制作等节目具体创作环节,到播音时才会应付自如。

与观众的关系不同。节目主持人是以个人身份出现在观众面前,更需要树立起"我"的整体形象,他播音时是以"第一人称"与观众交流,其心理情境是"我和听众(观众)说话",因而有着自己的语言形态和风格;而播音员是以"第三人称"出现,以政府或媒体代言人身份向观众讲话,不可夹杂较多的个人色彩。

对象感不同。节目主持人的对象感比较具体,他一般不做"一对众"的设想,基本是"一对一"或"一对多",坐在收音机、电视机前的每位受众都觉得"主持人在同自己谈话";而播音员没有具体对象,是"一对众",对象广泛,与观众之间没有直接地情态交流。

播讲方式不同。播音员播音运用标准的普通话,主要采用"朗读式","照本"播出,语气庄重、严谨。其个性特征只有通过音色差异和对句群处理方式的差异来体现;节目主持人则大多采取"交谈体",更突出表达情感性、风格化,甚至还要求恰当地运用"伴随语言"(即形体动作、面部表情等),与受众处于平等地位,娓娓道来,亲切自然。

第二节　节目主持人的产生与发展

一、节目主持人在西方兴起

回顾人类广播电视的历史，大家可以看到主持人早期的样式。当广播电视刚刚出现时，在其中说话的人被称为广播员。广播员的工作包括放唱片、报告新闻、讲故事猜谜语等等。有时另外的演员前来演唱，就使用另外一个话筒，广播员为之介绍说明，与之配合。之后，随着广播的不断发展，人们对于广播员的要求越来越高。广播员自身也广泛学习各种艺术门类，努力精深于口头表达的技艺，从而逐渐形成了一个新的专业行当。

主持人的雏形应该是那些在新闻采写过程中兼职当播音员或解说员的记者。在西方，主持人节目和节目主持人首先在广播节目中产生。1928年，荷兰对外广播开办了第一个主持人形式的节目《快乐的电台》。这是一个杂志式节目，内容包罗万象，重点宣传介绍荷兰各方面的情况。由主持人艾迪·勒达兹将这些内容轻松、愉快地传播给听众，一时大受欢迎。艾迪·勒达兹一直主持这个节目到1969年退休，他也因此被公认为"历史最悠久、最富个人独特风格的国际广播节目主持人"。

在20世纪三四十年代，广播事业的发展达到了辉煌时期，这也是广播节目主持人兴起的时期。特别是在二战中，主战国的对外广播普遍采取了主持人形式，也涌现出一批各具特色的主持人。像美国哥伦比亚广播公司的记者爱德华·默罗，他于1940年8月18日开始做《这里是伦敦》节目，在德军轰炸的伦敦街头现场报道空袭情况。每次广播都以"这里是伦敦"开始，以伦敦当时的习惯语"晚安——祝你幸运"结束。其客观真实的报道吸引了全美听众，他也因此成了美国人心目中的传奇英雄。从默罗当时的工作情况来看，他就可算是节目主持人了。

借鉴广播娱乐节目的经验，电视节目主持人先是在综艺节目中设立。1948年美国全国广播公司推出了综艺节目《明星剧场》，聘请一名演员为节目主持人；同一时期，哥伦比亚广播公司推出了综艺节目《城中大受欢迎的人》（1955年更名为《埃德·沙利文节目》），该节目聘请了当过《纽约时报》"百老汇专栏"作家的埃德·沙利文为主持人。埃德·沙利文以其敏锐的眼光向观众推出艺术新星和艺术佳作，风靡美国达23年之久，连续多年跻身全美电视"20大节目"之中。这两个电视综艺节目因采用了主持人方式，将各种类型的表演糅合在一起，被称为"电视的一大突破"。

正式使用"主持人"这一名称的是哥伦比亚广播公司制片人唐·休伊特（Don Hewitt），他在给美国两党负责人的报告中提出,在 1952 年两党全国代表大会报道中,用主持人代替播音员,以改变当时电视新闻节目形式单调、死板的局面。他认为,将零散呆板的新闻报道集中成既系统又全面的整体,这里起组织串联作用的人,应具备 Anchor 那种最快的速度和冲刺的能力。① Anchor 在英文中是个体育术语,原指接力赛跑中跑最后一棒的运动员,唐·休伊特借用这一专用名词来称呼新闻节目主持人,强调的是新闻节目主持人必须有能力把各种新闻及现场报道组成一个完整的新闻节目,他在整个节目中起主导、组织和串联作用。1952 年,唐·休伊特启用克朗凯特(Walter Cronkite)主持 CBS 对美国两党代表大会的新闻报道。克朗凯特也成为出现在屏幕上的第一位电视新闻节目主持人。

至于"电视新闻节目主持人"这一传播形式的成熟,一般公认是以 1963 年 9 月 CBS 和 NBC 将晚间新闻节目由 15 分钟改为半小时为标志。由克朗凯特主持的 CBS "晚间新闻"和由切特·亨特利(Chet Huntley)和戴维·布林克利(David Brinkley)主持的 NBC "晚间新闻",很快就跃居为美国新闻节目收视率的首位。从此,电视新闻节目主持人的形式就由美国迅速推广到世界各地。

二、节目主持人在我国的出现和发展

在中国共产党领导的人民广播事业创建过程中,播音逐渐形成了端庄、大方、义正辞严、热情奔放的风格;而且由于当时无线电技术的原因,为让人们在收音机的噪声中能够听清楚,播音风格中还包括了大音量、中高音区表达的特点。当时,播音员们在表达中追求的是真理的声音、人民的声音,没有留意每人自身的个性特点。这样的风格一直延续了 30 多年,播音水平不断提高,出现了许多脍炙人口的播音名篇,也树立了一批让人民群众拥戴的著名播音员群体,但是应该说,一直没有出现正式的节目主持人。其间,1951 年,上海电台现场直播苏联男篮访华比赛的实况,由播音员张之和电影演员陈述联合解说,取得了意想不到的好效果。随后,张之被调到中央人民广播电台担任体育节目的解说员。由于他在现场集采、编、播于一身,有学者认为张之也可以说是最早的体育新闻节目主持人。

"文化大革命"结束后,全社会不再以阶级斗争为纲,人们也就不能满意高腔调的播音。在改革开放探索新时期播音"降调"的同时,"引进"了主持人节目的形式,初试便得到了社会的认可,获得一致好评。1981 年,我国广播电视史上出现了第一个正式名义的节目主持人——中央人民广播电台《空中之友》节目的主持人徐曼。她一改过去那种生硬的腔调,以其亲切甜美的声音,真挚、热情地为台湾同胞服务,成为台胞的朋友。

此后,广播节目主持人首先在经济发达地区发展起来。广东人民广播电台在 1981 年 4

---

① 徐志翔编著:《广播电视概论》,武汉大学出版社,2007,第 248-249 页。

月开办了由李一萍、李东主持的《大众信箱》节目。这个节目以二人对话、聊天的形式与听众谈心,帮助青年人解放思想、学习、生活上的种种困难,李一萍还被听众亲切地称为"知心姐姐"。

1986年12月,广东珠江经济广播电台成立。它将全天的节目划分为八个板块,全部由节目主持人主持,进行现场直播,听众可以通过热线电话参与到节目中来。这在后来被广播电视界称为"珠江模式",其核心其实就是主持人中心制。珠江经济电台的有益探索对全国广播节目主持人的发展产生了积极并具有历史意义的影响。如今,从中央台到各地方台都有了各具特色的名牌主持人节目,也涌现出了一批在全国都叫得响的知名主持人。

我国最初的广播电视节目主持人是采、编、播合作的形式,主持人一般不外出采访,主要是在播音间里回答听众来信提出的有关问题,题材较为单一,内容也大都局限于日常生活方面。而且,在最初推出主持人时还发生了一定的困难。因为在长期的精细分工下,会播音的不熟悉写作;在严格的播音概念标准下,编辑记者队伍中能在广播中说话的几乎没有。所以,为迅速建立主持人节目,就出现了由一组编辑人员为一位播音员(主持人)撰稿的情况。这样的现象被当时业内人士戏称为"双簧主持人""傀儡主持人"。随着时间的推移,随着播音语言观念的调整,从播音队伍和编辑记者队伍中发展成长出一批能够胜任"主持工作也主持节目"的主持人,并且有一大批具有高学历、有丰富社会阅历的知识型人才走进了主持人行列,初步形成了一个比较成熟的节目主持人队伍。主持人也走出了播音间,走向社会,深入生活,调查研究,现场采访,节目题材拓宽了,节目内容丰富了,节目品种增加了。

与西方节目主持人发展态势不同的是,我国广播、电视主持人几乎从一开始就是齐头并进的。

广播"降调"的时期,也正是中国电视普及的时期,同样,电视也在"降调",也在寻找主持人节目的表达方式。1981年,继中央人民广播电台《空中之友》出现节目主持人徐曼之后,同年7月28日,中央电视台在《北京中学生智力竞赛》节目的屏幕上,为赵忠祥打出了"节目主持人"这一名称;稍后的1983年元旦,沈力担任了中央电视台《为您服务》的专职主持人,这应该是中国电视史上第一个固定栏目的节目主持人。随后,上海电视台推出少儿节目主持人陈燕华,她先后主持过《娃娃乐》《燕子信箱》《快乐一刻》等节目,深受孩子们的欢迎,都称她为"燕子姐姐"。1983年8月7日开播的电视专题片《话说长江》,在采用传统的章回评书体形式的同时,增设了节目主持人,由陈铎和虹云担任。此后,各类型的专栏节目主持人蓬勃发展起来(如综艺节目中较为成功的是1990年中央电视台推出的《正大综艺》和《综艺大观》,两个节目的主持人杨澜和倪萍等),其中,最引人注目的就是新闻性节目主持人队伍的出现及逐渐壮大。

1987年,上海电视台推出了全国第一个杂志型电视新闻节目《新闻透视》,李培红作为电视新闻节目主持人率先出镜亮相。这个节目突破了传统的新闻播报模式,按照新闻性、知识性、服务性的要求,及时捕捉和剖析观众关注的重大新闻和社会问题,直接反映人们的意见与呼声,成为观众心目中多视角的社会窗口。但是标志着我国电视新闻节目主持人成熟的,应该是央视的《焦点时刻》与《焦点访谈》主持人的设立,这两个节目先后推出了敬一丹、水均益、白岩松等节目主持人。这些人凭借"快捷、敏锐、深刻、沉稳"的主持风格,成为当今中国电视领域新闻评论类主持人中的佼佼者。

从总体上看,我国电视新闻节目主持人仍处于探索阶段,实行的是编辑中心制。由于国情不同,目前我国综合新闻节目暂时还不可能设立与西方性质完全相同的主持人,新闻性节目,虽然也有像《东方时空》《焦点访谈》等节目里出现了记者型主持人,但从全国范围来看,毕竟是少数。新闻节目主持人在西方各大电视网是关系到电视台生死存亡的关键人物,影响电视台的收视率及广告收入,因而他们十分重视从记者中培养新闻节目主持人,以提高新闻的权威性。这也应该是我们努力的方向。

第三节 节目主持人的类型

节目主持人的分类有各种不同的标准和尺度。

一、以主持人的工作职责范围及工作形态来分

以主持人的工作职责范围及工作形态来分,有所谓的"四分法",就是独立型、单一型、参与型、主导型。独立型主持人的特点是独立承担整个节目采、编、播各个环节的工作,是节目的唯一制作人;"单一型主持人"主要是从事话题前的播音工作,但区别于播音员的是,他往往要在编辑特地为他写的主持性很强的文稿中再作些发挥及再创作,以便能动地把握现场。"参与型主持人"参与节目采、编、播、控各个环节的工作,他与编辑是平等合作的关系;"主导型主持人"是节目的指导者和领导人,是整个节目的策划者,"实际上是个镜头前或荧屏前露脸的主编"。

对于"四分法",国内有关学者有基本赞同的,也有持否定态度的。我国的实际现状是:独立型主持人还较少,而且在我国广播电视体制条件下,采、编、播也难以完全地由一人运作;指导型主持人在目前电台、电视台的组织机构中和体制规定下除非是部、组负责人,一般不可能承担组织领域工作。在我国,节目主持人占比重较多的还是"单一型"和"参与型"。尤其是参与型主持人目前在广播电视各类节目中最普遍,而且也是我国今后主持人类型发展的主要趋势。

二、以主持人参与节目的程度来分

这种分类方法与"四分法"有相类似的地方,它直接将主持人分为采、编、播合一型、采、编、播合作型和客串主持人。合一型要参与节目采、编、播全过程,因而往往是从记者编辑或其他的专家转而担任。合作型参与节目制作的部分环节,但仍以播音主持为主。客串主持人是根据节目内容的需要,聘请台外的合适人员担任。他们往往是社会名流、文艺明星或是专家学者,一般是请他们主持那些非固定的、临时性的特别节目。

三、从主持形式上分

有报幕式的主持人、串场式的主持人、播报式的主持人、操作式的主持人、解说式的主持人、组织式主持人、访问式的主持人等。

这样的划分,主要在于主持人的思维方式,一类是背诵已经准备好的稿子,或眼看提示器说出,或稍加变动说出,或边动边说;另一类则是在准备好思路的基础上即兴组织语言。前一种情况比较容易适应,后一种情况就要依靠一定的语言能力和知识基础。

四、从节目内容上分

有新闻类的主持人、经济类的主持人、文艺类的主持人、文化类的主持人、体育类的主持人、服务类的主持人、少儿类的主持人、学术类的主持人,等等。

如果细分,每一类下面还可能分若干类别,特别是新闻类栏目,涉及社会生活多个方面,如经济、法制、军事、教育、人物等。这样的划分,主要是依据主持人自身的知识结构、个人兴趣爱好和气质面貌。

五、从节目形式上分

有一般栏目主持人、演示栏目主持人、晚会主持人、游戏节目主持人、谈话节目主持人、竞赛栏目主持人等。

这样的划分主要在于主持人对于栏目形式的理解和把握,更好地与栏目形式相和谐。

第四节　节目主持人的修养

节目主持人是媒介和节目的代表,直接和听众、观众打交道,其工作的好坏,将直接影响到一个节目乃至一家电台、电视台的声誉。

根据我国的国情和现状,目前我国广播电视节目主持人要具备的素质应该包括:

一、良好的政治素质

广播电视作为新闻事业的一个组成部分,是具有强烈政治色彩的社会舆论工具。在我国,广播电视肩负着向全体人民传播革命真理和党的路线、方针、政策,传递信息,教育人民的伟大使命。中共中央1983年对广播电视工作的指示中明确规定:"广播电视是教育全党、全军和全国各族人民建设社会主义物质文明和精神文明的现代化工具,也是党和政府联系群众的最有效的工具之一。"[①]我们的节目主持人是社会主义的新闻工作者,既是信息的传播者,也是党和政府的方针、政策的宣传者。坚持正确的政治方向和立场鲜明的无产阶级党性原则,是做好主持人工作的根本保证。主持人以媒介代表的身份出现,其全部任务就是宣传党的路线、方针、政策,把党的政治主张最迅速、最广泛地传达给群众,这就决定了节目主持人必须具有较高的政治素质。

首先要求节目主持人立场坚定、在原则问题上态度鲜明,不为一时的表面现象所困惑,不为一时的风雨变幻所迷惑,同党中央始终保持一致。

其次节目主持人要学习和掌握马克思主义的世界观和方法论,具有较强的分析、处理问题的能力,树立正确的人生观、世界观、价值观,自觉抵制各种腐朽思想的侵蚀和影响,以适应新时期新闻舆论工作的需要。

再次,节目主持人必须具有强烈的群众意识,敢于、乐于为人民群众的利益赴汤蹈火,以群众利益为重,坚持讲真话,写真事,实事求是地反映广大人民群众的呼声。

二、健全的精神素质

(一)完美的人格

美国哥伦比亚广播公司新闻部经理伦纳德认为,作为主持人,应达到四个方面的要求,除了一些专业要求外,他特别提出,主持人的人品要好。因为他作为一个人,观众不仅要看他在广播、电视上的表现如何,还要看他平时的人品如何。

主持人处于信息传播者或代言人的地位,他们的人格应该具有正直、清白、忠诚、诚信等特征,他们应当机敏、积极、热忱,富有吃苦耐劳的精神、虚心好学的精神、求实的精神、负责的精神、创新的精神,还应有事业心、自信心、进取心和是非感。这些品格虽不表现为节目本身,却能渗透到节目制作的过程中。如果一个主持人在内部工作中挑肥拣瘦,不尊重别人,

---

① 1983年10月26日,中共中央批转广播电视部党组《关于广播电视工作的汇报提纲》,并以中共中央[1983]第37号文件的形式发出通知。

甚至相互拆台,在外部工作中好占便宜、捞油水,他又怎么能够全身心地投入提高节目质量中去呢?

(二) 良好的气质

大众传播学里有"价值化身"一说,就是说一个有影响的传播者是他或她的追随者所愿意追随的。受其感染的人因仰慕这个人物并希望尽可能和他一样。这实际上是指在个人传播活动中,受传者对传播者外部特征的主观评价和心理感受。

事实上,一个节目主持人的气质、风度、形象、言谈、举止等等,在一定程度上,也是主持人节目取得成功的不可忽视的因素。当年《实话实说》节目的成功,主持人崔永元的形象是一个不可或缺的因素。崔永元以一个"邻家大哥"的形象示人,言谈机智、风趣,不失幽默,以及略带一点点坏笑的面部表情,都牢牢吸引了一大批"粉丝"。主持人要善于用自身人体的"无声语言"与观众进行思想与情感的交流,如眼睛、面部表情、姿势、衣着等,在表情达意中显现出深度及美感来。

(三) 良好的心理素质

在节目传播过程中,对节目主持人有一些特有的心理要求。比如说,过去播音员所播文稿的时态是过去式,内容是不变的,这样播音员在播音时没有什么精神压力,文稿内容不可能给他造成精神冲击。而现在节目主持人主持节目时,尤其是在现场直播时,他是处于事件发生和发展过程之中的,是处在一种现在进行时态之中的,有可能会发生一些突发事件,这也就给主持人造成一种心理压力和紧张情绪,所以这自然就要求节目主持人要具有比播音员更好的心理素质。

三、较强的专业素质

(一) 深厚的知识底蕴

随着广播电视的飞速发展,其节目类型多种多样,传播的内容也是包罗万象。涉及领域广泛、面向的受众范围巨大等特点,就要求节目主持人必须具有良好的文化修养,要能阅读广泛,博闻强记,融会贯通,无论政治历史、社会经济、文化艺术,还是天文地理、琴棋书画,都要有所涉猎。要有丰富合理的知识结构,做到广、博、精、深,做一个"杂家"。

"万卷诗书气自华",要想当好节目主持人,就必须花大力气扩展自己的知识结构,充实各种知识,这样在广大受众面前,才能做到每一句话既应言之有物,又应持之有理,才能吸引住受众,保持旺盛的艺术生命力。

(二)出色的语言能力

除了人体无声语言的运用外,广播电视节目主持人最常用的还是有声语言。主持人的职业特点就是通过"说"来完成沟通思想、角落情感的任务。因此,语言功力是广播电视节目主持人最基本的功力,良好的语言表现力就成了节目主持人的看家本领。

首先,节目主持人要会讲比较纯正标准的普通话,音色要优美,声音要亲切自然。

其次,节目主持人在节目中具体表达时,用语要准确。一些主持人由于自身知识的贫乏,文化程度较低,节目中,错别字连篇,严重影响了节目内容的表达;用语要规范。由于受一些外来文化的影响,一些节目主持人刻意去追求时髦、新潮,动不动就是发嗲的港台腔,时常冒出一些不规范的外来语汇,让人听了不知所云;用语要有逻辑性。主持人在语言表达时要深入浅出,层层推进,要注意用语的逻辑性。

再次还要善于表达,语言要有较强的表现力、穿透力、感染力;简洁,明了,生动,耐听,要有出口成章、即席评论的口才。

(三)较强的驾驭节目能力

这是最能体现节目主持人综合素质的标准之一。这种能力,要求主持人既能举重若轻,又能举轻若重。具体到主持过程中,主持人一要善于调动嘉宾和现场观众的情绪;二要能够控制节目的走向、深度与节奏;三要具备对现场突发事件的应变能力。

在听众和观众面前,主持人的主要工作就是串联节目,把握和调节节目的气氛。这就要求节目主持人要能像乐队指挥那样,善于运用自己丰富的知识,快速思维,用生动机智的语言准确抓住受众的思路,引导他们向节目的主题发展,并能够及时调整一些和节目气氛不和谐的"音符",控制场内外受众的情绪,以使整个节目流畅地进行。

同时,由于现在广播电视的许多节目都是现场直播,这就要求节目主持人必须具备处理随时可能出现的意外的能力,要能对现场出现的各种突发情况应对自如,或即兴报道,或即兴评论,出口成章;面对尴尬的场面和意外情况,要处变不惊,学会巧妙地加以掩饰,及时巧妙地圆场。特别是遇到重大突发事件,像2001年"9·11"事件,2008年5月12日四川汶川发生的地震等,围绕着突发的事件,很多台都是24小时连续报道事态的发展,与事件发展同步进行直播报道,这时的主持人根本不可能有准备思考的时间和余地,全靠平时的锻炼积累及现场应变。

(四)主持人应具备个性鲜明的主持风格

风格即人,主持节目的风格是一种艺术的表现,因而主持人应该追求和形成自己的风格。而风格的独创性也正是节目主持人成熟的标志。在我国广播电视节目主持人发展的历程中,较早成功的节目主持人的风格,往往会成为一种节目类型主持人风格的主导倾向。所以主持人不仅外观形象要具有个性魅力,还要修炼内在气质,更要有能为受众所认同的个性语言,这样才能在受众心中建立起亲切感和信任感。

本章思考题

1. 在广播电视节目中为什么会出现节目主持人?
2. 怎样理解广播电视节目主持人的基本含义?
3. 试比较一下节目主持人和播音员的不同。
4. 广播电视节目主持人应具备哪些基本素质?

本单元主要参考文献

1. 赵玉明主编.《中国广播电视通史》[M].北京广播学院出版社,2004.
2. 郭镇之.《中国电视史》[M].文化艺术出版社,1997.
3. 郭镇之.《电视传播史》[M].北京师范大学出版社,2000.
4. 吴玉玲主编.《广播电视概论》[M].中国传媒大学出版社,2007.
5. 赵多佳、许秀玲.《内容·受众·传播——广播专业化概论》[M].中国国际广播出版社,2008.
6. 王振业、方毅华、张晓红.《广播电视新闻性节目规范研究》[M].中国广播电视出版社,2002.
7. 方毅华.《节目构思与分析》[M].中国广播电视出版社,2009.
8. 壮春雨.《电视节目学概要》[M].浙江大学出版社,2005.
9. 黄匡宇主编.《广播电视学概论》[M].暨南大学出版社,2005.
10. 沈嘉熠主编.《广播学概论》[M].上海外语教育出版社,2007.
11. 刘爱清、王锋主编.《广播电视概论》[M].中国广播电视出版社,2005.
12. 欧阳宏生主编.《广播电视学导论》[M].四川大学出版社,2009.
13. 陆晔、赵民主编.《当代广播电视概论》[M].复旦大学出版社,2002.
14. 徐志祥编著.《广播电视概论》[M].武汉大学出版社,2007.
15. 徐舫州、徐帆编著.《电视节目类型学》[M].浙江大学出版社,2006.
16. 项仲平.《电视栏目与频道策划研究》[M].中国广播电视出版社,2007.
17. 任远.《屏幕前的探索》[M].北京广播学院出版社,1987.
18. 陆锡初.《节目主持人概论》[M].中国广播电视出版社,1991.
19. 俞虹.《节目主持人通论》[M].杭州大学,1996.
20. 赵玉明主编.《广播电视辞典》[M].北京广播学院出版社,1999.
21. 应天常.《节目主持语用学》[M].北京广播学院出版社,2001.
22. 张舒.《音响报道教程》[M].中国广播电视出版社,2001.
23. 张菁、关玲.《影视视听语言(第二版)》[M].中国传媒大学出版社,2014.
24. 许颖编著.《广播电视新闻实务》[M].东北财经大学出版社,2007.
25. [美]威廉·曼彻斯特.《光荣与梦想》[M].朱协译.商务印书馆,1988.
26. [美]丹尼尔·杰·切特罗姆.《传播媒介和美国人的思想——从莫尔斯到麦克卢汉》[M].曹静生等译.中国广播电视出版社,1991.
27. [美]埃德温·埃默里、迈克尔·埃默里.《美国新闻史》[M].展江译.新华出版社,1982.

第六单元

广播剧、电视剧与电视纪录片论

关于广播剧，著名剧作家曹禺先生曾予以高度评价，称其为"百花园中艳丽的花朵"，认为它"得到人民群众的称赞和喜爱，台词、音乐、音响效果融为一体，使人神往，耐人回味"，并说："诗有多少意境，广播剧就有多少意境；诗，魅惑人，广播剧，也魅惑人。"

曾有人这样描述20世纪人们听广播剧的情景：在许许多多清静的日子里，人们边做家务，边欣赏"空中剧场"，边发发议论，度过悠闲而惬意的时光。那时，收音机还是普通人获取外界信息最重要的来源，家家户户，村村路路，广播剧曾一度深入民心，在很多人心中留下了一份隽永的回忆。

电视剧是一种综合的艺术，被称为继音乐、绘画、舞蹈、雕塑、建筑、文学、戏剧、电影之后的"第九"艺术。它兼具各种前辈艺术的形态特点，同时又具有自身本体发展的语法结构和艺术特征。

如今，每当我们打开电视机，总能找到电视剧的身影；当一部优秀电视剧在屏幕上播映的时候，更会迅速成为街谈巷议的热点。无论是在当今的社会文化体系中，还是在人们的日常生活结构中，电视剧无疑已成为当代社会重要的文化和传播议题。

从内容建构角度看，如果说广播剧、电视剧属于虚构电视范畴，那么电视纪录片则属于实构电视范畴。

电视纪录片是人类记录历史的最新手段，"创造性地对待现实"则是其一直不变的追求。自发明电影以来，人们便致力于用镜头与胶片记录下自然与生活，以期远方和未来的人可以看到此地、此刻鲜活的样子。

电视技术的发明与普及进一步拓展了人们记录与传播历史的途径,电视纪录片逐渐取代了电影纪录片成为纪录片的主要表现形式。发展至今天,人们积累了许多关于纪实的理念,而这些理念代表了人类对历史和现实认识的进步。当下人们收看电视纪录片已经不再仅是为了认知和学习,它们带给我们的更多的是对自然、人生、社会以及历史的思考和感悟。整个世界及人类历史便浓缩在了那一部部色彩斑斓的纪录片作品之中。

第十七章

广 播 剧

广播剧又被称为"听的剧"或"播音剧",作为戏剧形式的一种,它适应广播的特点,用对白、音乐、音响效果等艺术手段创造听觉形象,展开剧情,刻画人物。有时穿插必要的解说词,帮助听众了解剧中情景和人物的活动。① 广播剧不同于传统话剧、戏曲,是利用电台对声音的传播,用戏剧技巧塑造人物、描绘场景、展现剧情、揭示主题,以人声、音响效果和音乐三大要素作为表现手段创造听觉形象,并借助听众的想象、联想能力,产生闻其声则如见其人、如临其境的艺术效果,达到吸引、感染和影响听众,使其获得艺术享受和教益。②

按照不同的分类标准可以将广播剧划分为不同的种类,根据剧目播出方式,可分为单本广播剧、连续广播剧、系列广播剧;根据作品题材,可分为历史题材、现代题材、工业题材、军事题材等;根据内容情节情感,可分为情节剧、情感剧、情节与情感相结合的剧;根据剧作样式,可分为话剧式、小说式、戏曲式、电影式等。

著名剧作家曹禺先生曾高度评价广播剧这一艺术形式,称其为"百花园中艳丽的花朵",认为它"得到人民群众的称赞和喜爱,台词、音乐、音响效果融为一体,使人神往,耐人回味",并说:"诗有多少意境,广播剧就有多少意境;诗,魅惑人,广播剧,也魅惑人。"③

第一节 广播剧发展概观

一、广播剧的诞生及其发展

广播剧滥觞于英国广播电台对莫扎特歌剧作品《魔笛》和莎士比亚戏剧《第十二夜》的转

---

① 辞海编辑委员会编:《辞海·艺术分册》,上海辞书出版社,1980,第75页。
② 朱宝贺:《广播剧编剧艺术》,中国广播电视出版社,2021,第1页。
③ 曹禺:《〈广播剧选〉序言》,载于朱宝贺、宋家玲主编:《广播剧选》,中国戏剧出版社,1981。

播,这些文艺广播节目,一经播出便备受青睐。于是英国广播电视台决定让青年诗人、剧作家理查德·休斯创作一部"专门为广播而写,而非从那些已有的作品里去寻找的"广播剧。1924年1月25日,伦敦BBC播出了世界上第一部广播剧——《危险》(又译《煤矿之中》)。①

广播剧《危险》以女青年梅丽、男青年杰克和老矿工巴克斯为主角,人物角色不多,故事情节也相对简单。讲述了杰克和梅丽随老矿工巴克斯到矿井参观时不幸遇上塌方,被埋在黑暗的矿井下,大家随时面临窒息和死亡的威胁。外面的救援人员焦急万分,赶来的家属也心急如焚,就在矿井内死亡之神步步紧逼之时,坑道终于被打开了一个小口,救援人员放下了救命的绳索。在这生死攸关的重要时刻,被困在矿井内的三人却互相谦让,上演了将生存希望留给他人的感人一幕。该剧用紧张的语言对白、逼真的音响效果和恰如其分的背景音乐,把矿井内外的紧张气氛和人物复杂的心理活动真实地表现出来,使听众时而为他们的遭遇感到焦虑,时而为他们的处境感到恐惧,时而为人性的伟大和善良而深深地感动。

《危险》的成功播出,赢得听众的一致好评,也引起了剧作家和制作者的重视,广播剧自此便蓬勃发展起来,很快遍及许多国家的广播电台。《危险》也成为广播剧历史上的先驱名作,它的诞生开创了一种全新的、具有独特艺术魅力的广播文艺形式。不久,小山内熏将此剧翻译成日文版本,译名为《煤矿之中》,在日本东京广播电台播出。剧中大量采用了挖土声、流水声、合唱声、远处人们的说话声等多种音响效果,比如为了模仿坑道内说话,做了很多实验,最后发现让演员对着一面大鼓说话时的声音效果很类似。这些精心的设计,都为该剧的艺术再创作奠定了成功的基础。

为了尽快掌握广播剧这一广播文艺新形式,英国广播电台专门成立了戏剧演出部,主要从事广播剧的创作。1928年,英国发明了戏剧用调节盘,这使得广播剧的制作有了飞跃性的发展。它使广播剧录制可以同时使用几个播音室,综合各播映室内制作的声音进行有机合成和混合,并逐渐采用剪辑和其他电影手法,使广播剧制作发展到比较复杂的阶段。从1928年到1929年,美国全国广播公司(NBC)制作的广播节目日臻完善,特别是广播剧作品,其代表性作品《阿莫斯和安迪》这一长篇喜剧连续剧,曾持续播出数年。

广播剧实践发展的同时,自觉的理论探索也初露峥嵘。1926年出版的《广播剧及剧作法》和《广播剧是戏剧》是世界上最早研究广播戏剧理论的专著。《广播剧及剧作法》一书由英国广播电台演出部部长戈登·李所编写,该书分为九个不同章节,讨论了广播剧的剧本、写作方法、解说词、音响效果和演播技巧等一系列制作要点。此后,在1930年至1932年间,英国又先后出版了三本具有代表性的广播剧研究著作,分别是歌德匹赤的《广播剧》、泰伦思的《松鼠笼子和其他(麦克风)广播剧》以及瓦尔·吉日伽德的《如何写广播剧》。

---

① 张凤铸教授在《中国广播文艺学》中提出了不同看法,认为世界上最早的广播剧是1932年10月在格拉斯哥播出的《罗布·罗伊》。

20世纪30年代后,广播剧遍及欧美国家,成为颇具影响力的艺术形式。1938年,由美国哥伦比亚广播公司播出的广播剧《星际大战》达到以假乱真的程度,被载入许多广播史、传播史的著作。该剧以新闻插播的形式出现,当时无数美国人听到了这样一位"播音员"的声音:"诸位听众,临时中断音乐节目,向诸位报告'洲际无线电新闻社'的重要新闻:今晚7点50分,芝加哥天文台的法勒尔教授发现火星上每隔一段时间,就有一次白热气体爆炸!据分光镜观察,这种气体是氢,现时正以极高的速度向地球移动。新泽西州普林斯顿天文台的皮尔逊教授已证实了这一观察……"这个描绘外星人入侵地球的广播剧立刻引起了全美大恐慌,人们以为世界末日已经来临,因而陷入疯狂的奔逃和哭喊之中。第二天,媒体以"电台制造战争惊动全国"的标题形容了这次广播剧制造的轰动效应,而《星际大战》的作者奥森·韦尔斯也成为美国家喻户晓的名人。后来,这一事件一直被学者们作为研究大众心理与大众传播的经典案例,它从一个侧面反映出当时广播剧对社会生活的巨大影响。

二战后,广播剧进入发展的黄金时期,成为主流的、有影响力的艺术形式。美国、德国、英国、苏联、瑞士等国家都制作了大量优秀广播剧作品。而进入20世纪60年代以后,随着电视在世界范围内的流行,特别是彩色电视的普及,广播剧听众逐步减少,与此同时广播剧剧作数量也相应减少。

从20世纪60年代起,出现了许多广播剧新形式的尝试和探索,有学者称之为"新广播剧"或"实验性广播剧"。这些广播剧与故事性强、情节清晰的传统广播剧不同,并不追求强烈的故事性、戏剧性,也未必有跌宕起伏的完整情节,而是用声音表现人们特定的心理状态或情绪。比如,1978年英国BBC播出了一部名为《复仇》的广播剧,在全剧20分钟的时间内没有任何对白,全部由音响来表现犯人越狱和复仇的过程。曾获1979年"意大利奖"一等奖的美国广播剧《翅膀》,没有完整而清晰的情节,单纯地表现了一位老年病人的心理状态。和"实验性广播剧"同时兴起的还有"原素材广播剧",它以生活中的真人真事为基础,类似于电视节目中的纪录片,人物的对白和剧中音响都是事件发生时同期录制的,经过电台剪辑组合而成。①

广播剧自诞生以来,便得到广泛认可,被公认为是一种独立的、有魅力的、不能被替代的艺术形式。在世界范围内,陆续设立了很多广播剧的专门奖项,如德国的"未来奖"、英国的"青年奖"、亚洲太平洋广播联盟(简称"亚广联")大奖等,这些奖项都有效地促进了广播剧的发展及其艺术水平的提升。

二、中国广播剧发展概观

1933年《恐怖的回忆》拉开中国广播剧的序幕,此剧由上海广播电台亚美公司演讲部苏

---

① 王雪梅:《中国广播文艺广播剧研究》(下卷),北京广播学院出版社,2003,第479页。

祖圭编写而成。此时的广播剧被称为"无线电戏剧"或者"播音剧",直至20世纪40年代以后,"广播剧"这一名称才出现。一般认为,中国广播剧的发展分为初创期、发展期、繁荣期、衰微期、复兴期五个时期。

(一)初创期

1933年到20世纪50年代初期,是中国广播剧的初创期,也是广播剧的直播时期。《恐怖的回忆》作为我国的第一部广播剧,以"一·二八"事变为题材,讲述了一个家庭在日本侵略者的狂轰滥炸中家破人亡的悲惨遭遇,该剧具有强烈的爱国主义情怀,揭露了日本侵略者的无耻暴行,激起国人救亡图存的斗志。音响在此剧中起到了重要作用,枪炮声、飞机声、轰炸声乃至人们的脚步声等都得到真实再现,不仅制造了紧张的气氛,还推动情节发展的重要元素。该剧在场景和人物设置上相对简单,在表现手段和剧作观念上也有所局限,但它所代表的新的艺术形式还是很快引起了人们的关注和热情。

这一时期的广播剧呈现出以下特点:

第一,广播剧剧目丰富。随着1934年南京广播电台的建立,广播剧新作也随之大量涌现。这些剧作呈现出一些共同的特点:抗日救亡题材,场景单一,人物较少,时间集中,线索清晰,篇幅短小。比较著名的有柏身的《苦儿流亡记》、熊佛西的《卧薪尝胆》、洪深的《开船锣》、孙瑜的《最后的一课》、于伶的《以身许国》等。其中,1935年的《苦儿流浪记》是我国的第一部广播剧本,1947年8月1日播出的《红军回来》是延安新华广播电台播出的首部广播剧,1950年播出的《一万块夹板》是新中国成立后中央台播出的第一部广播剧。初创时期的广播剧大都强调宣传性和鼓动性,艺术上相对粗糙,但却以其独特的力量,唤醒了民众的爱国主义激情,逐步形成了广播剧创作的第一个兴旺期,并确立了广播剧贴近时代脉搏、突出主旋律的现实主义传统。

第二,广播剧艺术形式简单,还介乎于广播剧与舞台剧中间。20世纪30年代的广播剧多是单一的场景和戏剧形式,场景转换也是模拟舞台剧的方法。进入40年代后,广播剧在艺术上有了较大发展,剧中出现了"报幕人"的解说形式,场景有了更多转换和变化,对语言、音响和音乐的把握也更加游刃有余,开始运用回忆、倒叙等结构方法。有的广播剧具有浓厚的文学和抒情色彩。如童话广播剧《银光》讲述了这样一个故事:一位女皇因自己相貌丑陋而忌讳照镜子,也嫉妒他人的美貌容颜,她下令毁掉全国所有的镜子。有位年轻的诗人为了让心爱的姑娘看到自己的美丽容颜,便乞求女皇允许他有一面镜子,女皇闻之大怒,便命令士兵将诗人处死。就在士兵拔剑出稍的一刹那,姑娘从剑身反射的银光里看到了自己的面容,而这时诗人已倒在血泊之中。这是个悲剧,又像是一首美丽的抒情诗,寓意深刻,耐人寻味,极富想象力。现实场景与幻想场景交叉,锣声,古怪的鸟叫、狗叫等音响,都带有剧作意义,参与了情节的编织。①

第三,广播剧理论探索初步展开。20世纪40年代初,自发兴起了对广播剧的理论研究与探索。这些理论研究开始触及广播剧的本质特征问题,涉及广播剧的时空观念、表现内容、剧本写作、解说方法等层面。

(二)发展期

20世纪50年代中期到1966年,是中国广播剧的发展期。1952年我国从国外引进了磁带录音技术,使得广播剧的生产由直播转入录播,开启广播剧发展的新阶段。录制技术的革新带来了广播剧艺术水平的提升,录音复制、合成等手段使广播剧有了声音素材自由综合的可能。优秀的广播剧作品不断涌现,出现了专门的广播剧制作团体。

这一时期的广播剧呈现出以下特点:

第一,广播剧作品丰富多彩,成立了专门的广播剧制作团体。1954年中央广播剧团成立,中央人民广播电台成为当时广播剧制作的主力军,制作了不少优秀剧目。上海台、天津台等一些大省市的广播剧团也先后成立。这一时期的作品以歌颂新时代的新人新风貌和歌颂革命斗争中的英雄人物为主,如《红岩》《故乡》《三月雪》《三伏马天武》《两幅油画》《山谷红霞》等作品。此外,有些童话、寓言题材的广播剧制作精良,如由张庆仁根据安徒生童话改编的作品《皇帝的新装》(导演王扶林、刘保毅)。此剧将室内录音与室外录音相结合,将艺术语言的运用达到一个崭新的高度,一经播出便反响强烈,影响深远,成为直到今天还在播出的保留节目。

第二,广播剧制作技术有了新的突破。1952年,我国引进磁带录音技术,电台开始使用录音机和录音磁带(之前使用钢丝录音机等),广播剧从此走出直播时代,开始了生产制作的新方式。从直播到录播,是广播剧史上具有重要意义的转变,它给广播剧创作带来了更为广阔的空间,使编导对声音因素的运用更加自由和灵活,可以精心录制各种特技音响、设计各种转场方式、把语言与音乐、音响更好地结合起来,广播剧的表现力大大增强,艺术上也日趋成熟。

第三,广播剧理论建设和人才教育得到重视。1954年,北京广播学院成立,并编辑出版了《广播业务》杂志,促进了广播文艺和广播剧的理论研究;1959年,北京广播学院文艺系招收了第一届本科生,他们中的许多人毕业后进入了全国广播电台和广播剧制作的第一线,成为中国广播文艺和广播剧理论的开拓者。这一时期与广播剧相关的理论文章,后收录在北京广播学院文艺系编辑的《广播剧论集》一书中。

---

① 宋家玲:《我国广播剧艺术发展述评》,《现代传播》1984年第2期。

20世纪五六十年代,电视在中国虽已诞生,但还远未普及,广播是大众传播的主要手段,广播剧也是听众最喜爱的文艺形式之一。

1966年,进入"文革"以后,广播剧创作基本陷入停滞。整个"文革"期间,全国生产了不到40部广播剧。

(三)繁荣期

1978年到20世纪末,是中国广播剧的繁荣期。有学者将这一时期称为中国广播剧的"黄金时期"——艺术上卓有成绩,事业上蓬勃发展,理论上研究深入。与此同时,电视在我国迅速发展起来,在人们的文化娱乐生活中,广播剧也不再是主角。尤其在这一时期的后半段,也是广播同电视这一新兴媒体艰难竞争的时期,广播听众大量减少。

这一时期的广播剧呈现出以下特点:

第一,广播剧产量大幅增长,艺术质量普遍提高。据统计,1981年全国生产的广播剧有三百七十多部,1982年达到六百多部,许多电台都开设了播出广播剧的固定栏目。广播剧题材从不同角度表现现实生活,更深刻地挖掘社会性主题,传达了新时期人民的思想感情,涌现了很多优秀作品,如《珊瑚岛上的死光》《二泉映月》《南宫玲霞》等。广播剧的风格也呈现多样化,不单单拘泥于传统的戏剧结构和故事情节,出现了散文诗结构的广播剧,表现人物意识流和内心情感的广播剧,以及纪实报道风格的广播剧等。如1987年获得国际"未来奖"的名作《减去十岁》,就是一部带有荒诞色彩的广播剧。

第二,广播剧制作水平的进步,促使立体声广播剧出现。80年代初,广东电台播出了中国第一部立体声广播剧《渔夫和金鱼的故事》,中央电台、上海电台、广东电台、黑龙江电台、天津电台、四川电台等也相继制作了一系列立体声广播剧作品,如《海迪》《红楼梦》《窦娥冤》《陈妙常》《桃花扇》等。立体声广播剧的立体感、空间感、层次感都很强,给声音艺术的表现开拓了新的境界。

第三,广播剧事业欣欣向荣。1980年在成都召开了第一次"全国广播剧交流会",中国广播剧研究会成立;1982年举行了第一次全国优秀广播剧评奖会。此后,不断召开有关广播剧的业务会议、学术会议和评奖会议。自1996年开始,中宣部将广播剧列入精神文明建设"五个一工程"奖的评奖范围,各级党政部门对广播剧这一艺术品种更加重视和支持。同时,广播剧也开始走上国际交流的舞台。由中央台制作的《李自成闯石门寨》是首部被译为外文的广播剧作品,并在联邦德国播出。王芝芙编导的立体声广播剧《减去十岁》荣获了1987年第十届"柏林未来节奖"广播剧大奖,这是我国广播剧作品第一次在世界性评奖中获得最高奖项,评委的评价是"绝妙的、可爱的讽刺剧"。

第四,广播剧理论研究与教育事业兴旺。有关广播剧理论研究的深度和广度不断提升,这些理论研究除了涉及广播剧的本质特征外,对广播剧接受美学、艺术样式、表现手法、语言特点、配乐艺术等诸方面进行了深入探讨,广播剧逐步建立起自己的艺术理论体系。1980年,北京广播学院文艺系开始试讲《广播剧》课程,1988年又开设《广播剧编导》课程,广播剧作为专业课程进入了大学课堂,这是广播剧理论进入专门化研究的新起点,也是广播剧艺术走向成熟的标志。一批研究广播剧的专门著作也陆续出版,如朱宝贺、宋家玲主编,曹禺先生作序的我国第一本《广播剧选》,宋家玲主编的《怎样写广播剧》,王雪梅的《广播剧艺术论》等。

(四)衰微期

从20世纪末期至21世纪第一个十年,可谓中国广播剧的衰微期。21世纪随着电脑、手机、互联网等新媒体的强势崛起,包括电视在内的传统媒体受到巨大冲击,在传统媒介同新兴媒体艰难竞争的时期,广播听众大量减少,广播媒介风光不再。各级广播电台大幅减产甚至停止广播剧的生产,曾经万人空巷的广播剧时代一去不复返。加之时代审美心理的变化,使得广播剧面临严峻考验。

这一时期的广播剧呈现出以下特点:

第一,广播剧生产、制作逐渐步入低谷。据统计,截至2008年年底,我国共有广播电台257座,其中还进行广播剧生产制作的不足三分之一,而这仅有的从事广播剧生产的几十家电台,多数年产量只有一两部且不足20集。除了少数大台仍然在组织一些人力、财力、物力制作广播剧,许多电台已放弃了广播剧的生产;也有电台把广播剧外包给社会上的制作机构或个人做"命题作业",其目的主要是参与评奖。这些为了参评而制作的广播剧,题材上大都是清一色的主旋律,宣扬英模、树立典型、讴歌先进人物,出现了大量应景之作,许多广播剧无论是题材还是语言,都已显得陈旧。

第二,广播剧事业发展进退维谷。广播剧的发展面临着收听率低、内容陈旧、专业人才缺失、播出渠道不畅等问题。由于制作广播剧是一项要求较高又很繁重的艺术工作,而且播出后的产出回报需要较长的周期,它与投入少、见效快的日常广播节目相比有明显的劣势,所以能够从事并且愿意从事这项工作的专业人才日益稀缺。电视剧、网络视频的普及让广播流失了大量听众,在收听率竞争激烈的情况下,广播剧惨淡的收听率严重阻碍了自身的发展。许多电台为了寻求发展空间,大量地采用全天候直播低成本制作的节目,不少电台减少甚至撤销了播出广播剧的栏目,压缩或者停止了广播剧的生产,那些仍然播出广播剧的电台,播出频率也不是很高,播出时段不是太好。

第三,广播剧理论研究滞缓。广播剧产量的下降和广播剧事业的萧条,使得广播剧理论研究也停滞不前。这一时期有关广播剧研究的著述寥若晨星,相关的理论文章也集中于剧作分析,理论研究少有新意。

(五)复兴期

大约近十年来,可以算是中国广播剧的复兴期。近年来,随着互联网技术的发展和移动互联网的广泛应用,广播媒介的生态发生巨变:手机取代收音机、广播覆盖的行政边界消失、电台的行政级别与覆盖范围脱钩、传播方向由单向变为双向互动式、有偿收听逐步实现、广播概念不断外延。媒介融合的不断深入,给广播剧的发展带来新的希望;在广播生态发生深刻变化的背景下,广播剧走上复兴之路。

这一时期的广播剧呈现出以下特点:

第一,微广播剧的诞生。微广播剧是传统广播剧在移动互联时代下的延伸和演化,既有传统广播剧的主要特点和表现特征,又有"三微一多"(三微即时间长度微、制作周期微和录制成本微,一多即表现形式多种多样,不再局限于听觉传播)的特色。微剧的传播与收听都与互联网息息相关,其播出渠道、传播方式都有别于传统广播剧,本章的第三节将对微广播剧进行专论。

第二,广播剧具有融媒体的特征。媒介融合时代的广播剧具有音视频融合、生产者与消费者融合、播出渠道融合等融媒体特征。有些广播剧在移动终端上呈现时,视觉图像成为标配,而且先于听觉呈现,这使得广播剧可以在互联网播出平台上产生融合视觉图片的附加值。自媒体时代,广播剧创作群体不再单单是各地广播电台,鉴于微广播剧的制作投资少、周期短,制作设备要求低,制作技术含量不高,硬件无须专业级,用智能手机或笔记本电脑就能完成一部微广播剧的所有制作环节,许多受众加入到微广播剧创作之中。在传播渠道上,融媒体时代的广播剧实现了传统广播电台电波发射播放、纸媒二维码链接播放、互联网推送播放等多种播放渠道的融合。

第三,广播剧进入市场化的运作模式。衰微时期的广播剧往往是以领导为基本观众,以政府为主要投资者、以获奖为主要目标、以仓库为最后归宿,制作上不计成本、不问产出,社会效益平平、经济效益甚少,使得广播剧陷入"计划模式"。而融媒体时代的广播剧尝试各种市场化的运作模式,除了传统的贴片广告外,充分发挥广播音频客户端的作用,设立广播剧专区,攻占音频市场,继而将广播剧的数字化复制权、发行权、信息网络传播权有偿授予手机、电脑客户端及运营网站,通过为用户提供互联网播放下载等服务实现盈利。此外,隶属于中国广播电影电视社会组织联合会领导的微剧委员会(筹),还专门举办"产业类微剧创制与创收技能培训班",针对微广播剧的产业运作、创收营销等市场化运作路径进行专门的技能培训。

第四,新时代广播剧的舆论引导力进一步加强。新冠肺炎疫情期间,多个地区广播电台生产制作了具有代表性的广播剧作品,起到了鼓舞人心、歌颂英模、团结引领、共克时艰的积极作用。如中央人民广播电台热播的抗疫广播剧《大爱无疆》,就是其中的杰出代表,该剧以新冠肺炎疫情为背景,讲述了大疫当前,全国人民上下一心,共克时艰的故事。该剧通过音乐、音响和语言的综合使用,刻画了一往无前的医护人员,默默奉献的工作人员,众志成城的人民群众,牵挂祖国的海外侨胞……一个个鲜活的形象通过广播,生动地展现在人们的面前,成为感动无数中国听众,激发抗疫热情的优质作品。广播剧所独有的沉浸效果,带动效果以及传播效果得到了充分展现,成为抗疫期间最受关注的文艺作品形式之一。《你好,我的城》《青春的遗产》《春天见》《目标武汉》等反映疫情期间故事的广播剧作品,以多元视角直击抗疫问题,用独具匠心的表现形式,推动了疫情期间社会舆论的正向发展。湖南、上海、西安、北京、沈阳、天津等地区,还推出了微广播剧系列节目,通过多平台联合传播的方式,唱响了抗疫宣传的最强音。

在庆祝中国共产党建党100周年之际,中央广播电视总台制作播出了系列主题广播剧《到延安去》《大凉山》《大营救》《安妮的花海》。广播剧《到延安去》讲述了一批爱国进步青年来到延安,在血与火的淬炼中,最终成长为坚定的无产阶级革命战士的故事。《大凉山》以四川凉山州的脱贫攻坚战为背景,真实再现了各级扶贫干部带领乡亲们艰苦创业、脱贫摘帽的奋斗故事。《大营救》和《安妮的花海》是两部粤语广播剧。《大营救》艺术再现了1941年年底日本侵略军进攻香港之后,中国共产党秘密营救困留在香港的数百位爱国民主人士和文化人士的伟大壮举。《安妮的花海》讲述了香港青年梁安莉在国家日新月异的发展变化及惠港政策的感召下,来到贵州山区扶贫、创业的真实故事。四个视角不同、年代不同、风格不同、主题各异的作品,用声音艺术的简约表现方式,重现了建党百年的壮美诗篇,实现了传播层面的差异化突围,赢得了海内外听众的一致好评。

"学习强国"APP开设广播剧专题版块,一站式整合国内外优质广播剧资源,根据平台数据反馈,选播优秀的广播剧作品,让优秀作品的影响力得到充分的展现;国内各大广播电台也纷纷加大广播剧的发展力度,除了对以往广播剧资源进行多平台推广和跨平台推广外,也会根据时事热点、听众反馈、市场需求等,进行精品广播剧或微广播剧的录制,广播剧协会等行业组织,也积极推动广播剧在新旧媒体渠道的传播与推广。总体来看,广播剧既是符合市场需求的优质传播内容,又是能够切实带动传播效能提升的重要形式,在媒体融合发展的新环境中,正在重新焕发活力。

第五,融媒体时代广播媒体的跨界融合发展,给予广播剧新的生命力。上海广播艺术中心的正式启动,标志着广播艺术拥有了新时代的坚强阵地,各类广播艺术形式将在媒体融合的新环境中,进一步推动声景文化的全面发展。对于广播剧而言,也正是在该时期拥有了更多发展的可能,真正摆脱了对传统发展渠道的过度依赖,进入开放、多元的发展新阶段。

首先,网络广播剧的出现,带动了广播剧产业的全面升级,需求反馈、创意创作、作品制作、宣发传播和盈利回报的整个产业流程,完全置于互联网渠道之上。网络广播剧可以借助丰富的互联网资源,多元的互联网渠道,高效的互联网网络,直接完成广播剧作品的市场化运营,并能在互联网环境中完成对垂直领域的精细化管理,加速对广播剧用户的高效富集,最终实现广播剧市场化效能的大幅提高。网络广播剧的快速发展,使广播剧从业者看到了新的希望,深度激活了内生性创作热情,最终让广播剧的题材变得更为多样,使广播剧产业重新拥有了发展的活力。广播剧《太平洋大逃杀》就是基于互联网端的数据分析结果,根据市场需求的实际表现,进行了作品的精准对接,并完成了在互联网领域内的集群化传播,快速收获了大量的网络关注,并一举成为网络广播剧的佼佼者。其次,在新的媒体融合时代,广播剧不再拘泥于特定的广播艺术形式,而开始尝试基于全媒介、全场景和全渠道的互联网环境,以广播剧作品为中心,完成横向和纵向的有效跨界,并与多种媒介表现形式进行艺术化的融合,最终形成完善的声景表现系统。除传统的语言、音乐、音响要素外,网络广播剧还与视频、图文、动画、游戏等不同的元素,建立了紧密的关系。受众在收听网络广播剧时,可以同步沉浸于其他的要素之中。听众可以一边观看图片、动画或视频,一边听广播剧故事;也可以一边听广播剧故事,一边玩基于广播剧开发的有声游戏;还可以一边收听广播剧,一边查阅相关的材料……这种兼容其他表现要素的广播剧作品,充分利用了"广播艺术"的特质,极大拓展了广播剧的应用场域。此外,在有声阅读、有声教育、有声文旅等不同的领域,网络广播剧都在展现出极强的跨界合作能力,深度融入于多元化的发展渠道之中。自此,广播剧真正走向了开放发展,跨界合作的新路径。

随着广播剧的网络化发展,基于数字阅读的有声出版体系也愈发健全,网络广播剧配套的商业模式、营销模式、变现模式由此更为健全。从事网络广播剧制作、宣发、传播、推广的相关各方,可以基于成熟的数字出版平台,进行跨时空、跨主体和跨领域的有效合作,并实现广播剧资源的集中整合与开放分发,让广播剧资源的价值得到了充分的体现,使之成为媒体融合时代最受关注的优质艺术资源之一。相较影视、音乐、文学、绘画等艺术形式,简约而不简单的广播艺术,往往能够深度融入于更为多元的场景之中,用语言、音乐、音效以及相关因素表现出更具沉浸感的场景或氛围,因此,其在现代社会生活,特别是高质量现代社会生活中的作用变得愈发突出。基于声音艺术的现代城市环境设计、家居环境设计、艺术场馆设计、商业中心设计、文旅景观设计等正蓬勃兴起,广播剧将拥有更为多元的展现形式,将会成为媒体融合时代炙手可热的声音艺术。

总体来看,在新的发展时期,广播剧拥有了更多元的发展可能,其本身显著的融合艺术特质,正在被广泛地应用于不同的领域之中,并发挥着更为积极的作用。在新的发展时期,更开放、更多元、更贴近现实的媒体环境,让广播剧这种将"声音"特质发挥到极致的艺术表现形式,拥有了在现实与虚拟世界构筑起"听觉感知"桥梁的可能,也正是因为拥有这种可能,广播剧才真正摆脱了传统的发展桎梏,深度融入开放的世界中来,真正拥有了穿透未来的力量。相信,在人们的生活更加智慧,在媒体的发展更为多样,在社会环境品质越来越高的新时代,广播剧的声音艺术特质,将得到全面体现,并深层次融入现代社会生活的各个细节中去,成为继续陪伴人类文明进步的重要艺术形式。

第二节 广播剧艺术的构成要素和基本特性

一、广播剧的构成要素

各种艺术都有自己的创作法则和艺术规律,作为声音艺术的广播剧只能听,不能看,被人称为"听的剧"或者"看不见的戏",在人物形象塑造和情感表达方面,比电影、戏剧受到的约束和限制要大得多。然而,广播剧创作者们却可以独辟蹊径,他们用语言来展示剧情,用音响效果来制造环境气氛,用音乐来烘托情绪。语言、音响和音乐被视为广播剧的三大构成元素,有人将语言比作广播剧的骨骼,把音乐与音响比作广播剧的血肉,血肉和骨骼组合在一起才是一个丰满、生动的有机体,广播剧就是综合运用语言、音响与音乐的声音艺术来塑造栩栩如生的人物形象、天马行空的想象空间和深邃隐秘的内心情感。

语言是广播剧中的主导性元素,主要包括人物语言和解说语言。广播剧的剧情发展、矛盾冲突、人物性格等都需要由人物语言来体现,通常以对白、独白和旁白的形式表现出来;解说语音在广播剧中可以起到介绍背景、推进剧情、展现人物的作用,结合解说的身份位置来看,解说一般分为第三人称的"介绍型"和第一人称的"自述型"。由于广播剧无法通过形貌、神态或动作来直观展现人物,语言就成为剧中人物与听众交流的重要渠道,无论是剧作还是演播都必须非常讲究,通过演员的音色、音高、语气、节奏来传达出人物的年龄、身份、性格、气质,乃至思想感情。

音乐在广播剧中起到描绘环境、烘托气氛、揭示主题、衔接转场、抒发人物感情、推动情节发展等多重作用。广播剧中的音乐种类从大的方面可以分为有声源音乐和无声源音乐两种。有声源音乐指的是剧中环境氛围内的发声体,例如剧中电视机、收音机等设备传出的音乐或者剧中人物所演唱、演奏的音乐,有人称之为"写实性音乐";无声源音乐通常以主题音乐、片头片尾音乐、抒情音乐、介绍性音乐的形式表现出来,以音乐的形式来表现广播剧的主题思想、人物形象、情感态度、剧情发展,因此又被称为"写意性音乐"。如果说语言是思想表达的最直接方式,那么音乐则是情绪体现的最有力工具,凭借自身特有的表现力与感染力,并与语言、音响互相配合,成为广播剧不可或缺的元素。

音响,这一概念有广义与狭义之分,广义的"音响"泛指各种声音,狭义的"音响"指的是除语言、音乐之外的一切声音,它可以是采集自环境或背景的自然声音,也可以是特别制作的各种音效,比如脚步声、开关门声、敲打声、枪声、铃声、鸟鸣犬吠声等。广播剧中的音响根据其效果归纳起来,可分为客观音响与主观音响两大类。客观音响,又被称之为自然音响、现实音响,是指剧中人物所处的自然环境与社会环境中及自身行动中所带来的实有音响,具有写实性的效果。主观音响又称为幻化音响,具有写意性,是指剧中现实环境中原本没有的,由人物心理、情绪所致产生的非现实音响,其一是剧中人物原经历过的现实音响的再现、泛起,其二是剧中人物从未经历过的想象音响。音响可以交代剧中的时间、地点,表现人物的形象、动作、情绪、性格,替代解说、转换场景,可以给人以现场感、时代感、地域感、时间感、空间感和距离感等。

作为广播剧的构成要素,语言、音响和音乐相互配合、互为补充,绝大多数广播剧由这三种元素有机结合,互为呼应,构成完整统一的听觉世界。三者之间的关系,以语言为支撑,音乐和音响为辅助和补充。语言表意,音乐表情,音响表真。但是,也曾经出现过一些实验性的广播剧,只用音响而没有语言,比如英国的无对话广播剧《复仇》和上海台的《生命的旋律》等。

二、广播剧的基本特性

曹禺先生曾说:"广播剧的生命,在于它独特的个性。"他提出,"广播剧的好处在'短',在'短'中取胜。它是锐利的武器,一件事,一曲悲歌,一个人物,一位伟大的烈士,一首断肠的情诗,一段童年的回忆,古代的文化与人物,今天建设中的斗争与成果,星星点点,变化万千。宇宙间形形色色的题材,任凭你取用。因此,广播剧的特点,又在'广'。我们要求它丰富且精炼,它深入又浅出,它动人又含蓄,它宽广却又尖锐,它可以说明人生无穷的道路。"[1]这大概是"文革"结束后对广播剧"个性"问题最早的论述了。他还在《北京广播学院学报》上撰文《喜听广播剧〈陈妙常〉》,提出了广播剧的美学特征:其一,广播剧更像"诗",更有诗的感情;其二,广播剧发挥人的想象力,听众可以比播出的想得更多,把人的感情引向更深远的境界;其三,它仅靠声音渗进人的灵魂,让人回味。[2]

从20世纪80年代开始,广播剧作为一种艺术形态的本质特性,就成为学术界和创作者共同探讨的重要理论问题。在宋家玲的《论广播剧艺术的基本原理》,朱宝贺的《论广播剧艺术的本质》,王雪梅的《对广播剧艺术个性的思考》,张凤铸、张育华的《关于广播剧本性的一

---

[1] 曹禺:《〈广播剧选〉序言》,载于朱宝贺、宋家玲主编《广播剧选》,中国戏剧出版社,1981。
[2] 曹禺:《喜听广播剧〈陈妙常〉》,《北京广播学院学报》,1987年第1期,第30-31页。

点思考》等文中,都对广播剧究竟是怎样的艺术形式提出了真知灼见,甚至有一些激烈的争鸣和辩论。比如"广播剧的三要素是语言、音乐和音响","广播剧是听觉艺术"或者"听觉-想象"艺术,广播剧是"表现性艺术"而非"再现艺术",等等。这些论述和探讨,使广播剧艺术的理论体系逐渐完善,也使广播剧的艺术特性更加明晰。

总的来说,广播剧可以说是以下几种本质特性的综合:

(一)听觉艺术

声音是广播剧唯一的构成载体和表现媒介,它只诉诸人的听觉,这一点使广播剧与其他戏剧艺术种类区别开来。剧中的人物、情节、时间、空间、色彩、动作、表情等要素都声音化了,都需要通过声音来体现,我们不得不承认单纯借助声音而不能运用画面表现的局限性,"在广播里演戏"不如在电视里或者舞台上演戏效果好,这是它的物理载体所带来的遗憾。

正是在承认这种局限性的基础上,广播剧创作在如何放大声音的感染力、冲击力、表现力上苦心探索,形成同肢体语言、画面语言相对而言又自成一家的广播剧声音语言。声音是广播剧的物理特性,而语言、音响、音乐有机配合而形成的声音艺术表现力,则构成了广播剧的艺术特性之一。

广播剧中的声音,必须给听众营造一个真实的、与他们生活经验相符合的想象空间。简言之,声音具有造型功能,它既是人物的造型,又是场景的造型。比如,一个人由远而近走来,那么广播剧中的脚步声也应该由小变大,使听众感觉到他方位的变化。这些客观存在的各种声响,如风声、水声、脚步声、敲打声,使人感到真实可信,给情节发展提供环境依据。很多广播剧甚至人为地强化这种听觉效果,排除任何可视因素,例如古墓内、矿井内、黑夜里等等,把听众带到了只有声音的世界中,形成一种听众与剧中人的共通感受。比如下面这段世界上最早的广播剧《危险》的序幕,就带来了很清晰的环境感:

【隐隐约约地听到矿工们的歌声、说话声,接着是爆炸声、喷水声、脚步声、挥镐声。】

(播音员告诉听众,这是在危鲁斯矿井中)

梅丽(喊叫):哎呀,怎么啦?

杰克:是灯灭了。

梅丽:喂,你在哪儿?

杰克:在这儿。

【脚步声。】

梅丽:在哪儿? 什么也看不见呀!

杰克:在这儿,哎,我的手,在这儿!

梅丽:看不见。

杰克:你看,我在这儿!

梅丽(惊):哎呀,这是什么?

杰克:没关系,是我。

梅丽:哎呀,吓死我了,真没想到你离我这么近!

杰克:你要紧紧抓住我的手,不管发生什么情况也不要松开,记住了吗?

梅丽:记住了,人家好心好意地要把矿工的灯借给我们,看,借来就好了吧!真是太可怕了,我最怕黑暗了。嗯,你听,好像有人来了。

声音还直接影响人们的心理感受,它可以是真实的,模拟现实环境的,也可以是虚拟的,来自于人主观内心的。曾有人以这样一个情节为例做出说明:有个小偷偷了一块手表,心情很紧张,他夜里睡觉时听到表的"滴答"声,这个声音逐步强烈,震人心肺。这里的嘀嗒声在小偷的主观世界里是夸张、变形的,形象地表现了他的内心活动。这儿的表声不再是客观的手表声,而是带上了浓厚的主观色彩。在这种时刻,听众往往不会感到它的虚假,反而会觉得真实,因为它深入地反映了事物的本质。

在广播剧中,编导常会设计主观音响,强化和放大那些在实际生活中人们听不到或不在意的声音,像心跳声、钟表滴答声等。有的音响在情节发展中是"无源"的,即故事的发展过程中并未交代这些声音的来源,听众也不清楚这些声音从何而来,它是一种主观而非客观、写意而非写实的声音。编导王芝芙曾谈到,在广播剧《减去十岁》中每一次转场都使用了变形的主观音响,使人产生一种特定环境的幻觉,增强背景中的荒诞气氛。比如,用"好消息"的耳语声,旋转放大,逐步变成狂叫声,直至成为炮弹爆炸声终止;用铺天盖地的下楼奔跑声,表现传达小道消息的背景,以电子合成器模拟的钟声和用节拍器敲打地扩大了的钟摆声,暗示时间在不停歇地前进。它们"像一根庞大的链条",把几组人物的思想与活动联成一气,富有表现力和深远含义。

广播剧是听觉艺术,它把一切艺术中的声音手段全部调动起来,启发听众的想象力,启发人们的联想,形成自己独有的艺术表现手段,展现自己独特的艺术魅力。

(二) 想象艺术

想象是艺术的魅力所在,一切艺术都是想象的艺术,但不同的艺术种类却是通过不同的手段产生想象的。小说、诗歌是通过语言文字为媒介,运用文字形象使读者阅读后产生想象,而广播剧完全排除了可视化的具体形象,通过声音激发听众的想象与联想,使他们在情感或理智上产生共鸣,从而获得审美愉悦或思想启迪的。在广播剧中,编创者可以把听众带到任何地方,把人物塑造成任何形象,在想象世界中任意驰骋。许多研究者都举例来说明广播剧在艺术创造上的自由:比如它可以表现希腊神话里达芙妮女神如何把自己变成月桂树,可以非常自如地再现《皇帝的新装》中赤身裸体在大庭广众前游行的皇帝,也可以表现古墓遇险的小朋友如何与斯芬克斯狮身人面像斗智斗勇。

在广播剧的欣赏过程中,从声音到想象的环节是极为重要的一环,使它几乎已经内化为广播剧艺术创作的一部分。它不像电影或电视那样用固定的画框把明确的形象呈现给观众,而是依靠受众在自我脑海中自觉完善、主动联想、填补色彩,把一个又一个的声音符号串起来,活跃起来。可以说,每句对白、每个音响都是接受美学中所说的"魔灵的手指",它"只拨动我们脑纤维的琴弦和灵魂的音板,而激发出来的声音却与我们心灵相关"。不同的听众由于年龄、职业、生活环境、文化水平和心理因素的不同,在听广播剧的时候,会根据自己的生活体验和情绪去想象,去补足属于自己的画面。同样的剧情,却在每个人心中上演着不同的戏。剧作家曹禺先生说过:"广播剧的生命,在于它有独特的个性。广播剧的艺术家,给听众留下了广阔的天地,使听众参与了创作。听众是广播剧的创作者。闭目静听,一切人物、生活的无穷变幻。凭借着神奇的语言和声音,你不觉展开想象的翅膀,翱翔在奥妙的世界中。想想打开了五光十色的宝库。你看得见深情的眸子和明丽的光彩,你看得见暗淡的眼神和阴郁的气氛,你会看见人的崇高与雄浑,你会看见人的卑微与邪恶。一切展现在你的眼前……流动在你的眼前。"①

(三) 戏剧艺术

关于广播剧是否是戏剧艺术,学者们存在一定的争议。但应当承认,从本质上说广播剧还是属于戏剧艺术的一个品种,戏剧性是它的基本特性,它有人物、场景、动作、情节等要素。但广播剧的戏剧性又不同于传统的舞台戏剧,其差异主要有以下几点:

首先,从传播媒介上,它通过现代电声技术、以电磁波为载体,其声音艺术可以打破戏剧舞台的时空界限。广播剧的传播瞬息万里,不同于传统戏剧台上台下的距离具有规定性,主要通过三面墙的舞台来呈现。

其次,从接受角度看,它是一种伴随性和家庭化的戏剧形式。在传统的剧场艺术中,演员和观众进行面对面的直接交流,欣赏时具有一定程度的强迫性,集体观赏的"场"效应很强。而广播剧则不同,它伴随着家庭的生活场景而发生,听众与演员没有直接交流,因而具有很强的随意性。这就要求广播剧情节不能过于纷繁复杂,人物不宜过多,人物关系要清晰明确,结构相对简单。这也是为什么多年来广播剧形成了展现"凡人小事"的传统,即使是那些庞大的、史诗感的事件,也要尽可能选取其中的小片段、小镜头来因小见大,引起听众兴趣,并使他们感到亲切和真实。

---

① 曹禺:《〈广播剧选〉序言》,载于朱宝贺、宋家玲主编《广播剧选》,中国戏剧出版社,1981。

最后,在表现内容上,它未必致力于表现外在的、激烈的"戏剧冲突",而常用内在的、心理的、情绪的冲突来表达深层次的内涵,表现诗一般的意境,表现某种生活的哲理和思索。"其表现的内容不一定有一个完整的矛盾冲突过程,不一定用充满矛盾的情节去激动听众,展现主题,这样的内容若在舞台上是'散'的、'淡'的,而在广播剧中却能给人以清浅澄澈、单纯婉约的美学享受。"① 这是广播剧与传统的舞台戏剧最深层的差异,也是其独特的艺术魅力所在。

(四)心理艺术

有专家认为,对内心思想和情感的直接表达,也是广播剧的重要特征。早在20世纪40年代的《广播周报》上就有人提出:"理想的广播剧应着重心理表现,避免不必要的实际动作,要从头至尾是一贯的感情流露。""广播剧本不一定如舞台剧本有什么高潮部分必须夸张,全力以赴,有许多广播剧本像散文一样的冲淡、诗歌一般的含韵、梦一般的幽玄,导演应着重把内在高潮培养烘托出来。"②

同样在20世纪中叶,日本堀江史朗、内村直也提出了类似观点,认为广播剧应该直接描画人的内心世界,"今天广播剧的首要问题已经不是怎样构成视觉形象,而是进一步描绘内心世界。广播剧不应该在经过听众收听以后,再引起共鸣,而应该直接达到听众的心里——换句话说,广播剧最终目的不是在听众的心里构成视觉形象后,再引起戏剧感受,而是以声音本身直接打动听众的思想感情,这样广播剧就能更接近听觉的声音世界。"③ 虽然这种"以声音本身直接打动听众""直接描绘人物内心"的提法引起了一些争议,但它却提供给人们一种创作广播剧的思路,即广播剧应该力求直指人心,传递那些最深层的内心情感或者思想哲理。

实际上,在广播剧的发展历程中,已经出现各种各样"文学化""散文化""心理化"的广播剧。这些剧有的类似于有声小说,有强烈的文学色彩;也有的是意识流广播剧,不以时间进程或事件逻辑为线索,而是根据剧中人物的内心意识流动来编织素材,主观色彩很浓。比如广播剧《七月》,故事不是按照时间逻辑来叙述,而是以主人公"我"的爱而不能得其所爱的痛苦、遗憾、失落的心态展开的。

展现人物复杂细微的心灵和情感,也是广播剧艺术个性中的一个重要方面。相对而言,这类追求清淡的、诗意的、婉约的创作,往往在舞台上或电视中比较难以引起观众注意,而广

---

① 王雪梅:《中国广播文艺广播剧研究》(下卷),北京广播学院出版社,2003,第513页。
② 王雪梅:《中国广播文艺广播剧研究》(下卷),北京广播学院出版社,2003,第486页。
③ 堀江史朗、内村直也:《广播剧的特点与方法》,转引自王雪梅:《中国广播文艺广播剧研究》(下卷),北京广播学院出版社,2003,第520页。

播听众则比较接受和喜爱。尤其是在一些特定的时间、地点，当人们静心聆听广播的时候，这类广播剧往往会使听众产生真挚的共鸣。比如一些很细腻的独白、旁白，直抒胸臆的思想，在舞台表演中常常显得枯燥或做作，但在广播剧里却呈现出美好的一面。这或许是由于我们前面所提到的，广播剧艺术的接收方式不同而形成的。因此，我们应当承认，广播剧较为适合于表现心理，甚至可以说，广播剧展现的是一个心理学意义上的境界。

第三节　微广播剧

媒介融合的大趋势给传统广播行业带来了新的发展机遇，沉寂多年的广播剧似乎找到了新的生长空间，"微广播剧"在"互联网+"的时代潮流中应运而生，在各类移动电台上成为内容竞争的焦点，给艰难前行中的广播剧艺术带来了希望。

一、微广播剧诞生与发展

（一）"微广播剧"的诞生

"微广播剧"的概念诞生于2011年。在媒介融合的时代趋势下，2011年中国广播剧研究会在京举办"广播剧发展创新论坛"，基于交通广播的节目设置与路况随机插播的时间配比以及移动人群碎片化接收广播信息的特征，浙江广电集团在此次会议上首次提出"微广播剧"的概念，与会者们在此次论坛上提出制作和播出"微广播剧"的设想。

有关"微广播剧"的概念众说纷纭，目前尚无权威定义。有人认为，顾名思义"微广播剧"即为篇幅短小的微型广播剧，指的是时间长度为5分钟左右的迷你型广播剧。例如，2012年首届中国微广播剧大赛要求所有作品长度都不超过8分钟，2013年第二届中国微广播剧大赛又将这个时间压缩为5分钟。但也有人指出，"微广播剧"之"微"绝不仅仅就是"短"，更多的是从网络上的"微博""微信""微视频"等"微……"系列词根而来，而非从"广播剧"而来。

所谓"微广播剧"，是指通过微数字技术制作的，在广播媒体、微博、微信等互联网媒体平台上传播的，具有完整故事情节又能符合碎片化收听习惯的微型广播剧。它是一种基于移动互联网特点的、具有网络文化特征的、以传统广播剧艺术基本要素为创作形式和手段的新型网络艺术形式。[1]"微广播剧"并不等同于"广播微剧"。首先，传统广播剧从篇幅大小上

---

[1] 刘国军、徐伟东：《微广播剧：网络时代的广播剧之变》，《中国广播电视学刊》2014年第5期。

可以划分为：超长广播连续剧、广播连续剧、广播单本剧、广播短剧等，仅仅就"短"而言，广播短剧包含着微广播剧的概念的，没有必要再从广播短剧的类别细化广播剧的分类。况且广播短剧也从未定义可以短到什么程度，也就没有必要再划分一个"微广播剧"的类型。其二，从词源的角度讲，"微广播剧"与"微博""微信""微电影""微视频"等同属互联网传播的新媒体艺术样式，"微广播剧"之"微"是微数字技术的简称。微数字技术与互联网技术密不可分，可以将音视频（包括图片和文字）共呈共现并联传播的，这跟传统广播的电波传播大相径庭。因此，基于以上两点，不可望文生义将"微广播剧"简单地理解为"广播微剧"，理解为传统广播剧的微型版。

（二）微广播剧发展现状

"微广播剧"这一新兴网络文艺形式一经推出便落地生根，得到迅速发展。2012年，中国广播剧研究会与浙江广电集团共同主办首届"微广播剧"大赛，此次大赛以"畅想未来"为主题，从首部参赛作品上传至微博、微信开始，在短短18天的时间里，单部作品最高转发量达6434次，共计95部参赛作品平均每部的转发量达2137次，合计为20.3万次。"微广播剧"年度大赛自2012年至今已逾四届，分别以"美丽中国""中国梦？我的梦""我的yeah（开心）生活"为主题，每届大赛都得到各方的积极响应，全国各省市县级广播电台、广告制作公司、高等院校师生、社会制作机构和社团以及港澳台地区和海外华语电台均有作品参赛。

2014年12月在浙江省余姚市举办了首届中国微剧节，并成立了中国广播剧研究会微剧分会。2015年，中国广播剧研究会推出"中国微广播剧"微信订阅号，进行微广播剧作品的推送。同年，中国广播电影电视社会组织联合会将微广播剧列入"中国广播影视大奖"评奖序列，由香港中文大学和黑龙江广播电视台共同出品的微广播剧《打酱油》成为获得中国广播影视大奖（2013——2014年度）的第一部作品。2016年3月，中国广播剧研究会正式批复同意成立微剧委员会（筹），隶属中广联合会领导。2016年6月，微剧委员会（筹）举办了"产业类微剧创制与创收技能培训班"，针对微剧现状和融媒体特征，邀请互联网专家进行产业运作、创收营销的技能培训，这是微剧首次举办市场化运作的专业性培训。

二、微广播剧的独特性

在微剧融媒体高端论坛上，中国广播剧研究常务副会长阚平认为："微剧不是传统广播剧的衍生品，而是脱胎于其的新型网络产品。"[1]微广播剧不仅仅是广播剧的替代品，更是在互联网时代有声产品的重要部分，自诞生以来便与互联网有着不解之缘，这个属性决定微广

---

[1] 郑斌：《步入微时代的广播剧》，《视听纵横》2015年第6期，第110页。

播剧有着与传统广播剧不同的特性。概况而言,具体体现在以下几个方面:

第一,传播方式的融合。

传统广播剧依靠广播电台为播出平台,电台播出,听众接收,听众是终点,听众收听往往意味着传播行为结束,是一种单向的传播方式。融媒体时代,以技术为支撑和保障,借助互联网点播和手机客户端(App),广播节目不同于以往的线性传播,结束了声音稍纵即逝的时代。微广播剧在广播媒介的基础上,借助互联网的力量,形成大范围、点对点的播出方式。通过互联网、车载广播、手机等移动终端,或者扫描二维码,听众不仅可以通过收听广播剧,还可以将广播剧通过微博、微信群、朋友圈进行分享和转发。

此外,微广播剧不仅仅以声音的状态呈现,而是与纸媒(文字)和视频相结合,实现了传播的"全通道"和跨领域融合。例如,浙江广电集团交通之声创制的百集微剧《最美浙江人》由人民日报出版社汇编成书,该书融合纸媒和广播,有剧本、漫画和音频二维码,使微剧书籍可读可听。再如,北京人民广播电台探索创新出了"微广播剧+微电影"模式,率先尝试了广播剧IP影视化创作,将一部5分钟的微广播剧《捋直舌头说话》拍摄成为12分钟的微电影《根儿》,将原有IP内容进行二度开发,这无疑是一次对网络时代广播艺术表现方式和传播途径的全新探索。微电影《根儿》自2016年11月22日在爱奇艺上线到2017年4月,已播放3.5万次。

"传统广播+多网络终端"的融媒体传播,在广播电台的基础上,通过微博、微信、手机分享与转发、二维码扫描等融媒体方式进行矩阵推送,形成多维立体的传播效果,使得微广播剧的受众人数实现几何级数的增长,信息以加权的倍数扩散,形成"蝴蝶效应"。

第二,收听习惯的不同。

就欣赏习惯而言,微广播剧与传统广播剧的不同主要体现在选择性、碎片化两个方面。

首先,听众由被动收听转为主动选择,传统广播剧都是由广播电台在固定时间播放固定剧目,听众处于被动接受状态。即使是听众点播的广播剧,广播电台也只能是固定时间里安排播出。但互联网的出现,特别是移动互联时代,这种收听模式就被彻底改变了。网络非线性传播的特点,可以让任何一个听众在任意时间选择收听自己想听的节目。听或是不听,什么时候听,听多长时间的主动权完全掌握在听众手中。在这种收听模式下,掌握收听主动权的不是一个群体,而是作为个体而存在的个人。这种完全主动的、个体化的收听方式是微广播剧不同于传统广播剧的重要特征之一。

其次,碎片化的收听习惯。

微广播剧产生于信息"碎片化"时代背景下"微元素"大行其道的传媒环境,改变了传统广播剧无法适应人们在有限时间内获取大量信息需求的局面,是对人们日益追求快节奏、丰富化、多元化信息的一种积极适应。传统广播剧有其特有的艺术感染力,但往往时间较长,这在时空上是与信息"碎片化"的时代要求相冲突的。而微广播剧时长一般控制在三到五分钟左右,这种时间短、容量大的广播产品适应了当下人们的信息接收特点。另一方面,微广播剧通过无线网络、手机网络等现代接受手段的运用,适应了信息"碎片化"时代下信息接收的随机性和便利性。

此外,传统广播剧由于作品性质(播出时间较长,故事情节曲折复杂等)和播放载体(线性传播)的限制,听众在收听时必须保持一定的注意力。若要以不干扰完整性、连续性为原则收听广播剧,必须保持一种专心致志的收听状态。否则,一旦剧情的理解和欣赏受到干扰,那么整部剧接手到的信息就会支离破碎。但微广播剧具有篇幅短小、内容简单、线索明确等特性,其收听无疑表现出更大的随意性的伴随性,听众完全可以边听广播边处理其他活动。

第三,创作人员的多样。

微广播剧在创作主体上表现出多元化的特征。传统广播剧生产以电台为主力军,广播剧的创作主体往往都具有"集体创作"的特点:编剧、导演、演播、音乐、音效、后期制作等,形成一个或大或小的创作集体,作品是集体创作的结晶。但微广播剧的出现却使个人创作成为可能,微广播剧的制作投资少、周期短,制作相对简单、演播人数少、成本低廉,使得几个人甚至一个人完全可以完成从编导到演播、制作的全部流程。一个人的广播剧在互联网时代变成了现实,导致大量个人作品的出现。

与传统广播剧曲高和寡的特点相比,微广播剧具有互动性、体验性和参与性的特点。创作者也是传播者,参与者也是受众。从第三届中国微广播剧 151 部作品的参赛单位构成来看,各级电台参赛作品占 63.5%,高校参赛作品占 14.5%,各类网络社团(含个人、广告公司、互联网公司)的参赛作品占 22%。与之同时,不得不引起注意的是,微广播剧面临作品良莠不齐的困境。微广播剧制作对技术与设备要求低,智能手机就可以完成音频的录制编辑,加之云服务可以大幅度降低音频内容的托管难度和成本,较低的准入门槛也带来专业化不足、高品质短缺的困扰。

第四,题材内容的丰富。

传统的广播剧在选材上偏向典型事迹和先进人物,特别是 20 世纪 90 年代以来,广播剧始终以主流电台为创作主体,以主旋律为题材中心。而微广播剧的主题和选材可谓是丰富多彩、不拘一格,将艺术性与新闻性、思想性与可听性有机统一起来。大部分是现实题材,比如情感、健康、粮食、环保、新能源等,同时也不乏历史题材;既有传统广播剧中经常见到的爱情、励志、慈善、刑侦题材,更有传统广播剧中极少涉猎的武侠、悬疑、惊悚、科幻题材。

此外,微广播剧在表现内容上也有许多新的尝试。2015 年春节,重庆万州台、宁夏台、陕西渭南台、内蒙古台等众多电台纷纷制作不同风格、不同形式的微剧拜年专题,在传统广播和新媒体上播放,广受好评。沈阳都市频率广播剧团队融合广播特别节目和广播剧制作理念打造的跨界节目百集《心灵鸡汤连连送》,将播故事做成融合微剧元素的广播跨界产品,获得了良好的市场口碑和反馈。广播剧《遇见海昏侯》创新出"录音报道+历史广播剧"的形式,即用报道呈现海昏侯墓考古重大发现,用广播剧还原历史事件,为广播剧注入了新闻的元素,使广播剧这种形式进入了广播新闻频道的黄金时段。2016年湖北"微广播剧"团队推出《2016防汛记忆》系列新闻微剧,是以新闻人物为基础,以情景再现为手段,追溯救灾原现场,重构抗洪故事。用丰富多彩的声音元素展现抗洪事迹,以优质精美的音频产品致敬抗洪精神,这种模式大大地超越了广播日常普通的新闻报道,令受众耳目一新,给受众丰富的听觉感受和广播体验,也给广播剧注入新的元素。

在2019年新冠肺炎疫情期间,微广播剧成为传播抗疫正能量的重要载体,除中央广播电视总台以外,北京、上海、沈阳、吉林、湖南、河南、山东等多个地区的广播电台,均推出了以抗击疫情为主题的广播剧,其中数量众多,及时性更强的微广播剧,深受各地群众的喜爱。不仅如此,由于微广播剧的内容十分多元,涉及抗击疫情的各个层面,有刻画抗疫前线医护工作人员日常生活的,有描述抗疫期间家庭生活场景的,有讲述抗疫过程中感人事迹的,也有以抗疫为背景进行倡导和倡议的……这些内容多样的微广播剧,借助广播电台的传统渠道进行了全面的制作和分发,并综合电视节目进行了跨界传播,还以成熟的互联网影音平台为主阵地,在社交群组、微博、论坛等众多渠道进行了广泛的传播。

由于微广播剧极具"现实"特色,拥有即时化、场景化、沉浸化、口语化的鲜明特点,因此,在传播过程中收获了众多的赞誉。例如《早餐的故事》就因生动反映了疫情"宅家"期间的家庭生活,而备受各界关注,被改编成多种形式的节目,在疫情期间进行广泛传播。《大爱无疆》的宏大视角更是极为震撼,成为众多抗疫主题广播剧学习、引用的对象。除此之外,还有不少反映疫情期间感人故事的优质微广播剧,《你好,我的城》《青春的遗产》《春天见》《目标武汉》等作品,从多个角度切入,运用广播艺术的临场感,真实还原了一个又一个抗击疫情的精彩瞬间。这些广播剧所呈现出的多元表现样式,还进一步扭转了相关各方对于广播剧的看法。在新冠肺炎疫情期间,人们所处的社会生活环境发生了本质性的变化,恰在此时,广播剧以多媒介综合传播的样式,重新展现在世人面前,拥有了更为突出的艺术表现力、传播表现力和社会表现力。其对人们抗疫生活的影响既深刻又长远,这也意味着以微广播剧为代表的广播剧事业,正式进入新的发展阶段。

在庆祝中国共产党建党100周年期间,微广播剧更是在主旋律阵地上展现出前所未有的战斗力,成为建党100周年主旋律宣传中最具特点的艺术形式。其中,中央广播电视总台制作并发行的系列主题广播剧《到延安去》《大凉山》《大营救》《安妮的花海》就是具有广泛影响力和深刻变革意义的优质广播剧作品。广播剧《到延安去》充分展现了广播剧在表现人物情感方面的优势,用生动的声音艺术,展现了众多爱国青年的鲜活形象,还原了他们历经战火磨砺,成为优秀党员的成长故事。《大凉山》则更强调时代性,用富有时代感的声音表现方式,还原了大凉山脱贫攻坚的精彩瞬间,其在传播过程中充分借助了互联网平台的渠道优势,综合脱贫攻坚的各类媒介资料,进行了跨媒介、跨平台的综合传播与推广,在进一步凸显建党主题,展现脱贫价值观念方面,起到了非常重要的作用。《大营救》和《安妮的花海》为两部粤语广播剧,在主题选择上有独到之处,表现手法也更为新颖,支持边看边听、语言转换、远程互动、社群分享等众多智能功能,这让两部广播剧的传播效力和收听体验同时跨上了新的台阶。在内容方面,《大营救》讲述了1941年年底日本侵略军进攻香港之后,中国共产党秘密营救困留在香港的数百位爱国民主人士和文化人士的伟大壮举。《安妮的花海》讲述了香港青年梁安莉在国家日新月异的发展变化及惠港政策的感召下,来到贵州山区扶贫、创业的真实故事。两部作品在广东、上海、香港、澳门、台湾等地广泛传播,深深感动了当地人民群众。

围绕庆祝建党100周年开展的广播剧创作与传播工作,是2021年度的重点,各大广播电台、影音平台和出版平台,均推出了一系列的广播剧作品,建党主题广播剧展演一浪高过一浪。这种火爆场景不仅仅是响应了主旋律传播的号召,更多是借助"建党100周年"这一宏大历史主题,展现了广播剧在新时代的发展新动向,为其在今后的持续突破,铺开了新的路径。

广播剧是广播文艺乃至整个广播产品中具有保留意义的品种,它集合了语言、音乐、音响、节奏等要素,以独特的艺术感染力,充分体现了广播在不同时代背景下传播的社会价值。随着互联网和移动互联网的飞速发展,新媒体对传统媒体形成强烈冲击的同时,广播剧作为传统媒体的产品,其生存环境与发展也必然受到影响。但融媒体环境也促进广播剧的创新,微广播剧就是在此机遇与挑战下应运而生的新兴产品,必将会与传统广播剧并驾齐驱,各展所长,共荣共存。

本章思考题

1. 中国广播剧的发展主要经历了哪几个时期?每个时期的发展有何主要特点?
2. 广播剧的艺术特性主要表现在哪些方面?
3. 请选择一部你熟悉和喜爱的广播剧作品,试对其进行分析和解读。
4. 微广播剧与传统广播剧有哪些异同?你怎样看待这一新兴的艺术形式,结合当下的媒介环境试分析在其发展中会遇到哪些困境。

第十八章 电视剧

电视剧即用电视技术制作和播出,以镜头语言为主要表现手段,以演员动作、语言来表述一定故事情节的视听艺术形式。或者说,电视剧是一种在电视镜头前表演,以电视屏幕播出,以个人的欣赏环境为特点的演剧艺术。[①]《电视艺术辞典》则将电视剧定义为一种以电视录像手段录制而成的,通过电视传播媒介而播映声音、图像的新的叙事艺术形式。[②] 不论"演剧艺术"还是"叙事艺术",两者皆肯定了电视剧的艺术属性。

电视剧依赖电视媒体传播、建立在真人表演和镜头语言基础上,是一种综合的艺术形态。它依照文学、戏剧、电影等多种艺术形式的创作原则和表现手法进行内容生产,通常按照篇幅的长短可分为单本剧与系列剧,其中,电视系列剧即为我们通常所指称的电视剧。

第一节　电视剧发展概观

一、电视剧的诞生与发展

1930年,英国剧作家皮兰德罗创作了世界上第一部电视剧剧本《花言巧语的人》,同年,该剧在英国电视上播出,成为世界上最早播出的电视剧。当时,全英国的电视机数量仅一百余台,有幸收看到这一"古怪戏剧"的观众寥寥无几。时至今日,随着电视机的普及和现代科学技术的飞速发展,电视剧已经成为大众文化的重要组成部分之一,被视作合家欢式的视听盛宴、雅俗共赏的娱乐大餐。

[①] 刘晔原:《电视剧艺术论》,北京大学出版社,2005,第1页。
[②] 王云缦、果青、张掮中主编:《电视艺术辞典》,学苑出版社,1991,第42页。

20世纪30年代至50年代是电视剧的诞生期。在彩色电视尚未出现之时,由于受到电视播出技术方面的限制,电视剧只能采取直播形式,即演员在演播室中面对摄像机即演即播。因此,这一时期播出的电视剧,或是模仿传统舞台剧的创作或是直接由舞台剧改编而来,电视剧并未真正成为一门艺术而被受众接受与认同。此时的电视剧篇幅相对较短,呈现出微型化与系列化发展趋势,究其原因,主要是电视技术的不成熟——与戏剧、电影长度相当的电视剧在实现直播时技术难度过高且不适合家庭收看,于是,英国电视台开始热衷于制作10分钟至30分钟的电视小戏,提出了"每天一戏"的电视剧创作口号。短小的系列剧形式符合电视技术的发展水平和电视媒体的收视规律,是当时的电视工作者在既有条件下做出的有益尝试,为后世电视剧艺术样式的多样化发展奠定了基础。

20世纪50年代中期到60年代末是电视剧艺术的发展期。1954年,美国广播公司率先正式播放彩色电视节目,标志着电视发展步入了新纪元。彩色电视机的发明和普及使电影业受到极大冲击,对此,好莱坞采取了拒绝向电视台提供电影片源的策略,以期封堵电视媒体的扩张。缺少节目内容的电视行业无奈之下,只好开始探索适应电视机播放特点的视觉艺术创作方法。此时,各类题材的电视剧纷纷涌现,如英国剧作家尼歇尔·科尼尔的科幻连续剧《第四种物质的实验》在当时被认为"无疑是迄今为止的最富革新行动和独创性的电视剧"。随着电视技术的飞速提升,电视剧逐渐摆脱了短剧样式的束缚,单集时长有所增加,其所承载的信息量也逐渐加大。

另一方面,由于电影片源撤出电视剧市场以及电视媒体自身播放需求的不断扩大,"跨文化传播"现象出现在电视剧行业之中,具体表现为欧美之间电视剧的跨国买卖和播出。走在这一潮流前端的是英国的独立电视台。该电视台敏锐地捕捉到英国民众对于大洋彼岸美国式文化生活的向往和关注,从美国和加拿大引进了大量描写现代生活(主要是美国式生活)的电视剧。这也促成了50年代中期一股从美国、加拿大开始,波及英国乃至欧洲的创作上追求清新写实、贴近生活的电视剧风潮。这种写实风格具有两大特征,一为将普通人的日常生活作为电视剧的表现对象,二为启用非职业演员进行实景拍摄。以英国编导杰里米·桑德福的《嘉蒂归家》为例,该剧人物对话自然逼真、性格刻画十分细腻,更重要的是,该剧摄影机取景自由灵活,给人以直接而真切的感受。到了60年代初期,摄像机被设计得更为便携,电视剧开始走出演播室,实景拍摄成为常态。

20世纪60年代末,电视剧这一艺术样式步入了发展的成熟期,具有电视本体特征的电视连续剧和电视系列剧逐渐成形。电视的收视环境决定了观众不可能像看电影一样在特定时间段内持续认真地观看,所以电视节目不宜过长,收视过程的短暂性使电视剧最终确定在45分钟左右的长度。尽管电视剧单集时长受限,但电视媒介的使用特点令观众可以每天接触电视,电视剧于是集短为长,以连续剧和系列剧形式出现在观众面前。电视连续剧的篇幅不仅扩大了作品反映生活的深度和广度,而且可以将文学史上的许多鸿篇巨制搬上荧屏,这无疑提升了电视剧的艺术文化品位。

随着光影科技的日新月异,先进的设备与技术在电视行业中得到了推广与普及,电视剧的制作水准不断提升,以往只有在大银幕中才能看到的画面如今也可以在电视荧幕上供人欣赏。例如2001年Argentina Video Home影视公司发行的10集美国电视剧《战火兄弟连》,其成本投资高达一亿两千五百万美元,画面质量和战争特效制作水平也堪比影院长片。2011年播出的《权力的游戏》是HBO电视网有史以来制作费用最高的电视剧集。它以中世纪奇幻史诗为题材,2007年1月开始制作,首季基本预算为5千万到6千万美元,扎实的剧本、优良的制作令观众在开播之前就对该剧充满期待,海外客户更是给出了每集250万美元的高价进行预购,这部电视剧一举成为HBO历史上海外销量最好的常规剧集。2014年,《权力的游戏》第四季创下了首播观众达660万人次的播放纪录[①];2017年,该剧第七季在腾讯视频的专辑播放次数超过5亿。除了启用众多演职人员,在北爱尔兰、苏格兰、冰岛和摩洛哥等多地取景,该片最值得称道的是利用数字技术打造出的奇幻而又逼真的视觉效果,在观看过程中,观众已然分辨不出画面中的真实与虚拟。开播以来,该剧收获了土星奖、美国金球奖等多个重要奖项,并在美国电视界的最高奖项——艾美奖中获得了29个奖项和59次提名。

二、中国电视剧的发展历程

(一)发轫期(1958年至1976年)

1958年6月15日,中国第一部电视剧《一口菜饼子》在北京电视台(即中央电视台前身)播出,标志着中国电视剧的诞生。该剧根据《新观察》杂志发表的同名短篇小说改编而成,讲述的是忆苦思甜的故事。受到当时电视技术条件的限制,该剧的排演采用的是直播方式,时长20分钟,被称为"电视小戏"。这里,"小戏"是与传统戏曲的"大戏"对应而言的,"小戏"一般演员人数较少,故事情节和内容相对简单,旨在表现日常的生活情趣与思想情感。

随后,北京电视台播出了电视剧《党救活了他》。与前剧相比,新作综合运用了多机拍摄、实景与布景结合、外景地拍摄等方法,这表明我国的电视工作者已经意识到了电视剧的表现手法与创作形式所具有的独特性。时任文化部副部长的夏衍同志观看该剧后欣喜地表示:"这个题材好多文艺形式都在搞,看了电视剧《党救活了他》,留下了较好的印象,电视剧还是很有前途的。"[②]

---

① 《〈权力的游戏〉回归,收视创新高》,潇湘晨报,2014年4月9日,http://epaper.xxcb.cn,访问日期:2021年9月30日。
② 高鑫、吴秋雅:《20世纪中国电视剧史论》,学苑出版社,2002,第4页。

到 1962 年，我国电视剧创作攀上了第一个高峰，全年共播出电视剧 18 部之多，这个数字放在影视作品市场繁荣的今天可能不值一提，但在我国电视事业起步之初，相对于每周 3 至 4 次、每次几个小时、全年总共几百小时的总体播出时间而言，这些电视剧无疑是电视文艺节目的重头戏。由于当时的电视剧制作还处于演播室直播阶段，受到电视信号发射技术的制约，北京电视台的节目无法传送到外地。为满足广大人民群众的收视需要，全国各地迅速建立起本地电视台，播出自己的电视节目。其中，上海电视台于 1958 年 10 月 25 日播出了第一部自制电视剧《红色的火焰》。随后，广州电视台、黑龙江电视台、天津电视台和长春电视台等地方台也陆续投入到电视剧的制作之中。这些电视台彼此协作，使得一批优秀的作品能够在各台之间巡回播放，如北京电视台的《相亲记》就曾经在广州电视台展映。在大众精神文化生活相对匮乏的年代，这样的播出方式无疑更为有效地满足了人民群众对电视剧这一新兴文化产品的需求。

这一时期，电视剧生产除了受到电视直播形式的技术限制，也受到了来自时代与现行文化政策的束缚。

一方面，直播要求电视剧的表演、摄像、录音、合成、播出和观赏在同一时间进行，所有的艺术创作过程都没有录像设备的介入，剧目随着表演的开始而开始、随着剧情的结束而结束。彼时的电视剧与舞台剧的主要差异仅在于电视剧演员直接面对的不是观众，而是电视摄像机。由于现场的创作都是"一次性"的，没有能够将表演保存下来的复制资料，如果需要重播，就必须让原班人马进入演播室重新表演，因此，大部分电视剧的时长都被限定在 30 分钟左右。受此制约，电视剧创作者便不得不借助于戏剧的经验与范式进行创作。可以说，这些直播电视剧在表现形态上更接近舞台剧，其叙事空间相对集中，镜头的职能基本在于记录。这样的创作方式事实上并不符合电视剧的艺术创作要求。另一方面，当时的创作者摆脱不了"文艺为政治服务"的总方针，电视剧不可避免地沦为政治宣传的工具，充当着文化专制主义下"从属论"与"工具论"的角色①。从总体上看，电视剧取材面较窄、创作手法单一，其定位依然偏向于"宣传品"而非"艺术品"。

1966 年至 1976 年间，中国电视剧创作领域几近荒芜。早期电视剧所取得的成就与经验在此时被全盘否定，仅有北京电视台在 1967 年和 1973 年制作的《考场上的反修斗争》和《杏花塘边》以及上海电视台制作的《公社党委书记的女儿》《神圣的职责》等几部作品问世。其中，《考场上的反修斗争》是中国电视剧历史上唯一一部使用录像设备拍摄的黑白电视剧，该剧根据当时报纸上发表的一篇新闻报道改编，是一部配合时局的应景之作。

---

① 仲呈祥、陈友军：《中国电视剧历史教程》，中国传媒大学出版社，2010。

(二)恢复、探索期(1977年至1990年)

1976年10月,"四人帮"被彻底粉碎,两年之后,十一届三中全会召开,中国电视剧迎来了发展的春天。从颓败景象中挣扎出来的电视剧创作者恍然发觉,自身已处于市场需求飞速发展的时代大潮之中。作为电视剧播放终端的电视机在中国开始普及,数量从1976年全国300万台猛增到1989年的1.4亿台。而1989年全国电视观众人数也达到了7亿之多。[①] 同时,日渐成熟的电视剧摄制技术、逐渐改善的创作环境、引进电视剧赢得的社会反响等因素也都在刺激着电视人的创作欲望与创作激情。

新时期电视剧的开篇之作是于1978年5月22日播出的彩色电视剧《三亲家》。该剧由导演许欢子、蔡晓晴根据同名喜剧改编,是我国有史以来第一部完全在实景中拍摄录制的电视剧。可以说,录像技术的应用是该剧对中国电视剧发展做出的最大贡献。《三亲家》发挥了录像技术再造时空的优势,借鉴电影的画面构成法则和蒙太奇手法,讲述了一个富于农村生活气息的移风易俗的故事。场景的多变与镜头的灵活处理使该片在美学形态上显现出与早期直播电视剧迥然不同的特点,这些创作手法的运用更加切近电视剧的审美特征。

在次年问世的《有一个青年》中,这种创作方法得到了进一步实践。该剧根据张洁的小说改编,由蔡晓晴导演,中央电视台录制,播出后获得了观众的广泛赞誉。该剧对十年动乱后青年工人的精神风貌进行了观察与思考,也在艺术上做出了一系列令人注目的创新与努力。由于第一次使用便携式摄录设备,该片的场面调度和镜头调度显得更加灵活多姿,大量移动摄影的运用又使其在画面形态上更富流动性和完整性。不仅如此,创作者还有意识地将这样一种动态的电视语言与揭示人物性格的动态发展有机结合起来,从而显示出中国电视剧在进入录制期后的初步成熟。[②]

如果说1978年全国拍摄的10部电视剧(其中8部由中央电视台拍摄)标志着中国电视剧历史由此走出了停滞阶段,那么1979年则是中国电视剧产量高速提升的开始。这一年,文化部出于保护电影发行利益的考量,决定从本年度下半年起不再向电视部门提供新摄制的影片。此举令原先占据电视台文艺类节目一半比例的电影节目断供,片源急剧减少。这一变动一方面把电视台推入了尴尬境地,另一方面却也刺激了国产电视剧的创作生产。同年8月18日至27日,中央广播事业局为解决电视节目来源问题召开了首次全国电视节目会议,号召全国有条件的电视台都来拍摄电视剧。在这一政策鼓励下,上海、湖南、山东、天津、广东、黑龙江、河北等省市电视台积极投入电视剧制作中,电视剧的生产和播放在全国范围内全面铺开,中央电视台一家独大的局面宣告终结。这一阶段,我国电视剧年产量的提升速度

[①] 贾磊磊:《中国电视剧的历史与现状》,《文艺研究》2001年第6期。
[②] 弘石:《1978—1989中国电视剧的历史描述》,《艺术广角》1998年第4期。

也十分惊人,1979年全年生产电视剧19部,1980年131部,1981年128部,到了1989年全国电视剧年产量已经达到2000集左右。① 毫无疑问,电视剧领域的欣欣向荣对于每年平均增加6100万(以1978年的8000万为基数)的电视观众来说也同样具有非同寻常的意义。

在这次全国电视节目会议上,电视事业的管理者们做出了另外一项对中国电视剧事业影响深远的决议——放开对境外电视剧的引进。于是,对于20世纪80年代的电视观众而言,来自香港的《霍元甲》、来自巴西的《女奴》、来自日本的《姿三四郎》、来自南斯拉夫的《巧入敌后》等一大批引进电视剧成为真正把他们与电视机捆绑在一起的精神纽带。面对外来电视剧在社会上引发的"万人空巷",中国电视人看到了电视剧所蕴含的巨大的艺术价值与社会价值,并在考察这些外来电视剧的过程中努力探索着自身未来的发展之路。

短短十几年间,中国电视剧艺术取得了可喜的成就。首先,电视剧涵盖的内容多种多样。有涉及改革题材的《乔厂长上任记》《新星》,有反映服务行业新风貌的《卖大饼的姑娘》,有展示农村新面貌的《雪野》《冤家》,还有关于军警题材的《她们和战争》《便衣警察》等。其次,创作内容的翻新要求创作手法随之更新。此时的电视剧逐渐摆脱了"高、大、全""三突出"的枷锁,创作的切入点被拉回到现实中来,现实主义的文艺创作手法在各类电视剧中均有所表现,得到了广大观众的喜爱。这一时期,电视短剧取得了辉煌的艺术成就,长篇系列电视剧的艺术形态也确立起来。1980年,中央电视台摄制的我国第一部彩色电视连续剧《敌营十八年》与观众见面。以此为起点,电视连续剧展现出强大的生命力与感染力,逐渐演变为我国电视剧的主要创作样式。再次,这一时期还形成了带有时代特色的电视剧类型——"伤痕"电视剧。这类电视剧反映的是从岁月泥沼中跋涉出来的中国人对于往昔岁月的反思与伤感,其代表作有1982年中央电视台摄制播出的四集电视连续剧《蹉跎岁月》以及山东电视台于1984年拍摄的《今夜有暴风雪》。除了电视剧,当时的中国文艺界还产生了"伤痕"小说和"伤痕"电影,这类文艺作品的气质精神相当独特,它恰似时代的缩影,冷静而克制地表现着身处这一时代之中的普通人的精神生活。此外,80年代中国电视剧的另一创作取向是依托成熟的文学作品进行影视剧改编,85版《四世同堂》、86版《西游记》、87版《红楼梦》已成为人们心目中难以超越的经典之作。最后,这一时期的电视剧创作者开始自觉地将创作的实践经验与外国电视剧的创作理论相结合,形成了符合中国电视剧发展特点的电视剧理论体系,从而在艺术领域为电视剧争得了一席之地。

(三)深化发展期(20世纪90年代至今)

90年代,体制改革的深化促进了中国经济的腾飞,思想文化领域的开放带来了社会上各

---

① 贾磊磊:《中国电视剧的历史与现状》,《文艺研究》2001年第6期。

种思潮的碰撞与交融,社会审美心理的巨大变化与艺术创作理念的整体转型悄然起步。大众文化成为社会主流文化形态,技术水平成为左右艺术创作的重要因素。电视剧生产在这一时期逐渐显现出大众化、商业化与娱乐化的趋势。

在瞬息万变的时代背景下,电视业的繁荣强盛与电视技术的突飞猛进为电视剧的蓬勃发展提供了必要条件。相较于这一时期的其他大众媒介,如图书、报纸、杂志、广播、电影,电视兼容并包的媒介特点使其在大众文化生活中脱颖而出。而作为文艺节目主要类型的电视剧,需要满足的是观众更多方面、更多层次的需求,这为电视剧题材的丰富、内容的扩充以及艺术风格的探索提供了动力。

90年代的电视剧创作更多地显露出其作为大众艺术样式的品性特征,在摆脱了之前政治影响过大、宣教痕迹过重的痼疾后,中国电视剧开始自觉地体现时代需要、主动地贴近普通电视观众的审美品位。受到大众化趋势影响,电视剧作为文化产品的商业属性被开掘出来,商业化昭示着电视剧不再只是为主导意识形态而存在的宣传工具,它更关注受众的喜好,并以这些喜好决定自身的创作实践。

1990年,50集电视连续剧《渴望》的热播将全国电视观众的注意力吸引到一个完美的女性角色——刘慧芳身上,这部在播放之初并没有进行宣传造势的诚意之作表达了当代观众对奉献、宽容与真诚等高贵品格的真情呼唤。《渴望》的成功预示着中国大众审美时代的到来。该剧顺应了大众审美心理,将时代的风云变幻融入平凡的人生际遇之中,以主人公的情感纠葛凝结起大众价值观念调整、转变与革新这一相当厚重的历史命题。同一时期,从10集电视剧《围城》开始,国产电视剧从文学中汲取营养的创作思路得到巩固,优秀的文学作品成为电视剧的重要取材来源,《封神榜》《三国演义》《水浒传》等剧作得到了广大观众的认可与好评。

大众文化日渐兴盛,反映在电视剧创作领域即表现为题材选择与表现手法的多样化。这一时期出现了戏说历史与帝王将相的《戏说乾隆》《宰相刘罗锅》,带有调侃意味与精英色彩的《编辑部的故事》,表现改革开放内容的《外来妹》《情满珠江》,直击腐败、拜金思潮的《英雄无悔》,承载新闻纪实性的《九·一八大案纪实》,艺术气息浓郁的《静静的艾敏河》《有泪尽情流》,更有反映现实生活的《中国式离婚》《空镜子》《不要和陌生人说话》等一批优秀作品。

进入21世纪,电视剧创作更加繁盛,其产量激增,类型化色彩明显,且屡有精彩作品呈现。随着技术的不断发展,尤其是5G、虚拟拍摄技术、云存储、云渲染、互动视频等新技术的应用,使电视剧创作在拍摄手段、视听效果、观看方式等方面有了长足的发展。2014年,我国开启了媒体融合的实践探索,如今媒体融合已经成为电视剧制播的基本生态环境,电视剧创作也与网络剧、游戏、电商等内容样态开启了跨界融合的探索。新时代电视剧产业发展还在商业模式上不断创新,爱奇艺创始人、首席执行官龚宇在第八届中国网络视听大会上更是预言流媒体的 D2C(Direct to Consumer)时代即将到来,分账剧、会员制、超前点播等产业模式的升级,也激发了更多电视剧制作主体的创作热情,中国的电视剧市场也正逐步走向成熟。

进入新时代以来,主旋律电视剧引领着我国电视剧行业的发展潮流,成为令人瞩目的影像力量,深刻地影响着广大观众的思想品德、精神理念和审美价值。展现"共和国勋章"获得者丰功伟绩的系列连续剧《功勋》,生动再现了一个个功勋人物的崇高理想,展示了中华民族坚毅的精神底色;反映抗击新冠肺炎疫情的连续剧《在一起》,书写了抗疫英雄和广大人民群众众志成城抗击疫情的中国故事;聚焦我国脱贫攻坚事业的《山海情》,以精彩生动的艺术演绎诠释"闽宁模式"这一中国扶贫攻坚伟大工程中的创举;描绘中国人民强国梦想的《理想照耀中国》,表现了中国共产党百年征程的伟大理想信念。主旋律电视剧以多样的表达方式,新颖的视听语言,彰显了文化自觉与文化自信。

三、美国电视剧的发展简介

美国电视剧在 20 世纪 80 年代进入中国市场,第一部在中国播出的美剧是中央电视台引进的《大西洋底来的人》,此后《加里森敢死队》《神探亨特》等作品凭借自身成熟的叙事能力进入到中国观众的欣赏视野。当电视剧播放系统随后被台湾电视剧、韩国电视剧、泰国电视剧全线占领时,美剧似乎遭到冷遇。然而,在互联网播放平台,美剧却形成了一股旷日持久的收视热潮,其受众人数之多、影响之广是其他境外电视剧无法比肩的。近年来,《越狱》《绝望的主妇》《绯闻女孩》《生活大爆炸》《犯罪心理》《绝命毒师》《纸牌屋》《权利的游戏》等作品成为网民电视剧消费的主要内容,美剧也形成了多层级年龄分布的相对稳定的粉丝群体。

作为文化产业的一大分支,电视剧在美国本土很早就进入了商业化运营模式。此外,美国也是世界上最早为电视剧设立专门评审奖项的国家,由美国"全国电视艺术与科学学院"主办的"艾美奖"创始于 1949 年,是美国电视界一年一度的专业评比盛会,这一奖项的设立引领美剧走上了商业与艺术并重的发展之路。

美剧在叙事形态上大致可以分为肥皂剧、情景喜剧、情节系列剧等几类。

肥皂剧是从美国广播节目延展出来的节目形态。20 世纪 30 年代,美国无线广播台曾播放一种每周播出多集的长篇连续广播剧,由于其间插播的广告主要是肥皂广告,"肥皂剧"由此得名。肥皂剧分为日间肥皂剧和晚间肥皂剧两种。日间肥皂剧一般在每周一至周五的下午播出。这类电视剧人物关系复杂、故事情节曲折,由于叙事的开放性,这类电视剧可以播出几年甚至几十年。目前播放时间最长的日间肥皂剧是自广播剧发展而来的《指路明灯》,该剧从 1937 年开始在美国全国广播公司播放,1952 年拍摄成电视版在哥伦比亚广播公司播出,直至 2009 年终结,全剧共播出 15 700 集。晚间肥皂剧产生于 80 年代,通常在晚间黄金时段以每周一集的频率播出,最具知名度的晚间剧当属1978年至1991年连续播出13年、共357集的《豪门恩怨》。从80年代末开始,晚间剧逐渐减少直至消失。第一部真正意义上的电视肥皂剧是1947年美国杜蒙电视网播出的《一个难忘的女人》。这类电视剧以家庭主妇为目标受众,所涉及的内容大多是生活中鸡毛蒜皮的小事和邻里之间的闲闻杂谈。尽管肥皂剧一度成为粗俗和市井文化的代名词,但它在电视剧历史上曾大放光芒,并深刻地影响了其他多种电视剧类型的发展。

情景喜剧同样由广播剧发展而来,它延续了电视直播剧的思路,将故事的发生地点固定在演播室搭建的舞台上。情景剧通常会将观众置于演播室内,收集观众的笑声,或者在电视剧后期剪辑时加入罐头笑声,即在创作者认为观众"应该笑"的节点加入事先录制好的机械的笑声,从而令观众在收看电视剧时感觉自己置身故事之中,增强了节目与观众的互动性。这类电视剧通常把关注点放在某几个角色身上,通过固定的主要演员,在基本没有外景的固定场所中将主题鲜明的故事串联起来,故事的矛盾冲突和情节发展也大多通过人物语言进行推进。情景喜剧经常在每周固定的时间播出,一周播出一集,每一季在24集左右。凭借幽默诙谐的故事内容和老少咸宜的普适特性,情景喜剧成为美剧中最受欢迎的类型之一。美国第一部情景喜剧是1947年由杜蒙电视网推出的《玛丽·凯和约翰尼》。中国观众最为熟悉的美国情景喜剧则是1985年由美国广播公司拍摄的《成长的烦恼》。该剧于1991年由上海电视台引进中国,并于次年在上海电视台正式播出,播出后立即引起了强烈的社会反响,成为中国人了解美国社会文化生活的一扇窗。播出了十季的《老友记》更成为经久不衰的荧幕经典,鲜明的角色性格与风趣的人物对白令该剧获得了一大批忠实的拥趸。时至今日,情景喜剧依然有很强的生命力,并拥有一定规模的收视群体。《摩登家庭》《破产姐妹》《好汉两个半》《老爸老妈浪漫史》等作品在互联网上依旧热度不减。情景喜剧成功的类型模式也被各个国家的电视剧创作者所借鉴,移植到不同的文化语境当中。中国电视工作者在学习与实践中将情景喜剧与本土文化相结合,创作出了《编辑部的故事》《我爱我家》《炊事班的故事》《家有儿女》等一批优秀作品。

情节系列剧是一种系列化的剧集,通常以季作为播出单位,在每年9月至次年4月播出完整的一季,每一季基本控制在30集以内,每一集大致在40分钟至60分钟之间,一般每一集讲述一个独立的故事,前后集之间又有情节的连续性。在创作过程中,情节系列剧会在每一季设置一个大的故事悬念,如果收视率保持长盛不衰,在摄制人员没有大的变动的情况下,电视系列剧将一季一季持续制作、播出下去。这类电视剧的拍摄与播出环节之间的间隔较短,因此在情节设置上具有很强的灵活性,能够与观众形成积极的互动关系。在美国,情节系列剧的剧本经常在拍摄前就发到网上供观众阅读,观众在收视之初就已经通过剧本了解了故事走向。在长线剧情的设置上,观众会对编剧的写作提出各种建议,编剧则会选择并采纳其中的某些意见,并将这些来自观众的想法融入剧本之中。如果一部系列剧的收视率有所下降,即便是设定好的剧本也会随时被推翻,以保证挽回观众的注意力。2000年以后,美国电视系列剧逐渐为中国观众所熟悉与喜爱,《迷失》《吸血鬼日记》《行尸走肉》《绿箭侠》《欲望都市》《神盾局特工》等作品都收获了超高的点击率。随着电视剧形态与样式的不断发展,肥皂剧与情节系列剧之间互有渗透,其边界已逐渐消失。

第二节 电视剧的艺术特征与主要类型

电视剧是目前中国文化话语场中影响最大的艺术形式。① 其播放量大、播放时间长、受众数量最多等特征为电视剧赢得了较为广泛的社会影响,它不但可以形成社会讨论话题、引领时尚潮流,还是构成通俗文化的重要组成部分,并能够通过虚构叙事和视听语言展示满足大众的休闲娱乐需求。

一、电视剧的艺术特征

(一)电视剧是一种演剧艺术

所谓演剧是指"在导演的指挥下,在一定的场合或载体上由演员扮演角色,运用多种艺术手段当众表演故事情节的综合艺术"②。早期的演剧艺术有舞台演剧、银幕演剧、广播演剧等,进入电子时代,演剧也发展出新的类型,电视剧即为演剧艺术与电视技术相结合的产物。

电视剧的创作与生产是各部门、各环节相互配合、协同工作的过程。一部作品的成功固然离不开美术、服装、化妆、灯光、道具等部门的努力,但最重要的还是在编、导、演环节。剧本是电视剧的灵魂,有好的剧本未必一定能拍摄出好的电视剧,但好的电视剧一定是建立在优质的剧本基础之上的。电视剧的剧本分为两种,一为文学剧本,一为分镜头剧本。文学剧本以文字描述场景内容与人物对白,分镜头剧本则主要为实拍提供依据,重在根据文字设计相应的画面、设置适宜的音乐音效。从某种程度上讲,分镜头剧本是对文学剧本的再创作,它加入了导演对镜头语言的运用与理解,通过艺术化与风格化的视觉语言体系将作品呈现在观众面前。除了分镜头脚本的创作,导演的作用还在于对作品整体构思的把握,并在此基础上组织前期拍摄和进行后期剪辑,在电视剧的生产过程中,导演的创造性活动贯穿始终,与演员的表演、美术设计、服装设计、灯光设计甚至歌曲的创作融于一体。作为最主要的创

---

① 郝建:《中国电视剧文化研究与类型研究》,中国电影出版社,2008,第1页。
② 曾庆瑞:《电视剧原理·第一卷·本质论》,中国传媒大学出版社,2006,第79页。

作活动,演员的表演是一部电视剧能否取得成功的关键因素之一,优秀的演员甚至能够将经典文学作品中的虚构人物固化为观众头脑中的具象形象,例如,当我们提及齐天大圣,很多观众脑中会浮现出六小龄童扮演的孙悟空形象,当我们想到《红楼梦》,便会不自觉地将演员陈晓旭与林黛玉荧幕形象画上等号。当然,表演不只是演员的个体行为,它还是一个集体创作的过程,需要主要演员与配角演员之间的密切配合,尽管配角演员常常被观众忽略,但他们对于整部作品的成功而言功不可没,没有配角演员的出色演出,主要演员的光彩将黯然失色,剧作本身的真实性、可信度与感染力将大打折扣。

(二)电视剧是一种视听艺术

电视剧拥有自身独特的视觉和听觉符号系统,虽同为视听艺术、同样以连续的声音和画面作为语言要素,但电视剧与电影之间却存在着本质区别。

电影技术由摄影术发展而来,更强调构图、景别、光效、色彩、影调等视觉效果的呈现,电视技术由广播技术发展而来,因此电视剧更加倚重声音在叙事中的作用。与电影相比,电视剧的镜头语言较少使用大全景与动态场景,而多以中景、近景以及特写镜头来表现相对微观的环境场景和人物心理的微妙变化。尽管电视剧单幅镜头的信息容量无法与电影相提并论,但动辄数十集甚至上百集的庞大体量却足以令电视剧运用时间优势去表现复杂、曲折的故事内容,其叙事的宏观视野毫不逊色于电影。

同样基于电视的技术特性,电视剧特别注重对有声语言的运用。有声语言主要包括对白与旁白两类。对白可以表现人物性格、推动情节发展,从而使故事的矛盾与斗争更富戏剧性。旁白的作用在于以客观陈述的方式加强故事的可信度,它既能够引领故事的发展进程,又可以节省大量画面的运用而达到完整的叙事效果。

电视剧的收视行为发生在日常生活之中,缺乏观看电影时的严肃性与仪式感。影院相对封闭、光线较暗的环境能够将观众的注意力集中在电影屏幕上,观众可以在影片的时长范围内专注于影片内容本身。而自从电视机普及后,看电视便成为居家生活的一部分,电视屏幕与墙上的装饰画别无二致,人们已经习惯电视对于日常生活的介入,它不但是人们了解外部世界的窗口,而且是放松心情、娱乐消遣的最佳选择。电视收视的日常化使得电视媒体与观众的距离太过接近,观众很难严肃对待电视剧作品,于是,电视剧常以一种伴随的状态出现在人们的生活之中,人们很少会像看电影那样投入百分之百的精力去欣赏电视剧。

(三)电视剧是一种大众艺术

电视剧产生的背景与其审美特征决定了电视剧必然是一种大众艺术形式,代表着与精英文化相对的大众文化。电视剧的生产流程包括策划、投资、制作、宣传、发行等多个环节,具有文化工业的某些特征,其产品的主要文化品格之一即为通俗。通俗意味着易于理解和接受,其存在的重要意义就在于能够为大众提供获得身心愉悦的捷径。这一特质使电视剧不可能像电影那样出现极度个人化的、晦涩难懂的作品。大众艺术的职能之一是提供娱乐,人们在忙碌、机械的现代生活中需要有一丝放松与喘息,电视剧恰好提供了这样的机会与方式,它可以让人们暂时脱离现实生活,在电视剧建构出的虚拟世界中得到内心的抚慰,这种调剂功能的实现为电视剧提供了广阔的生存与发展的空间。

然而,通俗并不是对文学性与艺术性的否定,电视剧中同样存在着"阳春白雪",这是因为观众本身即具有审美要求与审美能力。作为演剧艺术,电视剧对于文学元素的运用首先体现在剧本的创作之中。同样的,在人物形象塑造、叙事方式以及艺术构思等方面,电视剧也都在不遗余力地追求文学性,这样高水准的作品自然会得到观众的青睐。需要明确的是,通俗不等于低俗,不能够将一些僵化、病态、腐朽的内容纳入电视剧之中,尽管观众的个体审美心理结构不同,具有彼此相异的审美情趣和审美偏爱,一些单纯满足人们猎奇心理与感官需求的作品可能会取得一时的成功,但这种表面的光鲜不可能长久地存在。随着大众文化的不断演进,人们心中自会形成判断优劣的标准,以损伤电视剧的艺术品格为代价的劣质创作必然会被前进中的文化所淘汰,湮灭在艺术发展的长河之中。

二、电视剧的主要类型

电视剧类型是指"在一个国家或区域,一定的时期内自然形成的,在制作、播出、收看时具有一定固定模式的,电视剧文本在内容和形式上有一定共同且相对稳定特征的大批电视剧的集合所形成的规则系统"①。类型一旦形成便会在价值观念、审美取向、叙事结构、影像构图等方面形成相对固定的模式特征,且通常会具有民族性、地域性与时代性。类型的形成是电视剧产业化发展的结果,也是符合电视剧创作属性的内在要求。电视剧的生产需要前期大量的资金支持,要想实现生产、流通与消费领域的良性循环,产业化经营势在必行。因此,对电视剧进行类型化研究十分重要。

中国电视剧的类型划分存在不同的标准,按照地域特征,可以分为京派电视剧、海派电视剧、陕派电视剧、关东派电视剧等;按照审美功能,可以分为正剧、喜剧、悲剧、荒诞剧等;按照题材类型,可以分为历史剧、武侠剧、农村剧等。这里,我们选择题材分类标准对几种主要的电视剧类型进行简要介绍。

(一)历史剧

中华民族的悠久历史为中国电视剧艺术提供了优渥的创作土壤。广义而言,一切以历

---

① 吴素玲主编:《电视剧艺术类型论》,中国传媒大学,2008,第18页。

史故事为创作原型的电视剧,不论古代历史故事还是近代历史故事、不论忠于历史原型还是以历史为基础的戏说演绎,甚至是各种神话传说、鬼狐仙怪,都属于历史剧的范畴。在《关于历史剧》一文中,郭沫若先生认为,"凡是把过去的事迹作为题材的戏剧,我们称之为历史剧。这过去的时限是很难定的,一转眼间一切都成了过去,这样严格说来,差不多根本就没有'现在'这样东西……即不属于真正的史实,如古代的神话,或民间传说之类把它们拿来做题材,似乎都可以称为历史剧"。这里,我们可以将这种宽泛的历史剧概念进一步细分为历史正剧和戏说历史剧两类。

历史正剧可以分为两种,一为纯粹的历史正剧,它要求电视剧创作必须忠于史实,主要人物和主要事件要按照历史的真实情境和发展过程加以还原,不可以随意篡改。历史本身就是一部厚重的戏剧,尊重史实的创作原则自然不会影响电视剧的精彩程度。当然,这类电视剧允许在细枝末节以及非主要人物的塑造方面发挥创作才能,展开丰富而合理的艺术想象。纯粹的历史正剧传达出的是一种正义或高尚的精神品质,它往往兼具现代性与时代特征,是借古人反映时代需要或呼唤时代精神的高品质创作。观众熟悉并喜爱的优秀历史正剧有《雍正王朝》《康熙王朝》《大秦帝国》等。

另一种是相对纯粹的历史正剧,受当时历史记录条件的制约,许多历史事件与历史人物并没有留下官方、正统的文字记录,而是以叙事诗、散文、演义、传奇等文学形式留存于各类文学作品之中。在我国,自唐代开始,传奇小说兴盛起来,随后,各式叙事文学作品蓬勃发展,演绎出一幕幕令人兴叹的传奇故事。这些叙事性的文学作品在电视媒介视听语言的作用下,找到了一处将各种复杂情绪与情感进行视觉化处理的最佳舞台。由于这类电视剧脱胎于文学作品,其本身的虚构性决定了在对电视剧文本进行二度创作的过程中,还原历史与忠于原著不再是唯一的指导原则,创作者更重要的使命是如何通过多样化的手段与方法,将文学作品中由文字述及的情趣与意境淋漓尽致地展现出来。这类电视剧中的佼佼者包括《红楼梦》《西游记》《聊斋》等,近期比较优秀的有《大宋提刑官》《神探狄仁杰》《大军师司马懿之军师联盟》《那年花开月正圆》等,这类作品以其独有的传奇色彩、历史厚度与严肃性成为大众文化娱乐风潮中的一股清流。

相较于历史正剧,戏说历史剧往往更具商业性与娱乐价值。"戏说剧"的称谓来源于1992年在大陆地区热播的台湾电视剧《戏说乾隆》,这类电视剧与历史相去甚远,常带有一种游戏与消遣的意味,它突破了历史的真实情境,以戏说与演绎的态度编排历史人物与事件,甚至剧中所涉及的人物和事件在历史上并不真实存在。同时,那些来自于民间的传说和口耳相传的离奇故事也成为这类电视剧的创作来源。由于其本身的故事特性和叙事特点与广大观众的审美需求具有天然的接近性,这类电视剧更容易被观众所接纳与热捧,其中的优秀作品有《宰相刘罗锅》《寇老西》《铁齿铜牙纪晓岚》《乾隆微服私访记》等。

(二)武侠剧

武侠剧对应的是电影类型中的功夫片,"是以描写武侠人物的侠义行为、命运情感为主要内容的电视剧"①,"武侠"是中国文化特有的概念,指的是一种身心两方面的追求与境界。习武强身、行侠仗义,古往今来,数不尽的优秀文学作品都在通过对"侠"的阐释来表现人生的多彩与人性的美好。"武侠"与视觉艺术的结合始于20世纪60年代,香港电影人创造了世界电影舞台上独一无二的功夫电影,将中国的武侠精神发扬光大、传播四海,从而为中国文化赢得了世界关注的目光。随着电视剧生产的兴盛与电视剧产业的发展,侠义故事自然也成为电视剧取材的艺术宝库。

武侠剧的创作兴起于香港,大约在20世纪80年代进入中国内地电视剧市场。内地观众最早通过《射雕英雄传》《绝代双骄》等优秀作品了解香港武侠剧,随后,内地电视剧创作者也开始进行武侠剧的拍摄尝试,推出了《书剑恩仇录》《倚天屠龙记》《笑傲江湖》《射雕英雄传》等为观众所熟知的作品。

武侠剧具有独特的艺术视角和表现手法。首先,此类电视剧主要塑造的是身怀绝技的侠义之士,他们身处江湖之中,遵循的行事准则是江湖道义,而非代表统治阶级意志的权力与法律,他们以高超的武艺身手扶弱抑强、快意恩仇,被塑造为普通人追求公义的终极信仰。其次,在剧情推动上,武侠剧重在展现江湖人士的武术绝技,各种绝世神功,或拳或腿、或刀或枪、或疾走如风或飞檐走壁,一招一式都煞是好看,精妙绝伦的武打元素成为该类电视剧吸引观众眼球的视觉奇观,这里,武打元素与视听艺术的结合造就了独具韵味的东方式暴力美学。最后,在武术展示之外,武侠剧还特别注重对"侠"的阐释。"尚武任侠"是纵贯中国几千年历史的文化传统之一,那些于乱世中纵横捭阖的侠士成为对抗暴政统治的代名词,于是,游离于社会等级之外的忠勇之士自然成为民众心中力量与自由的象征。武侠剧因此常以离奇曲折的故事作为背景架构,以侠义人物惊天动地的英雄之举为富有中国文化意蕴的"侠"文化添加完美的注脚。

颠覆了武侠剧常规定义的是2006年热播的情景喜剧《武林外传》,该剧虽以"武林"为名,却少有设计精巧的打斗与刀光剑影的厮杀,只是以葵花点穴手、惊涛掌、隔空点穴等招式的特定动作作为角色标记,以武打动作表现论,该剧很难被纳入武侠剧范畴。尤其矛盾的是,片中被封为"关中大侠"的竟是手无缚鸡之力的秀才吕轻侯,这一人物设定突破了"侠"的传统定义,为全剧贡献了最高层级的戏剧性与喜剧性,但该设定的作用绝不仅限于搞笑,当吕轻侯获得朝廷赏银,原本穷困潦倒、身无分文的他首先想到的是整修书院和加固河堤,谁

---

① 吴素玲主编:《电视剧艺术类型论》,中国传媒大学,2008,第69页。

又能说拥有这样的精神境界不是侠之大者？佟湘玉、白展堂、郭芙蓉、李大嘴、邢育森、燕小六等角色或是小到突破自我、或是大到心怀百姓，他们所秉持的处世信条与努力完成的自我成长无不是对"侠"的全新阐释。

（三）农村剧

凡是旨在反映农村面貌与农民生活状态、思想情感的电视剧皆可称为农村剧。这类电视剧在中国电视剧发展的各个阶段都占据着重要位置，并一度成为电视剧创作的主要阵地。如 20 世纪 60 年代的《桃园女儿嫁窝谷》、80 年代的农村三部曲——《篱笆、女人和狗》《辘轳、女人和井》《古船、女人和网》等作品都深深地感染了一代电视观众。随着我国改革开放的深化，社会主义新农村建设成为社会发展的焦点话题之一，为了大力宣传国家对于农村发展的支持政策和在农村建设中所取得的成就，大量正面反映农村风貌的电视剧作品的生产得到国家扶持，农村剧一度被贴上主旋律与国家意志的标签。

事实上，农村剧拥有自身广阔的生存空间与进行多种艺术创作的可能性。中国是农业大国，乡村人口在全国总人口中占比较大。在社会高速发展的过程中，不考虑这些人的所思所想、不反映这些人的现实生活必将会造成艺术与现实的严重背离，而那些反映真实的农村生活的优秀剧作则会成为广大观众喜闻乐见的文艺作品。近年来，农村剧的消费市场与受众群体都在不断扩大，作品内容也日趋多样，既有揭示农业经济结构性变革的《华西村的故事》，又有反映农村生活巨变的《当家的女人》，既有聚焦新一代进城务工的"打工族"追求城市生活的《城市的星空》，也有专为逗趣搞笑推出的《乡村爱情》。无论内容如何多变，农村剧的特征始终非常鲜明——它淳朴自然，具有明显的喜剧化风格，其人物形象血肉丰满、性格突出，属于极富中国特色的电视剧类型。

（四）军旅剧

广义上讲，所有反映战争，表现中国共产党、中国人民解放军建设以及军人战斗生活的电视剧皆可算作军旅剧。我国的军旅剧包括近代革命题材电视剧和现当代军旅题材电视剧两种。

在我国电视剧发展史上，军旅剧一直地位卓然。军旅题材曾经受到一些教条的创作方法的影响，常以模式化、扁平化的方式塑造"高、大、全""红、光、亮"的正面形象。近年来，军旅剧的创作也更加注重艺术手法的创新，在人物塑造上不再热衷于表现完美的、理想化的英雄形象，一些带有自身性格弱点的军人形象陆续亮相荧屏，如《亮剑》中有些匪气而不失豪情的李云龙、《士兵突击》中憨直笨拙而富有生命力的许三多、《我的团长我的团》中装疯卖傻却奇计百出的龙文章、《深海利剑》中由浑浑噩噩的技术宅男蜕变为优秀潜艇兵的卢一涛等都已成为观众喜爱的角色类型。

军旅剧是一种特别的电视剧类型,它涉及党性原则、规范性原则,甚至可能与国家机密和国家安全建立联系,因此在创作时会接受相关部门的严格审查。军旅剧一般由部队进行拍摄、制作,那些正面反映国家军队建设、宣扬新时期军队士兵风貌的军旅剧尤其会得到政府与部队的支持。早期的军旅剧是部队丰富官兵文化生活与进行自我宣传的主要手段,随着市场的介入,一些民营企业开始与部队合作,共同投资拍摄,因此,当代的军旅剧开始向大众靠拢,对趣味性与娱乐性的重视渐渐消解了以往的神秘色彩与光环效应。

(五)谍战剧

谍战剧并非中国特有的电视剧类型,但中国的谍战剧却别有特色。这类电视剧带有明显的意识形态指向性,常以维护民族利益与保卫新中国政权为主题,表现特情人员在看不见硝烟的战场上为祖国和人民、为信仰和理想奉献一切的动人情怀。

谍战剧通常将故事发生的时间设置在20世纪二三十年代至六七十年代,以抗日战争和解放战争作为叙事背景,将悬念迭起的谍战风云与惊心动魄的敌我斗争紧密地联系在一起,最终指向党领导下的革命事业的成功与中国人民取得的最终胜利。这些电视剧文本通过对革命历史的书写,完成了对共产党人大智大勇与忠诚无畏的建构与解读。它既满足了一部分高龄观众的怀旧心理,又以悬疑、推理等具有较强代入感的叙事手法吸引了年轻人的关注。

我国的谍战剧以2002年出品的《誓言无声》为发端,经历了手抄本小说改编热、老电影翻拍热之后依然热度不减,《梅花档案》《黑三角》《潜伏》《谍影重重》等剧作密集播出,近期更有《利箭行动》《锋刃》《劫中劫》《伪装者》《剃刀边缘》等作品不断引发网友热议。对这些作品进行纵向比较就会发现,当前谍战剧的创作手法更纯熟,情节设置更复杂,人物肩负的多重身份的伪装也显得更加扑朔迷离。作为电视剧市场中的一支生力军,谍战剧拥有相对固定的收视群体,其在电视荧幕上始终占据着不可撼动的一席之地。

(六)青春偶像剧

这类电视剧的特点是将青春题材和偶像明星联系起来,通常会选择外表出众的偶像级演员来呈现能够与青年人产生共鸣的青春故事。青春偶像剧强调由演员的容貌和身材产生的视觉吸引力,观众在欣赏电视剧作品时常会将角色与演员混为一谈,剧中角色的魅力会被附加在演员身上,年轻人的追星行为由此产生。

1990年播放的电视剧《十六岁的花季》被认为是大陆青春偶像剧的开山之作,此后《北京夏天》《将爱情进行到底》等作品受到年轻观众的追捧,青春偶像剧由此在大陆地区流行开来。大陆的此类作品经常会流露出励志的意味,一些民国时期的偶像剧甚至还承载着反映社会、时代背景的重任,如《金粉世家》《京华烟云》等。近几年,青春偶像剧一直是热门的电视剧类型,《幸福像花儿一样》《奋斗》《裸婚时代》《杜拉拉升职记》《北京爱情故事》《何以笙箫默》《欢乐颂》《微微一笑很倾城》等作品都取得了不俗的收视成绩。

在我国,最具影响力的是韩国青春偶像剧。《蓝色生死恋》《冬季恋歌》《宫》《城市猎人》《屋塔房王世子》《继承者们》《来自星星的你》《匹诺曹》《太阳的后裔》等作品几乎每一部都会成为网络上极具热度的话题。韩国青春偶像剧的特别之处在于它弱化了对女性形象的着力书写,反而形成了对男性形象的凝视与消费。

(七)主旋律电视剧

所谓主旋律,即指一切有利于发扬爱国主义、集体主义、社会主义的思想和精神,一切有利于改革开放和现代化建设的思想和精神,一切有利于民族团结、社会进步、人民幸福的思想和精神,一切有利于用诚实劳动争取美好生活的思想和精神。主旋律电视剧一直是我国电视剧创作的重要类型,这类电视剧常通过塑造英雄形象或正义形象表现高尚的道德情操和光辉的人性魅力,使观众受到鼓舞、感染与激励。

主旋律电视剧的制作资金通常来自于政府拨款,出于宣传的需要,某些特殊题材的电视剧会得到无偿投资,且不要求市场回报。20世纪90年代末,自上而下的意识形态灌输在主旋律电视剧中更为隐蔽,在娱乐化、市场化影响下,主旋律不再进行直接宣传,而是以生动活泼的表现形式贴近观众的收视需求。

尽管主旋律电视剧多与红色题材、军旅题材、现实题材、历史题材剧有所交叉,但贯穿其中的精神主线十分鲜明,它像是复调音乐中艺术表达上的主要动机,通过对主流价值观的弘扬为自身定位。近年来,《绝地逢生》《永远的忠诚》《钢铁年代》《马向阳下乡记》《人民的名义》等作品得到了观众的认可,这表明观众对于主旋律电视剧具有一定程度的审美期待,由集体无意识引发的自觉接受是产生这一现象的深刻心理动机。

第三节 中国电视剧的发展前景

进入21世纪,中国电视剧创作呈现出空前的繁荣景象,但也不可避免地出现了这样那样的问题,国产电视剧创作方面的欠缺之处与急功近利的浮躁心态在中国观众早已提升了的审美品位与境外剧作的优良品质面前暴露无遗,影响了观众对国产剧的总体评价。跨过新世纪的第一个十年,经过长期的摸索、试水与经验积累,国产电视剧的质量显著提升,一些高质量的网络自制剧令中国观众再度对国产电视剧充满了信心与期待。

一、中国电视剧的生产现状

近年来,随着市场需求的不断扩大,内地电视剧产量持续走高。2001年获得电视剧发行许可证并完成的电视剧集数为8877集;2003年,这一指标已突破万集大关;2014年全年全国共计生产完成并获得《国产电视剧发行许可证》的剧目共计429部15983集。题材比例为:现实题材剧目共计243部8335集,分别占总比例的56.64%、52.15%;历史题材剧目共计178部7383集,分别占总比例的41.49%、46.19%;重大题材共计8部265集,分别占总部、集数的1.86%、1.66%。[①]

尽管电视剧的产量逐年增加,但其中供大于求的市场问题却十分严重。每年电视剧的生产量都在12000集以上,而电视台的实际需求量仅为每年10000集左右,其中只有3000集能进入黄金时段进行播出,从而保证盈利。[②] 令人遗憾的是,在数量众多的电视剧产品中,可以被称作精品的作品占比不高。如何在日益工业化的生产模式下保留电视剧的艺术品位、努力推出经典已经成为每一个电视剧从业者需要深思的问题。

目前,我国的电视剧制作机构大致可以分为广电系统内电视剧制作机构和广电系统外电视剧制作机构两种。其中,广电系统内电视剧制作机构又包括各广电集团下属电视剧制作机构、各电视台内部电视剧制作机构、各广电集团下属电影制片厂及其下属影视制作机构;广电系统外电视剧制作机构则包括各类民营影视制作公司,文化音像出版集团,各部委、军队电视剧制作中心等。

在上述两大类电视剧生产单位中,广电系统内部电视剧生产单位依靠多年在中国电视剧市场中的垄断地位,依然占据着电视剧生产的多数份额。相对而言,它们资金雄厚,有多年行业实践经验和对中国电视剧生产与发展的准确把握,对于如何规避电视剧制作风险已驾轻就熟。但在日益产业化和市场化的生产环境中,这些体制内的受益者更应当积极主动地利用自身的优势和资源参与到市场竞争中来。

以各类民营影视制作公司为代表的广电系统外部电视剧生产单位的成长壮大是社会资本进入文化生产领域的体现。在中国电视节目实行制播分离的政策环境中,民营电视剧生产的扩大促成了今天电视剧市场的竞争局面,并代表着一种更为符合市场规律的生产模式与发展方向。

---

① 国家广播电视总局:《关于2014年第四季度暨全年全国国产电视剧发行许可情况的通告》,2015年2月4日,http://www.nrta.gov.cn/art/2015/2/4/art_38_24396.html,访问日期:2021年9月17日。
② 《中国电视剧年度发展报告2005-2006》,中国传媒大学出版社,2007,第104页。

二、中国电视剧的发展趋势

电视剧产业已经成为我国文化产业的重要支柱,无数优秀的电视剧作品成为弘扬和培育民族精神、满足人民群众多层次文化需要的主要内容产品。在互联网时代,电视剧产业也呈现出不同于以往的生产特征与发展趋势。

(一)与互联网的联系日益紧密

1994年4月20日,中国实现了与国际互联网的全功能连接,互联网时代正式开启。在个体微观层面,网络深刻地改变着人们的生活方式与思维模式,在社会宏观层面,网络对社会心理与社会思潮乃至国家政治经济发展进程都产生了深远的影响。在互联网环境中,电视剧的制作与播出环节也发生了相应的改变。

首先,播出平台增多。电视剧播放已从传统的电视媒体拓展到电视、影碟、台式电脑、笔记本、平板电脑、手机等多种播放终端共存的状态,其中,网络播出成为主流播放形式之一。目前各大视频网站如优酷、土豆、爱奇艺、乐视、搜狐、腾讯等,都将电视剧作为内容供应的主要部分,以此吸引更多用户。相较于电视系统播出时间固定、观看场所固定等特点,网络平台,尤其是移动终端的视频网站客户端的使用可以令电视剧收视不受时空限制,缓存之后能够随时随地进行观看,填补了现代人的碎片化时间。视频网站为了满足不同用户的需要,会购买不同国家、不同类型的电视剧以丰富自身的平台播放内容,观众会比较轻松地接触到多种风格的电视剧作品,并且按照自己的喜好选择特定的网站以及特定的电视剧类型进行收看。

电视剧与互联网的联系还体现在内容生产方面。当下的电视剧生产越来越多地选择网络小说作为剧本改编的蓝本,借助网络小说原有的超高人气为电视剧造势。1997年著名文学网站"榕树下"以个人网页形式出现,随后,网络文学网站不断涌现,红袖添香网、潇湘书院网、晋江原创网等纷纷成立,网络小说成为文学爱好者进行创作与阅读的全新平台。网络小说的影视剧改编始于《第一次紧密接触》,但这一次的探索并不成功。此后,创作者对网络小说的选择更有经验,自2010年开始,成功的改编作品逐渐增多,电视剧的文学性与艺术性也有了显著提高,《美人心计》《千山暮雪》《步步惊心》《甄嬛传》《花千骨》《三生三世十里桃花》《美人为馅》《心理罪》《法医秦明》等作品屡创收视新高,甚至成为年度现象级剧作。

网络自制剧是电视剧与互联网有机融合的一种新兴剧作类型。近年来,随着版权费用的不断高涨,视频网站很难单纯依靠购买电视剧版权来维持公司的正常运营。加之视频网站希望在内容生产方面掌握更多话语权,自主进行内容生产于是成为应对市场竞争的有效手段,在此背景下,网络自制剧应运而生。《万万没想到》《嘻哈四重奏》《灵魂摆渡》《屌丝男士》《盗墓笔记》《余罪》《无心法师》等作品的网络点击率节节高升,成为视频网站吸引受众关注的一大利器。

2017年,出自爱奇艺和优酷的自制剧《河神》《无证之罪》与《白夜追凶》成为网友心目中的年度佳作,三部网剧均以悬疑作为卖点,但又各有侧重。《河神》中,河上警察队队长郭得友与丁卯、顾影、肖兰兰被卷入一连串离奇案件之中,他们一路追踪调查,最终粉碎了神秘组织"魔古道"的惊天阴谋。《无证之罪》是一部社会派推理作品,它强调对人性的剖析与解读。曾经的警队精英严良因同情案犯而在工作中出现失误,由刑警降职为片警;指出严良错误的法医骆闻妻女失踪,在得知自己身患重症、时日无多时,他化身"雪人",制造多起凶杀案并在现场留下妻女失踪时在家中找到的一枚指纹,试图将警方的注意力引向掳走妻女的凶手,希望在有生之年得到妻女的消息;杀害骆闻妻女的李丰田本来就是亡命之徒,但他报复骆闻的真正原因却是为妻儿报仇——当年严良审结的案件被骆闻翻案,导致嫌疑人母子自杀,而他们正是李丰田的家人。在整部剧中,每个角色都无法以绝对的是与非、善与恶进行定位,人性的温暖与阴暗共存,令观众倍感唏嘘与无奈。《白夜追凶》采取经典推理小说逻辑,双生兄弟中,哥哥关宏峰是刑侦支队队长,弟弟关宏宇是在逃嫌犯,两人共用哥哥的身份,在帮助弟弟洗脱杀人罪名的同时破解了多起案件。这三部作品同时选择以冷色调渲染紧张气氛,悬念设置精巧、节奏紧凑、镜头考究、对白精彩,可以看出创作者对标同类型美剧所做出的努力。

(二)电视剧产业链日趋完整

一个国家的文化生产要在激烈的全球化浪潮中生存甚至胜出,产业化道路势在必行。产业化运作,即引进工业化生产理念,制作人员按照产品设计意图进行生产运作,其生产和服务均需以市场为中心。在这种认知指导下,电视剧的制作过程也就成为一个既定目标准确实现的过程,成为一个把资方的策划意图准确地传达在视听媒介上的过程。① 电视剧与其他商品不同,无法通过与消费者的直接交易实现商品价值,因此电视剧市场需借助广告的中介作用实现商品循环与传播流程的有机运作。

电视剧产业链的完备首先离不开电视剧生产环节的成熟。电视剧生产涉及的市场运作过程包括"创意策划、剧本创作、送审立项、市场融资、前期拍摄、后期剪辑、许可发行这样七个环节"②,其中,创意策划环节最为重要。我国电视剧产业越来越注重前期策划,积极探寻符合市场导向与艺术导向两个维度标准的生产方式,以满足受众的多种需要为生产目标。

---

① 沈国芳:《论国产电视剧的发展路径》,载于《2005:发展·和谐·公正——江苏省社科类学学术年会成果荟萃》,江苏省社会科学界联合会:江苏省社会科学界联合会,2005,第7页。
② 魏国彬:《电视剧市场体系研究》,云南大学出版社,2007,第33页。

目前我国电视剧题材类型日趋多样,能够兼顾大众与分众的不同需求,呈现出了基本稳定的供求关系。

此外,电视剧生产也开始注重与产业链其他环节的联系,在艺术呈现方面,小说、戏曲、动画、漫画、音乐剧等艺术形态与电视剧互相融合、转化,形成了基于同一内容的不同文本样式间各具特色的艺术表现,这样的彼此助力能够带动生产链条的健康运转。以《镇魂街》为例,该作改编自同名漫画,在被动画化后拥有了大批二次元粉丝,拍摄真人版后扩大了受众范围,成为极具开发价值的高质量IP。事实上,动画、漫画作品真人化在我国电视剧创作领域屡见不鲜,《恶作剧之吻》《流星花园》《风云》《秦时明月》《画江湖之不良人》等作品耳熟能详,依托不同艺术形式打造的IP矩阵既扩大了二次元作品的影响力,也为真人影视创作提供了又一素材来源。2017年,开发IP价值的大潮中出现了一抹亮色,致敬经典的《小戏骨:红楼梦之刘姥姥进大观园》令观众再次为小演员们的表演功力所折服。《小戏骨》本是湖南广播电视台的品牌栏目,首创"演经典、学经典"模式,创作者根据少年儿童身心特征进行剧本改编,推出了《放开那三国》《白蛇传》《红孩儿》《花木兰》《焦裕禄》等翻拍作品,赢得了网友的较高评价。

电视剧实现产业化的重要环节在于广告,广告无疑是消费社会最具经济效益实现潜力的营销手段,但作为文化产业组成部分的电视剧市场不能一味强调广告的重要性,不应该罔顾艺术性而在剧中见缝插针地植入过多广告,更不可在植入广告的过程中简单操作、牵强附会,令观众生厌。目前,网络平台播出的电视剧作品经常在剧中插入赞助商的广告片段,这些广告常以演员在剧中的身份进行表演,以角色为产品代言,这种手法较为灵活,规避了直接插入广告的生硬之感。

电视剧虽然不像动漫产业那样依赖衍生产品盈利,但它也可以与其他实体产业进行嫁接,如拍摄地点可以被打造成旅游观光胜地,并进行城市宣传;剧中出现的服装、配饰、数码产品、餐饮服务等也能带动线下实体经济的发展,实现文化产业的多重价值。

三、创作有中国特色的电视剧

在五十余年的发展历程中,中国电视剧从无到有,从作为舞台艺术与电影艺术的附庸到成为独立的视听艺术形态,再到今天的产业化运作,一路走来并非顺风顺水。随着跨文化交流的不断加深,各类境外电视剧通过多种媒介与平台涌入中国电视剧市场,如何在遵循电视剧自身发展内在要求的同时,摸索出一条具有中国特色的电视剧创作之路,是中国电视人在应对激烈的市场竞争时首先需要厘清的问题。

(一)坚守文化品格

电视剧是一种文化产品,能够在创作中体现一个国家、一个民族的文化气质。在我们所处的时代中,主流文化、主导文化、大众文化、精英文化同时并存,因此,电视剧作为文化的载体,也有相应的意识形态,在我们讨论电视剧文化立场时,文化的立场就体现为文化的选择。①

文化品格代表着作品的格调与尊严,是其能否流传于世的基本衡量标准,谄媚的、低俗的文化作品即使在短时间内获得了可观的物质回馈,然而长久考量,它仍不足以担当起文化传承的重任。在重视与强调意境营造与意蕴表达的中国文化中,文化品格的存留尤为重要。自强不息、厚德载物、贵和持重、通权达变等中华民族内在的思想境界与处世哲学构成了中国电视剧的文化内核,这是悠久的文明与历史馈赠给中国艺术事业最珍贵的礼物,因此,电视剧创作者应该静下心来,去感受中华文化的博大精深、去领略民族艺术的至善至美,从中国人的审美习惯出发,以带有普适性的人性与文化的力量把握观众的内心世界。

需要注意的是,在商品经济以市场化为导向的今天,电视剧的文化属性、艺术属性出现了被迫让位于其商业属性的趋势,呈现出极为明显的娱乐化倾向。电视剧创作追求娱乐功能的实现,这本身无可厚非,娱乐功能是电视剧其他功能得以发挥作用的基础,问题在于要把握好"度",不能以牺牲艺术性和文化品质为代价,过分追求娱乐效果。

(二)反映时代精神

文化产业不同于提供生产资料和进行加工的第一产业与第二产业,它是一种特殊的文化与经济形态,因此不能够完全被置于市场竞争之中,其产品的生产审查与创作规划环节都离不开相应的文化管理部门的把控与指导。

在我国,电视剧一直肩负着严肃的宣教功能,这就要求电视剧生产既要符合主导思想与文化策略,又要在反映时代精神的同时大力弘扬社会主义核心价值观。具体到电视剧创作中,首先即要强化对爱国主义的表现。这里我们所说的爱国主义已不仅止于对传统革命英雄主义和爱国情怀的简单展现,它更应该包括对于民族精神面貌的描述、对于社会主义现代化建设所取得的成就的赞扬、对于国家实力的展示和对于社会良好风貌、乡土人情的歌颂。

历史与时代的复杂性决定了社会思潮的多元共存,这其中必然泥沙俱下、优劣杂陈,电视剧创作者应该在纷繁多变的社会环境与时代环境中,深挖带有积极、正面意义并能够鼓舞人心的精神风貌,以引领而非投合、倡导而非逢迎的态度专注于对时代精神与国家民族精神的书写。经济的过速发展带来弥散在社会之中的喧嚣与浮躁,这就更加需要创作者能够从现实中抽离出来,冷静、严肃地进行文化的生产与传播,以高度的责任心与使命感驻守电视剧创作的精神家园。

---

① 潘可武:《多元时代电视剧的文化使命》,《现代视听》2009年第4期。

(三)强化精品意识

中国的电视剧产量居世界第一,然而中国的电视剧市场却相对集中,投资者主要将目标定位于国内或华人地区,在如此庞大的生产体量面前,难免会出现粗制滥造的作品,这样的作品在对抗境外优质电视剧时几无招架之力。劣质产品过多会令观众,尤其是以互联网为主要活动阵地的青年观众对国产电视剧形成极为负面的刻板印象,似乎国产电视剧就是说教、拖沓与沉闷的代名词,这会导致观众的大量流失,造成消费规模缩小进而影响生产的不利后果,对电视剧产业的健康发展造成损伤。在严峻的现实面前,电视剧创作需要尽快走出一条精品化创作路线。

首先,电视剧是以叙事文学为基础的艺术形态,在这一基本原则要求下,电视剧生产者应从剧本入手,以合情合理的故事使观众信服,用直指人心的真情打动观众。其次,在电视剧生产过程中,服、化、道等各个环节都应当更加专业化、细致化。现在的电视观众受教育程度普遍提高,其审美能力也得到了相应的提升,对于电视剧的认识比以往更加全面、深刻,任何一点瑕疵都将成为导致电视剧作品失败的直接原因。而一旦电视剧的制作足够细致,观众会立刻给予剧作极高的评价。以电视剧《琅琊榜》为例,该剧以平反冤案、扶持明君、振兴山河为主线,讲述了"麒麟才子"梅长苏周旋于国仇家恨、兄弟情义之间,最终冤情得雪的故事。该剧镜头语言成熟,服装、布景极其精细,对于古代礼仪的表现也十分准确,尽管是一部传奇故事,却拍摄出了厚重的历史感与深沉的家国情怀。如此严谨的创作态度令该剧得到了极好的口碑,甚至有网友评论说"看到了中国电视剧的希望"。在同质化商品生产过剩的时代,细节已成为决定成败的关键,电视剧的生产同样应该注意各方面品质的提升。第三,应重视数字技术在电视剧制作中的应用,避免一些粗糙的特技效果出现在剧中,当前,武侠剧、玄幻剧等类型的电视剧最为观众所诟病的就是劣质特效,这类特效会拉低整部电视剧的制作水准,影响剧作的整体评价。产生这一问题的原因之一在于创作者很难掌握复杂的数字技术。传统电视剧的制作以实拍为主,对特效没有过高的要求,但在数字时代,软件技术在影视制作中的应用越来越广泛,观众对于特效的审美要求已经提升,剧中那些劣质特效自然无法被观众接受。这就要求创作者适时加大电视剧特效制作方面的人力与财力投入。

当前电视剧创作的另一误区是对于明星的过度依赖。明星往往是一种品质的象征,似乎有大牌明星参演的电视剧必然十分精彩,对于一些追星的观众而言,明星的参演会带来视觉上的愉悦,他们在剧中的一举一动以及在剧中的生活方式、价值观念都会成为左右粉丝日常生活的风向标,其所产生的市场价值相当可观。因此,投资方、制作者与观众都希望在电视剧中看到明星的身影。但电视剧归根结底是一种演剧艺术,它需要的是能够将角色塑造得有血有肉的优质演员。许多电视剧为了追求明星效应而将大量制作经费用在了邀约明星上，投入其他制作环节的经费自然捉襟见肘，电视剧品质无法得到保证也就不足为奇了，这种带有投机性质的生产策略常会带来既不叫好、也不叫座的惨痛后果。成功的电视剧需要建立在扎实的剧本、纯熟的视听语言运用与精湛考究的演员表演基础上，单纯依靠流量明星是无法成就精品的，创作者应该在电视剧制作的各个相关环节间合理分配资源，争取以审慎、严谨的态度创作出更多具有中国特色的经典剧作。

本章思考题

1. 试列举电视剧的几种类型，并对其特点进行分析。
2. 除了教材中所涉及的，你认为有中国特色的电视剧还有哪些特点？试阐述之。
3. 选择你心目中最为出色的网络自制剧，以此为例，分析网络自制剧特征。
4. 请对未来电视剧产业的发展走向做出预测并进行阐释。

第十九章

电视纪录片

纪录片兼具新闻性、艺术性、教育性和娱乐性等功能。承担着传播价值观念、提升人文素养、刻画时代精神、塑造国家形象、保存集体记忆的任务。正如智利纪录片导演帕里西欧·顾兹曼(Patricio Guzmán)所说:"一个国家没有纪录片,就像一个家庭没有相册。"[①]在全球化背景下,纪录片这种艺术形式更容易被全世界受众接受。

第一节 纪录片概说

一、何谓纪录片

什么是纪录片? 这是纪录片研究的逻辑起点。遗憾的是,或许是缺乏科学的论证,或许是理论研究的滞后,目前还没有一个被学术界和业界普遍认同的纪录片定义。但是,这不影响我们对于纪录片的认知。从古今中外关于纪录片的各种界定、诠释和描述中,我们可以把握纪录片的基本内涵和外延,从而搞清楚什么是纪录片。

英语词汇 Documentary 源自法语 Documentaire 一词。法国人在 19 世纪末使用"纪录(Documentaire)"描述电影诞生初期的一些旅游风光短片。纪录,德语对应的词汇是 Dokumentar。这些词语都含有"文献性的、具有文献价值"的意思。而"纪录电影"(Documentary Film)概念则是由英国纪录片之父约翰·格里尔逊(John Grierson,1898-1972)于 1926 年最早提出来的。他在对罗伯特·弗拉哈迪(Robert Flaherty,1884-1951)所拍摄影片《摩阿那》

---

① 引自帕里西欧·古兹曼专访:《纪录片是对当权者定义的历史的否定》。

（Moana）的评论中使用了 Dcoumentray 一词，用以指称影片《摩阿拿》。也就是从这时候起，"纪录电影"这个词被普遍地确定下来，简称"纪录片"。作为第一个提出"纪录片"这个概念的格里尔逊，意在指出纪录片所具有的文献价值，可以保存某种生活与事件的真实状况。格里尔逊希望纪录片能更多地超越个人去反映现实社会，并成为征服人们、激发人们热情的社会论坛。所以，他特别重视纪录片的社会功能（如宣传、教育、广告等），"把（纪录）电影看成一个讲坛，并以一个宣传家的身份来利用它。"同时，他认为，纪录片不应该是镜子，而应该是锤子。也就是说，纪录电影除了具有真实性以外还具有艺术性，纪录片的根本任务在于"对现实的创造性处理"。他反对纪录片拍摄中的自然主义手法和远离人们现实生活的内容。主张纪录电影应该从对自然素材平铺直叙的描述过渡到对它们进行组织、再组织以及创造性剪辑。说到底，他主张在记录中要融入创作者的主观意识。自格里尔逊提出"纪录片"这一概念之后，无数的纪录片研究者和工作者从不同角度对纪录片进行了界定和阐释。

1917年十月革命后，面对新政权刚刚成立后的混乱与艰难，苏联导演吉加·维尔托夫（Dziga Vertov）认为，电影必须及时、准确地向全苏联进行报道以鼓舞士气、团结人民。所以，他认为，纪录片应该"将现实的片断组合成有意义的震撼"。法国《电影词典》把"具有文献资料性质的、以文献材料为基础制作的影片"称为纪录片。1979年，美国四所大学电视系联合编撰的《电影术语辞典》认为纪录片是一种非虚构影片，它直接取材于现实，并用剪辑和声音增进主题思想。《朗文英语词典》把纪录片界定为"通过艺术提供事实"。伊文思认为，纪录片是"把现在的事记录下来，就成为将来的历史"。1999年出版的《辞海》在"纪录影片"条目下称："简称'纪录片'。对现实生活或历史性事件做记录报道的影片。以真人真事为表现对象，以现场拍摄为主要手段。可分为时事报道、文献、传记、自然和地理等纪录片。"

国内很多学者也从不同角度对"纪录片"进行了探讨。代表性的观点主要有：朱羽君认为，纪录片要"真实地记录人类的生活，以现实的原始内容为基本素材，虽也可以有艺术手法，但语言本体必须保证素材的真实性和编辑的生活自身的逻辑性。"吕新雨认为，"纪录片是以影像媒介的纪实方式，在多视野的文化价值坐标中寻求立足点，对社会环境、自然环境与人的生存关系进行观察和描述，以实现对人的生存意义的探寻和关怀的文体形式。"邵泽宇认为，纪录片是"运用影视艺术的手段，从不同的视角出发，对已经发生、正在发生或将要发生的符合逻辑的并且能够经得起时间和实践检验的存在或趋势进行分析、讲述力图逼近真实，并给受众以强烈的真实感，具有审美价值并且起到审美认知、审美教育、审美娱乐作用的一种影视艺术类型。"[①]任远给纪录片的定义为："以摄影或摄像手段，对政治、经济、军事、文化、自然和历史事件等作比较系统完整的纪实报道，并给人以一定审美享受的影视作品。"

---

① 邵泽宇：《纪录片定义新谈》，《戏剧之家》2015年第10（下）期，第144页。

聂欣如从叙事性质的角度给出了纪录片的定义:"以纪实为基本美学特征,是一种非虚构的、叙事的影片样式,兼有认知和娱乐功能,区别于以认知为主的文献档案影片和以娱乐为主的艺术、剧情影片。"①

对纪录片的定义角度不同,标准不一,仁者见仁、智者见智,不一而足。对"什么是纪录片"的探究必将随着纪录片的新实践一直进行下去。基于对纪录片发展历史的考察和无数先贤前哲的探究,我们可以从以下三点来理解纪录片。首先,真实性(非虚构性)是纪录片的本质属性。其反映和关注的现象、问题和事件来源于真实的现实生活和历史事实。其次,纪录片的最终目的是对真实的超越。纪录片是对现实和历史的主观影像建构。纪录片的真实是主观与客观相结合的真实。对纪录片创作者而言,"真实"只是前提、基础和立足点。纪录片的最终目的,应该引起人类的思考、行动。让人在真人、真事、真情、真景中,体悟到一种精神、一种状态。第三,纪录片对客观现实和历史的建构应该具有艺术性、审美性和创新性。要能给受众带来审美享受并激发他们的思考。

综上所述,我们认为:纪录片,作为一种非虚构叙事的视听艺术,区别于虚构叙事的剧情片和以认知为主的文献档案影像。它是对真实的现实生活和历史事件的一种艺术性的视听建构。它具有审美、认知、教育、娱乐等功能。

二、纪录片发展概观

纪录片自诞生至今,其概念与实践一直在发展。在近一个世纪的演变中形成了众多的思想流派和多元的风格模式,为现代纪录片的创作留下了宝贵的精神财富。根据纪录片的学派和创作方法,以纪实美学为线索,可以把世界纪录片的发展简单分为孕育期、萌芽期、诞生和成长期、发展和成熟期以及变革期。通过对纪录片演变历史的描述和特征分析,可以探究纪录片的发展与技术进步、社会发展、文化思潮等诸多因素的联系。

(一)纪录片孕育期——早期电影

1894年底,法国卢米埃尔兄弟在前人发明的基础上,仿照缝纫机成功设计出牵引胶片的机器,这就是世界上第一台集拍摄与放映于一体的"活动电影机"。这样拍摄下来的胶片就可以通过放映机投射到银幕上,使人们看到和实际生活一样的人物活动及各种场景。1895年12月28日,卢米埃尔兄弟在巴黎一家咖啡馆用自己的"放映机"放映了《工厂大门》《婴儿午餐》《水浇园丁》《火车进站》等十几部短片。这些短片都是实录的一些日常生活片段。在拍摄上基本是固定的单镜头,长度约一分钟,没有确定的叙事架构,因此被称为"活动的照

---

① 聂欣如:《纪录片概论》,复旦大学出版社,2010,第200页。

片"。如《工厂大门》真实记录了工厂下班时的情景。

纪实并不是卢米埃尔兄弟所追求的目标,他们更重视的是电影这种新艺术形式所藏的经济潜力。他们更有意义的贡献是为人类提供了电影这一纪实的手段,为后来纪录片的出现提供了技术基础,而由于当时"纪实"的美学思想尚未出现,纪录片自然也就不可能诞生在那个时代①。19世纪末,电影的诞生改变了人类捕捉世界的方式,是人类视听和纪录方式的巨大革命,它为纪录片的产生提供了技术基础。早期电影的思想性、艺术性不高,其"自然记录"虽然不是刻意的"纪实意识",但也为纪录片"纪实美学"的产生提供了实践积累,这是纪实风格的源头。

(二)纪录片萌芽期——弗拉哈迪和维尔托夫

20世纪20年代到30年代,由于纪实美学思想处于萌芽状态,因此,要求纪实的纪录片并没有出现。罗伯特·弗拉哈迪和吉加·维尔托夫等记录电影的探索者在纪录片的样式和纪录精神等方面做出了有意义的实践和理论总结。

罗伯特·弗拉哈迪(Robert Fleherty,1884-1951,美国),被誉为纪录电影的创始人。他的代表作主要有《北方纳努克》《摩阿拿》《土地》《亚兰岛人》等。《北方的纳努克》是第一部完整的纪录片,于1989年被美国国会图书馆列入国家电影保存委员会保护电影名单。1919年,在一位富商的资助下,弗拉哈迪来到了加拿大哈德逊湾的因纽特人②中间,开始用镜头记录北极圈原住民纳努克一家的日常生活。他花了16个月时间,和纳努克一家一起生活,完美地用摄影机再现了他们用梭镖猎杀北极熊、生食海豹等原始的生活场景。1922年影片上映,登时引起社会广泛关注。虽然对本片的"摆拍"有过争论,但毫无疑问本片仍是纪录片史上的里程碑之作,它不仅开创了用影像记录社会的人类学纪录片类型,还是世界纪录片的光辉起点。在这部影片拍摄时,其实人们还不知道纪录片是何物,换句话说,人们并不知道将纪实的手法用于电影的拍摄可以是一种独特的美学观照,并可以成为一种独立的电影类型。③弗拉哈迪不是理论家,但是他的这部作品却给后世纪录片的发展定下了基调。

弗拉哈迪的重要贡献是坚持"非虚构"原则,在他的影片(主要是《北方的纳努克》)中建立的一些准则,使纪录片成为具有审美价值和社会影响的电影纪实艺术。首先,《北方的纳努克》首次在电影作品中贯彻了平等、友善对待被拍摄者的理念。弗拉哈迪不带预设立场地观察并忠实地记录了因纽特人的生活方式,这与当时社会的大环境截然不同,为后世纪录片业者树立了一条重要原则。其次,"非虚构搬演"模式在这部影片中被建立起来。受工业革

---

① 聂欣如:《纪录片概论》,复旦大学出版社,2010,第15页。
② 旧称爱斯基摩人,因含贬义,现多改用该民族自称"因纽特人"。
③ 聂欣如:《纪录片概论》,复旦大学出版社,2010,第17页。

命影响,当时因纽特人的生活方式已经不同于传统,弗拉哈迪不得不请"非职业演员"在镜头前重新用传统方式捕猎。不同于虚构表演,这种发生在真实时空中、目的真实的"不是表演的表演"得到了观众的认可,并且以其结合了真实性和表现力的特性延续到了今天,成为纪录片常用表现手法。第三,弗拉哈迪还确立了深入了解拍摄对象、长期跟踪拍摄、以画面本身而非剪辑叙事的原则。影片主题并非事先设定,而是在拍摄过程中形成,通过对真实事件的客观记录而非主观剪辑进行表达。第四,表达作者观点成为纪录片目的之一。其作品中的搬演更多的是服务于再现和记录正在消失的文化这一目的,进而表达自己对因纽特人文化消逝的担忧与遗憾。事实上,在后世的纪录片中,通过镜头画面讲述作者的个人观点十分常见,更成为制作纪录片的一个重要目的。总体来看,弗拉哈迪通过自己的影片将一种新的、在最低条件下能够满足纪实要求的影片样式呈现在观众面前,这种样式最为动人之处就是它的真实。①

吉加·维尔托夫(Дзига Вертов,1896—1954),是20世纪初著名的纪录电影导演和理论家,苏联纪录电影奠基人之一。1917年十月革命胜利后,维尔托夫加入莫斯科电影委员会,担任新闻片《电影周刊》主编,负责将摄影师所拍摄的素材编辑成新闻宣传片,这是第一次有人将蒙太奇手段运用在讲述真实故事上②。自1922年起,维尔托夫开始编辑制作《电影真理报》,对当时的外国娱乐电影发表了针锋相对的宣言,将纪录片同虚构故事片对立起来。他的主要作品有《电影眼睛》《在世界六分之一的土地上》《第十一年》《带摄影机的人》和《关于列宁的三支歌》等。

维尔托夫的纪实思想逐步形成了"电影眼睛"理论,强调摄像机的主体地位,反对戏剧的表演形式,要求建立非表演体系,通过对纪实素材的剪辑表达主题。首先,他认为摄像机如同人的眼睛,将世界转录在银幕上;而摄像机又远胜人的眼睛,机器视觉能够以人眼所不能的方式揭示或创造景象。第二,他非常看重蒙太奇的功用,认为机器视觉结合蒙太奇是探索和表现世界的最佳手段。第三,他极其重视素材的纪实性。基于电影眼睛的强大观察力和蒙太奇的强大发掘、组合素材背后信息的能力,维尔托夫认为电影更应直接接触现实,以各种角度和方式记录现实特征。维尔托夫的理论和实践是对纪录片的最早探索之一。他首次提出纪录精神,反对虚构,在电影素材范围内强调了纪实,这深刻影响了后世纪录片的创作。维尔托夫还首创了今天常见的多种纪录片形式,如文献纪录片、专题纪录片、政论纪录片和诗意纪录片。他的电影实践中对于非虚构原则的坚持在纪录片概念正式出现之前无疑是极先进的,而后世真实电影流派亦宣称自己创立于维尔托夫的电影眼睛理论基础之上。

---

① 聂欣如:《纪录片概论》,复旦大学出版社,2010,第30页。
② 董春晓编著:《纪录片制作教程》,浙江大学出版社,2014,第15页。

(三)纪录片诞生和成长期——格里尔逊、英国纪录片运动和形象化文献

20世纪30年代到50年代末,世界纪录片进入"格里尔逊模式"发展阶段,格里尔逊模式成为当时世界纪录片的主流范式。在纪录电影领域,格里尔逊第一个提出了"纪实"的美学思想,并首次确定了"纪录片"的概念,纪录片由此诞生。在形象化文献三巨匠的实践和二战炮火的洗礼下,纪录片逐步成长起来。

20世纪30年代,"梦幻工厂"好莱坞在摄影棚里制造出来的脱离现实的梦幻般电影曾风靡一时。为了抵制这种影响,英国出现了以约翰·格里尔逊(John Grierson)为代表的纪录电影运动。他们极力摆脱电影商业化的影响,强调电影的社会意义。在艺术上通过画面造型以及音乐、解说的配合,实现对于艺术美和诗意的追求。这种"纪实场景+解说"的典型结构就是"格里尔逊模式"。格里尔逊首次将纪实美学思想带入电影领域,直到今日人们依然把纪实作为区分纪录片与其他影像艺术形态的底线。格里尔逊认为纪录片是"对现实的创造性处理",创作者要有强烈的社会责任感,有选择地对现实生活元素进行戏剧化处理,不能机械化传播事实。他强调纪录片应关注社会发展,不回避、不掩饰广泛社会生活中的矛盾和问题。拍摄者应在纪录片中注入自我意识,发挥主体性,通过对现实素材的重新组合来表达自我观点。

格里尔逊的代表作《漂网渔船》集中反映了他的理念。这部纪录电影由英国"帝国商品推销局"拨款赞助,格里尔逊执导并剪辑,以实拍的形式把当时英国渔民生活与工作的场景展现给银幕前的民众。他有意识地运用蒙太奇选择、组合画面,以抒情的影像表达他对工业化的称颂和对一个"生机勃勃的英国"的赞扬,而这一切又都没有超越纪实的底线,实现了诗意叙事和主题先行的有机结合。这对于他所处的年代而言是先进的,区分于以赢利为目的、以虚构为主要内容的故事电影。格里尔逊的实践和理论使得纪录片开始吸引更多的关注。格里尔逊培养了一批人才,摄制了一系列优秀作品,逐步形成了具有影响力的"英国纪录电影学派"。

20世纪30年代,美国经济大萧条加剧了社会矛盾,推动了纪录电影关注现实的艺术潮流。纽约"电影-摄影联盟"提出了"形象化文献"的口号,呼吁电影要关注社会问题。对现实和重大社会主题、重大社会变革的关注,使纪录片快速成长起来。美国导演帕尔·罗伦兹(Pare Lorentz)拍摄的《开垦平原的犁》《大河》关注土地荒漠化和洪水,德国导演莱尼·里芬斯塔尔(Leni Riefenstahl)拍摄的《意志的胜利》和《奥林匹亚》纪录发生在德国的纳粹党和奥运会,尤里斯·伊文思(Joris Ivens)于1930年摄制了表现荷兰人民填海造田的著名纪录片《须德海》。"飞翔的荷兰人"伊文思关注人类命运,关注现实问题。他在世界各地拍摄纪录片,如纪录比利时煤矿工人大罢工的《博里纳日》、反映西班牙战争的《西班牙的土地》、表现中国抗日战争的《四万万人民》和纪录第二次世界大战的《认识你的敌人:日本》等。帕尔·

罗伦兹、莱尼·里芬斯塔尔、尤里斯·伊文思是形象化文献的代表人物,被称为"纪录电影三巨匠"。他们的纪录片在题材上关注环境、失业、卫生等人类的生活的现实问题,将灾难、现实问题纳入宏大的人类文明主题中。这一时期,现代主义文学与纪实摄影的发展,将纪实的美学思想推向历史前台,纪录片在关注现实的实践中迅速成长起来。

(四)纪录片发展和成熟期——美国"直接电影"和法国"真实电影"

20世纪60年代,纪实美学得到了拓展和完善,美国的"直接电影"更是把纪实美学推到了极致。它创造了一种新的纪录片书写方式和美学概念——"旁观美学",是对纪实美学的丰富和发展。纪录片的制作者以旁观的态度如实记录下事物的过程,不以任何方式干扰和妨碍事物自身的进程。这种旁观的书写方式给观众提供了尽可能多的素材角度,并在可能的范围内保持尽可能少的观念的注入,从而使对于同一事物不同的理解和阐释成为可能。而法国的"真实电影"则倡导大胆地从人的内部去发掘、去唤醒其思维和情感的主观真实,被称为"在场"美学。这种纪实美学直到20世纪80年代,成为纪录电影的主流,甚至影响了法国的新浪潮和美国的新好莱坞的剧情创作。20世纪70年代,访谈纪录片和自省式纪录片兴起,纪录片的节目形态更加丰富。纪实美学的丰富和完善以及新的节目表现形式的发展使纪录片在20世纪60年代到80年代末进入快速发展和成熟期。

第二次世界大战结束之后,电视得到真正发展,16毫米胶片便携摄影机和同步磁性录音机等新的影像摄录技术的普及改变了纪录片传统的创作观念,两个风格类似而又取向迥异的纪录片美学探索的新流派在新大陆(美国)与旧大陆(欧洲)成长起来。美国人罗伯特·德鲁(Robert Drew,1924-2014)在新闻电影基础之上逐渐发展出了直接电影流派,而法国人让·鲁什(Jean Rouch,1917-2004)则创立了真实电影流派。

"直接电影(Direct Cinema)"产生于20世纪60年代初的美国,以罗伯特·德鲁和理查德·利科克为首的一批纪录片人提出这样的电影主张:拍摄者完全不介入事件、不干预事件进程,仅仅在一旁静观并记录事件发展;抛弃画面配解说词的方式,声音均来自于事件本体;不做任何访问和解说,把看到听到的事实全都交代给观众,让观众自行作出判断。代表作品主要有德鲁的《初选》和梅索兄弟的《推销员》。1960年,德鲁领导的电视节目制作小组拍摄了《初选》,讲述美国民主党总统候选人初选的场景。受大众文化影响,本片摒弃了说教,体现出去搬演化和去艺术化的特点。这部50分钟的新闻电影被视作是直接电影流派第一部代表性作品。直接电影被认为是新闻学与传统纪录片在电视导引下整合之后的产物。电视给直接电影提供了平台,进而将纪录片引入了电视的大门[①]。

[①] 聂欣如:《纪录片概论》,复旦大学出版社,2010,第98-99页。

真实电影源于维尔托夫电影眼睛学派,由法国人让·鲁什于20世纪50年代末创建。真实电影强调拍摄者的在场,拍摄者直接参与事件进程,并试图促成非常事件的发生。真实电影强调内部发掘和对被观察者思维的"唤醒",积极探索人的心灵,通过采访与访问达到使被拍摄者将自己感受"说"出来的目的,为观众提供一种超越客观真实的"在场体验"。所以该流派也被称为"在场"的美学流派。同样是1960年,让·鲁什同社会学家埃德加·莫兰、加拿大摄影家米歇尔·布劳特一起,利用便携式摄影机和录音机在巴黎拍摄了《夏日记事》,影片于1961年上映。本片并未预设主题,而是在"摒弃虚构而接近生活"的主旨下,由莫兰在大街上随机拦住路人提出"你幸福吗?"的问题,画面忠实记录了巴黎人的真切反映。这部具有实验性质的影片试图通过交流去探查并记录人们内心深处的世界,将叙事的主体带入影片之中,与被描述的客体一起成为被拍摄的对象,共同完成影片的叙事,观众在观看影片的同时,亦可看到影片是如何被拍摄的,完成"在场"体验。

20世纪七八十年代的纪录片,甚至后世的纪录片综合性地继承了这两大流派的思想,客观纪实视角成为西方纪录片的主流纪录风格,而采访和交谈也成为一种极为常用的推进"剧情"的手段。20世纪70年代,电视逐渐成为重要的大众传播媒介,纪录片作品出现了爆发式增长,"在场"美学也得到了批判性继承和发展,一种以同期采访、现场解说为主要表现形式的"访谈式"纪录片开始出现并逐步演变成当代电视纪录片的标准样式。这种样式增强了纪录片的现场感、真实性和纪实性,是对纪实美学原则的丰富和完善。到了20世纪80年代,纪录片的风格模式进一步发展,"自省式"纪录片出现。"自省式纪录片把评述和采访、导演的画外音与画面上的插入字幕混杂在一起,使作品对现实不再总是'限于再现',而是'向现实敞开的明亮窗户'。"①这种纪录片可视性强、信息量大,实现了主体和客体的良性互动,在"真实"与"意义"的平衡中是实现了"现实的表达",逐渐发展成现代纪录片的主流模式。

(五)纪录片变革期——新纪录电影

20世纪80年代末90年代初,随着消费文化的繁荣及后现代思潮的普及,纪实美学式微,戏剧美学、娱乐纪实兴起。西方纪录片出现了新的变化,开始重新审视甚至否定影响纪录片发展多年的非虚构原则,这些新的思想及事件被统称为"新纪录电影"。较早提出这一概念并进行阐释的美国学者林达·威廉姆斯指出,当人类进入电子时代,影像的机械真实性便受到挑战甚至不复存在了,电子时代的画面可以被随意处理,"看到"的真实已不能保证完全同事实相符,因而传统纪录片所秉承的非虚构原则也就失去了意义。美国纪录电影导演埃罗尔·莫里斯挑战了纪录片"真实性"的原则,打破了直接电影的所确立的一些准则,刷新

---

① 钟惦棐:《起搏书》,中国电影出版社,1986,第538页。

了公众对纪录片的理解。1988年,他导演的《细细的蓝线》,直接启用演员再现凶案现场,剪辑和叙事的蒙太奇手法给该片带来了全新的视听体验,被称作"新纪录电影"诞生的代表之作。1998年美国国家地理频道开播并提出"娱乐纪实"的概念,纪录片工业化生产逐渐成为主流。纪录片的纪实美学色彩逐渐淡化,娱乐化、故事化倾向明显,高品质的视听语言和类型化的叙事成为赢得受众市场的法宝。

新纪录电影依然承认纪录片并非故事片,也不能同故事片混为一谈;但其同时主张纪录片可以而且应该采用虚构手段来追求最终的事实,对事物表象的捕捉与记录并不等同于对事物本质的揭示。只有突破机械的现象记录,进而利用各种可能的手段来积极处理、剖析镜头所捕捉到的现实,才能更接近于隐藏在现象之后的真相。新纪录电影对于形式虚构与非虚构之辩的突破给纪录片创作带来了新的灵感与方法,后来的电视纪录片从中学来了"真实再现"手法,运用镜头语言及电脑影像在电视荧屏上重现已经消逝了的或未能留下影像记录的场景,弥补叙事过程中的缺失环节。值得注意的是,新纪录电影中的"虚构"不同于故事片的虚构,其目的旨在打破"神话"、击碎"谎言",对真实的追求依然不变,这就需要摄制者坚守职业伦理以及纪录原则。

近年来,随着媒介技术的进步和纪录片产业化的发展,纪录片的创作者在"非虚构"基础上创新性地运用蒙太奇艺术,融入了娱乐化元素,采用3D技术、CG技术、虚拟现实技术和情景再现等手法来提升纪录片的可视性和观赏性,以强化纪录片的艺术和商业价值。总体来看,进入新世纪以来,纪录片的纪实美学开始让位于戏剧美学。数字网络技术、摄录设备的普及、公众影像意识的增强和个性化的建构视角,正改写着纪录片的制作模式与美学特征。

第二节 国外电视纪录片发展概观

电视出现之后,依靠在时效性和普及性上的优势,逐步取代了电影的优势媒介地位。电视纪录片并非是由电视全新发明的,而是纪录片在电视技术帮助下发展出来的新形式,继承了电影纪录片的大部分理念与经验。自罗伯特·德鲁的直接电影之后,电视纪录片便开始从电影纪录片的土壤上萌出了属于自己的枝丫。经过五十多年的发展,当今电视纪录片已经成为推动纪录片发展的绝对主力,与电影纪录片分庭抗礼甚至更具活力。电视纪录片一直坚持用实践来检验和发展纪录片理论,推动纪录片继续向前,为帮助人类更好地了解自身、社会以及宇宙的奥秘而不懈努力。

目前,国外纪录片主要有三种发展模式:第一种是以英国、日本为代表的公共体制;第二种是以美国为典型代表的商业化运营模式;第三种是以法国、韩国为代表的政府扶持模式。

三者之间的竞争与合作推动电视纪录片从萌芽直到成熟,逐步建造了今天的枝繁叶茂之象。同时,国际纪录片电影(电视)节及相关的市场为纪录片的国际交流与流通提供了平台。

一、公共电视体制内的电视纪录片

(一) 英国①

英国的电视体制具有其独特性。英国广播公司(British Broadcasting Company,BBC)作为公共广播电视服务,其资金主要来源于电视观众缴纳的执照费(TV License)而非广告等商业因素,提供信息及娱乐服务的同时担负起教化公众的职责。英国公共机构制作纪录片的历史非常悠远,甚至可以上溯到格里尔逊时代。而作为英国公共电视服务主体的BBC,纪录片也一直是极受重视的节目形态,其所摄制的纪录片也占据了重要的市场份额,赢得了观众的赞誉,对英国社会乃至世界均有深远影响。而在BBC的日常节目编排中,纪录片占据了极为重要的地位,英国电视观众经常可以在黄金时段看到大制作的电视纪录片作品。

BBC所拍摄的电视纪录片秉承了英国纪录片的传统,强调事件发生时进行一丝不苟的记录,尽力避免重构或搬演手段,有着直接电影的遗风。作为公共电视,BBC坚持教化公众的职责,喜欢选择具有教育意义的宏大叙事的主题,包括自然、科技、历史、人文等。在这样的原则指导下,BBC的作品多以系列纪录片的形式出现,倾向于大选题和大制作,投入巨大,拍摄周期长,画面精良,内容丰富,思想深刻,具有极强的审美、文献、教育意义。2014年,BBC倾力打造的《英国的伟大战争》等系列纪录片,展现了一战如何改变了英国人民的生活,并塑造了现代英国。国内受众耳熟能详的作品还有《冰封星球》《蓝色星球》《地球脉动》《生命》《太空竞赛》《英国史》《安德鲁·玛尔的世界史》等。事实上,BBC多年来不惜工本严谨创制的纪录片作品是如此具有吸引力,以至于世界多国纪录片爱好者都把搜集BBC制纪录片当成必须完成的目标。2016年《地球脉动Ⅱ》在第一季播出十年后回归BBC1台,可谓是十年磨一剑。此系列由BBC与BBC America、ZDF、法国电视台以及腾讯视频联合制作,这是BBC自然史纪录片的合作名单中第一次出现视频网络。部分镜头采用无人机拍摄及远程控制拍摄,探索地球上的丛林、沙漠、高山、岛屿、草原和城市中生活的动物。

近年来,多样化的现代媒体环境使得英国电视受众流失明显,在提高收视率和降低成本方面面临着巨大压力,消费社会和商业化的进一步深入也使得BBC式的公共电视受到冲击。

---

① 本部分参考了[英]约翰·埃利斯:《英国电视纪录片调查》,选自《中国纪录片发展报告(2012)》,社会科学文献出版社,2012,第190-200页;[英]戴雨果、海伦·布里格斯:《英国当代纪录片的变化》,选自《中国纪录片发展报告(2013)》,社会科学文献出版社,2013,第185-197页;BBC中文网(http://www.bbc.com/zhongwen/simp)。

为了降低成本及提高收视黏性,英国电视纪录片更倾向于选择系列片的模式,而真人秀等带有一些纪实性却又难免虚构设计的新纪实电视节目的兴起也对经典纪录片的收视王者地位提出了挑战。在 BBC 之外的商业电视台,如 ITV 等,专注于大众需求,积极引入新技术新方式,其所制作的新纪录片以对大众生活的贴近性和趣味性,从 BBC 所拍摄的传统"保守"纪录片手里抢走了许多受众。而新媒体的兴起使得所有人可以花费更低的成本来拍摄自己的生活,这一方面为纪录片提供了新的素材和选题来源,另一方面网络化的传播模式也对电视发展造成威胁,英国电视纪录片正经历一场变革。

(二)日本[①]

日本公共电视服务体制是第二次世界大战之后建立的,以日本放送协会(Nippon Hoso Kyokai,NHK)为存在实体。1950 年 5 月 2 日颁布的日本《广播法》明确了 NHK 作为公共广播机构的地位,同时指出 NHK 不得播送商业广告,强化其公共服务宗旨。如 BBC 一样,NHK 的运营经费也有很大一部分来自于受众缴纳的视听费。1998 年《广播法》修订,增加了对 NHK 需播放优质节目、更新制播技术设备的要求。

NHK 目前开设了五个电视频道,纪录片节目均占较大比重。NHK 采用栏目化策略以满足不同的受众需求,而其中与纪录片相关的栏目有数十个。其中,具有代表性的纪录片栏目有《追迹! A to Z》《NHK 特集》《历史秘话》,分属时政评论类和人文历史类纪录片。日本电视纪录片在日本传统影像艺术风格之上又发展出了自己独有的风格,即强调在场性,重视对事件全过程的完整记录,关注个体生命的意义,以及注重用访谈来让事件当事人或见证者阐述事件、发表议论,避免由编导人员下结论。

NHK 纪录片在选材上具有很强的公共性,宇宙科学技术、自然环境、重大灾难、重要历史事件和普通民众等成为重要选题。另外,NHK 的电视纪录片对中国题材非常关注,从历史文化到社会热点问题无一不包,并且以日式细腻的眼光,运用访谈、记录事件过程、组合镜头语言等表达方式,委婉的传递其独有的观点意见。NHK 是第一家进入中国西部拍摄纪录片的境外媒体,于 1979 年至 1980 年同中国合拍了大型连续电视纪录片《丝绸之路》,并在联合拍摄队伍中起到了主力作用。而 2003 年 NHK 又同中国中央电视台再次合拍了《新丝绸之路》。2007 年借着中日邦交正常化 35 周年的机会,NHK 摄制了大型系列电视纪录片《中国铁道大纪行》,以关口知宏的中国铁路之旅为主线,将沿途采集到的风土人情一一记录并娓娓道来,从春天到冬天,行程超过 3.6 万公里,乘车时长达 600 余小时。中国官方及民间均对

---

① 本部分参考了陈一、史彭英、王旻诗编著:《电视纪录片概论》,国防工业出版社,2014,第 29-32 页;[日]古川建司、朱玥颖:《日本纪录片发展历程及现状》,选自《中国纪录片发展报告(2011)》,社会科学文献出版社,2011,第 262-271 页。

这次拍摄给予了大力帮助,而这部纪录片也秉承了忠实于现实的纪录原则,播出后从很大程度上转变了日本民众对中国的偏见,是一部不可多得的精品之作。2008 年北京奥运会前夕,NHK 制作播出的《激流中国》曾引发争议。该片记录描绘了日本人眼中的转型期中国不同社会阶层民众的生存状态,并就中国现代化进程中所出现的问题表达了观点。这部纪录片因其特定价值导向过于明显而受到批评,其风格强调摄制者的在场,大量运用访谈来获取资料,后期制作也运用蒙太奇等方式拼接事实,同时直接通过旁白解说的方式表达了拍摄者的立场与观点。这些做法在效仿真实电影及格里尔逊思想的同时,实质上对纪录片真实性原则造成了损害。2011 年 7 月 24 日中午 12 时,NHK 正式停止地面模拟信号电视转播,完全转用数字信号。2018 年 12 月 1 日 10 时,NHK 两个超高清频道 NHK BS4K 和 NHK BS8K 正式开播。NHK4K 播出自然历史、旅行类纪录片等内容,呈现出电视媒体的独特魅力。

(三)美国[①]

美国一直是纪录片大国。在商业公司之外,以美国公共电视网(Public Broadcasting Service,PBS)为代表的非营利性电视媒体一直在电视纪录片的生产与发行中扮演重要角色。PBS 诞生于 1969 年,自 1970 年 10 月 5 日起正式运营,代表公众利益,对公众负责,是"市场失灵"理论的产物。目前,PBS 的会员电视台多达 350 家,覆盖全部美国领土及部分美国海外领地[②]。

因其公共电视特性,PBS 所制作的电视纪录片同商业电视有着不同的风格与主题,主要包括两大类,即"纪录片电视系列节目(Documentary TV Series)"和"特别纪录片节目(Special Program)"。作为公共电视网,PBS 本身并不生产节目,其节目源是各成员台及其他节目制作公司,如 WGBH、美国独立电视、NETA、WTTW 国家制作以及其他一些独立制作团队,PBS 统筹安排这些节目并在全网范围内播出,向成员台收取会员费用来维持公共电视体系非商业化运营(不接受广告及商业赞助)。

PBS 系统内所制播的纪录片体现出制作历史时间长、生产数量大、类型多元、主题丰富的特点,专注公众关心的现实题材,追求内容的深度及思想的力度,坚持客观公正严谨。PBS 的很多纪录片节目开播于 20 世纪 70 到 80 年代,历史长于国家地理频道、探索发现频道等专业纪录片频道,四十余年积累的作品数量极为可观。在固定时间播出的纪录片电视系列节目涵盖了新闻调查类、历史人文类、自然科学类和社会纪实类等丰富的主题。此外,PBS 还专门

---

① 本部分参考了赵曦:《美国公共电视纪录片生产模式分析》,选自《中国纪录片发展报告(2012)》,社会科学文献出版社,2012,第 201-214 页。
② 有说法称最多曾达 354 家,而目前 PBS 官方网站称"PBS is a private, nonprofit corporation……that operate 350 PBS member stations……"(http://www.pbs.org/about/about-pbs/stations/),本书采用保守估计,依其官方网站为准。

开辟时间来播出风格鲜明、品质优秀的纪录片特别节目。

PBS 制作的具有代表性的纪录片作品主要有：《前线》(*Frontline*)，新闻调查类的代表，开播于 1983 年，报道美国国内及国际的多项热点事件，并对国家政策和公共事务产生过实际影响，几乎囊括了美国广播电视新闻的全部奖项，而且曾获普利策新闻奖。《经历美国》(*American Experience*)，历史人文类代表，开播于 1988 年，是 PBS 最受欢迎的历史纪录片系列节目，专注讲述美国历史上的关键事件。《新星》(*Nova*)，自然科学类代表，开播于 1974 年，是 PBS 历史最长的纪录片节目，以科学眼光探究自然奥妙，教育效果明显。《视点》(*POV*)，社会纪实类代表，开播于 1988 年，同美国纪录片学会合作，为独立制片人提供了展现作品的窗口。而开播于 2002 年的《广角镜》(*Wide Angle*)则是美国目前唯一深度记录国际事务的节目。

自开播至今，PBS 一向坚持对专业品质和社会责任的高要求，同政治控制和商业竞争斗争，赢得了观众的信任和赞赏；其纪录片作品也多次获得奥斯卡纪录片奖、电视艺术与科学学术艾美奖等奖项，在世界范围内具有广泛影响。

二、商业化运营模式下的电视纪录片[①]

商业性市场化模式下的电视纪录片生产及播送多集中在几个著名纪录片频道及其所属的国际传媒公司中，已经发展出一套完整的策划—生产—销售模式。这方面具有代表性的主要有两大频道，探索频道和国家地理频道，而我们可以通过它们管窥商业性市场化模式下电视纪录片的发展状况。

(一)探索频道及探索传播公司

探索频道(Discovery Channel)是探索传播公司(Discovery Communications, Inc., DCI)下属的电视频道，专注于高品质纪录片的全球传播，开播于 1985 年 6 月 17 日。经过三十年的发展，频道现在使用 45 种语言播出，覆盖全球超过 220 个国家和地区，受众逾 30 亿，而 DCI 也已成为全球最大的纪实娱乐纪录片制作商及购买者[②]。DCI 旗下的十几个频道均专注于纪实节目制播，且大多实现了高清化。探索频道在亚洲及太平洋地区由亚洲探索网络经营，在与美国内容同步的国际频道之外又根据不同的国家或地区开设了特色版块，部分节目还提供了地方语言字幕几配音。在中国大陆，探索频道节目由中国国际电视总公司境外卫星代理部负责引入转播，一般提供给三星级或以上的涉外宾馆、外国人居住区、使领馆等；一些地

[①] 本部分参考了李智、[美]马克·菲尔德斯：《美国纪录片产业链观察》，选自《中国纪录片发展报告(2013)》，社会科学文献出版社，2013，第 221-236 页。

[②] About Discovery Communications, DCI, accessed November 3, 2015, https://corporate.discovery.com/wp-content/uploads/2015/11/159035_GLOBE_2015_Q3_AT_A_GLANCE_WEB.pdf.

方电视台也会转播由探索频道制作的节目;而探索频道也与浙江华数集团成立了合资公司,通过杭州电视台开办的四个面向全国的高清付费电视频道(求索记录、求索生活、求索科学、求索动物)提供大多数节目内容。

与公共电视体制强调非营利性不同,作为商业公司的DCI明确提出"我们的目标是加强内容投入以打造更高的收视率,优化销售收入,吸引广告商及广告主,进而创造能够维持企业长期增长和对消费者的强吸引力的渠道及品牌形象"①。据DCI自行披露,其2014年收入的主要构成有三部分,分别是内容分发(占46%)、广告(占49%)以及其他(占5%),而占投入最大比重的则是制作及购买内容,通过制作精良的内容产品来赢得最大化的收益是DCI的商业性市场化的运营模式。DCI成员频道所播送的节目主要有三大来源:制成影片(Produced)、联合摄制影片(Coproduced)以及节目授权(Licensed),制成影片又包含一部分完全自制影片及第三方根据探索频道需求摄制的影片,DCI拥有完整权力;联合摄制影片则是根据实际需求而同第三方共同投资或共同摄制的,与第三方分享权力;而节目授权则主要指那些改变而来的影片。DCI取得片源后会根据具体需求包装,进而通过自家强大的平台面向全球发售,而其强大的资本基础以及多年来的积累使得DCI有能力获取世界一流制作商和权威机构的合作,从而保证内容的精良制作和真实准确。DCI极为注重自家全球网络资源的统筹利用,在美国收到赞誉的节目会经过认真的调整以更符合世界其他国家或地区的口味,以最大限度地赢得受众,而地区特色版所制作的节目也会被挑选至美国国内频道播放,或者向第三方出售。

商业性的运营模式及高度的市场化使得探索频道对自身节目的定位并非纯粹的纪录片,而是"非虚构"(Non-fictional)的"纪实节目",并不排斥对大众审美及娱乐的迎合和追求,不拘泥于已有的纪实范式,而是大胆运用各种表现手法,在保证忠实于事实基础之上通过虚构的创作手段来获取更好的音像效果,进而在传递纪实信息和娱乐大众之间取得平衡。DCI在总结每年经验和制定来年规划之时,总会在分析及预测受众需求和市场热点上花费很多工夫,包括探索频道在内,公司全部频道节目编排及内容设置会根据观众的反应随时做出具体调整,这点同公共电视体制相比显得更为灵活。DCI采用"一主多专"的多频道多品牌战略,它们均有不同定位,在主频道探索频道之外还有针对教育的学习频道(The Learning Channel,TLC)、专注野生动物纪实的动物星球频道(Animal Planet)、专注调查类纪实节目的调查发现频道(Investigation Discovery)、专注科普的科学频道(Science Channel,SCI)等。而这些频道所编排播出的节目呈现明显的类型化特征,同频道、相同题材的节目具有类似的构成因素及相对固定的结构和叙事模式,这是商业化运作的典型模式,帮助DCI将电视纪录片做成产

---

① Nicholas Negroponte. 30 Years of Bringing You the World,2014 Annual Report,4,https://corporate.discovery.com/wp-content/uploads/2015/07/disca2014_download.pdf

业化来经营并收获良好的商业回报,收获规模效益①。

(二)国家地理频道

国家地理频道(National Geographic Channel,NGC)是由美国国家地理创投公司(National Geographic Ventures)联合福克斯娱乐集团(FOX Entertainment Group)组建的以电视为主要平台的传播公司,与1888年诞生的、著名的美国国家地理学会(National Geographic Society)联系密切。国家地理学会的宗旨是"增进及普及地理知识",基于此理念,学会先开办了《国家地理杂志》,进而制作电影纪录片,1965年9月10日,学会的第一部电视纪录片《美国人在珠峰》创造了当时纪录片的最高收视纪录。1997年9月,国家地理频道(国际)正式成立,发展至今已经拥有八个子频道,共同推进探索发现、环保教育等知识的传播事业。NGC起步于欧洲,后陆续在亚洲、拉丁美洲和美国开播,目前以48种语言播出的节目已经覆盖全球171个国家和地区、超过4.4亿个家庭用户②,成为具有影响力的著名国际纪录片电视频道。

作为付费频道,NGC可以从其订户那里得到一笔稳定的订阅费收入,但与公共电视体制不同,作为商业公司的NGC还可以从市场发行等渠道获取利润,同时NGC还可以得到国家政府的资助和国际组织的捐赠等。值得注意的是,这并没有使得NGC抛弃纪实的原则,而且在选题上NGC会有意识地避免具有争议的政治、社会运动内容或与现行法律法规、意识形态相冲突的内容,而尽量循着国家地理学会定下的道路——传播及教育地理科学知识前进。NGC的节目以自制的大投入、大制作的单本纪录片为主,其在定下题目之前会进行详尽的市场调查,同时组建精英化的摄制团队,运用最新的技术和特殊装备,为观众记录下常人难至之境精彩的瞬间。NGC的作品曾荣获多项专业纪录片大奖,包括一次奥斯卡金像奖及两次金像奖提名、129座艾美奖以及超过1000个影视媒体专业奖项。

NGC的节目在严谨周密之余也注重吸引观众的兴趣,以世界各地的科学进步、历史人文、焦点事件调查、自然野生环境等内容为主,讲求画面精美生动的同时追求故事化的叙事手法,采用搬演手法及戏剧化的处理模式。NGC认为自己所要追求的并非学术纪录片,而是在尊重事实的同时以讲故事的娱乐手法教育大众、传播知识。NGC从自身历史基础出发,追求三个特征,即正确性:节目播出前均需通过在美国华盛顿的审查小组进行25小时的"事实验证"程序以确保无误;信任度:节目建立在国家地理学会百余年良好信誉基础和四十余年摄制纪录片作品的丰富经验之上;独特渠道:作为国家地理学会的延伸机构,NGC得以共享特殊渠道,深入世界各地,拍摄独家精彩画面,为观众提供不可多得的精神食粮。

---

① 陈一、史彭英、王旻诗编著:《电视纪录片概论》,国防工业出版社,2014,第33-35页。
② 国家地理频道简介,http://www.natgeo.com.cn/about/ngc。

NGC十分注重本地化操作。以中国为例,2000年10月,NGC获准通过卫星向中国大陆电视台传送节目素材,时至今日已经与30余家电视台建立合作关系,通过《寰宇地理》栏目向大陆受众播送内容。同时,NGC还积极拍摄中国题材的故事,推出了《魅力中国》主题系列纪录片,介绍中国科技进步的《高科技磁悬浮列车》《伟大建筑巡礼:中国的桥》等单本纪录片,以及介绍中国自然环境的《国宝大熊猫》和探索中国历史的《秦始皇的秘密》等。第三,NGC还与中国的电视台、制片厂及国家机构等展开合作,共同摄制电视纪录片作品,并在全球范围内播放。2006年NGC与中央电视台共同拍摄了《故宫》国际版,2010年NGC与上海文广集团和中央新闻电影制片厂合作拍摄了《外滩》国际版,2012年NGC与国务院新闻办公室合作制作了系列化的中国文化纪录片,包括《功夫密码》(5集)、《中国文化之旅》(6集),2013年NGC又同中国国际电视总公司合作将《透视内幕:春晚》通过NGC国际网络播出。2020年NGC与五洲传播中心合拍的《星空瞰华夏》,它通过遥感卫星,从太空观看中华文明遗址,如长城、元上都、石峁遗址,并以CG动画和3D技术重现历史奇观,彰显古老中国的智慧捷径。《高考2020》由解读中国工作室联手美国国家地理频道、优酷、五洲传播中心制作完成国际版,并将在欧洲和拉美陆续播出。

三、政府扶持模式下的电视纪录片

法国、韩国等国家为了促进本国纪录片的快速发展,制定了一系列扶持方针和政策。这些方针和政策在完善产业链条、投融资渠道扩展、营销网络建设等方面发挥了重要作用。法国国家电影中心负责管理纪录片资助活动,其对纪录片的资助会划分为很多类型,不同类型配有不同的资助方案。电视纪录片的援助计划资金来源是从发行收入中提取的税收,主要来自电视台和有线电视系统。① 受政府资助的纪录片除了在制作资金和数量上显示出优势以外,在题材上也显现出多元的特性。继英美之后,法国成为第三大纪录片出口国。纪录片作为仅次于动画片的第二大出口片型,已成为法国政府资助的专宠。法国纪录片近年来的类型题材重点是社会、历史、地理与旅游、环境与自然四大类型。2013年,法国电影中心对纪录片的赞助高达3092小时,占资助视听节目时数的57%。与此同时,纪录片节目预算也达到新高4.895亿欧元(约合33.34亿元人民币)。② 历史社会、流行音乐、宗教信仰是韩国纪录片常见和极具特色的纪录片。韩国纪录片等电视内容的生产和流通管理,由韩国广播通信委员会和文化体育观光部来负责执行。文化体育观光部下设韩国传媒振兴院,主要扶持的

---

① [法]苏·格雷娜戴尔:《法国纪录片的制作、发行与真实电影节》,单万里译,《世界电影》1997年第10期,第233-240页。
② 张同道、美彰:《2014年世界纪录片发展特征与趋势研究》,《电影艺术》2015年第5期,第15-17页。

节目类型为公共公益性节目等。纪录片被认定为公共公益性节目。①

四、国际纪录片电影(电视)节及新媒体纪录片市场②

国际电影及电视节是电影电视界交流及洽谈合作的重要平台,而如今几乎所有的电影节都包含有纪录片环节,专注于纪录片的电影节也越来越多,有的节展还开设了交易环节。

在欧洲,展示纪录片的电影节最早可以追溯至成立于1969年的瑞士尼翁国际纪录片电影节(Visions du Réel)。成立于1971年的荷兰鹿特丹国际电影节(International Film Festival Rotterdam)每年都会展出200余部非商业电影与纪录片作品,以崇尚独立精神,支持年轻思想,被誉为"世界新锐导演的最重要舞台",国内如娄烨、贾樟柯等导演都曾获得其资助。而荷兰的阿姆斯特丹还有另一个颇具规模和影响力的国际纪录片节,期间设立了一个为期十天左右的纪录片交易活动"Docs For Sale",为纪录片制作方与买方提供了一个见面交流的机会,成为一个重要的国际纪录片市场。法国的阳光纪录片节(Sunny Side of the Doc)是全世界最大的纪录片国际展览之一,为世界各国的纪录片内容提供商和发行商提供交流平台。英国谢菲尔德国际纪录片节于1994年创办,是英国最优秀的纪录片首映平台,也是制作人与投资方相识的好地方。

在北美,加拿大纪录片电影节(Hot Docs)于1993年创立,是北美一年一度规模最大的纪录片节展。该节根据整个纪录片工业流程,为其生产提供一整套专业的发展、交易和网络推广的机会。在此纪录片节上,还有一个纪录片交易市场——多伦多纪录片论坛。来自欧洲、澳大利亚、美国和加拿大超过100家的电视机构参与这个论坛,并且每年都会有超过60%的方案成功得到赞助。现在Hot Docs已经成为纪录片工业的重要平台。

总体来看,纪录片节与纪录片市场密不可分,纪录片节正日益成为纪录片的营销与发行平台,成为纪录片产业链上的重要一环,这有利于纪录片更好地走向市场,更好地进行跨文化传播,更有益于促进纪录片作品的发展与创新。

国际纪录片领域而言,新媒体的版图持续扩大,电视市场份额日益缩减。更多的新生力量投入新媒体纪录片创作的怀抱。截止到2019年,美国新媒体巨头Netflix订阅数已达1.67亿户,覆盖190余个国家和地区。Netflix推出纪录片《美国工厂》(American Factory)获第92届奥斯卡纪录片奖;《走进比尔:解码比尔·盖茨》(Inside Bill's Brain: Decoding Bill Gates)、《登堂入会》(Knock Down the House)、《民主的边缘》(The Edge of Democracy、Impeachment)等

---

① [韩]朴晋范:《韩国纪录片的发展及政府政策》,《中国纪录片发展报告2012》,社科文献出版社,2012,第181页。
② 本部分参考了李智、[美]马克·菲尔德斯:《美国纪录片产业链观察》,《中国纪录片发展报告(2013)》,社会科学文献出版社,2013。

作品制作精良,形成巨大影响。Netflix 不断发展壮大,并在世界各地组建专业本土团队,如在日本制作了《相扑小姐》(Little Miss Sumo)与《岚日志:征途》(ARASHI's Diary -Voyage),在印度制作了真人秀 You Vs Wild 等。面对 Netflix 的爆红,苹果流媒体(Apple TV+)上线,推出原创纪录片《大象女王》(The Elephant Queen);迪士尼流媒体(Disney+)上线,推出两部纪录片《幻想工程故事》(The Imagineering)、《杰夫·高布伦眼中的世界》(The World According to Jeff Goldblum)。HBO 推出《离开梦幻岛》(Leaving Neverland)、《滴血成金:硅谷血检大骗局》(The Inventor: Out for Blood in Silicon Valley)等纪录片,Hulu 推出了《下巴》(Jawline)、《神奇乔纳森的纪录片》(The Amazing Johnathan Documentary)等题材、风格多元化的作品。美国迪士尼、华纳兄弟、NBC 和 HBO 等英国 BBC Studios 和独立电视台 ITV 合资的流媒体平台 Brit-Box 终于推出,法国电视台、私营电视台 TF1 和 M6 联合创建流媒体平台 Salto 也正式上线。在亚洲,日本 NHK 加入流媒体平台 TVer,并启动自己流媒体平台"NHK+",韩国公共广播 KBS、民营广播 MBC 和 SBS 合资的流媒体平台 Wavve 也上线,众家汇聚抢占新媒体市场。①

第三节 中国电视纪录片发展一览

1905 年中国第一部电影《定军山》诞生,它同时也可以被看作是中国最早的纪录片尝试。自此始,中国的电影工作者积极利用镜头与胶片记录社会现实,为后世留下了珍贵的历史资料。1949 年新中国成立之后,原先分散的制片机构逐渐集中到一起,先后成立了三大电影厂:中国新闻电影制片厂、八一电影制片厂和中国科教电影制片厂,开始摄制新闻、军事纪录片及科教片等,拍摄了《新中国的诞生》《解放西藏大行军》等纪录电影。

中国的电视纪录片事业则与新中国电视事业一同起步。1958 年 5 月 1 日,新中国第一个电视台——北京电视台开播,当日播出了由中央新闻电影制片厂摄制的《到农村去》,被视作中国第一部电视纪录片。自此,中国电视纪录片走上了它曲折而又波澜壮阔的发展道路,吸取世界经验及本国的文化底蕴,半个多世纪来逐步形成了个性鲜明的表现风格,积累了大量的实践经验,也留下了明显的时代烙印。根据不同历史时期的特征,中国电视纪录片发展史可分成四个阶段,分别是新闻政论片时代(1958 年至 20 世纪 70 年代末)、追寻民族文化精神时代(20 世纪 70 年代末至 80 年代末)、转向关注平民的时代(20 世纪 80 年代末至 90 年代末),以及多元化、国际化发展时代(进入 21 世纪以来)。

---

① 张同道:《2017 年中国纪录片发展研究报告》,《现代传播(中国传媒大学学报)》2018 年第 5 期,第 110-115 页。

一、新闻政论片时代

这一时期是中国电视纪录片的起步初创阶段,自开播起至70年代末,北京电视台新闻部共播出专题纪录片近500部①。受技术所限,此时期的电视纪录片只能用胶片拍摄,也未能实现音画同步;制作者多来自中央人民广播电台以及中央新闻纪录电影制片厂等单位,思想受新闻及电影理念主导;以新闻类、政论类内容为主,拍摄手法及节目形态和电视新闻、新闻电影之间并无明确界限,基本上只能以播出平台和节目时长区分彼此。因故这一时期被称作"新闻政论片时代"。

早期中国电视纪录片受苏联思想影响极大,对格里尔逊模式的借鉴也非常突出。建国初期的历史状况使得列宁就苏维埃电影提出的"新闻片应该是形象化的政论"论断成为这一时期中国电视纪录片的指导思想。在国家话语权主导下,弘扬时代精神、宣扬英雄事迹成为这一时期电视纪录片的主要目的;以政论原则组织的音画分离的画面、解说及音效成为主要的内容成分;而单方面的灌输与说教则成为主要的传播模式,并不涉及个人感情;真实性原则也并未受到重视,所塑造的形象多呈"高、大、全"特征,与人们日常生活差距较远。而到了十年动乱时期,电视纪录片更被用来为极左政治宣传服务,选材单调,艺术手法僵化,"假、大、空"内容盛行。

这一时期具有代表性的电视纪录片作品有《英雄的信阳人民》《当人们熟睡的时候》《芦笛岩》《长江行》《周恩来访问亚非十四国》《美丽的珠江三角洲》《欢乐的新疆》《战斗中的越南》《收租院》《深山的养路工》《放鹿》《下课以后》《人民的好总理》等。其中,1965年年底摄制完成的《收租院》全国连放八年,影响最大。该片在突出阶级斗争的政治教育主题同时,对纪录片创作手法进行了积极探索,充分利用长镜头、虚实结合的叙事方法,结合画面、解说词和配乐,彰显音画魅力。而在"文革"末期摄制的《下课以后》和《放鹿》则在一定程度上大胆打破了这一时期大多数纪录片"形象化政论"的模式,通过对孩童内心及大自然真实的描绘给人以返璞归真之感,实属时代难得。

二、追寻民族文化精神时代

1976年"文化大革命"结束,1978年改革开放开始,百废待兴的中国重新走上正常发展轨道。全国电视网的初步建立以及电视机的初步普及,使得纪录片的受众基础得以扩大;而其他电视节目的相对缺乏则让更具艺术价值的纪录片成为人们的首选;这一时期电视纪录片对于民族精神主题的热衷也从一定程度上提供给了刚刚走出动乱的国人以精神力量②。

---

① 董春晓编著:《纪录片制作教程》,浙江大学出版社,2014,第27页。
② 何苏六:《中国电视纪录片史论》,中国传媒大学出版社,2005,第33页。

电视纪录片事业得到解放,并迎来了新中国成立后的首个发展高潮。

改革开放改变了社会环境,使得电视纪录片的关注点从新闻政论转向了人文与现实生活,选题范围得到大大拓展,过去被禁止的领域现在可以触及。纪录片创作人员的思维也得到解放,开始借鉴、学习西方纪录片的理念及方法,抛弃过去那种单向传播的说教模式,转而从客观的视角记录真实,用镜头语言追寻中华民族文化精神的根源,建构中国民族国家的形象。反思历史、探讨中华民族的民族性以及展望未来成为此时期电视纪录片的重要主题。1979年我国同日本联合摄制的大型纪录片《丝绸之路》是这一转变的代表作,它和后来的《话说长江》《话说运河》《黄河》《河殇》等重要作品均以历史遗迹或自然存在为叙事线索,全方位剖析中华历史文化,画面外所要表达的其实是追求民族复兴及现代化的潜在愿望。

这一时期,刚刚获得解放的知识分子开始走近电视,抓住这一发声机会,把自己的思想与抱负表达出来,用电视语言来抒发对于民族和社会的责任心,电视纪录片在新闻和文艺节目之外成为第三条重要表达途径。由于过去中国专门针对纪录片的理论研究并不多,而转向电视纪录片的新从业者们多具有文学、电影行业背景,故本时期的电视纪录片多体现为文学元素与影像元素的结合,更重视观点表达而非事实纪录;再加上当时音视频的同步采集并没有大规模推广,因此这一时期的电视纪录片形式并未脱离过去的画面配解说样式,多有事先写好的解说词或底稿,再根据需要配上现实画面。中国电视纪录片在这一时期形成的立体组合史料、观点、画面、解说的组织模式和叙事风格一直影响到今天。事实上,中国电视纪录片形态并不能被简单同西方纪录片发展史上某一特定时期或学派相对应,更像是在博采众长的基础之上,从中国传统人文论证理念出发的综合产物。

此外,这一时期中国电视纪录片开始了栏目化发展。随着电视作为媒体形式在全国范围的普及,中国纪录片产量显著增加,而播出渠道却不能满足需要,于是中央电视台相继开设了《祖国各地》《兄弟民族》《神州风采》等短纪录片栏目,播出全国各地的纪录片作品。1988年开播的《地方台50分钟》(后改为《地方台30分钟》),提供纪录片播出平台的同时也起到了从全国地方台选拔优秀作品的作用,极大地推动了中国电视纪录片的发展。这一时期的一些优秀作品开始在国际舞台上发出声音、斩获奖项。

三、转向关注民众的时代[①]

改革开放头十年为思想的进一步解放积累下了经济基础。经历了上一时期对民族文化、精神的追寻思考之后,逐渐富裕起来的中国人开始关注身边普通人的生活。20世纪90年代,伴随着电视的快速成长,中国电视纪录片也进入了一个新的发展时期。这一时期的纪

---

① 本部分参考了陈一、史彭英、王旻诗编著:《电视纪录片概论》,国防工业出版社,2014,第51-53页;董春晓编著:《纪录片制作教程》,浙江大学出版社,2014,第30-33页。

录片逐步普及了栏目化的组织形式。而随着电视媒体在技术方面的进步以及实践、研究方面的深入,音画同步的记录方式也得到普及,电视纪录片逐步形成了区别于电影的拍摄手法及表现特征。1993年,中央新闻纪录电影制片厂并入中央电视台,上海科教电影制片厂并入上海电视台,八一电影制片厂的纪录片制作部分也移交给了解放军电视制作中心,标志着我国纪录片的主要阵地正式由电影转向电视。

自20世纪80年代末开始,中国文学开始关注"小人物"的"普通生活",而90年代则开始流行"老照片"怀旧叙事。艺术方面,纪实摄影发展到90年代,一些处于社会边缘地位的人群如流浪者、外来务工人员等开始成为关注对象,而体制外的独立纪录片制作人也跟随了这一趋势。1990年吴文光拍摄了《流浪北京——最后的梦想者》,首次以纪实而非宏大叙事来再现个人在社会中挣扎的过程;1991年康建宁和高国栋合拍的《沙与海》也是类似题材,代表中国首次获得亚洲广播电视联合会纪录片大奖。独立纪录片在这一时期的尝试被称作中国"新纪录片运动",一时风靡于世。

同独立纪录片类似,这一时期的主流电视纪录片也走上了变革之路,开始摆脱之前的格里尔逊式画面加解说词的组织模式,转向对同期声、跟拍、长镜头的综合运用,讲求声画并举、原生态纪录。中央电视台军事部制作的《望长城》是这一时期的开山大作,第一次放弃了画面加旁白的传统方式,转为现场同期声;内容上也用事实对象的客观呈现取代了旧的主观讲述;而整部纪录片对平等对话的运用和对普通大众故事的讲述等,使其显示出不同于过去作品的特征,成为时代划分的标志。此后,中国电视纪录片开始回归当下大众生活,而纪实手法也更进一步受到重视。这一时期,中国电视纪录片的播出平台集中体现为南北两大纪录片栏目,分别是1993年2月开播的上海电视台《纪录片编辑室》和1993年5月开播的中央电视台《东方时空》中的《生活空间》①。《纪录片编辑室》每期40分钟,定位为"聚焦时代大变革,记录人生小故事",凭借与观众生活紧密的结合度收获了最高达30%以上的收视率,其所制作的《毛毛告状》《远去的村庄》等片还多次在国内外电视节获奖。《生活空间》凭着大众耳熟能详的主题语"讲述老百姓自己的故事",成为一代中国电视观众所关注并喜爱的热点栏目,因其对社会中下层群众和弱势群体的关注赢得了极高的社会赞誉。观众从这些作品中看到了由老百姓自己演绎的生活故事,平民意识和纪实美学取得了成功。

栏目化发展在这一时期得到了充分的实践检验,契合时代特点,满足了人们日趋增长的精神文化需求,收获了一定的成功,标志着电视纪录片创作手法的成熟。电视媒介的传播特点及叙事模式使得短片集合更优于单独长片,纪录片栏目则为这些短片提供了容器。而这一时期的电视纪录片也暴露出自身发展中的一些问题,如创作周期过长、内容故事性不强、

---

① 于1995年进一步改版为短纪录片专栏,又于2000年改名为《百姓故事》。

叙事拖沓平淡、投资和制播模式不合理等。问题的累积使得到了20世纪90年代后期，尤其是1998年之后，中国电视纪录片进入了一个相对低谷的时期，作品在国际评比中落选，创作队伍青黄不接，包括《纪录片编辑室》在内的曾一度辉煌的纪录片栏目也遭受了收视率下滑，被迫从黄金时间下马。世纪之交的尴尬境遇使得中国电视人又一次出发，积极追寻中国电视纪录片发展的新出路。

四、多元化、国际化发展时代

进入21世纪，中国电视纪录片面临着收视热潮的退去，全球化、消费文化、娱乐化的冲击使得纪录片这种艺术形态显得有些过于"一本正经"而被逐渐边缘化了。收视率挂帅的指导思想一度使得电视纪录片遭遇生存危机，虽然有政策保护，但仍然难免在同娱乐节目的竞争中处于下风。世纪之交的问题促使中国电视纪录片行业重新思考自身出路，多元化、国际化成为新的发展方向。

多元化主要体现在内容、生产和平台三个层面。首先，新时期中国电视纪录片不再像过去那样，一段时间内大家都专注于某类题材，而是往多元化、类型化方向发展，学习西方经验，积极回应不同观众的不同收视喜好，融合纪实与娱乐，满足大众需求。从实践结果来看，目前有三个类型较为成功，即新闻和社会纪实类、历史文化及科学探索类和专题化大型类纪录片。新闻和社会纪实类纪录片主要以新闻频道或新闻节目中的纪录片版块出现，如央视新闻频道的《纪事》和《社会记录》等，从新闻事件中寻找线索，深挖事件背后的故事，作为当初《生活空间》的继位者传承了其关注普通民众现实生活的精神。历史文化及科学探索类则积极向西方学习，引入"新纪录电影"模式中对于虚构手段的运用、西方商业纪录片频道的产业化经营及故事化、泛娱乐化的表现手段等经验，在保证内容严谨同时不排斥对收视率的追求，收获颇多成果，如2001年央视科教频道借鉴美国探索频道，开办了以自然地理、人文历史为主题的纪录片栏目《探索·发现》，融合纪实性和娱乐性，强化故事性趣味性的叙事手段，获得成功，于2002年10月荣获法国第十九届儒勒·凡尔赛奖。专题化大型纪录片则是中国电视纪录片向西方学习大投入大制作的产物，近年来涌现了一批社会反响较好、市场回报较高的优秀作品，如《大国崛起》《故宫》《复兴之路》《舌尖上的中国》系列等。这些作品均系统地学习了西方经验，积极运用搬演、动画、重现等虚构手法，以及新兴电子设备和计算机辅助技术，在记录、传递事实的同时大大提升了受众的感官体验，强调故事性、娱乐性。此外，这些作品均遵循了市场化营销规律，在国内外展开积极推广合作，并努力开发上下游产品，形成链式模式，推进纪录片产业化。

第二，生产层面。随着市场对于纪录片的需求量不断增加，电视纪录片的制作方式也日渐多元，逐渐走上学习西方发达国家制播分离的市场化道路，现已有独立制作、联合制作、委托制作、加工合成以及外购等多种形式。拍摄资金来源也在原有的政府、电视台的拨款、赞助之外引入市场资本,并促使电视纪录片转向重视市场。这方面的案例有:安徽台在安徽省委宣传部的指导协调下,与央视纪录频道合作制作了6集纪录片《大黄山》;四川台与央视纪录频道合作推出了《三国》;中央电视台、中国教育电视台则委托商业化的北京三多堂传媒科技有限公司为其制作纪录片节目。2013年7月,中央电视台纪录频道牵头成立了中国纪录片制作、播出联盟,其中的制作联盟集合了百余家纪录片制作机构。电视纪录片制作的多元合作日趋普及,电视纪录片产业正初现雏形。

第三,平台层面。中央及省级电视台相继开办专业纪录片频道,如央视纪录频道、上海纪实频道、北京纪实频道、湖南金鹰纪实频道等,非纪录片频道也相继开办纪录片栏目,如央视科教频道的《探索·发现》《真相》,省级电视台的《闲话上海滩》《湖湘人物志》等,这些变革使得电视纪录片的生存平台得到拓展。2013年10月,国家新闻出版广电总局发文规定,从2014年1月1日起,全国所有上星综合频道(卫视频道)每天至少播出30分钟国产纪录片,从政策上为电视纪录片提供了平台保障。

此外,国际化也是近年来中国电视纪录片行业的一个显著发展趋势。在引入外方优势节目、频道以及合拍纪录片的同时,我国电视纪录片行业更积极学习先进国家经验,探索市场化的策划制作方式,推行精准、个性化的营销策略,大力推进产业化品牌化运作,努力推动我国优秀纪录片作品"走出去"①。经过21世纪头十年的发展,目前我国电视纪录片已经积累了许多走出去的实战经验,收获了令人较为满意的成绩。近年来,我国电视纪录片国际交易价格逐步提高,《舌尖上的中国》即为其中佼佼者,在首播之后两个月内,2012年7月便卖出了28万美元的海外授权,年底更达35万美元,与2011年、2010年出口纪录片第一名相比分别增加了1.9倍及2.6倍。纪录片国际销售范围也日益扩大,已经覆盖到五大洲51个国家和地区以及14条海外航空公司航线。优秀的纪录片作品更是进入了欧美主流市场,《舌尖上的中国》进入比利时国家电视一台黄金时段、波兰最大的商业电视台Canal+,以及澳大利亚SBS频道、美国PBS系统等,《超级工程》等优秀作品也进入了德国的核心媒体平台。这些成绩是纪录片频道成立之后的显著成果,标志着栏目化发展的更高层次——频道化经营战略的成功。2016年央视纪录频道与英国BBC合作《非洲》《隐秘王国》等项目,与新西兰自然历史公司合作《野性的终结》,2016年首播了《猎捕》等7部合拍片。2017年由五洲传播中心、探索亚太电视网、Meridian Line Films联合制作的《习近平治国方略:中国这五年》。该片由五洲传播中心、探索亚太电视网、Meridian Line Films联合制作,包括《人民情怀》《大国治理》《合作共赢》共三集,2017年10月14日,《习近平治国方略:中国这五年》在探索亚洲电

---

① 程春丽:《中国纪录片"走出去"探索与对策研究》,《中国纪录片发展报告(2014)》,社会科学文献出版社,2014。

视网与中国五洲传播中心(CICC)共同开办的周播栏目《神奇的中国》(Smart China)播出，这是第一部以习近平命名的纪录片，也是第一部在西方主流媒体正面讲述中国领导人的作品，引发广泛反响。与新西兰自然历史公司(NHNZ)、美国公共广播电视台(PBS)、德国电视二台(ZDF)联合制作了《大太平洋》上海纪实频道与美国国家地理频道联合制作了《被点亮的星球》《火星计划》，与美国探索频道联合制作了《中国美》等。北京纪实频道与奥地利联合制作《长城》国际版，与日本NHK联合制作《最后的沙漠守望者》；江苏卫视与英国雄狮影视合作《你所不知道的中国》(第三季)，2017年在BBC世界新闻频道全球首播[1]。这些国际合作纪录片选题广泛，合作多元，立意深刻，有效地拓展了中国话语的空间。此外，中美合拍的《我们诞生在中国》在美国上映，并成为年度纪录片票房冠军。中英合拍、BBC地球影业出品的自然纪录电影《地球：神奇的一天》上映。伴随着国际传播呈现出新趋势，题材丰富多元，主流媒体、民间机构与国外合作形式多样，形成立体交叉的传播和制作格局自然地理仍是国际传播的硬通货。2019年2月19日五洲传播中心、美国探索频道、爱奇艺推出的《极境》在美国探索频道亚太网播出，展示青藏高原、塔克拉玛干沙漠、黑龙江的极致风景。同年，哔哩哔哩与美国国家地理频道联合出品《未至之境》在美国国家地理频道播出。中央广播电视总台央视纪录国际传媒与BBC世界新闻频道、英国野马制作公司联合制作《中国的宝藏》，在英国BBC世新闻频道播出。综上所述，我国在纪录片国际化发展进程中在不断探索，在机遇中寻求发展，在发展中不断壮大。

第四节 电视纪录片的主要类型、特征及发展趋势

一、电视纪录片的主要类型

对于电视纪录片的分类，目前学界还未能达成明确的共识，不同的学者从不同的角度出发，提出了多个分类标准及其相应的类别。中国电视纪录片发展轨迹就是从历史的维度出发，将国内电视纪录片的发展划分为四个时期，依据时间顺序、按照主题表征将之分类。此外还可以按照表现风格划分为侧重写实型纪录片和侧重写意型纪录片；按照文体的不同分为新闻型纪录片、政论型纪录片和散文型纪录片；从制作模式的角度则可以分类成商业纪录片、宣传纪录片和独立纪录片等[2]。

综合不同观点，考察国内电视纪录片发展历程及其中有影响力的纪录片作品，我们认为

---

[1] 张同道、刘忠波：《2017年中国纪录片作品研究报告》，《当代电视》2018年第7期，第4-6页。
[2] 陈一、史彭英、王旻诗编著：《电视纪录片概论》，国防工业出版社，2014，第10-15页。

从内容题材和体裁形式这两个方面对电视纪录片进行划分可以比较全面地覆盖现有的纪录片作品及表现形式。

(一)以内容题材分类

1. 新闻及政论宣传类纪录片

改革开放之前,我国的电视纪录片以新闻及政论主题为主,在当时承担着弘扬时代精神、宣扬英雄事迹的功能,创作风格及题材都较为单一、雷同,带有较强的说教色彩,服务于社会意识形态的宣传。

1965年录制的代表性作品《收租院》,借助影像和解说生动形象地反映了阶级压迫的主题,成为一次成功的对民众的思想教育。然而并非所有的这一时期的新闻及政论宣传类纪录片都受到了欢迎,由于其浓厚的意识形态色彩以及高高在上的叙事口吻,这类纪录片整体上的传播效果并不理想,且这类作品大多是时代的产物,随着时代的变迁和社会的发展逐渐退出了观众的视野。

新时期,政论型纪录片也仍在创作,且摈弃了过去过于浓重的意识形态及说教色彩,新加入了对于艺术手段的应用,重拾纪实原则,在一定程度上重新赢得了广泛的社会关注。例如2020年围绕是脱贫攻坚收官和抗美援朝70周年主题,涌现大量优质纪实精品。《2020我们的脱贫故事》总导演张旭语说本片"长期跟踪,真实记录,影像克制而不失温度,没有解说,让故事自己说话"。该片采用了直接电影的方式,历时4年,由8位导演用500分钟记录了全国9个深度脱贫点:云南怒江峡谷傈僳自治州沙瓦村、山东东平县黄河滩涂的耿山口村、湖北省咸丰县洪湖中央的悬浮村落等,记录了老区、边疆及一些特殊生态区的村庄摆脱贫困的全过程。用日常细节记录社会变迁,凸显了时代脉动。《承诺》《第一书记》《中国扶贫在路上》《我的扶贫年》等作品也通过不同的脱贫故事,展现了脱贫攻坚工作的成就。以为纪念中国人民志愿军抗美援朝70周年,大批纪录片以此为主题如《为了和平》《英雄儿女》《抗美援朝保家卫国》《英雄》《不朽的丰碑》《刀锋》等。这些作品以抗美援朝战争为叙事主线,讲述了中共中央的艰难决策、志愿军秘密赴朝、历次重大战役、朝鲜停战谈判、志愿军凯旋归国等重大历史事件,首次披露了一些相关资料和战争内幕,弘扬了中华民族的风骨和血性。①

2. 自然及科教类纪录片

自然及科教类纪录片以动植物、自然现象、地理风光为拍摄和记录对象,以表现特定地理范围内的自然风光、风土人情。当然,这类纪录片并不仅仅局限在对自然环境的呈现上,而更注重于提供给人们更好的认识了解自然的机会,引起人们对于保护生态环境的重视,引

---

① 张同道:《纪录片:纪实影像里的中国》,《文艺报》2021年1月20日第4版。

发人们对于人与自然、社会与生态之间的关系的反思。因而这类作品不仅传递优美的自然风光,更兼具思想性和人文关怀。

例如,20 世纪 80 年代最受欢迎的电视纪录片《话说长江》,就是中国人自己创作拍摄的展示国家人文地理、自然风光的第一部作品,记录了中国最长的河流——长江,以及与它有关的自然、人文景象以及长江流域的人们的生活状态,成为一本经典的爱国主义的地理教科书,一份厚重的承载了民族集体记忆的时代影像。而新世纪以来这类纪录片的代表作很多,像 2014 年的《大黄山》,作为中国纪录片播出联盟成立后央视纪录频道和兄弟电视台合作推出的首部作品,该片以高屋建瓴的文化视角,成熟完善的商业制作,合理充分利用新科技,为观众奉上了一顿视觉文化皆丰的纪录片大餐,并标志着我国自然类纪录片登上新的高地①。

3. 人文及历史类纪录片

人文及历史题材是近年来国内电视纪录片的主要着力点,这类作品的外延较广,人物传记、历史文献、专题访谈、社会纪实等主题都可归于这一范畴之中。这类作品承载了多重功能,包括社会认知、文化传承、审美与娱乐,受到观众喜爱的同时,也成为众多纪录片创作者青睐的题材。

国内的人文及历史类纪录片发展至今,数量颇丰,往往一个著名拍摄对象有着不止一部与之相关的纪录片作品。以故宫为例,1987 年中国新闻纪录电影制片厂拍摄了最早的关于故宫的纪录片《紫禁城》,获得了第 7 届中国电影金鸡奖特别奖;2005 年故宫博物院和中央电视台联合制作推出了 12 集系列纪录片《故宫》。作为迄今为止对故宫展示得最为全面的作品,《故宫》展现了深厚的人文精神和历史使命感,重构了国人的民族记忆,并起到了文化传承的重要作用。除此之外,近年来的《舌尖上的中国》系列、《互联网时代》、《1937 南京记忆》等都是人文及历史类纪录片的优秀代表作。2018 年由陈晓卿担任总导演,腾讯视频出品,稻来传媒、企鹅影视联合制作的美食探索纪录片《风味人间》已播出两季。从中国到世界,拓展美食版图,以颇具文学意味的解说词搭配引人垂涎的美食画面,持续点燃中国人的味蕾。进而推出的《风味原产地》《早餐中国》《宵夜江湖》《一日之食》各具特色,将美食纪录片细化切片呈现给观众。《老广的味道》《江湖菜馆》《大地私宴》《面面大观》等美食节目也各有千秋。《风味原产地》通过市场销售进入美国奈飞网络,已传播到世界 190 多个国家和地区。2020 年文化纪录片创作尤为突出,如《掬水月在手》《伟大的诗人——杜甫》《文学的故乡》《文学的日常》等作品隽永清丽,以文学之美洗涤心灵。《伟大的诗人——杜甫》是英国 BBC 与中

---

① 央视网:《中国纪录片播出联盟处女作〈大黄山〉展现中国"山文化"》,央视网 2014 年 1 月 17 日,http://jishi.cntv.cn/2014/01/17/ARTI1389947782166662.shtml,访问日期:2021 年 9 月 9 日。

央广播电视总台合作的作品,以历史学家迈克尔·伍德来到中国为线索,记录其从河南巩义到西安、成都、长沙,追寻杜甫一生博取功名、颠沛流离的生活足迹。而以挖掘历史文化,弘扬时代精神的优秀作品亦不胜枚举。如《中华文明》《中国通史》《中国》《西泠印社》《与古为友》等。

(二)以体裁形式分类

1. 单本纪录片

电视纪录片最早来源于纪录电影对电视平台的移植,加之早期电视技术不成熟,不足以支撑成规模的系列纪录片拍摄,而早期电视纪录片从业者也多具有电影背景,因此电视纪录片在发展初期类同于电影,主要表现为单本纪录片,即以单集、单主题、不连续的形态为主。单本纪录片并不在电影院上映,而只在电视上播出。

如由安徽电视台和中央电视台于1993年联合摄制的纪录片《远在北京的家》就是一部时长1小时的单本纪录片,该片记录了20世纪90年代初期一群从安徽省无为县农村中走出来到北京打工的小保姆的生活历程。作为国内电视纪录片纪实主义风格的引领者,该片获得了1993年四川国际电视节大奖、1993年全国社教节目评比特等奖。类似的单本纪录片在电视纪录片发展的初期较为多见,且反响不小。随着技术的进步及行业的发展,系列片开始出现,并成为一种主流的电视纪录片类型。

2. 系列纪录片

系列纪录片是现如今最为常见的一种电视纪录片形式,以一个主题拍摄制作一部系列,从几集到数十集不等。从20世纪的《话说长江》《话说运河》的"话说"系列,到近年来的《舌尖上的中国》系列,还有上文提及的三大内容类别中的代表作品,也都是系列纪录片。

随着国家政策的支持以及纪录片产业的深入发展,越来越多立意高远、品质优良的系列纪录片见诸荧屏,代表作如《大国崛起》《复兴之路》《美丽中国》《航拍中国》等,这些纪录片从多元化的角度真实记录了社会乃至世界的发展变迁,在不断传承中给后人以智慧与启迪。以《航拍中国》为例,这部由中国中央电视台影视剧纪录片中心出品,央视纪录国际传媒公司承制的系列纪录片,至今已经播出三季。用航拍的形式,从宏观到微观,记录了中国23个省份的自然地理风貌、历史人文景观和社会经济发展。以"上帝视角"带来的极具冲击力的视觉奇观和富含激情的解说词,勾勒出中国各个省份的壮美面容。

3. 纪录片栏目

1993年,上海电视台创办了我国大陆第一个专门的电视纪录片栏目《纪录片编辑室》。同年,中国纪录片学术委员会成立。此后,中央及地方电视台陆续开办纪录片栏目,作为单本及系列纪录片在电视中的播出平台,比如《舌尖上的中国》曾分别在央视一套节目的《魅力纪录》栏目、央视纪录频道的《特别呈现》栏目中播出。但电视中还存在着另外一种纪录片栏目,其并不播出不同主题的单本或系列纪录片,而是遵照某种主题进行着模式化生产和日常化播出。以北京电视台的《档案》栏目为例,该栏目定位为纪实类栏目,其节目模式是由一个特定的、极具个性化的讲述者(主持人)在演播室进行现场讲述和展示为基本形态,穿插案件和事件现场实录回放,通过幻灯机、放映机以及先进的三维技术,利用档案材料及影像、声音、图片、实物等诸多道具,还原每个历史场景,让观众产生强烈的代入感,从而"身临其境"地感受到历史中每个震撼人心的瞬间。该栏目每期的内容都不相同,从历史事件到社会故事,从历史人物到演员明星,一期一个主题,不是系列化而是主题化运作,从而成为一档具有明确定位和自身风格的纪录片栏目。简单的理解,纪录片栏目是栏目化的纪录片,系列纪录片则是非栏目化的纪录片。2011年1月1日,中央电视台纪录频道(频道呼号:CCTV-9)开播,该频道以播纪录片为主的专业频道。2016年更名为"中国国际电视台纪录频道"。该频道淡化栏目概念,强化大时段编排。这一举措,更加体现了沉浸式纪录片放映模式的重要作用。

上述的分类并非是绝对化的,只是为了对电视纪录片进行较为直观的理解和比较。实际上,业界的创作并不受限于这些类别的定义,各类别之间的交叉甚至会创造出新的类别。而进行类型化研究更是为了梳理电视纪录片的历史及现状,以期更好地对实践提供参考。

二、电视纪录片的特征

在历史上不同纪录片流派中,有的强调客观真实性,只容许旁观(直接电影);有的强调摄影机主体性,运用镜头语言及蒙太奇手段组合事实画面来传递意见(电影眼睛);有的强调主题先行,运用激情洋溢的解说词来阐述画面表达思想(格里尔逊学派);也有的强调挖掘现象背后的真理,摄制者参与进影片本身,以访谈形式让被摄者表达自我(真实电影);甚至还有的为了追寻意义的真实,连非虚构的原则也不要了(新纪实电影)。电视纪录片与电影纪录片同属纪录片,自然对这一切思想均有所承接,但二者之间亦有所区分。电视纪录片继承并发展了电影纪录片的美学哲学思想,并根据电视技术与传统手段的不同特点做出了新的探索,形成了自己独有的特征。正如尼尔·波兹曼所言,媒介并非是单纯的工具,而是一种隐喻,用一种隐蔽但有力的暗示来定义现实世界①,并影响到其表达方式以及内容。

(一)题材的大众化

电视作为大众传播媒介,始终与大众的审美趣味有着相互促进、共同成长的关系。20世

---

① [美]尼尔·波兹曼:《娱乐至死》,章艳译,中信出版集团,2015,第11页。

纪90年代,电视纪录片更多的代表着精英文化,是一种较为小众的电视形态。岁月流转,当今的电视纪录片市场愈发成熟,观看纪录片已经成为大众普遍接受的收视行为。为了迎合观众的欣赏口味,电视纪录片倾向于选择通俗化的内容,平民化的视角,朴实化的表达。表现手段更为生动化、艺术化和技术感十足。

例如,1993年开播的《东方时空》,其纪录片子栏目《百姓故事》(原《生活空间》),是全国开办的第二个电视纪录片栏目。该栏目以"老百姓的故事"为题材,让农民、农民工、下岗职工等诸多普通人走上荧屏,以平视化的拍摄视角,力图表现生活本身的模样与力量,被誉为是"一部记录中国小人物的历史"①。作为纪录片作品中采用大众化题材的先锋,《百姓故事》在20世纪90年代的后半期掀起了一场小人物的纪实主义拍摄风潮,带动了一批纪录片栏目的出现。自此,题材的大众化也成为电视纪录片的突出特征。

(二)形态的系列化

电视的播出是日常化的,只有成系列的节目才能促成观众对节目的持续关注,因此,系列化是电视纪录片发展到一定程度后必须具备的形态特点。市场营销中,系列化是商家占领市场的重要手段②,在电视领域同样如此。制作并播出系列化的纪录片作品可以吸引观众在一段时期内对同一主题的持续性的关注,强化其收视意识,从而培养起固定的收视群体。

对于那些"大制作"的系列纪录片,其本身在形态上就体现出标准化和系列化的特点。而对于电视纪录片栏目,其按照现代化的运作方式,在栏目宗旨、内容与对象定位、策划与选题、板块切割划分、管理制度等各个方面都具有较为统一的标准③,因此也同样呈现出系列化的形态。以《探索·发现》栏目为例,作为一档人文历史与自然地理类纪录片栏目,栏目以纪录片的拍摄和制作手法,展示国内外的历史、地理、文化故事,探寻自然界以及人类社会的奥秘与真相。该栏目曾相继推出过《考古中国》《走进非洲》《千城百匠》《家乡至味》等系列节目,以实现"在未知领域努力探索,在已知领域重新发现"的栏目宗旨,丰富其"中国的地理探索,中国的历史发现,中国的文化大观"的栏目定位。

(三)制作的工业化

正是因为形态上的系列化,电视纪录片在制作上才进一步呈现出工业化的特点。真实性决定了电视纪录片的拍摄的不可控性和随机性,故此必须考虑时间和成本因素。尤其就纪录片栏目而言,按时播出和固定时长对内容影片提出了标准化要求,因而工业化的生产方

---

① 倪祥保、钱锡生编著:《广播影视学》,苏州大学出版社,2007,第282页。
② 王庆福、黎小锋:《电视纪录片创作》,重庆大学出版社,2011,第11页。
③ 胡智峰:《十年来中国电视发展历程的一种描述》,《中国电视》1999年第4期,第23-26页。

式是提高效率和产量的最佳途径。在一个系列纪录片或纪录片栏目的创作团队中,策划、编导、摄像、主持人等各司其职,并在前期策划过程中就对总的主题和每集的内容做出了决定和分配,每集的风格也事先定好要求,这样纪录片制作过程中的每道程序就都有了模板①。

有学者形象地将栏目化的电视纪录片的制作方式称为"短、平、快",即较少的投资、较短的拍摄周期以及不太重视深度叙事②。诚然,在定时定期定量以及电视收视率的多重压力下,电视纪录片不得不丢弃曲高和寡、阳春白雪的题材和内容,并通过工业化的生产方式改造成为适合大众消费、迎合大众口味的样式,但从另一个角度来看,这也是属于电视纪录片所独有的艺术特色,而且这种工业化的运作使得大批量大规模的纪录片节目的生产成为可能,保障了纪录片的制作和播放,培育出了较为稳定的纪录片收视群体,对纪录片的市场经营带来了一定的益处。

(四)纪实性的泛化

当下的纪录片栏目或节目中有很多虽然冠以"纪录"或"纪实"之名,但并未体现出清晰的纪录片属性,这使得普通受众头脑中本就不甚明白的纪录片概念趋于更加泛化乃至淡化,甚至不会意识到自己所观看的节目是电视纪录片。究其原因,一方面随着传播技术的进步和普及,大量现实生活的图景都能被摄像头、摄像机原原本本地记录下来;另一方面,纪录片栏目化、频道化的要求和深入发展,使得形形色色的对社会热点问题的访谈类节目、情景真实的案件聚焦类节目和方兴未艾的"真实电影"节目都以类纪录片的形态源源不断地制作和播出开来③。

因此,电视纪录片作品和纪录片栏目如雨后春笋般涌现,纪录片的概念和纪录片的外延被不断扩大,纪实性的泛化成为电视这一媒体给纪录片带来的突出特点,很多纪录片专业频道、栏目名称甚至不提"纪录""纪录片"而代之以"纪实"一词,如上海纪实频道、北京纪实频道。而对于纪实性的泛化是否会使纪录片这一艺术形式丧失对于纪实精神的固守和追求,业内外的讨论林林总总、褒贬不一,有人认为纪录片不应"改头换面",混同于新闻类、访谈类节目;也有人认为"亲民化"了的类纪录片节目、泛纪录片节目可以有利于纪录片这一艺术形式更好地走进"寻常百姓家"。事实上,纪实性的泛化拓宽了纪录片在题材选择、创作及拍摄手法上的思路,也在一定程度上拓展了电视纪录片的生存空间。没有普及就没有发展和提高,在日益普及的基础之上,相信电视纪录片会有更好的发展与创新。

---

① 王庆福、黎小锋:《电视纪录片创作》,重庆大学出版社,2011,第11页。
② 陈一、史彭英、王旻诗编著:《电视纪录片概论》,国防工业出版社,2014,第16页。
③ 倪祥保、钱锡生编著:《广播影视学》,苏州大学出版社,2007,第282页。

三、电视纪录片的发展趋势

电视纪录片作为反映和纪录社会发展和时代进步的视听艺术,在制作理念、风格特色、表现手法等方面已经积累了丰富的经验,形成了较为成熟的运营模式。但是,任何艺术形式都离不开生动的社会生活实践的滋养和发展,近年来,社会发展日新月异、科技飞速进步、人类的生活方式发生了巨变,电视纪录片也呈现出新的发展态势。

(一)选材多元化:关注社会现实、反映时代主题

重大社会历史事件、重大科技进步、重要人物事迹和各个领域的重大成就常常成为电视纪录片的重要题材,它体现了国家意识形态和主流的话语体系。很长一段时间,电视纪录片选材趋于小型化,把视角投向社会底层百姓、边缘群体和个体命运,这种平民化的视角、人文情怀与个人化倾向在当时获得了较强的认同感。21世纪以来,电视纪录片不再只是"小众化"和"个人化"的艺术,其选材集中于主流、有影响和社会化程度高的人群。同时,由于受市场因素的影响,纪录片选材更加多元,细分日益明显。电视纪录片既关注社会和时代发展的重大问题、强调国家利益和责任担当,又注重对微观社会现实的关照,关注百姓生活,满足受众需求。政治战争、环境破坏、空气污染、土壤毒化、医患纠纷、种族屠杀、吸毒贩毒等社会现实问题成为纪录片的重要选题。同时,反映百姓生活、纪录人生百态、关注个体自由的纪录片也吸引了受众的关注、共鸣和社会的普遍关注。纪录片选材的多元化、生活化、普世化,是受众多种欣赏收视需求和市场化运作的内在体现,这是电视纪录片发展的一个趋势。

(二)创作手法娱乐化:讲究视听修辞,追求故事化

娱乐化的浪潮也深远地影响了电视纪录片的创作。为了赢得观众、赢得市场,电视纪录片创作者在客观真实的前提下越来越讲究视听修辞和追求故事化,为纪录片注入娱乐元素。视听修辞是指以增强可观赏性和传播效果为目的的一种对声响、光线、色彩、构图、音乐、镜头等视听语言综合调度和运用的影视建构和传播艺术。这种手法不同于"雅文化",其平实质朴的选材、轻松幽默的呈现方式、贴近百姓和大众的视角,适应和满足了观众多样审美体验的需求,更加符合他们现代化的生活方式。作为全球最大的纪实娱乐节目供应商,美国的探索频道具有很强的视听修辞意识,在纪录片制作的每一个环节都"镶嵌"了娱乐元素。戏剧化主题的确定和冲突的精心设计、充满悬念和故事性的叙事、明快的节奏和富有感染力的音乐、精彩的解说和电影的剪辑手法等娱乐元素贯穿始终。英国BBC的电视纪录片为了吸引观众也在节目制作中融入了很多娱乐元素,形成了具有鲜明戏剧文学色彩的视觉语言。法国电视纪录片注重在镜头、光线和构图等方方面提升观赏性,是真实、唯美镜头语言修辞

的典型代表。"娱乐化"是一把双刃剑,不当使用会走向猎奇化、煽情化、低俗化的歧路,这不但会消解纪录片的主题和意义,还会减弱公众的思考和对社会问题的思考和关注。因此,需要恰当把握娱乐的尺度。

伴随着中国纪录片市场的成熟与发展,为了吸引受众的关注,纪实影像实践越来越泛化,"纪实+"的理念正在流行,它不囿于传统的、精英的、学术的纪录片概念,而是与其他影像、艺术形态进行嫁接,或者与某个垂直领域相结合,产生很多边界模糊的跨界节目。大陆桥主张"泛纪录片"的观念,把纪实类真人秀当作公司主营内容品类之一。三多堂董事长兼总经理高晓蒙认为纪实作为一种工具,可以广泛应用到各种类型的节目里。上造影视与B站联合推出的《历史那些事》已经大胆逾越了传统纪录片的边界,"用不正经的方式讲活了历史"①。《如果国宝会说话》至今已经播出三季,从2018年问世引发的热潮持续至今。其围绕故宫这一主题以幽默诙谐的方式、丰富的技术手段生动表达,吸引了大批的观众回归电视屏幕。

(三)生产制作工业化:市场化转向、国际化合作

生产制作的工业化在美国的探索频道和英国BBC已经发展成比较成熟的模式。工业化的生产可以不断复制电视纪录片和实现规模化生产,满足受众不断增长的收视需求和占领市场,建立包括节目市场调研、策划设计、拍摄制作、后期包装、发行广告、营销反馈、衍生增值等环节的产业链,这样才能实现节目生产的程序化、规模化、批量化和标准化。近年来我国纪录片电影也紧跟欧洲、美国、韩国等众多国家纪录片重返电影院的潮流,纪录电影已经成为纪录片业态中的重要一极,从2014年以来出现快速增长局面,2017年掀起一股小高潮,2018呈现出在反复中推进的发展局面,在新的发展周期中积蓄力量。2018年的生产量和公映量均创历史新高。2018年生产纪录电影57部,比2017年增加13部,增长了近30%。民营公司纷纷试水纪录电影,57部新片中,超过70%由民营公司出品。2018年有公映记录的国产纪录片合计16部,创近10年最高纪录,累计收获5.26亿元票房。如果算上同年上映的2部进口片《帝企鹅日记2:召唤》和《爱猫之城》,纪录电影年度总票房为5.34亿元。其中票房龙头《厉害了,我的国》以4.8亿元独揽全年90%的纪录电影票房。②

工业化生产保证了纪录片生产环节的细化和严格分工,可以有效回应市场的需求。市场化是电视纪录片生产的核心动力,市场化转向已经成为电视纪录片赢得市场和受众的重要手段,市场化也已渗透到电视纪录片的生产理念和制作实践中了,从受众分析到播出营销

---

① 樊启鹏、李瑞华、任伯杰:《2018年中国纪录片产业发展研究报告》,《电影艺术》2019年第3期,第118-122页。

② 同上。

的整个产业链完全围绕市场运作。电视纪录片也是一个国家文化软实力的重要组成部分，随着各国文化交流和国际合作的日益密切，国际化也会成为电视纪录片生产的新趋势。

(四) 节目形态多样化：技术影响明显，互动性加强

传媒技术变革是影响电视纪录片发展的重要因素之一。这种影响不仅表现在创作理念、内容选择等方面，还表现在节目形态上。随着移动互联网技术和智能手机技术的发展，手机和DV等便携式摄录设备逐渐普及，这意味着人人都可以成为记录者和拥有大量碎片化信息消费需求。电视纪录片为了吸引更多受众，融合新的媒介技术，逐渐推出了"微纪录片"这种新的传播形式。如，中央电视台制作的有关故宫的微纪录片，每集时长在10分钟以内，通俗易懂，便于各种移动终端收看。近年来，随着新技术涌现出的3D互动纪录片、VR纪录片等新节目形态，已经迥然不同于传统的电视纪录形式，呈现方式的数字化处理使节目的"沉浸化""互动性"的特点鲜明，让受众耳目一新。媒介技术进步不但会影响信息记录和呈现的形式，还会影响到具体的信息采集加工制作。非线性编辑、微距摄影、水下摄影、动画特技、CG、3D等技术深刻影响了电视纪录片的叙事模式、蒙太奇艺术、语言风格等。比如，纪录片《圆明园》采用三维技术复原和再现了圆明园当时的盛景，极大增强了节目的生动性和感染力。

(五) 传播渠道复合化：品牌IP持续发力、自媒体平台崛起

技术变革无疑会对社会产生颠覆性影响，从而改变人类的生产和生活方式。媒介技术的发展也改变了电视纪录片的传播渠道，使电视传播、互联网传播、移动传播复合运营成为可能。在互联网技术没有成熟之前，电视纪录片的唯一传播渠道就是电视台。截至2015年，中国纪录片专业上星频道发展到四家，分别是央视纪录频道、北京纪实频道、上海纪实频道和湖南金鹰纪实频道。但是，随着计算机技术、互联网技术、移动智能技术的进步，受众接受信息的方式和习惯也发生了重要变化，互联网和移动终端成为电视纪录片新的重要传播渠道。凤凰、腾讯、优酷、爱奇艺等主流视频网站纷纷划分出纪录片频道，提供独家纪录片视频资源。比如，腾讯纪录片频道拥有《火星时代》《怪奇战争》《水下世界》等纪录片的独播视频资源。另一方面，"一条""二更"等自媒体平台崛起，纪实类短片在其平台上迅速传播，内容包含室内设计、茶艺美食、人物访谈等多样化的分类。除其自平台传播以外，还与优酷、腾讯、新浪微博等互联网平台合作，借助他们的平台优势实现内容的传播。媒介深度融合背景下，新媒体已经是纪录片传播的必战之地。2020年新上线的网络纪录片数量剧增，根据国家广电总局监管中心发布的数据，2020年全年上线259部网络纪录片，同比增长超70%。腾讯视频、哔哩哔哩（B站）、爱奇艺、优酷是纪录片的主要新媒体传播平台，它们基本形成差异化

的竞争格局。纪录片版块的独立访客(UV)和访问次数(VV)局部有增有减,但是整体相对稳定。2020年B站纪录片频道的年度活跃用户总数已经突破9000万;广电和通讯系的CNTV、芒果TV、央视频、咪咕视频等的影响力趋增,芒果TV从2017年开始率先在行业实现盈利,并连续四年增长;短视频、中视频平台正式入驻从长远来看,[1]电视台、互联网和移动媒体等是电视纪录片复合化传播的主要渠道,多平台、跨平台运营成为一种发展趋势。

本章思考题

1. 如何理解"电视纪录片的内涵与外延一直处在变化之中"?
2. 试分析格里尔逊的纪录思想的优缺点。
3. 试分析"直接电影"和"真实电影"思想的异同及其对今日电视纪录片形态的影响。
4. 试在世界视野下分析我国电视纪录片不同历史阶段所表现的形态之间的异同和发展脉络。

---

[1] 樊启鹏、李瑞华、任伯杰:《2018年中国纪录片产业发展研究报告》,《电影艺术》2019年第3期,第118—122页。

本单元主要参考文献

1. 张凤铸主编.《中国广播文艺学》[M].北京广播学院出版社,2000.
2. 朱宝贺.《广播剧编剧艺术》[M].中国广播电视出版社,2001.
3. 朱宝贺,林长风.《广播剧导演艺术[M].中国广播电视出版社,2001.
4. 王雪梅.《中国广播文艺广播剧研究》[M].北京广播学院出版社,2003.
5. 王雪梅.《广播剧艺术论》[M].北京广播学院出版社,1991.
6. 朱宝贺、宋家玲主编.《广播剧选》[M].中国戏剧出版社,1981.
7. 祖文中.《广播剧电视剧概论》[M].黄河文艺出版社,1985.
8. 刘晔原.《电视剧艺术论》[M].北京大学出版社,2005.
9. 高鑫、吴秋雅.《20世纪中国电视剧史论》[M].学苑出版社,2002.
10. 李胜利、范小青.《中韩电视剧比较研究》[M].中国广播电视出版社,2006.
11. 曾庆瑞.《电视剧原理(第一卷)·本质论》[M].中国传媒大学出版社,2006.
12. 吴素玲主编.《电视剧艺术类型论》[M].中国传媒大学,2008.
13. 郝建.《中国电视剧文化与类型研究》[M].中国电影出版社,2008.
14. 欧阳宏生等.《电视文化学》[M].四川大学出版社,2006.
15. 贾磊磊.中国电视剧的历史与现状[J].文艺研究,2001(06):28-38.
16. 潘可武.多元时代电视剧的文化使命[J].现代视听,2009(04):10-12.
17. [美]约翰·菲斯克.《电视文化》[M].商务印书馆,2010.
18. [法]让-皮埃尔·埃斯克纳齐.《电视剧:电影的未来?》[M].冯娅译.中国电影出版社,2014.
19. 聂欣如.《纪录片概论》[M].复旦大学出版社,2010.
20. 赵玉明、王福顺主编.《中外广播电视百科全书》[M].中国广播电视出版社,1995.
21. 陈一、史彭英、王旻诗编著.《电视纪录片概论》[M].国防工业出版社,2014.
22. 何苏六.《中国电视纪录片史论》[M].中国传媒大学出版社,2005.
23. 董春晓编著.《纪录片制作教程》[M].浙江大学出版社,2014.
24. 王庆福、黎小锋.《电视纪录片创作》[M].重庆大学出版社,2011.
25. 吕萌、左靖.《当代广播电视概论》[M].合肥工业大学出版社,2004.
26. 倪祥保、钱锡生编著.《广播影视学》[M].苏州大学出版社,2007.
27. 黎力.《广播电视学》[M].上海三联书店,2013.

28. 何苏六主编.《中国纪录片发展报告》(2011、2012、2013、2014)[M].社会科学文献出版社,2011年、2012年、2013年、2014年。

29. 张同道.《世界纪录片作品辞典》[M].中国广播电视出版社,2017.

30. 张同道.《中国纪录片发展研究报告(2017)》[M].中国广播电视出版社,2017.

34. 樊启鹏.《2020年中国纪录片产业观察》[J/OL].电影艺术:1-6(2021-05-18).http://kns.cnki.net/kcms/detail/11.1528.j.20210409.0955.002.html.

附录 《广播电视概论》第一至四版编写组

《广播电视概论》(第一版)
编写组

主　编　宫承波

副主编　成文胜　艾红红　萧盈盈　葛自发

执笔人员

　　第 一 章　艾红红　【世界广播电视发展概观】
　　第 二 章　艾红红　【中国广播电视发展概观(一)】
　　第 三 章　艾红红　【中国广播电视发展概观(二)】

　　第 四 章　田　旭　宫承波　【传统广播电视技术概观】
　　第 五 章　田　旭　宫承波　【新媒体技术与广播电视新形态】

　　第 六 章　马　琳　宫承波　【广播电视传播概说】
　　第 七 章　马　琳　宫承波　【广播电视传播要素解析】
　　第 八 章　范雪纯　宫承波　【广播电视传播生态审视】

　　第 九 章　成文胜　【广播电视节目概说】
　　第 十 章　成文胜　【广播电视节目的构成要素】
　　第十一章　成文胜　【广播电视节目的基本形态与类型】
　　第十二章　成文胜　【广播电视节目主持人】

　　第十三章　萧盈盈　【广播剧】
　　第十四章　谭嘉言　【电视剧】

　　第十五章　葛自发　【广播电视产业概说】
　　第十六章　葛自发　宫承波　【广播电视产业发展探析】

《广播电视概论》(第二版)编写组

主　编　宫承波

副主编　成文胜　艾红红　田　园　范松楠

执笔人员

- 第 一 章　艾红红　【世界广播电视发展概观】
- 第 二 章　艾红红　【中国广播电视发展概观(一)】
- 第 三 章　艾红红　【中国广播电视发展概观(二)】

- 第 四 章　田　园　宫承波　【传统广播电视技术概观】
- 第 五 章　田　园　宫承波　【新媒体技术与广播电视新形态】

- 第 六 章　范松楠　宫承波　【广播电视的意识形态属性】
- 第 七 章　范松楠　宫承波　【广播电视的产业属性】
- 第 八 章　范松楠　宫承波　【广播电视的公共服务属性】

- 第 九 章　田　园　宫承波　【广播电视传播概说】
- 第 十 章　田　园　宫承波　【广播电视传播要素解析】
- 第十一章　田　园　宫承波　【广播电视传播生态审视】

- 第十二章　成文胜　【广播电视节目概说】
- 第十三章　成文胜　【广播电视节目的构成要素】
- 第十四章　成文胜　【广播电视节目的基本形态与类型】
- 第十五章　成文胜　【广播电视节目主持人】

- 第十六章　萧盈盈　【广播剧】
- 第十七章　谭嘉言　宫承波　【电视剧】

《广播电视概论》(第三版) 编写组

主　编　宫承波

副主编　成文胜　艾红红　范松楠　田　园

执笔人员

　　第 一 章　艾红红　【世界广播电视发展概观】
　　第 二 章　艾红红　【中国广播电视发展概观(一)】
　　第 三 章　艾红红　【中国广播电视发展概观(二)】

　　第 四 章　田　园　宫承波　【传统广播电视技术概观】
　　第 五 章　田　园　宫承波　【新媒体技术与广播电视新形态】

　　第 六 章　范松楠　宫承波　【广播电视的意识形态属性】
　　第 七 章　范松楠　宫承波　【广播电视的产业属性】
　　第 八 章　范松楠　宫承波　【广播电视的公共服务属性】

　　第 九 章　田　园　宫承波　【广播电视传播概说】
　　第 十 章　田　园　宫承波　【广播电视传播要素解析】
　　第十一章　田　园　宫承波　【广播电视传播生态审视】

　　第十二章　成文胜　【广播电视节目概说】
　　第十三章　成文胜　【广播电视节目的构成要素】
　　第十四章　成文胜　【广播电视节目的基本形态与类型】
　　第十五章　成文胜　【广播电视节目主持人】

　　第十六章　萧盈盈　【广播剧】
　　第十七章　朱逸伦　宫承波　【电视剧】
　　第十八章　张凌霄　宫承波　【电视纪录片】

《广播电视概论》(第四版)编写组

主　编　宫承波

副主编　成文胜　艾红红　范松楠　田　园

执笔人员

第 一 章　艾红红【世界广播电视发展概观】
第 二 章　艾红红【中国广播电视发展概观(一)】
第 三 章　艾红红【中国广播电视发展概观(二)】

第 四 章　张凌霄　宫承波【传统广播电视技术概观】
第 五 章　张凌霄　宫承波【新媒体技术与广播电视新形态】

第 六 章　范松楠　宫承波【广播电视的意识形态属性】
第 七 章　范松楠　宫承波【广播电视的产业属性】
第 八 章　范松楠　宫承波【广播电视的公共服务属性】

第 九 章　田　园　宫承波【广播电视传播概说】
第 十 章　田　园　宫承波【广播媒体生态位与生存空间审视】
第十一章　田　园　宫承波【电视媒体生态位与生存空间审视】

第十二章　成文胜【广播电视节目概说】
第十三章　成文胜【广播电视节目的构成要素】
第十四章　成文胜【广播电视节目的基本形态与类型】
第十五章　成文胜【广播电视节目主持人】

第十六章　张　洁　宫承波【广播剧】
第十七章　朱逸伦　宫承波【电视剧】
第十八章　惠东坡【电视纪录片】

媒体创意专业核心课程系列教材
（已出版书目）

1. 《创新思维训练教程(第二版)》
2. 《图形创意》
3. 《摄影基础教程》(第三版)
4. 《动画概论》(第三版)
5. 《现代报刊概论》
6. **《广播电视概论》(第五版)**
7. 《新媒体概论》(第九版)
8. 《媒介融合概论》(第三版)
9. 《数字媒体艺术导论》(第二版)
10. 《流媒体原理与应用》(第三版)
11. 《传播学纲要》
12. 《新闻历史与理论》
13. 《新闻业务》
14. 《大众文化通论》(第三版)
15. 《文化创意产业总论》
16. 《影视声音艺术概论》(第二版)
17. 《媒体市场调查与分析教程》
18. 《策划学概论新编》(第二版)
19. 《广播电视创意与策划》
20. 《报刊编辑与策划》(第二版)
21. 《报刊创意与策划》
22. 《出版策划》
23. 《广告策划》
24. 《新闻报道策划》
25. 《媒体创意专业英语》(第二版)

图书在版编目（CIP）数据

广播电视概论 / 宫承波主编．-- 5 版．-- 北京：中国广播影视出版社，2022.5（2023.10 重印）

媒体创意专业核心课程系列教材 / 宫承波主编

ISBN 978-7-5043-8773-8

Ⅰ．①广… Ⅱ．①宫… Ⅲ．①广播电视－概论－高等学校－教材 Ⅳ．① G220

中国版本图书馆CIP数据核字（2022）第 008508 号

广播电视概论（第五版）

宫承波　主编
丁俊杰　欧阳宏生　审订

责任编辑	杨　凡
装帧设计	焦莽莽
责任校对	张　哲

出版发行	中国广播影视出版社
电　　话	010-86093580　010-86093583
社　　址	北京市西城区真武庙二条 9 号
邮　　编	100045
网　　址	www.crtp.com.cn
微　　博	http://weibo.com/crtp
电子信箱	crtp8@sina.com

经　　销	全国各地新华书店
印　　刷	鸿博昊天科技有限公司

开　　本	787 毫米 ×1092 毫米　1/16
字　　数	487（千）字
印　　张	24.5 印张
版　　次	2022 年 5 月第 1 版　2023 年 10 月第 3 次印刷

书　　号	ISBN 978-7-5043-8773-8
定　　价	60.00 元

（版权所有　翻印必究·印装有误　负责调换）